ALBERT DE ROCHAS

L'EXTÉRIORISATION

DE

LA MOTRICITÉ

RECUEIL D'EXPÉRIENCES ET D'OBSERVATIONS

Quatrième édition, mise à jour

PARIS
BIBLIOTHÈQUE CHACORNAC
11, QUAI SAINT-MICHEL, 11

1906

L'EXTÉRIORISATION

DE

LA MOTRICITÉ

DU MÊME AUTEUR

La Science des Philosophes et l'Art des Thaumaturges dans l'antiquité — Paris. Masson, 1882 (*épuisé*).

Les Forces non définies — Paris. Masson, 1887 (*épuisé*).

Les États superficiels de l'hypnose — Paris. Chamuel, 1897 (5e édition).

Les États profonds de l'hypnose — Paris. Chacornac, 1904 (5e édition).

L'Extériorisation de la sensibilité — Paris. Chamuel, 1895 (2e édit.).

Le Fluide des magnétiseurs. Précis des expériences du baron de Reichenbach sur ses propriétés physiques et physiologiques — Paris. Carré, 1891.

Les Effluves odiques. Conférences faites par le baron de Reichenbach à l'Académie des Sciences de Vienne en 1865 ; ouvrage traduit pour la première fois en français et précédé d'un historique de la question — Paris. Carré, 1896.

Les Origines de la Science et ses premières applications — Paris, Masson, s. d. (Bibliothèque de la Nature — *épuisé*).

Les Sentiments, la Musique et le Geste — Grenoble. Librairie dauphinoise, 1900.

Correspondance de Vauban — Revue du génie militaire. 1898.

Discours prononcé à l'inauguration du monument de Vauban à Bazoches, le 26 août 1900.

Poliorcétique des Grecs — Paris. Tanera, 1862 (*épuisé*) — Médaille d'or de la Société pour l'encouragement des études grecques.

Le patois du Queyras — Paris. Champion, 1878 (*épuisé*) — Médaille d'argent de la Société des Langues romanes.

Principes de la Fortification antique — Paris. Ducher, 1881 (*épuisé*) — Grande médaille de vermeil de la Société française d'Archéologie.

Les Vallées vaudoises — Paris. Tanera, 1885 (*épuisé*) — Médaille d'or au congrès national de géographie de Lyon.

La Campagne de 1692 dans le Haut-Dauphiné — Grenoble, Maisonville, 1874 — Médaille d'argent à l'Exposition universelle de 1878.

ALBERT DE ROCHAS

L'EXTÉRIORISATION

DE

LA MOTRICITÉ

RECUEIL D'EXPÉRIENCES ET D'OBSERVATIONS

Quatrième édition, mise à jour

PARIS
BIBLIOTHÈQUE CHACORNAC
11, QUAI SAINT-MICHEL, 11

1906

PRÉFACE

En 1837, Guizot, recevant J. B. Biot à l'Académie Française, le félicitait d'avoir su, quelques années auparavant, faire admettre, par l'Académie des Sciences, la réalité de l'existence des aérolithes, rejetée jusqu'alors au rang des préjugés populaires, en vertu de ce raisonnement attribué à Lavoisier : Il n'y a pas de pierres dans le Ciel ; donc il ne peut en tomber.

« L'Académie, disait Guizot, vous désigna pour aller vérifier si, en effet, comme le bruit en courait, une pluie de pierres était tombée dans le département de l'Orne, aux environs de Laigle, et pour étudier à la fois l'authenticité et la nature du phénomène. Il paraissait encore si étrange, même au sein de la Compagnie la plus familière avec les nouveautés de la Science, que plusieurs de ses membres ne voulaient pas qu'elle s'occupât publiquement de cette affaire, craignant qu'elle ne compromît sa dignité. La curiosité savante et

indépendante de M. de Laplace décida l'Académie à passer par dessus ces hésitations, et le Rapport que vous lui fîtes, deux mois après, sur votre mission, en démontra pleinement l'à-propos et l'efficacité. Ce rapport est un modèle de sagacité ingénieuse et prudente dans l'investigation d'un fait et dans l'art de le mettre en lumière, en recueillant toutes les circonstances et tous les témoignages qui s'y rattachent. Aucun de nos plus habiles juges d'instruction n'a jamais mis en œuvre, pour découvrir un crime de l'homme, plus de pénétration, de finesse et de patience que vous n'en avez montré, dans cette circonstance, pour constater un trouble apparent de la nature. »

Je me propose, dans ce livre, d'établir la réalité d'un fait, au moins aussi en dehors des données de la Science officielle, mais qui a, sur les pluies de pierres, l'avantage de pouvoir être, non seulement observé, mais encore expérimenté. Ce fait, c'est la mise en mouvement **sans contact** *d'objets inertes à l'aide d'une force émanant de l'organisme de certaines personnes.*

*Dans un livre précédent, j'ai étudié l'*EXTÉRIORISATION DE LA SENSIBILITÉ. *Ce phénomène pouvait aussi être expérimenté ; malheureusement, l'expérimentateur, généralement incapable d'éprouver les sensations décrites, devait s'en rapporter au témoignage d'un* SUJET.

Ici, il n'en va plus de même : toute personne qui

*voudra se donner la peine de rechercher, et qui aura la chance de trouver les occasions favorables, pourra se convaincre, par le témoignage concordant de tous ses sens et de ceux des autres personnes présentes, que le phénomène de l'*Extériorisation de la motricité *présente le même degré de certitude que l'un quelconque de ceux sur lesquels s'appuient nos sciences physiques.*

S'il n'est point encore admis par tout le monde, c'est qu'il est relativement rare et qu'il faut, pour pouvoir le constater bien nettement, des circonstances assez difficiles à réaliser. Le domaine de la science, restreint dans l'origine aux faits grossiers et constants, s'agrandit peu à peu grâce à l'étude de ceux qui, par leur délicatesse et leur instabilité, ont échappé à nos prédécesseurs ou rebuté leur esprit. Mais comme l'a dit Carl du Prel : « Les forces de la Nature n'attendent point, pour entrer en activité, qu'on les ait découvertes et baptisées ; elles agissent bien longtemps auparavant et donnent lieu à des phénomènes d'une physique inconnue qu'on nie souvent pendant des siècles, jusqu'au moment où ils s'imposent par la fréquence de leurs manifestations. »

L'Antiquité connaissait déjà les tables tournantes, la baguette divinatoire et le pendule explorateur.

Tant que les phénomènes de ce genre n'ont pu être observés qu'au contact, surtout quand on était forcé d'avoir recours aux forces réunies de plusieurs expérimentateurs, l'hypothèse de la supercherie se présentait naturellement à l'esprit ; de plus, la petitesse de la plupart des mouvements permettait souvent de les attribuer à des causes accidentelles, comme la trépidation du sol, le souffle des narines, etc.

Quand la force développée a été assez grande pour agir à distance et produire des mouvements considérables :

Ou bien on a nié de parti pris « Cela est impossible, donc cela n'est pas » ;

Ou bien on s'est effrayé et on a fait intervenir le diable ;

Ou bien enfin, on a essayé d'étudier les phénomènes ; mais, comme on ignorait les circonstances propres à leur production, on fût arrêté, le plus souvent, par leur cessation brusque et imprévue, lorsqu'on ne voulait pas se soumettre à des conditions semblant favoriser la fraude.

Depuis un demi-siècle cependant, on a fait des efforts considérables, dans l'ancien comme dans le nouveau monde, pour élucider ces questions qui passionnent les esprits indépendants et avides de vérité.

Dans la première partie de cet ouvrage j'ai analysé les résultats obtenus avec un médium célèbre, la napolitaine Eusapia Paladino ; c'est elle qui a été le mieux étudiée et qui est sortie, quoiqu'on en ait dit, victorieuse de toutes les épreuves auxquelles l'ingéniosité des savants de l'Europe entière l'a soumise.

Dans la seconde partie j'ai rassemblé des faits analogues produits par d'autres médiums, montrant ainsi que nous avions à faire à une propriété inhérente à l'organisme humain, mais inégalement développée chez les divers individus.

Dans une troisième partie j'ai cherché à faire rentrer les faits observés dans une théorie qui n'a pas d'autre prétention que de fournir au lecteur une sorte de canevas sur lequel il disposera provisoirement les faits nouveaux, au fur et à mesure qu'ils arriveront à sa connaissance.

Quand j'ai publié la première édition de ce livre, j'aurais préféré, pour ne point effaroucher ceux qui sont complètement étrangers aux recherches sur lesquelles s'appuiera la science du XX° siècle, me borner à l'exposé des phénomènes établissant le fait, relativement simple, de la mise en mouvement d'un corps inerte sans contact ; mais on verra que si ces phénomènes se produisent quelquefois seuls, ils sont le plus souvent accompagnés de manifestations plus étranges dépendant de ce qu'on pourrait appeler l'Extériorisation de la Forme. Passer ces manifestations sous silence c'eût été exposer l'expérimentateur, osant s'engager dans ces voies nouvelles à tomber, dès les premiers pas, dans des fondrières insoupçonnées ; aussi en avais-je rapporté quelques exemples. Le bruit qui s'est fait tout récemment, à propos des matérialisations observées par le professeur Richet et l'ingénieur Delanne, permettrait maintenant d'être moins réservé.

Quoiqu'il en soit, je me suis moins attaché, dans le présent ouvrage, à présenter les faits de manière à faire ressortir leur enchaînement, qu'à montrer de quelles suspicions ils avaient été l'objet, comment on parvenait à les imiter, quelles circonstances pouvaient laisser croire injustement à la fraude et de combien de manières ils avaient été contrôlés. Pour cela j'ai reproduit, autant que possible, malgré leurs longueurs et leurs redites, les procès-verbaux dressés par les témoins oculaires et l'exposé de leurs impressions personnelles.

Refuser de croire à des affirmations aussi nombreuses, aussi nettes, aussi précises, c'est rendre impossible l'établissement d'une science physique quelconque ; car l'étudiant ne saurait exiger d'être le témoin de tous les faits qu'on lui enseigne et dont l'observation est souvent difficile.

Refuser d'étudier certains phénomènes quand on est convaincu de leur réalité, par la crainte du Qu'en dira-t-on, c'est à la fois s'abaisser soi-même en montrant une faiblesse de caractère méprisable et trahir les intérêts de l'humanité tout entière.

Nul ne saurait, en effet, prévoir les conséquences d'une découverte, quand il s'agit de forces nouvelles : celle qui, se manifesta, pour la première fois, par la contraction des cuisses de grenouille, suspendues au balcon de Galvani, n'est-elle point devenue la merveilleuse source de mouvement et de lumière qui, aujourd'hui, actionne nos locomotives les plus puissantes et illumine les côtes de nos continents ?

Albert de Rochas

Grenoble, février 1906.

L'EXTÉRIORISATION DE LA MOTRICITÉ

PREMIÈRE PARTIE

CHAPITRE PREMIER

EUSAPIA PALADINO

1. — Ses débuts.

Le grand public fut mis au courant, pour la première fois, des merveilleuses facultés d'Eusapia par une lettre insérée dans un journal de Rome, le 9 août 1888. Cette lettre était adressée au professeur *Lombroso*. En voici la traduction.

Monsieur,

Dans votre article : *Influence de la civilisation sur le Génie*, publié dans le numéro 29 de la FANFULLA DELLA DOMINICA, parmi d'incontestables beautés de style et de logique, j'ai vu une phrase très heureuse qui me semble la synthèse du mouvement scientifique (à partir du moment où l'homme inventa ce casse-tête nommé alphabet) jusqu'à notre époque. Cette phrase la voici :

« Chaque siècle est prématuré pour les découvertes qu'il ne voit pas naître, parce qu'il ne s'aperçoit pas de sa propre incapacité et des moyens qui lui manquent pour faire les autres découvertes. La répétition d'une même manifestation, en s'imprimant sur les cerveaux, prépare les esprits et les rend de moins en moins incapables de découvrir les lois auxquelles cette manifestation est soumise. Quinze ou vingt ans suffisent pour faire admirer par tout le monde une découverte traitée de folie au moment où elle fut faite; maintenant encore, les sociétés académiques rient de l'hypnotisme et de l'homéopathie : qui sait si mes amis et moi, qui rions du spiritisme, nous ne sommes pas dans l'erreur, précisément comme le sont les hypnotisés ? grâce à l'illusion qui nous entoure, nous sommes peut-être incapables de reconnaitre que nous nous trompons ; et comme beaucoup d'aliénés, nous plaçant à l'opposé du vrai, nous rions de ceux qui ne sont pas avec nous. »

Frappé de cette phrase si spirituelle et que je trouve par hazard appropriée à un certain fait dont je m'occupe depuis quelque temps, je la recueille avec joie, sans retard, sans commentaire qui en changent le sens ; et, me conformant aux règles d'une parfaite chevalerie, je m'en sers comme d'une provocation.

Les conséquences de ce défi ne seront ni dangereuses, ni sanglantes ; nous combattrons loyalement, et, quels que puissent être les résultats de la rencontre, que je succombe ou que je fasse fléchir la partie adverse, ce sera toujours d'une manière bienveillante ; l'issue amènera l'amendement d'un des deux adversaires, et sera, de toute façon, utile à la grande cause de la vérité.

On parle beaucoup maintenant d'une maladie particulière que l'on rencontre dans l'organisme humain ; on la constate tous les jours, mais on en ignore la cause et l'on ne sait quel nom lui donner. Cette maladie est évidente ; ses effets sensibles sont prouvés par l'expérience et se rapportent surtout au sens du toucher, c'est-à-dire au contrôle général de toute connaissance.

A son sujet, on réclame instamment l'examen de la science contemporaine ; mais celle-ci, pour toute réponse, s'en moque avec le rire ironique de Pyrrhon, précisément parce que, comme on l'a dit, le siècle n'est pas prêt.

Mais l'auteur de la phrase que j'ai citée plus haut ne l'a certainement pas écrite pour le seul plaisir de l'écrire ; il me semble, au contraire, qu'il ne sourira pas dédaigneusement si on l'invite à observer un cas particulier, digne d'attirer l'attention et d'occuper sérieusement l'esprit d'un Lombroso.

Je veux parler ici d'une malade qui appartient à la classe la plus humble de la société ; elle est âgée de trente ans à peu près, et elle est très ignorante ; son regard n'est ni fascinateur, ni doué de cette force que les criminalistes modernes nomment irrésistible, mais elle peut, quand elle le désire, soit de jour, soit de nuit, par des phénomènes surprenants de sa maladie, divertir pendant une heure un groupe de curieux plus ou moins sceptiques, plus ou moins faciles à contenter.

Attachée sur un siège ou tenue fortement par les bras des curieux, elle attire les meubles qui l'entourent, les soulève, les tient élevés en l'air comme le cercueil de Mahomet et les fait redescendre avec des mouvements ondulatoires comme s'ils obéissaient à une volonté étrangère ; elle augmente leur poids ou les rend plus légers selon son bon plaisir ; elle frappe, martèle les murs, le plafond, le plancher avec rythme et cadence, en répondant aux demandes des assistants ; des lueurs semblables à celles de l'électricité jaillissent de son corps, l'enveloppent ou entourent les assistants de ces scènes merveilleuses : elle dessine tout ce qu'on veut sur les cartes qu'on lui présente, chiffres, signatures, nombres, phrases, en étendant seulement la main vers l'endroit indiqué ; si l'on place dans un coin de la chambre un vase avec une couche d'argile molle, on trouve, après quelques instants, l'empreinte d'une petite main ou d'une grande main, l'empreinte d'un visage d'une admirable précision, vu de face ou de profil, de laquelle on peut ensuite tirer un masque en plâtre; on a conservé de cette façon les portraits d'un visage vu en différentes situations, et ceux qui le désirent peuvent ainsi faire de sérieuses et importantes études.

Cette femme s'élève en l'air, quels que soient les liens qui la retiennent; elle reste ainsi, paraissant couchée dans le vide, contrairement à toutes les lois de la statique et semble s'affranchir des lois de la gravité; elle fait résonner les instruments de musique, orgues, cloches, tambours, comme s'ils étaient touchés par des mains ou agités par le souffle de gnomes invisibles.

Vous nommerez cela un cas particulier d'hypnotisme; vous direz que cette malade est un fakir en jupon, que vous l'enfermeriez dans un hôpital... Je vous en prie, éminent professeur, ne déplacez pas la question. L'hypnotisme, on le sait, ne cause que l'illusion d'un moment; après la séance tout reprend sa forme primitive. Mais ici le cas est différent; pendant les jours qui suivent ces scènes merveilleuses, il reste des traces, des documents dignes de considérations.

Que pensez-vous de cela?

Mais permettez-moi de continuer. Cette femme, en certaines occasions peut grandir de plus de dix centimètres; elle est comme une poupée de gutta-percha, comme un automate d'un nouveau genre; elle prend des formes bizarres; combien de jambes et de bras a-t-elle? nous n'en savons rien.

Tandis que ses membres sont retenus par les assistants les plus incrédules, nous en voyons paraître d'autres, sans savoir d'où ils sortent; Les chaussures sont trop petites pour renfermer les pieds ensorcelés, et cette circonstance particulière laisse soupçonner l'intervention d'un pouvoir mystérieux.

Ne riez pas quand je dis : *laisse soupçonner*. Je n'affirme rien ; vous aurez le temps de rire tout à l'heure.

Quand cette femme est liée, on voit paraître un troisième bras, et nul ne sait d'où il vient ; il commence une longue suite de taquineries plaisantes ; il ôte les bonnets, les montres, l'argent, les bagues, les épingles, et les rapporte avec une grande adresse, une joyeuse familiarité ; il prend les habits, les gilets, tire les bottes, brosse les chapeaux et les remet à ceux auxquels ils appartiennent, frise et caresse les moustaches, et donne, à l'occasion, quelques coups de poing parce qu'il a aussi ses mouvements de mauvaise humeur.

C'est toujours une main grossière et calleuse (on a remarqué que celle de la sorcière est petite) ; elle a de grands ongles ; elle est humide et passe de la chaleur naturelle au froid glacial du cadavre qui fait frissonner ; elle se laisse prendre, serrer, observer attentivement, lorsque le permet le degré de lumière de l'appartement, et finit par s'élever, restant suspendue en l'air comme si le poignet était coupé ; elle ressemble ainsi à ces mains de bois qui servent d'enseigne aux boutiques des marchands de gants.

Je vous jure que je sors avec un esprit fort calme de l'antre de Circé ; délivré de ses enchantements, je passe en revue toutes mes impressions et je finis par ne pas croire en moi-même, quoique le témoignage de mes sens me confirme que je n'ai pas été le jouet d'une erreur ou d'une illusion. Un monceau de volumes des plus illustres expérimentateurs anciens et modernes, qu'il est inutile d'énumérer ici, attestent la vérité et le côté réel de cette charlatannerie paradoxale.

Dans cette étude se présentent toujours des choses nouvelles et inattendues ; on finit par échanger un salut, une poignée de mains (rarement il est vrai) avec des personnages vêtus de draperies qui se présentent et disparaissent comme des ombres dans l'espace de quelques instants.

On ne peut attribuer à la prestidigitation toutes ces manœuvres extraordinaires ; vous dites qu'on doit être en garde contre toute supercherie, faire une perquisition scrupuleuse sur la personne dont je parle afin d'empêcher le mensonge ou la fraude. Sachez que les faits ne répondent pas toujours à l'attention inquiète des assistants ; et ceci est encore un mystère à expliquer, qui, bien considéré, prouve que l'individu qui opère n'est pas le seul arbitre de ces merveilles. Sans doute, il possède l'exclusive faculté de ces actes prodigieux, mais ils ne peuvent se produire qu'avec le concours d'un agent ignoré, un être que nous nommons le *Deus ex machinâ*.

De tout cela résultent la grande difficulté d'étudier le fond de cette stupéfiante charlatannerie et la nécessité de faire une série d'expériences pour en rassembler un certain nombre capables d'éclairer les dupes et de vaincre l'opiniâtreté des querelleurs, lesquels, on le sait, nient le privilège des esprits observateurs. Ces querelleurs, sur un simple indice, découvrent l'évidence des forces cachées dans la Nature ; de la chute d'une pomme, du mouvement d'une pendule, ils déduisent les grandes lois qui gouvernent l'univers.

Or, voici ma provocation. Si vous n'avez pas écrit la phrase citée plus haut pour le seul plaisir de l'écrire, si vous avez véritablement l'amour de la Science, si vous êtes sans préjugés, vous, le premier aliéniste de l'Italie, ayez l'obligeance de venir sur le terrain, et soyez persuadé que vous allez vous mesurer avec un galant homme.

Quand vous pourrez prendre une semaine de congé, laissez vos chères études, et, au lieu d'aller à la campagne, désignez-moi un endroit où nous puissions nous rencontrer : choisissez le moment qui vous agréera davantage et je vous présenterai ma magicienne.

Vous aurez une chambre où vous entrerez seul avant l'expérience ; là, vous placerez les meubles et les instruments de musique comme vous voudrez ; vous fermerez la porte à clef. Je crois inutile de vous présenter la dame dans le costume adopté au paradis terrestre, parce que cette nouvelle Eve est incapable de prendre sa revanche sur le serpent et de le séduire.

Quatre Messieurs nous assisteront, comme il convient en toutes rencontres chevaleresques : vous en choisirez deux que je ne verrai qu'au moment de la rencontre, et j'amènerai les deux autres.

Jamais de meilleures conditions n'ont pu être réunies par les Chevaliers de la Table ronde. Il est évident que si l'expérience ne réussit pas, je n'en saurai accuser que les rigueurs du destin ; vous me jugerez seulement comme un halluciné qui souhaite d'être guéri de ses extravagances. Mais, si le succès couronne nos efforts, votre loyauté vous imposera le devoir d'écrire un article, dans lequel, sans circonlocution, réticence, ni malentendu, vous attesterez la réalité des mystérieux phénomènes et vous promettrez d'en rechercher les causes.

Si vous refusez cette rencontre, expliquez-moi cette phrase : *le siècle n'est pas prêt.* Sans doute cela peut s'appliquer aux intelligences vulgaires, mais non à un Lombroso auquel s'adresse ce conseil du Dante : *Avec la vérité, l'honneur doit fermer les lèvres du mensonge.*

Votre tout dévoué et respectueux

Professeur Chiaïa, *Ercole.*

Cette brillante ouverture, destinée à piquer la curiosité du lecteur, semble ne devoir être considérée que comme un exposé plus ou moins fantaisiste de ce que l'imagination peut attribuer aux facultés d'Eusapia exaltées jusqu'au suprême degré ; beaucoup des faits les plus extraordinaires qui y sont relatés n'ont pu être, en effet, observés par les savants dont je vais exposer les expériences. Toutefois, avant de porter un jugement définitif, il faut remarquer que le contrôle rigoureux auquel était soumis le médium dans ces expériences lui imposait une gêne physique et morale qui pouvait nuire au développement des phénomènes.

Quoi qu'il en soit, Lombroso n'accepta pas ce bruyant défi et, quelque mois après (juin 1889), M. Chiaïa adressait au congrès spirite de Paris la communication suivante, très merveilleuse encore, mais dont la forme est plus propre à inspirer confiance au lecteur.

... Nous étions quatre amis, autour de la table de rigueur, outre le médium Eusapia Paladino. Les places d'honneur c'est-à-dire celles aux côtés du médium étaient prises : à gauche par M. Tassi, de Pérouze ; à droite par le professeur don Manuel Otéro Acévédo, de Madrid, qui est à Naples depuis deux mois. Il est venu tout exprès pour observer et étudier *de visu* les phénomènes que j'ai déjà mentionnés en d'autres occasions.

Le professeur Otéro était cuirassé d'incrédulité, mais c'est un observateur scrupuleux ; j'ai le droit de supposer qu'il est la réincarnation d'un inquisiteur des temps de Torquémada, à en juger par sa manière de lier le médium et de le mettre dans l'impossibilité de faire le moindre mouvement. Je dois ajouter encore que, pour le convaincre toujours davantage de la sincérité des phénomènes, j'ai exigé plusieurs fois de faire les expériences, non pas chez moi, mais chez lui, c'est-à-dire dans sa chambre d'hôtel.

Après les préludes habituels de presque toutes ces séances, tels que : soulèvement de la table, coups au milieu de celle-ci, échange de saluts et de révérences spéciales à l'adresse du professeur Otéro, l'esprit familier, qui, vous le savez, s'est toujours révélé sous le nom de John King, se déclara de bonne humeur et très heureux qu'on lui donnât l'occasion de tenter la conversion d'un matérialiste de cette trempe.

Fidèle à sa promesse, il commença à approcher les chaises de la table en leur imprimant divers mouvements et en les mettant l'une sur l'autre. Il laissait entrevoir quelquefois un bras mystérieux qui sortait de dessous la robe du médium, bras que l'on pouvait très bien toucher pour s'assurer qu'on n'était pas en proie à une hallucination ; ce phénomène qui se produit souvent en pleine lumière est l'un des plus évidents, car il exclut toute fraude et il suffit, à lui seul, à briser la cuirasse du plus obstiné saint Thomas.

L'esprit de John nous pria ensuite de modérer la lumière en baissant le gaz jusqu'au point désiré par lui. Cette injonction (qui est toujours un peu suspecte pour qui assiste la première fois, à ces expériences) donna lieu d'espérer que les phénomènes allaient devenir extraordinaires ; l'émotion gagna les assistants. Au bout de peu d'instants, pendant lesquels on n'entendait que le grincement habituel des dents du médium qui est dans un état de léthargie, Eusapia, au lieu de causer comme toujours en très mauvais patois napolitain, commença à parler en pur italien en priant les personnes assises à ses côtés de lui tenir les mains et les pieds. Puis, sans entendre le moindre frottement, ni aucun mouvement rapide de sa personne, ni même la plus légère ondulation de la table autour de laquelle nous nous trouvions, MM. Otéro et Tassi, les plus près du médium, s'aperçurent les premiers d'une ascension inattendue ; car ils se sentirent soulever tout doucement les bras et, ne voulant jamais quitter les mains du médium, ils durent l'accompagner dans son ascension. Ce cas splendide de lévitation est d'autant plus digne d'attention qu'il avait eu lieu sous la plus rigoureuse surveillance et avec une légèreté telle qu'on semblait soulever une plume. Ce qui surprit surtout ces messieurs, ce fut de sentir les deux pieds du médium posés sur la petite surface de la table (0ᵐ80, sur 0ᵐ60) déjà en partie couverte par les mains de quatre assistants, *sans qu'aucune de ces mains fut touchée*, quoiqu'on fût dans l'obscurité la plus complète.

Bien qu'étourdis par un fait si extraordinaire et si imprévu, l'un de nous demanda à John s'il lui serait possible de soulever un peu le médium de dessus la table, à pieds joints, de manière à nous permettre de constater encore mieux le soulèvement. De suite, sans discuter la demande exigeante et malicieuse, Eusapia fut soulevée de dessus la table, de 10 à 15 centimètres ; chacun de nous pût librement passer la main sous les pieds de la « magicienne » suspendue en l'air !

En vous racontant ceci, je ne sais quel sentiment est le plus fort en moi ; est-ce la satisfaction d'avoir obtenu un phénomène si magnifique, si merveilleux, ou bien est-ce le soupçon pénible d'être pris pour visionnaire, même par mes plus intimes amis ? — Heureusement nous étions quatre, y compris l'Espagnol toujours soupçonneux et deux *demi-croyants* bien disposés à accepter l'évidence des faits.

Quand notre magicienne voulut descendre de la table, sans notre aide, avec une adresse non moins merveilleuse que celle employée pour monter, nous eûmes d'autres sujets d'étonnement. Nous trouvâmes le médium étendu, la tête et une petite partie du dos appuyée sur le rebord de la table, le reste du corps horizontalement droit comme une barre et sans aucun autre appui à sa partie inférieure, tandis que la robe était adhérente aux jambes, comme si elle était liée ou cousue autour d'elle. Bien que produit dans l'obscurité, ce fait important fut (inutile de le répéter) surveillé scrupuleusement, avec le plus grand soin, par tous, et de manière à le rendre plus évident que s'il eût eu lieu plein jour.

Du reste j'ai eu l'occasion d'être témoin d'une chose plus extraordinaire encore. Un soir, je vis le médium, étendu rigide dans l'état le plus complet de catalepsie, se tenir dans la position horizontale avec la *tête seulement* appuyée sur le rebord de la table, pendant cinq minutes *à la lumière du gaz*, en présence des professeurs de Cintiis, Dr Capuano l'écrivain bien connu, M. Frédéric Verdinois et autres personnages.

Ce qui accrût l'étonnement ce fut, après nous être réunis autour de la table et avoir fait *l'obscurité* selon l'ordre de John, de trouver sous la tête du médium un matelas enroulé qui se trouvait auparavant dans un coin de la chambre à côté de celle où nous nous trouvions. Il nous sembla moins étonnant de trouver là ce matelas, transporté par un domestique mystérieux et invisible, que de penser que cette masse assez volumineuse avait pu passer entre nos bras réunis comme ils l'étaient, sans nous toucher, dans cette parfaite obscurité, pour se poser avec une sollicitude touchante sous la tête du médium qui, sans cela, eût été fort mal à l'aise sur le bois de la table...

Après avoir remis tout à sa place et un court repos, ayant de nouveau éteint le gaz, nous nous remîmes autour de la table... Bientôt nous vîmes émaner du corps d'Eusapia une quantité de petites flammes bleuâtres qui s'élançaient en l'air en diverses directions ; quelques-unes en arrivant très haut se séparaient en trois ou quatre plus petites. En proie à une profonde émotion, le professeur espagnol eut l'idée de demander à John s'il voulait éclairer avec ces flammes le cadran de sa montre posée sur la table, pour voir l'heure, parce qu'il était déjà très tard. De suite Eusapia se mit à souffler de toute la force de ses poumons vers la montre, et, après quelques secondes, une plaque de lumière lunaire, large comme le verre du cadran, vint s'y poser, permettant de le voir parfaitement et clairement ; puis, comme par un coup de main invisible, la montre éclairée fit toute seule un tour en l'air et revint se poser sur la table.

Rendu plus hardi par cette complaisance, le professeur espagnol eut une autre idée : *Peux-tu, cher John, essayer de remonter ma montre ?* Ceci à peine dit, la chaîne et la montre s'élevèrent en cliquetant jusqu'à toucher le plafond, et nous entendîmes distinctement le grincement du remontoir mû par une main experte, comme celle de tous les mortels habitués à ce petit ennui quotidien.

Mais quelle était cette main mystérieuse qui accomplissait si bien cette opération, qui soutenait la montre même ? Ce problème assez difficile troubla surtout l'esprit de celui qui, peut-être avec malice, l'avait provoqué. Le fait est qu'il devait y avoir au moins deux mains en l'air, s'aidant mutuellement pour cette opération ; ce qui nous fut prouvé avec certitude lorsque, sur notre prière, l'invisible opérateur répondit à notre acclamation : « Vive John, » en applaudissant à deux mains avec force ; ce fait fut répété plusieurs fois avec une rapidité que devait enlever tout doute au sceptique le plus endurci.

Après ceci, Eusapia dit qu'elle était fatiguée ; ce qui nous parùt vraisemblable, attendu que la petite flamme sur la montre nous avait fait voir qu'il était deux heures du matin. Seulement don Manuel Otéro, aussi exigeant et attentif que difficile à contenter, rappela à John une promesse faite au commencement de la séance, c'est-à-dire une empreinte sur l'argile déjà préparée dans un vase posé dans un coin de la chambre. Il lui fût répondu que cette promesse serait tenue un autre soir, le médium ayant déjà trop dépensé de fluide.

Pendant que la table répondait ainsi typtologiquement et *en pleine lumière,* Eusapia suggerée tout à coup dit à Otéro : *Prends ce vase plein d'argile ; mets-le en face de moi sur cette chaise et indique l'endroit où tu veux que le phénomène se produise.* L'argile fut mis à deux mètres environ d'elle, bien examinée par M. Otéro qui la couvrit de son mouchoir blanc et indiqua l'endroit. Nous regardions tous Eusapia qui, poussant le bras droit convulsivement, tourna la main dans cette direction et étendit trois doigts, leur imprimant un mouvement indéfinissable et disant : *c'est fait !*

Ayant enlevé le mouchoir, nous trouvâmes l'empreinte de trois doigts au point précis indiqué par le professeur Otéro (1).

A cette preuve évidente, palpable, écrasante, d'une puissance surnaturelle, d'une force fluidique invisible qui émane de cette femme, qui se dégage de tous ses pores et de ses doigts de magicienne, mais qui est soumise à une volonté étrangère à notre humanité, le professeur Otéro, M. Tassi et l'ingénieur Agri se regardèrent stupéfaits, remercièrent respectueusement l'invisible John qui répondit à l'instant en saluant par quatre coups très forts dans la table restée isolée au milieu de la chambre. Ainsi se termina cette séance.

Avant de commencer l'exposé des expériences faites à l'aide d'Eusapia par d'autres savants, il me paraît utile de donner quelques détails sur sa personne.

II. — Son histoire, sa personne.

M. de Kranz, rapporteur de la commission qui a étudié Eusapia à Varsovie, pendant l'hiver de 1893-1894, a résumé les documents qui lui ont été fournis par différents observateurs, et spécialement par le Dr Harusewicz, sur la personne d'Eusapia, ses antécédents, et son attitude avant, pendant et après la séance. J'ai ajouté à ce travail mes propres observations lors des expériences, faites à l'Agnélas en septembre 1895, dont on trouvera plus loin le procès-verbal.

Eusapia est née à Minervino Murge (province de Bari)

---

(1) M. Aksakof qui rapporte cette expérience dans son livre *Animisme et Spiritisme* (p. 509) dit que M. Otéro, avec qui il correspondit à ce sujet, lui assura qu'il n'avait conservé aucun doute sur la réalité des faits, bien qu'il eût abordé ces séances avec les idées préconçues d'un matérialiste « enragé » selon sa propre expression.

en 1854. Sa chevelure épaisse et encore noire, présente, à la partie antérieure de la région temporale gauche, une bande blanche recouvrant une cicatrice qu'elle s'est faite, il y a longtemps, dans un accès de délire, ayant le typhus. Les bras et les jambes, bien nourris, sont plus développés que d'ordinaire chez les femmes de la même complexion ; on peut en dire autant des os. La taille est basse, l'embonpoint assez considérable ; les jambes relativement courtes la rendent un peu lourde et maladroite au premier abord ; mais, quand elle s'anime pendant les séances, ses mouvements deviennent élastiques ; son corps et ses membres prennent de la souplesse.

Malgré son air sain, des médecins qui l'ont examinée plus ou moins sommairement, n'ont pas hésité à diagnostiquer chez elle l'*hystérie à tendance érotique*. De plus un léger état parétique de la moitié droite du corps explique la supériorité musculaire des extrémités gauches sur les droites (la main droite au dynamomètre 45, la main gauche 50), quoique Eusapia ne soit pas gauchère. On constate le même rapport au point de vue de la sensiblité. La sensiblilité à la douleur est normale. Eusapia dit qu'elle éprouve souvent des constrictions ascendantes de l'œsophage (*boule hystérique*). D'ailleurs, les fonctions physiologiques sont régulières, mais chaque émotion un peu forte provoque des troubles propres à l'hystérie érotique.

« Elle fait, dit le Dr Harusewicz, l'impression d'une femme douée par la nature d'une intelligence remarquable, mais peu développée et même déviée par des influences mauvaises ; elle s'oriente vite dans une position inattendue et sans connaître notre langue, comprend souvent ce dont on parle par la gesticulation et le jeu des visages (1). Ajoutons à cela un tempérament variable et irritable, une ambition démesurée, un certain enivrement de sa gloire médianimique, » un grand désintéressement, et nous aurons une idée du caractère de cette Italienne, mélange curieux de franchise et de dissimulation.

Appartenant à une obscure famille de paysans, elle fut, dès son enfance, témoin de scènes terrifiantes. Son père mourut assassiné par les brigands. Complètement dévalisée elle-même à Naples, peu après son retour de Varsovie, par les voleurs qui lui ont enlevé l'argent et les nombreux cadeaux qu'elle avait rapportés de ses voyages, elle est devenue très craintive. A l'Agnélas elle laissait sa porte entièrement ouverte, toute la nuit, pour qu'on pût facilement venir à son secours.

Dès l'âge de huit ans, elle fut sujette à une hallucination obsédante à l'état de veille : des yeux expressifs la regardant de derrière un amas de pierres ou un arbre, toujours à droite. Elle ne se souvient pas d'autre anomalie nerveuse, mais elle a des songes fréquents et très nets.

Les premières manifestations médianimiques coïncident avec l'apparition de la menstruation, vers l'âge de 13 ou 14 ans ; c'est là une concordance qui se retrouve dans presque tous les cas où l'on a observé la singulière

(1) Etudiée successivement par des savants en Italie, en France, en Angleterre, en Allemagne et en Pologne, elle les a si bien observés de son côté qu'elle en imite admirablement quelques-uns, quand elle est dans un milieu qui a sa confiance. Elle dit en plaisantant qu'elle a des amis de toutes sortes : en *si*, en *oui*, en *yes*, en *ia* et en *tac*.

propriété de la production des mouvements à distance, dont nous rapporterons quelques-uns dans la suite de ce livre.

A ce moment de sa vie, on remarqua que les séances spirites auxquelles on la conviait réussissaient beaucoup mieux quand elle s'asseyait à la table. Selon son propre récit, elle renonça à ces séances qui l'ennuyaient et elle s'abstint de toute expérience pendant 8 ou 9 ans.

Ce n'est que dans sa 22e ou 23e année que commença la culture spiritique d'Eusapia dirigée par un spirite fervent, M. Damiani. C'est alors qu'apparut la personnalité de *John King*, qui s'empare d'elle quand elle est à l'éclat de transe. Ce John King dit être le frère de la *Katie King* de Crookes et avoir été le père d'Eusapia dans une autre existence. C'est John qui parle quand Eusapia est en transe ; il parle d'elle en l'appelant « ma fille » et donne des conseils sur la manière dont il faut la soigner. M. Ochorowicz pense que ce John est une personnalité créée dans l'esprit d'Eusapia par la réunion d'un certain nombre d'impressions recueillies çà et là dans les différents milieux auxquels sa vie a été mêlée. Ce serait à peu près la même explication que pour les personnalités suggérées qui ont été étudiées successivement par M. Richet et par moi, et pour les variations spontanées de personnalité observées par MM. Azam, Bourru, Burot, etc.

Eusapia a été fréquemment magnétisée par le Dr Ochorowicz. Je l'ai priée de me permettre de la soumettre à quelques passes que j'ai faites d'abord sur sa main ; j'ai déterminé ainsi l'extériorisation de la sensibilité, mais quand, après avoir reconnu l'existence d'une première couche sensible sur la peau, j'éloignais mes doigts pour chercher une autre couche, sa main suivait la mienne. Le phénomène de la sensibilité se transformait en celui de l'attraction passive. Cette sorte d'attraction était du reste très fortement développée chez elle, même à l'état de veille ; car il m'est arrivé, quand elle était assise, les jambes croisées, avec un pied en l'air, de profiter de ce qu'elle était distraite par la conversation pour approcher mon pied du sien, sans le toucher, le laisser ainsi quelques secondes, puis entraîner son pied et sa jambe, même assez haut sans qu'elle s'en aperçût, en soulevant mon propre pied.

Un jour elle s'est décidée à se laisser endormir en présence de Mme de Rochas (elle a été si souvent martyrisée par les savants qu'elle est devenue craintive). Elle est rapidement parvenue aux états profonds de l'hypnose et a vu apparaître alors, à son grand étonnement, sur sa droite, un fantôme bleu. Je lui ai demandé si c'était John ; elle m'a répondu que non, mais que c'était *de cela dont John se servait*. Puis elle a pris peur et m'a demandé instamment de la réveiller ce que j'ai fait, regrettant beaucoup de n'avoir pu continuer des recherches dans cet ordre de phénomènes.

Un autre jour, le 24 septembre, le comte de Gramont se plaignant de la migraine, je lui dis de prendre les deux mains d'Eusapia et je fis quelques passes allant de lui à elle ; au bout de deux ou trois passes, Eusapia se sauvait avec un air effrayé en se plaignant que je lui donnais mal à la tête. Elle ajoutait que la douleur lui était venue de M. de Gramont par la main et le bras « comme par ondes successives ».

Le même jour, voulant m'assurer si elle était suggestible et si la suggestibilité obéissait chez elle aux mêmes lois que chez les autres sujets, je l'amenai dans le vestibule, près de la porte d'entrée de la maison alors ouverte, et, pressant sur son front le point de la mémoire somnambulique, je lui dis que M. Richet, qu'elle aime beaucoup, venait d'arriver, qu'il était sur le perron. Aussitôt, Eusapia se précipita avec violence vers la porte, les yeux fixes, croyant le voir. On eut peine à lui persuader qu'elle avait été le jouet d'une hallucination.

Quelques instants après, M. de Gramont mit le bras d'Eusapia en catalepsie, avec quelques passes longitudinales ; elle parut fort surprise. L'insufflation et quelques passes latérales ramenèrent le bras à l'état normal.

On a cru remarquer qu'Eusapia se préparait consciemment ou inconsciemment à la séance en ralentissant sa respiration qui reste régulière ; en même temps, le pouls s'élève graduellement de 88 à 120 pulsations par minute et devient extrêmement vigoureux. Est-ce une pratique analogue à celle qu'emploient les fakirs de l'Inde ou un simple effet de l'émotion, qu'éprouve, avant chaque séance, Eusapia qui tient énormément à convaincre les assistants et n'est jamais sûre de la production des phénomènes ?

Ces phénomènes sont liés aux symptômes convulsifs hystériques et présentent même avec eux une proportionalité aussi bien qualitative que quantitative ; ils apparaissent généralement à des intervalles qui varient entre trois et dix minutes ou même plus, tantôt laissant la conscience intacte, tantôt la troublant ou l'abolissant.

On n'endort pas Eusapia ; elle entre d'elle-même en transes quand elle fait partie de la chaîne des mains.

Elle commence à soupirer très profondément, puis elle éprouve des bâillements, elle a le hoquet. Le visage passe ensuite par un série d'expressions différentes. Tantôt il prend une expression démoniaque accompagnée d'un rire saccadé tout à fait semblable à celui que Gounod donne à Mephistophélès dans l'opéra de Faust et qui précède presque toujours un phénomène important. Tantôt il rougit ; les yeux deviennent brillants, mouillés et largement ouverts ; le sourire et les mouvements caractérisent l'extase érotique ; elle appelle « mio caro », s'appuie sur l'épaule de son voisin et cherche des caresses quand elle le croit sympathique. C'est alors que se produisent les phénomènes dont la réussite lui cause des frissons agréables, même voluptueux. Pendant ce temps les jambes et les bras sont dans un état de forte tension, presque de raideur, ou bien éprouvent des contractions convulsives, parfois une trépidation, qui s'étend au corps entier.

A ces états de suractivité nerveuse succède une période de dépression caractérisée par la pâleur presque cadavérique du visage qui souvent se couvre de sueur, et l'inertie presque complète des membres ; si on soulève sa main, elle retombe sous son propre poids.

Puis les mêmes symptômes se reproduisent alternativement un grand nombre de fois pendant les séances, qui, à l'Agnélas, ne duraient jamais beaucoup plus de deux heures, au bout desquelles Eusapia était complètement épuisée et presqu'inconsciente ; son visage exprimait alors la fatigue, la souffrance ; elle paraissait même vieillie. Elle se soutenait à peine et présentait l'apathie la plus complète ; on était obligé de la prendre sous les bras pour la conduire à la salle à manger où on lui donnaît quelques réconfortants. Elle était toujours très altérée et demandait avec insistance de l'eau pure qu'on lui refusait parce qu'en transe, John King avait prescrit de ne lui faire boire que du vin quand elle serait dans cet état (à table elle buvait ordinairement du vin pur). Le Dr Haruzewicz, le Dr Higier et M. Siemiradzki ont observé que, dans cet état, elle présentait le phénomène du *toucher à distance*, c'est-à-dire de l'*extériorisation de la sensibilité* ; je n'ai pas eu l'occasion de le vérifier à ce moment, mais je l'ai constaté dans d'autres circonstances ainsi que je l'ai dit plus haut. Cet épuisement dure de dix minutes à un quart d'heure, puis se dissipe peu à peu de lui-même. Quand on cherche à dégager Eusapia par des passes transversales ou le souffle, cela a peu d'effet.

Après les séances réussies elle a le sommeil tranquille ; après les séances difficiles ou manquées elle dort mal.

Pendant la transe, les yeux sont convulsés en haut, on n'en voit que le blanc. La présence d'esprit et la conscience en général est diminuée ou même abolie : pas de réponse ou réponse retardée sur les questions. Aussi le souvenir de ce qui s'est produit pendant les séances n'existe-t-il chez Eusapia que pour les états très voisins de son état normal et par conséquent, ils ne sont généralement relatifs qu'à des phénomènes de peu d'intensité.

Souvent, pour aider aux manifestations, elle demande qu'on lui donne de la force en mettant une personne de plus à la chaîne. Il lui est arrivé plusieurs fois, quand je n'en faisais pas partie, de m'appeler, de me prendre les doigts et de les presser comme pour en extraire quelque chose, puis de les repousser brusquement disant qu'elle avait assez de force « magnétique », et que ce qu'il lui fallait maintenant c'était de la force « médianimique ». Dans une des séances de lévitation auxquelles j'ai assisté, un de ses voisins faillit se trouver mal tant il se sentait épuisé.

A mesure que la transe s'accentue la sensibilité à la lumière s'accroît. Le simple passage d'une lampe allumée dans une chambre voisine dont la porte est entr'ouverte finit par provoquer chez Eusapia de véritables, quoique peu durables, spasmes du corps entier ; elle retourne alors la tête en gémissant et son visage exprime la souffrance. Selon le médium lui-même, la lumière subite lui cause de la difficulté à respirer, des battements de cœur, la sensation de la boule hystérique, l'irritation générale des nerfs, le mal de tête et des yeux, le tremblement du corps entier et les convulsions, excepté quand elle demande la lumière elle-même (ce qui lui arrive souvent quand il y a des constatations intéressantes à faire au sujet des objets déplacés), car alors son attention est trop fortement portée ailleurs.

Elle remue constamment pendant la période active des séances : on pourrait attribuer ces mouvements aux crises d'hystérie qui alors la secouent ; mais je crois qu'il faut les considérer comme nécessaires à la production des phénomènes. On verra en effet dans le procès-verbal des expériences de l'Agnélas, que, toutes les fois, qu'un mouvement devait se produire à distance elle le simulait soit avec ses mains, soit avec ses pieds et en développant une force bien plus considérable que celle qui serait nécessaire pour produire le mouvement au contact.

Voici ce qu'elle raconte elle-même de ses impressions

quand elle veut produire un mouvement à distance :
Tout d'abord, elle désire ardemment exécuter le phénomène ; puis elle éprouve l'engourdissement et la chair de poule dans les doigts ; ces sensations croissent toujours ; et en même temps, elle sent dans la région inférieure de la colonne vertébrale comme un courant qui s'étend rapidement dans le bras jusqu'au coude où il s'arrête doucement. C'est alors que le phénomène a lieu.

Pendant et après la lévitation des tables, elle éprouve de la douleur dans les genoux ; pendant et après d'autres phénomènes, dans les coudes et les bras entiers.

On trouvera des renseignements complémentaires répartis çà et là dans les chapitres suivants.

CHAPITRE II

LES EXPÉRIENCES DE NAPLES EN 1891.

Ce fut seulement à la fin de février 1891, que le professeur Lombroso, dont la curiosité avait fini par être vivement excitée, se décida à venir voir, à Naples, Eusapia Paladino dont tout le monde parlait en Italie.

En l'absence du chevalier Chiaïa, le médium lui fut présenté par M. Ciolfi et deux séances eurent lieu l'une le samedi 28 février, l'autre le lundi 2 mars à l'hôtel de Genève où M. Lombroso était descendu et avait convoqué quelques amis.

Quelques temps après, M. Ciolfi publia, dans un journal de Naples, les deux lettres qu'il avait écrites à M. Chiaïa pour lui rendre compte des expériences; on y trouve les descriptions suivantes des séances.

I. — Compte rendu de M. Ciolfi.

1re séance.

On avait mis à notre disposition une vaste chambre choisie par ces Messieurs au premier étage. M. Lombroso commença par examiner avec soin le médium, après quoi nous prîmes place autour d'une table à jeu, Mme Paladino à un bout ; à sa gauche, MM. Lombroso et Gigli ; moi, en face du médium, entre MM. Gigli et Vizioli ; venaient ensuite MM. Ascensi et Tamburini qui fermaient le cercle, ce dernier à la droite du médium en contact avec lui.

Des bougies sur un meuble, derrière Mme Paladino, éclairaient la pièce. MM. Tamburini et Lombroso tenaient chacun une main du médium ; leurs genoux touchaient les siens, loin des pieds de la table ; et elle avait ses pieds sous les leurs.

Après une attente assez longue, la table se mit à se mouvoir, lentement d'abord, ce qu'explique le scepticisme, sinon l'esprit d'opposition déclarée de ceux qui composaient le cercle pour la première fois ; puis, peu à peu, les mouvements augmentèrent d'intensité.

M. Lombroso constata le soulèvement de la table, et évalua à cinq ou six kilogrammes la résistance à la pression qu'il eut à exercer avec les mains pour le faire cesser.

Ce phénomène d'un corps pesant qui se tient soulevé en l'air, en dehors de son centre de gravité, et résiste à une pression de cinq à six kilogrammes, surprit et étonna beaucoup les doctes assistants qui l'attribuèrent uniquement à l'action d'une force magnétique inconnue.

A ma demande, des coups et des grattements se firent entendre dans la table ; de là nouvelle cause d'étonnement, qui amena ces Messieurs à réclamer d'eux-mêmes l'extinction des bougies. Tous restèrent assis et en contact comme il a été dit.

Dans une obscurité, qui n'empêchait pas la surveillance la plus attentive, on commença par entendre des coups violents sur le milieu de la table ; puis, une sonnette placée sur un guéridon, à un mètre à gauche du médium, — de sorte qu'elle se trouvait en arrière et à droite de M. Lombroso, — s'éleva en l'air, et sonna au-dessus de la tête des assistants, en décrivant un cercle autour de notre table, où elle finit par se poser.

Au milieu des expressions de stupeur profonde qu'arrachait, à ces savants témoins, ce phénomène inattendu, tandis que M. Lombroso, très impressionné, manifestait le vif désir d'entendre et de constater une fois de plus ce fait extraordinaire, la clochette recommença à sonner, et refit le tour de la table, en la frappant à coups redoublés, à tel point que M. Ascenci, partagé entre l'étonnement et l'appréhension d'avoir les doigts brisés (la sonnette pesait bien trois cents grammes), s'empressa de se lever, et d'aller s'asseoir sur un sofa, derrière moi.

Je ne manquai pas d'affirmer que nous avions affaire à une force intelligente, — ce qu'on persistait à nier, — et que, par suite, il n'y avait rien à craindre. M. Ascensi refusa quand même de reprendre place à la table.

Je fis alors observer que le cercle était rompu, puisqu'un des expérimentateurs continuait à s'en tenir à l'écart, et que, sous peine de ne plus pouvoir observer sérieusement les phénomènes, il fallait du moins qu'il gardât le silence et l'immobilité.

M. Ascensi voulut bien s'y engager.

La lumière éteinte, et la chaîne reconstituée autour de la table, dans l'ordre indiqué ci-dessus, sauf pour

M. Ascensi resté sur le divan en arrière à gauche de moi, les expériences furent reprises.

Tandis que, pour répondre au vœu unanime, la clochette reprenait ses tintements et ses mystérieux circuits aériens, M. Ascensi, — sur l'avis que lui en avait donné, à notre insu, Tamburini — alla sans être aperçu (à cause de l'obscurité) se placer, debout, à la droite du médium, et, aussitôt, alluma, d'un seul coup, une allumette, si bien, — comme il l'a déclaré, — qu'il put voir la clochette, en vibration dans l'air, tomber brusquement sur un lit à deux mètres derrière Mme Paladino.

Je n'essayerai pas de vous peindre l'ébahissement des doctes assistants : un chassé-croisé de questions et de commentaires sur ce fait étrange en étaient l'expression la plus saisissante.

Après mes observations sur l'intervention de M. Ascensi qui était de nature à troubler sérieusement l'organisme du médium, on refit l'obscurité pour continuer les expériences.

D'abord ce fut une table de travail, petite, mais lourde, qui se mit en branle. Elle se trouvait à la gauche de Mme Eusapia, et c'était sur elle qu'était posée la sonnette, au début de la séance. Ce petit meuble heurtait la chaise où était assis M. Lombroso, et essayait de se hisser sur notre table.

En présence de ce nouveau phénomène, M. Vizioli se fit remplacer à notre table par M. Ascensi et alla se mettre debout, entre la table à ouvrage et Mme Eusapia ; à laquelle il tournait le dos. Cela résulte de ses déclarations, car l'obscurité ne nous a pas permis de le voir. Il prit cette table à deux mains, et chercha à la retenir ;

mais, en dépit de ses efforts, elle se dégagea et alla rouler à terre à trois mètres environ de nous.

Point important à noter : bien que MM. Lombroso et Tamburini n'eussent pas un seul instant cessé de tenir les mains de Mme Paladino, le professeur Vizioli fit savoir qu'il se sentait pincer le dos. Une hilarité générale suivit cette déclaration.

M. Vizioli ajouta que, pour lui, l'hypothèse du courant magnétique ne suffisait pas à rendre compte du phénomène du mouvement de cette table de travail, petite mais lourde, que, malgré sa solide constitution et ses efforts, il n'avait pu empêcher de s'éloigner de lui.

De son côté, M. Lombroso constata qu'il s'était senti enlever sa chaise, ce qui l'avait contraint à se tenir quelque temps debout, après quoi sa chaise avait été placée de façon à lui permettre de se rasseoir.

Il avait eu aussi les habits tirés. Enfin, sur ma demande, lui et M. Tamburini sentirent aux joues et aux doigts les attouchements d'une main invisible.

Ils n'ont pas cru devoir prendre au sérieux ces attouchements qu'ils préfèrent attribuer à leurs propres mouvements involontaires, bien qu'en même temps ils affirment n'avoir pas un seul instant rompu la chaine des mains.

En définitive, ce qui a arrêté l'attention de tous, de M. Lombroso tout particulièrement, ce sont les deux faits relatifs à la table à ouvrage et à la sonnette. Le célèbre professeur les a jugés assez importants pour renvoyer à mardi son départ de Naples fixé d'abord à lundi.

Sur sa demande, je me suis engagé pour une nouvelle séance, lundi à l'hôtel de Genève.

Voilà, mon cher ami, les faits tels qu'ils se sont passés ; je vous les fais connaître sans commentaires, laissant à l'impartiale loyauté de M. Lombroso et de ses savants collègues, le soin de leur appréciation.

2ᵉ Séance.

Ainsi que je vous l'avais écrit, le lundi, 2 courant, à huit heures du soir, j'arrivais à l'hôtel de Genève accompagné du médium, Mme Eusapia Paladino.

Nous avons été reçus sous le péristyle par MM. Lombroso, Tamburini, Ascensi et plusieurs personnes qu'ils avaient invitées : les professeurs Gigli, Limoncelli, Vizioli, Bianchi, directeur de l'hospice d'aliénés de Sales, le docteur Penta, et un jeune neveu de M. Lombroso, qui habite Naples.

Après les présentations d'usage, on nous a priés de monter à l'étage le plus élevé de l'hôtel, où l'on nous a fait entrer dans une très grande pièce à alcôve.

Déjà, dans la matinée, Mme Paladino avait été examinée par M. Lombroso, qui invita néanmoins ses collègues et amis à procéder avec lui à un nouvel examen psychiatrique du médium.

L'examen terminé, et avant de prendre place autour d'une lourde table qui se trouvait là, on baissa les grands rideaux d'étoffe qui fermaient l'alcôve ; puis, derrière ces rideaux, à une distance de plus d'un mètre, mesurée par MM. Lombroso et Tamburini, on plaça dans cette alcôve un guéridon avec une soucoupe de porcelaine remplie de farine, dans l'espoir d'y obtenir des empreintes, une trompette de fer blanc, du papier, une enveloppe cachetée contenant une feuille de papier blanc, pour voir si l'on n'y trouverait pas de l'*écriture directe*.

Après quoi tous les assistants, — moi excepté, — visitèrent minutieusement l'alcôve, afin de s'assurer qu'il ne s'y trouvait rien de préparé dans le but de surprendre leur bonne foi.

Mme Paladino, s'assit à la table, à cinquante centimètres des rideaux de l'alcôve, leur tournant le dos ; puis, sur sa demande, elle eut le corps et les pieds liés à sa chaise, au moyen de bandes de toiles, par trois professeurs qui lui laissèrent uniquement la liberté des bras. Cela fait, on prit place à la table dans l'ordre suivant : à gauche de Mme Eusapia, M. Lombroso ; puis en suivant, MM. Vizioli, moi, le neveu de M. Lombroso, MM. Gigli, Limoncelli, Tamburini ; enfin le docteur Penta qui complétait le cercle et se trouvait à droite du médium.

Sur ma demande formelle, les personnes assises à la table plaçaient les mains dans celles de leurs voisins, et se mettaient en contact avec eux par les pieds et les genoux. De la sorte, plus d'équivoque, de doute ni de malentendu possible.

MM. Ascensi et Bianchi refusèrent de faire partie du cercle et restèrent debout derrière MM. Tamburini et Penta.

Je laissai faire, certain que c'était là une combinaison préméditée pour redoubler de vigilance. Je me bornai à recommander que, tout en observant avec le plus grand soin, chacun se tînt tranquille.

Les expériences commencèrent à la lumière de bougies en nombre suffisant pour que la pièce fût bien éclairée. Sur mon avis, quelques bougies inutiles furent éteintes.

Après une longue attente, la table se mit en branle, lentement d'abord, puis avec plus d'énergie : toutefois, les mouvements restèrent intermittents, laborieux et beaucoup moins vigoureux qu'à la séance de samedi.

La table réclama spontanément par des battements de pied représentant les lettres de l'alphabet, que MM. Limoncelli et Penta prissent la place l'un de l'autre. Cette mutation opérée, la table indiqua de faire de l'obscurité. Il n'y eut pas d'opposition, et chacun conserva la place qu'il occupait.

Un moment après, et avec plus de force cette fois, reprirent les mouvements de la table, au milieu de laquelle des coups violents se firent entendre. Une chaise, placée à la droite de M. Lombroso, tenta l'ascension de la table, puis se tint suspendue au bras du savant professeur. Tout d'un coup, les rideaux de l'alcôve s'agitèrent et furent projetés sur la table, de façon à envelopper M. Lombroso, qui en fut très ému, comme il l'a déclaré lui-même.

Tous ces phénomènes survenus à de longs intervalles, dans l'obscurité et au milieu du bruit des conversations, ne furent pas pris au sérieux : on voulut n'y voir que des effets du hasard, ou des plaisanteries de quelques-uns des assistants qui avaient voulu s'égayer aux dépens des autres.

Pendant qu'on se tenait dans l'expectative, discutant sur la valeur des phénomènes, et le plus ou moins de cas à en faire, on entendit le bruit de la chute d'un objet. La lumière allumée, on trouva, à nos pieds, sous la table, la trompette qu'on avait placée sur le guéridon, dans l'alcôve, derrière les rideaux.

Ce fait, qui fit beaucoup rire MM. Bianchi et Ascensi,

surprit les expérimentateurs, et eut pour conséquence de fixer davantage leur attention.

On refit l'obscurité, et, à de longs intervalles, à force d'insistance, on vit paraître et disparaître quelques lueurs fugitives. Ce phénomène impressionna MM. Bianchi et Ascensi, et mit un terme à leurs railleries incessantes, si bien qu'ils vinrent, à leur tour, prendre rang dans le cercle.

Au moment de l'apparition des lueurs, et même quelque temps après qu'elles eurent cessé de se montrer, MM. Limoncelli et Tamburini, à la droite du médium, dirent qu'ils étaient touchés, à divers endroits, par une main. Le jeune neveu de M. Lombroso, absolument sceptique, qui était venu s'asseoir à côté de M. Limoncelli, déclara qu'il sentait les attouchements d'une main de chair, et demanda avec insistance qui faisait cela. Il oubliait — à la fois douteux et naïf — que toutes les personnes présentes, comme lui-même d'ailleurs, formaient la chaîne et se trouvaient en contact réciproque.

Il se faisait tard et, comme je l'ai dit, le peu d'homogénéité du cercle entravait les phénomènes. Dans ces conditions, je crus devoir lever la séance et faire rallumer les bougies.

Pendant que MM. Limoncelli et Vizioli prenaient congé, le médium encore assis et lié, nous tous, debout autour de la table, causant de nos phénomènes lumineux, comparant les effets rares et faibles, obtenus dans la soirée, avec ceux du samedi précédent, cherchant la raison de cette différence, nous entendîmes du bruit dans l'alcôve, nous vîmes les rideaux qui la fermaient agités fortement, et le guéridon qui se trouvait derrière eux s'avancer lentement vers Mme Paladino, toujours assise et liée.

A l'aspect de ce phénomène étrange, inattendu et en pleine lumière, ce fut une stupeur, un ébahissement général. M. Bianchi et le neveu de M. Lombroso se précipitèrent dans l'alcôve, avec l'idée qu'une personne cachée y produisait le mouvement des rideaux et du guéridon. Leur étonnement n'eut plus de bornes après qu'ils eurent constaté qu'il n'y avait personne, et que, sous leurs yeux, le guéridon continuait de glisser sur le parquet, dans la direction du médium.

Ce n'est pas tout : le professeur Lombroso fit remarquer que, sur le guéridon en mouvement, la soucoupe était retournée sans dessus dessous, sans que, de la farine qu'elle contenait, il se fût échappé une parcelle ; et il ajouta qu'aucun prestidigitateur ne serait capable de faire un semblable tour.

En présence de ces phénomènes survenus après la rupture du cercle, de façon à écarter toute hypothèse de courant magnétique, le professeur Bianchi, obéissant à l'amour de la vérité et de la science, avoua que c'était lui qui avait, par manière de plaisanterie, combiné et exécuté la chute de la trompette, mais que, devant de pareils faits, il ne pouvait plus nier, et allait se mettre à les étudier avec soin pour en rechercher les causes.

Le professeur Lombroso se plaignit du procédé, et fit observer à M. Bianchi qu'entre professeurs, réunis pour faire en commun des études et des recherches scientifiques, de semblables mystifications de la part d'un collègue tel que lui ne pouvaient porter atteinte qu'au respect dû à la science.

Le professeur Lombroso, en proie à la fois au doute

et aux mêmes idées qui lui mettaient l'esprit à la torture, prit l'engagement d'assister à de nouvelles réunions spirites, à son retour de Naples, l'été prochain.

J'ai depuis rencontré le professeur Bianchi ; il a insisté vivement pour avoir une autre séance de Mme Paladino, et a manifesté le désir de la voir, à l'asile d'aliénés, pour l'examiner à loisir.

M. Ciolfi ayant communiqué ces deux rapports à M. Lombroso, l'éminent professeur de Turin en confirma l'exactitude par la lettre suivante datée du 25 juin 1891.

Cher Monsieur,

Les deux rapports que vous m'adressez sont de la plus complète exactitude. J'ajoute, qu'avant qu'on eût vu la farine renversée, le médium avait annoncé qu'il en saupoudrerait le visage de ses voisins ; et tout porte à croire que telle était son intention, qu'il n'a pu réaliser qu'à moitié, preuve nouvelle, selon moi, de la parfaite honnêteté de ce sujet jointe à son état de semi-inconscience.

Je suis tout confus et au regret d'avoir combattu, avec tant de persistance, la possibilité des faits dits spirites ; je dis, des faits, parce que je reste encore opposé à la théorie.

Veuillez saluer, en mon nom, M. E. Chiaïa, et faire examiner, si c'est possible, par M. Albini, le champ visuel et le fond de l'œil du médium, sur lesquels je désirerais me renseigner.

Votre bien dévoué,

C. LOMBROSO.

M. Lombroso ne tarda pas à publier, lui-même, ses expériences et ses réflexions dans un article que je reproduis ici d'après les *Annales des Sciences physiques*.

II. — Récit de M. Lombroso.

Peu de savants ont été, plus que moi, incrédules au spiritisme. Pour s'en convaincre il suffit de consulter mon ouvrage *Pazzi ed Anomali* (Les Fous et les Anormaux) comme aussi mes *Studi sull' Ipnotismo (Etudes sur l'Hypnotisme)* dans lesquels je me suis laissé aller presque jusqu'à insulter les spirites. Je trouvais et je trouve encore aujourd'hui plusieurs assertions des spirites complètement inadmissibles : ainsi, par exemple, la possibilité de faire causer et agir les morts. Les morts n'étant qu'un amas de substances inorganiques, il voudrait autant prétendre que les pierres pensent, que les pierres parlent.

Une autre raison de mon incrédulité, c'était l'obscurité où se passent presque toujours les expériences, car un physiologiste n'admet que les faits qu'il peut bien voir en pleine lumière.

Mais, après avoir entendu quelques savants nier des faits d'hypnotisme, comme la transmission de la pensée, la transposition des sens qui, pour être rares, n'en sont pas moins positifs et que j'avais constatés *de visu*, je fus amené à me demander si mon scepticisme à l'égard des faits spirites n'était pas de même nature que celui des autres savants pour les phénomènes hypnotiques.

L'offre m'ayant été faite d'examiner les faits produits en présence d'un médium vraiment extraordinaire —

Mme Eusapia — j'acceptai avec d'autant plus d'empressement que je pouvais les étudier avec le concours d'aliénistes distingués (Tamburini, Virgilio, Bianchi, Vizioli) qui étaient presque aussi sceptiques que moi sur la question et qui purent m'assister dans le contrôle des phénomènes.

Nous prîmes les plus grandes précautions. Ayant examiné la personne d'après la méthode de la psychiatrie moderne, nous avons constaté une remarquable obtusité du tact (3, 6), des troubles hystériques, peut-être même épileptiques, et des traces d'une blessure profonde au pariétal gauche.

Les pieds et les mains de Mme Eusapia furent immobilisés par le Dr Tamburini et par moi, à l'aide de nos pieds et de nos mains.

Nous avons commencé et terminé nos expériences avec la lampe allumée et, de temps en temps, un de nous enflammait à l'improviste une allumette pour éviter toute supercherie.

Les faits observés furent assez singuliers : nous pûmes constater, en pleine lumière, le soulèvement d'une table et de nos chaises, et nous avons trouvé que l'effort fait pour les abaisser équivalait à un poids de 5 à 6 kilogrammes. Sur la demande d'un des assistants — M. Ciolfi — qui connaissait le médium depuis longtemps, des coups se firent entendre à l'intérieur de la table. Ces coups (dans un langage conventionnel, soi-disant spirite) répondaient tout à fait à propos aux demandes faites sur l'âge des personnes présentes et sur ce qui devait arriver et arriva en effet au moyen du pouvoir d'un soi-disant esprit.

L'obscurité faite, nous commençâmes à entendre plus

forts des coups donnés au milieu de la table, et, peu après, une sonnette, placée sur un guéridon à plus d'un mètre d'Eusapia, se mit à sonner dans l'air et au-dessus de la tête des personnes assises, puis descendit sur notre table. Quelques moments après, elle alla se placer sur un lit éloigné de 2 mètres du médium. Pendant que, sur la demande des assistants, nous entendions sonner cette sonnette, le Dr Ascensi, sur l'invitation de l'un de nous, alla se placer debout derrière Mme Eusapia et il enflamma une allumette, de sorte qu'il put voir la sonnette suspendue dans l'air et allant tomber sur le lit, derrière le rideau.

Ensuite, et toujours dans l'obscurité, nous entendîmes une table remuer et, pendant que les mains du médium étaient toujours bien serrées par le Dr Tamburini et moi, le professeur Vizioli se sentait ou tirer la moustache ou picoter les genoux par des contacts paraissant venir d'une main petite et froide.

En même temps je sentis ma chaise enlevée sous moi, puis bientôt remise à sa place.

Une lourde tenture de l'alcôve, placée à plus d'un mètre du médium, se transporta tout à coup comme poussée par le vent vers moi et m'enveloppa complètement. J'essayai de m'en débarrasser ; mais je n'y réussis qu'avec beaucoup de peine.

Les autres assistants aperçurent à dix centimètres au-dessus de ma tête et de celle du professeur Tamburini, de petites flammes jaunâtres.

Mais ce qui m'étonna le plus, ce fut le transport d'une assiette pleine de farine qui eut lieu de façon que celle-ci resta comme coagulée ainsi que de la gélatine. Cette assiette avait été placée dans l'alcôve, à plus d'un mètre et demi de nous. Le médium avait pensé à la faire bouger, mais autrement, c'est-à-dire en nous saupoudrant la figure avec son contenu ; en effet, Mme Eusapia avait dit, au milieu de ses convulsions : « Prenez garde, je vous saupoudrerai le visage à vous tous avec la farine qui se trouve ici. » La lampe ayant été aussitôt rallumée, nous rompîmes la chaîne que nous faisions autour de la table et nous trouvâmes l'assiette et la farine transportées.

Peu après nous vîmes un gros meuble placé plus loin que l'alcôve, à deux mètres de nous, s'approcher lentement vers nous comme s'il était porté par quelqu'un. On aurait dit un gigantesque pachyderme s'avançant vers nous.

Dernièrement je répétais ces expériences avec les professeurs de Amicis, Chiaïa, Verdinois : j'ai vu un siège sauter d'en bas sur la table et retourner en bas.

J'avais fait tenir deux dynamomètres à Mme Eusapia : ils marquèrent 37 et 36 kilogs. Pendant la séance, et tandis que nous serrions les mains du médium, elle nous dit : « Maintenant on force les machines. » Nous faisons la lumière et les deux dynamomètres, *qui étaient loin d'elle* (un demi-mètre), marquaient 42 kilogs.

Des expériences analogues ont été exécutées par les docteurs Barth et Defiosa, qui m'écrivirent avoir vu et entendu, plusieurs fois, une sonnette tinter dans l'air sans être agitée par personne. Le banquier Hirsch, qui se trouvait avec eux, ayant demandé à causer avec une personne qui lui était chère, il vit son image et l'entendit parler en français (elle était Française et morte depuis 20 ans) (1). De même le Dr Barth vit son père mort et

(1) Eusapia a vécu douze jours chez moi et elle n'a jamais pu me dire que quelques mots de français, isolés, malgré le désir

se sentit à deux reprises embrasser par lui. Tous virent de petites flammes sur la tête de Mme Eusapia.

Aucun de ces faits (qu'il faut pourtant admettre parce qu'on ne peut nier des faits qu'on a vus) n'est de nature à faire supposer pour les expliquer un monde différent de celui admis par les neuro-pathologistes.

Avant tout, il ne faut pas perdre de vue que Mme Eusapia est névropathe, qu'elle reçut dans son enfance un coup au pariétal gauche ayant produit un trou assez profond pour qu'on puisse y enfoncer un doigt, qu'elle resta ensuite sujette à des accès d'épilepsie, de catalepsie, d'hystérie, qui se produisent surtout pendant les phénomènes médianimiques, qu'elle présente enfin une remarquable obtusité du tact.

C'étaient des névropathes aussi, ces médiums admirables tels que Hume, Slade, etc.

Eh bien ! je ne vois rien d'inadmissible à ce que, chez les hystériques et les hypnotiques, l'excitation de certains centres, qui devient puissante par la paralysie de toute les autres et provoque alors une transposition et une transmission de forces psychiques, puisse aussi amener une transformation en force lumineuse ou en force motrice. On comprend aussi comment la force que j'appellerai corticale ou célébrale d'un médium peut, par exemple, soulever une table, tirer la barbe à quelqu'un, le battre, le carresser, phénomènes assez fréquents dans ce cas.

Pendant la transposition des sens due à l'hypnotisme, quand, par exemple, le nez et le menton voient (et c'est

---

évident qu'elle avait de pouvoir causer avec moi qui comprends difficilement l'italien. A. R.

un fait que j'ai vu de mes yeux), alors que pendant quelques instants tous les autres sens sont paralysés, le centre cortical de la vision, qui a son siège dans le cerveau, acquiert une telle énergie qu'il se substitue à l'œil. C'est ce que nous avons pu constater, Ottolenghi et moi, chez trois hypnotisés, en nous servant de la loupe et du prisme.

CHAPITRE III

LES EXPÉRIENCES DE MILAN EN OCTOBRE 1892

I. — Rapport de la Commission.

Préambule.

Prenant en considération le témoignage du professeur Cesare Lombroso au sujet des phénomènes médianimiques qui se produisent par l'intermédiaire de Mme Eusapia Paladino, les soussignés se sont réunis ici à Milan pour faire avec elle une série d'études en vue de vérifier ces phénomènes, en la soumettant à des expériences et à des observations aussi rigoureuses que possible. Il y a eu en tout dix-sept séances, qui se sont tenues dans l'appartement de M. Finzi (rue du Mont-de-Piété) entre 9 heures du soir et minuit.

Le médium, invité à ces séances par M. Aksakof, fut présenté par le chevalier Chiaïa, qui assista seulement à un tiers des séances et presque uniquement aux premières et aux moins importantes.

Vu l'émotion produite dans le monde de la presse par l'annonce de ces séances, et le diverses appréciations qui y furent émises à l'égard de Mme Eusapia et du chevalier Chiaïa, nous croyons devoir publier sans retard ce court compte rendu de toutes nos observations et expériences.

Avant d'enter en matière, nous devons faire immédiatement remarquer que les résultats obtenus ne correspondront pas toujours à notre attente. Non pas que nous n'ayons en grande quantité de faits en apparence ou réellement importants et merveilleux, mais, dans la plupart des cas, nous n'avons pu appliquer les règles de l'art expérimental qui, dans d'autres champs d'observation, sont regardées comme nécessaires pour arriver à des résultats certains et incontestables.

La plus importante de ces règles consiste à changer l'un après l'autre les modes d'expérimentation, de façon à dégager la vraie cause, ou au moins les vraies conditions de tous les faits. Or, c'est précisément à ce point de vue que nos expériences nous semblent encore trop incomplètes.

Il est bien vrai que souvent le médium, pour prouver sa bonne foi, proposa spontanément de changer quelque particularité de l'une ou de l'autre expérience, et bien des fois prit lui-même l'initiative de ces changements. Mais cela se rapportait surtout à des circonstances indifférentes en apparence, d'après notre manière de voir. Les changements, au contraire, qui nous semblaient nécessaires pour mettre hors de doute le vrai caractère des résultats, ou ne furent pas acceptés comme possibles par le médium, ou, s'ils furent réalisés, réussirent la plupart du temps à rendre l'expérience nulle, ou au moins aboutirent à des résultats obscurs.

Nous ne nous croyons pas en droit d'expliquer ces faits à l'aide de ces suppositions injurieuses que beaucoup trouvent encore les plus simples et dont les journaux se sont faits les champions.

Nous pensons au contraire qu'il s'agit ici de phénomènes

d'une nature inconnue, et nous avouons ne pas connaître les conditions nécessaires pour qu'ils se produisent. Vouloir fixer ses conditions de notre propre chef, serait donc aussi extravagant que de prétendre faire l'expérience du baromètre de Torricelli avec un tube fermé en bas, ou des expériences électrostatiques dans une atmosphère saturée d'humidité, ou encore de faire de la photographie en exposant la plaque sensible à la pleine lumière avant de la placer dans la chambre obscure. Mais pourtant en admettant tout cela (et pas un homme raisonnable n'en peut douter), il n'en reste pas moins vrai que l'impossibilité bien marquée de varier les expériences à notre guise a singulièrement diminué la valeur et l'intérêt des résultats obtenus, en leur enlevant dans bien des cas cette rigueur de démonstration qu'on est en droit d'exiger pour des faits de cette nature, ou plutôt à laquelle on doit aspirer.

Pour ces raisons, parmi les innombrables expériences effectuées, nous passerons sous silence, ou nous mentionnerons rapidement, celles qui nous paraîtront peu probantes et à l'égard desquelles les conclusions ont pu facilement varier chez les divers expérimentateurs. Nous noterons au contraire avec plus de détails les circonstances dans lesquelles, malgré l'obstacle que nous venons d'indiquer, il nous semble avoir atteint un degré suffisant de probabilité (1).

---

(1) On a ajouté au rapport quelques remarques envoyées postérieurement par M. Aksakof. Elles se trouvent au bas des pages et signées de son nom.

DESCRIPTION DES EXPÉRIENCES

§ A

PHÉNOMÈNES OBSERVÉS A LA LUMIÈRE

ART. 1. — *Mouvements mécaniques non explicables par le seul contact des mains.*

a) Soulèvement latéral de la table sous les mains du médium, assis à l'un des petits côtés.

Nous nous sommes servis, pour cette expérience, d'une table de sapin faite tout exprès par M. Finzi (longueur : $1^m,10$; largeur : $0^m,70$; hauteur : $0^m,80$; poids : 8 kil.). Parmi les divers mouvements de la table au moyen desquels les réponses sont données, il a été impossible de ne pas observer particulièrement les coups produits fréquemment par deux des pieds, soulevés en même temps sous les mains du médium, *sans être précédés d'aucun mouvement latéral de la table*, avec force et rapidité, et plusieurs fois de suite comme si la table eût été soudée aux mains du médium, mouvements d'autant plus remarquables que le médium était toujours assis à l'une des extrémités, et sans que nous cessions jamais de lui tenir les mains et les pieds. Comme ces phénomènes se produisent presque toujours et avec la plus grande facilité, pour mieux observer, nous avons laissé (dans la séance du 3 octobre) le médium seul à la table, les deux mains placées tout entières sur la face supérieure et les manches relevées jusqu'aux coudes.

Nous nous sommes tenus debout à l'entour, et l'espace sur et sous la table était bien éclairé. Dans ces conditions, la table se souleva avec un angle de 30 à 40 degrés, et s'y maintint quelques minutes pendant que le médium tenait les jambes étendues et frappait ses pieds l'un contre l'autre. En exerçant avec la main une pression sur le côté soulevé de la table, nous avons senti une résistance élastique considérable.

b) Mesure de la force appliquée au soulèvement latéral de la table.

Pour cette expérience, la table fut suspendue par un des petits côtés à un dynamomètre attaché par une corde ; celle-ci était fixée à une poutrelle supportée par deux armoires. Dans ces conditions, l'extrémité de la table étant soulevée de 15 centimètres, le dynamomètre marquait 35 kil. Le médium s'assit au même petit côté avec les mains *entièrement* placées sur la table, à droite et à gauche du point d'attache du dynamomètre. Nos mains formaient la chaîne sur la table, sans pression : de cette façon d'ailleurs, nos mains n'auraient pu, *en aucun cas,* agir que pour *augmenter* la pression exercée sur la table. On exprima le désir qu'au contraire la pression diminuât, et bientôt la table commença à se soulever du côté du dynamomètre M. Gerosa, qui suivait les indications de l'appareil, annonça cette diminution, exprimée par les chiffres successifs : 3, 2, 1, 0 kilogr., puis le soulèvement fut tel que le dynamomètre reposait horizontalement sur la table.

Alors, nous changeâmes les conditions en mettant les mains sous la table ; le médium en particulier les mit, non pas sous le bord, où il aurait pu atteindre la corniche et exercer une traction vers le bas, mais *sous la corniche même qui joint les pieds*, et touchant celle-ci non pas avec la paume, mais *avec le dos de la main.* Ainsi, toutes les mains n'auraient pu que diminuer la traction sur le dynamomètre ; sur le désir que cette traction augmente, bientôt M. Gerosa annonça que les indications croissaient de 3^{kil}, 5 jusqu'à 5^{kil}, 6.

Pendant toutes ces expériences, chacun des pieds du médium restait sous le pied du plus proche de ses voisins de droite et de gauche.

c) Soulèvement complet de la table.

Il était naturel de conclure que si la table, par une contradiction apparente avec les lois de la gravitation, pouvait se soulever en partie, elle pourrait aussi se soulever entièrement. C'est en effet ce qui eut lieu, et ce soulèvement, un des phénomènes les plus fréquents avec Eusapia, se prêta à un examen satisfaisant.

Il se produit habituellement dans les conditions suivantes : les personnes assises autour de la table y placent les mains et font la chaîne : chaque main du médium est tenue par la main adjacente de ses deux voisins, chacun de ses pieds reste sous les pieds des voisins qui pressent en outre ses genoux avec les leurs ; il est comme d'habitude assis à l'un des petits côtés, *position la moins favorable pour un soulèvement mécanique.* Au bout de quelques minutes, la table fait un mouvement de côté, se soulève soit à droite, soit à gauche, et tout entière enfin avec les quatre pieds en l'air, horizontalement (comme si elle flottait dans un liquide), ordinairement à une hauteur de 10 ou 20 centimètres (exceptionnellement jusqu'à 60 ou 70 centimètres), puis retombe simultanément sur les quatre pieds (*Planche I*).

Pl. I, p. 47 — LÉVITATION DE TABLE — Milan, 1892

M. Schiaparelli   Eusapia   Le Prof. Brofferio, debout.
  par terre.   M. du Prel, assis.

Souvent elle se tient en l'air pendant plusieurs secondes et fait encore, en l'air, des mouvements ondulatoires, pendant lesquels on peut examiner complètement la position des pieds sous la table. Pendant le soulèvement, la main droite du médium quitte souvent la table, ainsi que celle de son voisin, et se tient en l'air au-dessus. Pendant l'expérience, le visage du médium se convulse ; ses mains se contractent ; il gémit et semble souffrir, comme en général quand un phénomène va se produire.

Pour mieux observer le fait en question, nous avons éliminé peu à peu les personnes placées à la table, ayant reconnu que la chaîne formée par plusieurs personnes n'était point nécessaire, ni pour ce phénomène ni pour les autres, et enfin nous n'en avons laissé qu'une seule avec le médium, placée à sa gauche ; cette personne mettait le pied sur les deux pieds d'Eusapia et une main sur ses genoux, et tenait de l'autre main la main gauche du médium, dont la droite était sur la table, en vue de tous, ou bien le médium la tenait en l'air pendant le soulèvement (*Planche I*).

Comme la table restait en l'air pendant plusieurs secondes, il fut possible d'obtenir plusieurs photographies du phénomène, chose qui n'avait pas encore été faite. Trois appareils photographiques agissaient ensemble en différents points de la chambre, et la lumière était produite par une lampe de magnésium au moment opportun. On obtint en tout vingt et une photographies dont quelques-unes sont excellentes ; ainsi sur l'une d'entre elles (la première dont on fit l'essai), on voit le professeur Richet qui tient une main, les genoux et un pied du médium, dont le professeur Lombroso tenait l'autre main, et la table soulevée horizontalement, ce que l'on voit

Planche II. — Lévitation de la table, à Milan, en 1892, d'après une photographie instantanée.
Medium : Eusapia.
Contrôleurs : les professeurs Lombroso et Richet.

dans l'intervalle compris entre l'extrémité de chaque pied et l'extrémité de l'ombre portée correspondance (*Planche II*).

Dans toutes les expériences qui précèdent, nous attachâmes principalement notre attention à bien surveiller la position des mains et des pieds du médium, et, sous ce rapport, nous croyons pouvoir les dire à l'abri de toute objection.

Toutefois, par scrupule de sincérité, nous ne pouvons passer sous silence un fait auquel nous n'avons commencé à prêter attention que le soir du 5 octobre, mais qui probablement a dû se produire aussi dans les expériences précédentes. Il consiste en ceci que les quatre pieds de la table ne pouvaient être considérés comme parfaitement isolés pendant le soulèvement, parce que l'un d'eux au moins était en contact avec le bord inférieur de la robe du médium.

Ce soir-là, on remarqua qu'un peu avant le soulèvement, la jupe d'Eusapia, du côté gauche, se gonflait jusqu'à venir toucher le pied voisin de la table.

L'un de nous ayant été chargé d'empêcher ce contact, la table ne put se soulever comme les autres fois, et ceci n'eut lieu que quand l'observateur laissa intentionnellement se produire le contact, qui est manifeste dans les photographies prises de cette expérience, et aussi dans celles où le pied en question est visible en quelque façon à son extrémité inférieure. On remarqua qu'en même temps le médium avait la main appuyée sur la face supérieure de la table, et du même côté, de sorte que ce pied était sous l'influence du médium, tant dans la partie inférieure au moyen de la robe que dans la partie supérieure au moyen de la main.

On ne vérifia point le degré de pression exercé en ce moment sur la table par la main du médium, et on ne put rechercher, vu la brièveté du soulèvement, quelle part d'influence put avoir le contact de la robe (qui paraît se faire latéralement) pour faire soutenir la table (1).

Pour éviter ce contact, on se proposa d'opérer le soulèvement pendant que le médium et ses coopérateurs resteraient debout ; mais ce fut sans succès (2). On essaya aussi de placer le médium à l'un des plus longs côtés de la table, mais le médium s'y opposa en disant que c'était impossible. Nous sommes donc forcés de déclarer que nous n'avons pas réussi à obtenir un soulèvement

---

(1) Je dois pourtant remarquer, qu'à la toute première séance, lorsque la table s'était entièrement soulevée en l'air, les deux bras et les deux mains d'Eusapia étaient étendus au-dessus de la table, *sans la toucher*, à une hauteur à peu près de 5 centimètres, ses poings étaient convulsivement fermés et ses bras se tordaient. J'ai bien remarqué cette particularité, et je l'ai immédiatement notée, car jamais encore je n'avais vu un soulèvement de table dans ces conditions. Particularité importante à observer dans les expériences futures.

D'un autre côté, à la séance du 15 octobre, lors de l'expérience avec la table, M. Richet tenait sa main entre les deux mains d'Eusapia, et il m'affirma que, lors du premier soulèvement, c'est à peine si la main d'en bas d'Eusapia touchait à la table, et, lors du second soulèvement, elle ne la touchait pas du tout.

A. AKSAKOF.

(2) Sur ma question, pourquoi le soulèvement de la table ne pourrait avoir lieu, si elle (Eusapia) se tenait debout, elle me répondit que pendant la production de ce phénomène les genoux et les pieds lui tremblent à tel point qu'elle ne saurait rester debout, « ce, dit-elle, dont vous pouvez vous assurer même pendant que je suis assise, en me tenant les genoux ». Mais je n'ai pas eu l'occasion de vérifier dela.

A. AKSAKOF.

complet de la table avec les quatre pieds absolument libres de tout contact, et il y a des raisons pour craindre qu'un inconvénient analogue n'ait existé dans les soulèvements de deux pieds qui ont lieu du côté du médium.

Maintenant, de quelle façon le contact d'une étoffe légère avec un pied de la table à son extrémité inférieure peut-il aider au soulèvement ? C'est ce que nous ne saurions dire. L'hypothèse que la robe peut cacher un appui solide, habilement introduit, pour servir de soutien momentané au pied de la table, est peu acceptable.

En effet, pour soutenir la table tout entière sur ce seul pied au moyen de l'action que peut produire une seule main sur la face supérieure de la table, cela exige que la main exerce sur la table une pression très forte dont nous ne pouvons supposer Eusapia capable même pendant trois ou quatre secondes.

Nous nous en sommes convaincus en faisant nous-mêmes l'épreuve avec la même table (1).

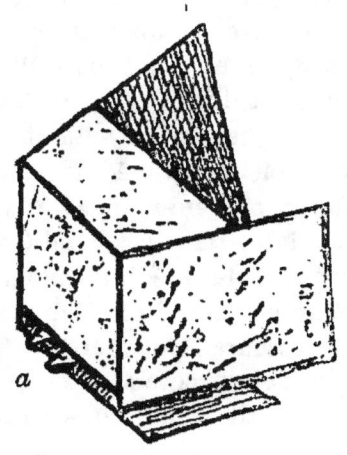

a. — Bouts des pieds du médium.

(1) Je dois remarquer que le soulèvement de la table chez Eusapia est tout à fait *sui generis*, car j'ai vu ce phénomène bien des fois, chez bien des médiums, mais jamais dans ces conditions. J'ai fait à ce sujet une expérience parfaitement concluante. En 1876 j'avais invité Mrs Mary Marshall (St-Clair) pour notre comité scientifique ; elle obtenait très facilement le soulèvement complet de la table, en plein jour. Pour avoir ce phénomène, sous conditions absolues, je fis faire un tablier en bois, pour en couvrir les genoux et les pieds du médium : c'était, pour ainsi dire, une boîte sans couvercle, renversée, à laquelle un côté

Les seuls soulèvements de la table exempts de cette cause d'incertitude seraient ceux dans lesquels les deux pieds les plus éloignés du médium se soulèvent ; mais cette sorte très fréquente de soulèvement est trop facile à produire par une légère pression de la main du médium sur le côté où il est placé, et on ne peut leur accorder la moindre valeur probante. Il en est de même des cas de soulèvements latéraux, sur les deux pieds placés à droite ou à gauche du médium, qu'il peut aisément produire par la simple pression d'une seule main.

d) Variation de la pression exercée par tout le corps du médium assis dans une balance.

L'expérience présentait beaucoup d'intérêt, mais aussi beaucoup de difficulté, parce que l'on comprend que tout

était enlevé. Quand le médium était assis sur une chaise, cette boîte, par le côté enlevé, était poussée sur le médium, de façon que la chaise, avec les genoux, les pieds, et toute la jupe étaient couverts par la boîte. Seulement sur le devant il y avait, près du plancher, une ouverture de 2 pouces, pour que les bouts des souliers du médium puissent en ressortir, car alors même je considérai qu'un certain espace, pour l'action fluidique présumée, devait être laissé libre. En outre, sur les deux côtés de la boîte, à droite et à gauche, au niveau du plancher, reposant sur le parquet même, étaient assujetties deux planches, pour que les voisins du médium pussent y poser leurs pieds et de cette façon prévenir tout soulèvement de la boîte par les pieds du médium. Dans ces conditions, nos yeux fixés sur les bouts des souliers du médium, nous obtînmes plusieurs fois le soulèvement complet de la table. Comme témoins, je puis nommer professeurs Boutleroff et Wagner.

Je dois encore ajouter qu'à une des séances auxquelles M. Richet avait assisté, le soulèvement complet de a table se produisit quand les deux pieds d'Eusapia, chacun à part, avaient attachés par deux ficelles, dont les bouts courts avaient été cachetés au plancher, tout près de chaque pied.

A. AKSAKOF.

mouvement volontaire ou non du médium, sur la plate-forme de la balance, peut causer des oscillations de cette plate-forme et, par suite, du levier. Pour que l'expérience fût concluante, il fallait que le levier, une fois dans sa nouvelle position, y restât quelques secondes pour permettre de mesurer le poids par le déplacement du contrepoids. On fit l'essai avec cette espérance. Le médium fut placé sur la balance, assis sur une chaise, et l'on trouva un poids total de 62 kilogrammes.

Après quelques oscillations, il se produisit un abaissement très prononcé du levier pendant plusieurs secondes, ce qui permit à M. Gerosa, placé près du levier, de mesurer le poids immédiatement : il était 52 kil., ce qui indiquait une diminution de pression équivalente à 10 kil.

Sur le désir exprimé par nous d'obtenir le phénomène inverse, l'extrémité du levier ne tarda pas à s'élever en indiquant alors une augmentation de 10 kilogr. Cette expérience fut répétée plusieurs fois, et dans cinq séances différentes : une fois elle ne donna pas de résultats, mais la dernière fois un appareil enregistreur a permis d'obtenir deux courbes du phénomène.

Nous essayâmes de reproduire nous-mêmes de semblables dépressions, et nous ne pûmes y réussir qu'en nous tenant tout debout sur la plate-forme, et appuyant alors soit d'un côté soit de l'autre, près du bord, avec des mouvements assez amples que nous n'avions jamais observés chez le médium et que n'aurait pas permis sa position sur la chaise. Toutefois, reconnaissant que l'on ne pouvait déclarer l'expérience absolument satisfaisante, nous l'avons complétée par celle qui va être décrite à l'Art. 3.

Dans cette expérience de la balance, quelques-uns d'entre nous remarquèrent que son succès dépendait probablement du contact de la robe du médium avec le plancher, sur lequel était directement placée la balance.

Cela fut vérifié par un observateur spécialement préposé, le soir du 9 octobre. Le médium étant sur la balance, celui d'entre nous qui était chargé de surveiller ses pieds vit bientôt le bord inférieur de sa robe s'allonger jusqu'à pendre en bas de la plate-forme. Tant que l'on s'opposa à cette opération (qui *certainement* n'était pas produite par les pieds du médium), la lévitation n'eut pas lieu, mais dès qu'il fut permis au bas de la robe d'Eusapia de venir toucher le plancher, on vit se produire une lévitation répétée et évidente, qui fut indiquée par une superbe courbe sur le cadran enregistreur des variations de poids.

Une autre fois nous essayâmes d'obtenir la lévitation du médium, en le plaçant sur une large planche à dessin, et celle-ci sur la plate-forme. La planche empêcha le contact de la robe avec le plancher et l'expérience ne réussit pas.

Enfin, le soir du 12 octobre, on prépara une autre balance en forme de peson avec une plate-forme bien isolée du plancher et distante de celui-ci d'environ 30 centimètres. Comme on veillait soigneusement à empêcher tout contact fortuit entre la plate-forme et le plancher, même par le bord de la robe d'Eusapia, l'expérience manqua. Pourtant, dans ces conditions, nous crûmes obtenir quelques résultats le 18 octobre ; mais cette fois l'expérience ne fut pas concluante, car nous conservâmes le doute qu'une mantille, dont Eusapia voulut envelopper sa tête et ses épaules, avait touché le sommet de la balance, pendant l'incessante agitation du médium.

Nous en concluons que pas une lévitation ne nous a réussi, quand le médium était parfaitement isolé du plancher.

Art. 2. — *Mouvements mécaniques avec contact indirect des mains du médium, dans des conditions à rendre impossible leur action mécanique.*

a) Mouvement horizontal de la table, le médium ayant les mains sur une tablette placée sur trois billes ou sur quatre roulettes.

Pour cette expérience, aussi concluante que difficile, les pieds de la tables furent munis de roulettes. Une tablette, longue de 42 centimètres, large de 32, fut posée sur trois billes de bois de 4 centimètres de diamètre placées sur la table. Le médium fut invité à poser les mains sur le milieu de la tablette ; ses manches furent relevées jusqu'au-dessus des coudes ; ses voisins mirent les pieds sur les siens et appuyèrent leurs genoux contre les siens, formant ainsi avec leurs jambes touchant d'un côté celles du médium deux angles dans l'ouverture desquels se trouvaient isolés les deux pieds intéressants de la table. Dans ces conditions, la table se mut plusieurs fois en avant et en arrière, à droite et à gauche, parallèlement à elle-même, de 10 à 12 centimètres, en même temps que la tablette, qui, bien qu'elle fût sur des billes, paraissait former un seul tout avec la table.

Dans une seconde expérience du même genre, les billes qui, au début du phénomène, s'échappaient facilement de dessous la tablette, furent remplacées par quatre roulettes mobiles, attachées par des pivots aux quatre angles de la tablette, ce qui donnait plus de stabilité à l'appareil, sans en rendre les mouvements plus difficiles. Le résultat fut le même que dans le cas précédent.

b) Soulèvement latéral de la table avec trois billes ou quatre roulettes et une tablette interposées entre la table et les mains du médium.

Ce phénomène, déjà obtenu dans la première expérience, fut répété avec la tablette à roulettes dans les conditions ci-dessus détaillées. La table se souleva complètement du côté du médium et sous ses mains, en même temps que la tablette à billes ou à roulettes, à une hauteur de 10 ou 15 centimètres, sans nul déplacement de la tablette, et retomba avec elle.

Par cette expérience on obtint la preuve *incontestable* que les mouvements latéraux et verticaux de la table peuvent s'obtenir, indépendamment d'un effort quelconque des mains du médium. Dans ce cas, la surveillance ne s'est exercée que sur les mains du médium ; la table étant entourée de plusieurs personnes, il n'était pas facile de vérifier si, entre les pieds de la table et la robe du médium, il y avait quelque contact, qui dans d'autres expériences semblait être une condition indispensable du succès. La même observation s'applique à l'expérience rapportée un peu plus loin à l'article 3.

Pour enlever tout motif de doute à ce sujet, on avait préparé une garniture de carton qui, enveloppant le médium et sa chaise, en forme de cylindre vertical, le protégeait de tout contact extérieur depuis le plancher jusqu'à une hauteur de 60 centimètres environ. Mais le médium, à peine le vit-il, déclara que l'obligation de s'y tenir enfermé lui aurait enlevé toute puissance. C'est pourquoi nous fûmes obligés d'y renoncer. Une seule fois nous en fîmes usage, mais dans des circonstances qui en rendaient l'emploi presque superflu.

Art. 3. — *Mouvements d'objets à distance, sans aucun contact avec une des personnes présentes.*

a) Mouvements spontanés d'objets.

Ces phénomènes ont été observés à plusieurs reprises pendant nos séances ; fréquemment une chaise placée dans ce but non loin de la table, entre le médium et un de ses voisins, se mit en mouvement et quelquefois s'approcha de la table. Un exemple remarquable se produisit dans la seconde séance, *toujours en pleine lumière* : une lourde chaise (10 kilogr.), qui se trouvait à 1 mètre de la table et derrière le médium, s'approcha de M. Schiaparelli, qui se trouvait assis près du médium : il se leva pour la remettre en place, mais à peine s'était-il rassis que la chaise s'avança une seconde fois vers lui.

b) Mouvement de la table sans contact.

Il était désirable d'obtenir ce phénomène par voie d'expérience.

Pour cela la table fut placée sur des roulettes, les pieds du médium furent surveillés comme il a été dit à l'Art. 2, et tous les assistants firent la chaîne avec les mains, y compris celles du médium. Quand la table se mit en mouvement, nous soulevâmes tous les mains sans rompre la chaîne, et la table ainsi isolée fit plusieurs mouvements, comme dans la seconde expérience. Cette expérience fut renouvelée plusieurs fois.

c) Mouvement du levier de la balance à bascule.

Cette expérience fut faite pour la première fois dans la séance du 21 septembre.

Après avoir constaté l'influence que le corps du médium exerçait sur la balance, pendant qu'il s'y tenait assis, il était intéressant de voir si cette expérience pouvait réussir à distance. Pour cela la balance fut placée derrière le dos du médium assis à la table, de telle sorte que la plate-forme fût à 10 centimètres de sa chaise.

On mit, en premier lieu, le bord de sa robe en contact avec la plate-forme : le levier commença à se mouvoir. Alors M. Brofferio s'approcha et tint le bord avec la main : il constata qu'il n'était pas du tout tendu, puis il reprit sa place.

Les mouvements continuant avec assez de force, M. Aksakof vint se placer derrière le médium, isola complètement la plate-forme du bord de sa robe, replia celui-ci sous la chaise et s'assura avec la main que l'espace était bien libre entre la plate-forme et la chaise, ce qu'il nous fit connaître aussitôt. Pendant qu'il restait dans cette position, le levier continuait à se mouvoir et à battre contre la barre d'arrêt, ce que nous avons tous vu et entendu.

Une seconde fois la même expérience fut faite dans la séance du 26 septembre, devant le professeur Richet. Quand, après une certaine attente, le mouvement du levier se produisit à la vue de tous, battant contre l'arrêt, M. Richet quitta aussitôt sa place auprès du médium et s'assura, en passant la main en l'air et par terre, entre le médium et la plate-forme, que cet espace était libre de toute communication, de toute ficelle ou artifice.

Art. 4. — *Coups et reproductions de sons dans la table.*

Ces coups se sont toujours produits pendant nos séances, pour exprimer *oui* ou *non*; quelquefois ils étaient forts et nets, et semblaient résonner dans le bois de la table, mais, comme on l'a remarqué, la localisation du son n'est pas chose facile, et nous n'avons pu essayer sur ce point aucune expérience, à l'exception des coups rythmés ou des divers frottements que nous faisions sur la table, et qui semblaient se reproduire ensuite *dans l'intérieur de la table*, mais faiblement.

§ B

PHÉNOMÈNES OBSERVÉS DANS L'OBSCURITÉ.

Les phénomènes observés dans l'obscurité complète se produisirent pendant que nous étions tous assis autour de la table, faisant la chaîne (au moins pendant les premières minutes). Les mains et les pieds du médium étaient tenus par ses deux voisins. Invariablement, les choses étant en cet état, ne tardèrent pas à se produire les faits les plus variés et les plus singuliers, que dans la pleine lumière nous aurions en vain désirés. L'obscurité augmentait évidemment la facilité de ces manifestations, que l'on peut classer comme il suit:

1. *Coups sur la table sensiblement plus forts que ceux qu'on entendait en pleine lumière sous ou dans la table. Fracas terrible, comme celui d'un grand coup de poing ou d'un fort soufflet donné sur la table.*

2. *Chocs et coups frappés contre les chaises des voisins du médium, parfois assez forts pour faire tourner la chaise avec la personne. Quelquefois, cette personne se soulevant, sa chaise était retirée.*

3. *Transport sur la table d'objets divers, tels que des chaises, des vêtements et d'autres choses, quelquefois « éloignés de plusieurs mètres » et pesant « plusieurs kilogrammes ».*

4. *Transport dans l'air d'objets divers, d'instruments de musique, par exemple; percussions et sons produits par ces objets.*

5. *Transport sur la table de la personne du médium, avec la chaise sur laquelle il était assis.*

6. *Apparition de points phosphorescents de très courte durée (une fraction de seconde) et de lueurs, notamment de disques lumineux de quelques millimètres de diamètre qui quelquefois se dédoublaient, d'une durée également courte.*

7. *Bruit de deux mains qui frappaient en l'air l'une contre l'autre.*

8. *Souffles d'air sensibles, comme un léger vent limité à un petit espace.*

9. *Attouchements produits par une main mystérieuse, soit sur les parties vêtues de notre corps, soit sur les parties nues (visage et mains); et dans ce dernier cas on éprouve exactement cette sensation de contact et de chaleur que produit une main humaine. Parfois on perçoit réellement de ces attouchements, qui produisent un bruit correspondant.*

10. *Vision d'une ou de deux mains projetées sur un papier phosphorescent, ou sur une fenêtre faiblement éclairée.*

11. *Divers ouvrages effectués par ces mains : nœuds faits et défaits, traces de crayon (selon toute apparence), laissées sur une feuille de papier ou autre part. Empreintes de ces mains sur une feuille de papier noircie.*

12. *Contact de nos mains avec une figure mystérieuse « qui n'est certainement pas celle du médium ».*

Tous ceux qui nient la possibilité des phénomènes médianimiques essaient d'expliquer ces faits en supposant que le médium a la faculté (déclarée impossible par le professeur Richet) de voir dans l'obscurité complète où se faisaient les expériences, et que celui-ci, par un habile artifice, en s'agitant de mille manières dans l'obscurité, finit par faire tenir la même main par ses deux voisins, en rendant l'autre libre pour produire les attouchements, etc. Ceux d'entre nous qui ont eu l'occasion d'avoir en garde les mains d'Eusapia sont obligés d'avouer que celle-ci ne se prêtait assurément pas à faciliter leur surveillance et à les rendre à tout instant sûrs de leur fait.

Au moment où allait se produire quelque phénomène important, elle commençait à s'agiter de tout son corps, se tordant et essayant de délivrer ses mains, surtout la droite, comme d'un contact gênant. Pour rendre leur surveillance continue, ses voisins étaient obligés de suivre tous les mouvements de la main fugitive, opération pendant laquelle il n'était pas rare de perdre son contact pendant quelques instants, juste au moment où il était le plus désirable de s'en bien assurer. Il n'était pas toujours facile de savoir si l'on tenait la main droite ou la main gauche du médium.

Pour cette raison, beaucoup des manifestations très

nombreuses, observées dans l'obscurité, ont été considérées comme d'une valeur démonstrative insuffisante, quoiqu'en réalité probable ; aussi les passerons-nous sous silence, exposant seulement quelques cas sur lesquels on ne peut avoir aucun doute, soit à cause de la certitude du contrôle exercé, soit par l'*impossibilité manifeste* qu'ils fussent l'œuvre du médium.

A) Apports de différents objets, pendant que les mains du médium étaient attachées à celles de ses voisins.

Pour nous assurer que nous n'étions pas victimes d'une illusion, nous attachâmes les mains du médium à celles de ses deux voisins, au moyen d'une simple ficelle de 3 millimètres de diamètre, de façon que les mouvements des quatre mains se contrôlassent réciproquement. La longueur de la corde entre les mains du médium était de 20 à 30 centimètres, et entre chacune des mains du médium et les mains de ses voisins, de 10 centimètres, espace ménagé afin que les mains des voisins pussent en outre tenir facilement celle du médium, pendant les mouvements convulsifs qui l'agitaient.

L'attache fut faite de la façon suivante : autour de chaque poignet du médium on fit trois tours de ficelle, sans laisser de jeu, serrés presque au point de lui faire mal, et ensuite on fit deux fois un nœud simple. Ceci fut fait pour que, si par quelque artifice la main avait pu se dégager de la ficelle, les trois tours se défissent aussitôt et que la main ne pût s'y replacer en reconstituant l'attache initiale.

Une sonnette fut placée sur une chaise, derrière le médium. On fit la chaîne, et les mains du médium furent en outre tenues comme d'habitude, ainsi que ses pieds. On fit l'obscurité, en exprimant le désir que la sonnette tintât immédiatement ; après quoi nous aurions détaché le médium. *Immédiatement*, nous entendîmes la chaise se mouvoir, décrire une courbe sur le sol, s'approcher de la table et bientôt se placer sur celle-ci. La sonnette tinta, puis fut projetée sur la table. Ayant fait brusquement la lumière, on constata que les nœuds étaient dans un ordre parfait. Il est clair que l'apport de la chaise n'a pu être produit par l'action des mains du médium, pendant cette expérience qui ne dura en tout que 10 minutes (1).

B) Empreintes de doigts obtenues sur du papier enfumé.

Pour nous assurer que nous avions vraiment affaire à une main humaine, nous fixâmes sur la table, du côté opposé à celui du médium, une feuille de papier noirci avec du noir de fumée, en exprimant le désir que la main y laissât une empreinte, que la main du médium restât propre et que le noir de fumée fût transporté sur

(1) Comme un exemple d'apport d'objet à distance, sous conditions absolument probantes, je puis mentionner ici le fait suivant : A la séance du 26 septembre, la première à laquelle assistait M. Richet, le médium avait évidemment à cœur de le convaincre de sa bonne foi : ainsi, pour une expérience dans l'obscurité, il ôta ses souliers *et mit ses deux pieds sur les genoux de M. Richet et ses deux mains dans ses mains.* Sous ces conditions, parmi autres choses (attouchement, mouvement de chaises, etc.), un tambourin qui était placé sur une chaise,— se trouvant derrière le médium, à une distance de près de 75 centimètres — fut enlevé en l'air, porté au-dessus des têtes des assistants, avec percussions dessus comme par une main ; appuyé légèrement sur la tête de M. Richet, et jeté sur la table.
A. AKSAKOF.

une de nos mains. Les mains du médium étaient tenues par celles de MM. Schiaparelli et Du Prel. On fit la chaîne et l'obscurité ; nous entendîmes alors une main frapper légèrement sur la table, et bientôt M. Du Prel annonça que sa main gauche, qu'il tenait sur la main droite de M. Finzi, avait senti des doigts qui la frottaient.

Ayant fait la lumière, nous trouvâmes sur le papier plusieurs empreintes de doigts, et le dos de la main de M. Du Prel teint de noir de fumée, dont les mains du médium, examinées immédiatement, ne portaient aucune trace. Cette expérience fut répétée trois fois, en insistant pour avoir une empreinte complète : sur une seconde feuille, en obtint cinq doigts, et sur une troisième l'empreinte d'une main gauche presque entière. Après cela, le dos de la main de M. Du Prel était complètement noirci, et les mains du médium parfaitement nettes.

C) Apparition de mains sur un fond légèrement éclairé.

Nous plaçâmes sur la table un carton enduit d'une substance phosphorescente (sulfure de calcium) et nous en plaçâmes d'autres sur les chaises en différents points de la chambre. Dans ces conditions nous vîmes très bien le profil d'une main qui se posait sur le carton de la table ; et, sur le fond formé par les autres cartons, on vit l'ombre de la main passer et repasser autour de nous.

Le soir du 21 septembre l'un de nous vit à plusieurs reprises, non pas une, mais *deux mains à la fois*, se projeter sur la faible lumière d'une fenêtre, fermée seulement par des carreaux (au dehors il faisait nuit, mais ce n'était pas l'obscurité absolue). Ces mains s'agitaient rapidement, pas assez pourtant pour qu'on n'en pût distinguer nettement le profil. Elles étaient complètement opaques et se projetaient sur la fenêtre en silhouettes absolument noires (1). Il ne fut pas possible à l'observateur de porter un jugement sur les bras auxquels ces mains étaient attachées, parce qu'une petite partie seulement de ces bras, voisine du poignet, s'interposait devant la faible clarté de la fenêtre, dans l'endroit où l'on pouvait l'observer.

(1) A la séance du 23 septembre, pendant l'obscurité, M. Schiaparelli tenait la main gauche du médium, moi sa main droite dans ma main gauche. Dans cette même main je tenais une montre qui venait d'y être mise par la main mystérieuse ; bientôt cette main veut la reprendre : je ne la rends pas ; *une lutte intéressante s'engage* entre mes doigts, qui tiennent la montre, et les doigts de la main mystérieuse, petits et forts, dans lesquels il me semblait reconnaître (tant que cela était possible dans ces conditions) le double de la main du médium ; impression qui me sembla être complétée et confirmée par l'apparition de la main mystérieuse à la lumière, à la séance du 6 octobre ; pendant que cette lutte avait lieu, et elle fut recommencée à deux reprises, j'interrogeai M. Schiaparelli plusieurs fois pour m'assurer qu'il avait bien dans ses mains la main du médium. Je fais *ici* mention de tout cela pour dire que pendant cette lutte, — comme pour cette fois c'était moi qui étais assis en face de la fenêtre, — je vis sur le fond faiblement éclairé de cette fenêtre, à deux reprises, s'abaissant de haut en bas vers la table, venant du côté du médium, quelque chose comme un bras, et ensuite quelque chose de grand et rond, comme une tête, et le médium, de son côté, chaque fois, me demandait : « Voyez-vous ? » Mais, ce qui est curieux, c'est que *ce quelque chose n'était pas noir et opaque* (comme dans les observations de M. Schiaparelli), *mais à demi transparent*, vaporeux, ou (dans la terminologie spiritique) fluidique, à contours indéfinis.

A. AKSAKOF.

Ces phénomènes d'apparition simultanée de deux mains sont *très significatifs* parce que l'on ne peut les expliquer par l'hypothèse d'une supercherie du médium, qui n'aurait pu en aucune façon en rendre libre plus d'une seule, grâce à la surveillance de ses voisins. La même conclusion s'applique au battement des *deux mains* l'une contre l'autre, qui fut entendu plusieurs fois dans l'air, pendant le cours de nos expériences.

D) Enlèvement du médium sur la table.

Nous plaçons parmi les faits les plus importants et les plus significatifs cet enlèvement qui s'est effectué deux fois, le 23 septembre et le 3 octobre : le médium, qui était assis à un bout de la table, faisant entendre de grands gémissements, fut soulevé avec sa chaise et placé avec sur la table, assis dans la même position, ayant toujours les mains tenues et accompagnées par ses voisins.

Le soir du 28 septembre, le médium, tandis que ses deux mains étaient tenues par MM. Richet et Lombroso, se plaignit de mains qui le saisissaient sous les bras, puis, dans un état de *transe*, il dit d'une voix changée qui lui est ordinaire dans cet état : « Maintenant j'apporte mon médium sur la table. » Au bout de deux ou trois secondes, la chaise, avec le médium qui y était assis, fut, non pas jetée, mais soulevée avec précaution et déposée sur la table, tandis que MM. Richet et Lombroso sont sûrs de n'avoir aidé en rien à cette ascension par leurs propres efforts. Après avoir parlé, toujours en état de *transe*, le médium annonça sa descente, et, M. Finzi s'étant substitué à M. Lombroso, le médium fut déposé à terre avec autant de sûreté et de précision, tandis que MM. Richet et Finzi accompagnaient, sans les aider en rien, les mouvements des mains et du corps, et s'interrogeaient à chaque instant sur la position des mains.

En outre, pendant la descente, tous deux sentirent à plusieurs reprises une main qui les touchait légèrement sur la tête. Le soir du 3 octobre, le même phénomène se renouvela dans des circonstances assez analogues, MM. Du Prel et Finzi se tenaient à côté du médium.

E) Attouchements.

Quelques-uns méritent d'être notés particulièrement, à cause d'une circonstance capable de fournir quelque notion intéressante sur leur origine possible ; et d'abord il faut noter les attouchements qui furent sentis par les personnes placées hors de la portée des mains du médium.

Ainsi, le soir du 6 octobre, M. Gerosa, qui se trouvait à la distance de trois places du médium (environ $1^m, 20$, le médium étant un petit côté et M. Gerosa à l'un des angles adjacents au petit côté opposé), ayant élevé la main pour qu'elle fût touchée, sentit plusieurs fois une main qui frappait la sienne pour l'abaisser, et, comme il persitait, il fut frappé avec une trompette, qui un peu auparavant avait rendu des sons en l'air.

En second lieu, il faut noter les attouchements qui constituent des opérations délicates, qu'on ne peut faire dans l'obscurité avec la précision que nous leur avons remarquée.

Deux fois (16 et 21 septembre) M. Schiaparelli eut ses lunettes enlevées et placées devant une autre personne sur la table. Ces lunettes sont fixées aux oreilles au moyen de deux ressorts, et il faut une certaine attention pour les enlever, même pour celui qui opère en pleine lumière. Elles furent pourtant enlevées dans l'obscurité complète, avec tant de délicatesse et de promptitude que le dit expérimentateur ne s'en aperçut seulement qu'en ne sentant plus le contact habituel de ses lunettes sur son nez, sur les tempes et sur les oreilles, et il dut se tâter avec les mains pour s'assurer qu'elles ne se trouvaient plus à leur place habituelle.

Des effets analogues résultèrent de beaucoup d'autres attouchements, exécutés avec une excessive délicatesse, par exemple, lorsqu'un des assistants se sentit caresser les cheveux et la barbe.

Dans toutes les innombrables manœuvres exécutées par les mains mystérieuses, il n'y eut jamais à noter une maladresse ou un choc, ce qui est ordinairement inévitable pour qui opère dans l'obscurité.

Celle-ci était, dans la plupart des cas (sauf une ou deux exceptions déjà mentionnées), aussi complète que possible, et on ne peut admettre que ni le médium, ni personne pût voir, même vaguement et confusément, le profil des personnes assises autour de la table.

On peut ajouter, à cet égard, que des corps assez lourds et volumineux, comme des chaises et des vases pleins d'argile, furent déposés sur la table, sans que jamais ces objets aient rencontré une des nombreuses mains appuyées sur cette table, ce qui était particulièrement difficile pour les chaises qui, par leurs dimensions, occupaient une grande partie de la table. Une chaise fut renversée en avant sur la table et placée dans sa longueur, sans faire de mal à personne, de telle sorte qu'elle occupait presque toute la table.

F) Contacts avec une figure humaine.

L'un de nous ayant exprimé le désir d'être embrassé, sentit devant sa propre bouche le bruit rapide d'un baiser, mais non pas accompagné d'un contact de lèvres ; cela se produisit deux fois (21 septembre et 1ᵉʳ octobre). En trois occasions différentes, il arriva à l'un des assistants de toucher une figure humaine ayant des cheveux et de la barbe ; le contact de la peau était absolument celui d'une figure d'homme vivant, les cheveux étaient beaucoup plus rudes et hérissés que ceux du médium, et la barbe, au contraire, paraissait très fine (1ᵉʳ, 5 et 6 octobre) (1).

G) Sons de trompette.

Le soir du 6 octobre, nous avions placé une trompette derrière le médium et derrière la tenture. Tout d'un coup nous l'entendîmes sonner plusieurs notes derrière nos têtes. Ceux qui étaient à côté du médium furent à même de s'assurer que le son n'arrivait certainement pas dans sa direction. La trompette transportée sur la table, dans la partie opposée au médium.

H) Expériences de Zöllner sur la pénétration d'un solide à travers un autre solide.

---

(1) La main de l'observateur qui ne tenait pas celle d'Eusapia, fut prise par la main mystérieuse et levée en l'air, au-dessus de la table, où elle put toucher le visage en question. Ledit expérimentateur, M. Schiaparelli, me communiqua un détail intéressant sur la main qui tenait là sienne : pendant tout ce temps il lui semblait que *la main qui le tenait était dans un état de vibration continuelle.* A. AKSAKOF.

On connaît les célèbres expériences par lesquelles l'astronome Zöllner a tenté de prouver expérimentalement l'existence d'une quatrième dimension de l'espace, laquelle, d'après sa manière de voir, aurait pu servir de base à une théorie acceptable de beaucoup de phénomènes médianimiques.

Quoique nous sachions bien que, selon une opinion très répandue, Zöllner a pu être victime d'une mystification fort habile, nous avons cru très important d'essayer une partie de ses expériences avec l'aide Mme Eusapia. Une seule d'entre elles qui aurait réussi, avec les précautions voulues, nous aurait récompensé avec usure de toutes nos peines et nous aurait donné une preuve évidente de la réalité des faits médianiques, même aux yeux des contradicteurs les plus obstinés. Nous avons essayé successivement trois des expériences de Zöllner, savoir :

1° L'entre-croisement de deux anneaux solides (de bois ou de carton) auparavant séparés ;

2° La formation d'un nœud simple sur une corde sans fin ;

3° La pénétration d'un objet solide, de l'extérieur à l'intérieur d'une boîte fermée, dont le clef était gardée en main sûre.

Aucune de ces tentatives n'a réussi. Il en fut de même d'une autre expérience qui aurait été non moins probante : celle du moulage de la main mystérieuse dans de la paraffine fondue.

Un seul fait qui, s'il était certain, pourrait être considéré comme appartemant à cette catégorie, se produisit dans la séance du 21 septembre, mais malheureusement sans que nous fussions prévenus ; il manqua donc, pendant la durée du phénomène, cette surveillance continuelle qui est plus que nécessaire. L'un de nous ayant, au début de la séance, déposé son pardessus sur une chaise, hors de la portée du médium, on vit apporter, à la fin de séance, sur un carton phosphorescent placé sur la table, divers objets que le propriétaire du pardessus reconnaissait bientôt comme provenant d'une poche intérieure de ce vêtement : puis le médium commença à se lamenter, se plaignant de quelque chose qu'on lui avait mis autour de cou et qui l'étranglait.

Quand la lumière reparut, nous ne trouvâmes plus le pardessus à sa place première, mais en reportant notre attention sur le médium, qui était somnolent et de mauvaise humeur, nous nous aperçûmes qu'il avait sur le dos le pardessus en question, et les deux bras enfilés dans les deux manches. Pendant la séance, les mains et les pieds du médium restèrent toujours sous le contrôle des deux voisins, comme de coutume.

On comprend combien ici, plus que dans toute autre occasion, la confiance dans la production d'un phénomène aussi remarquable repose tout entière sur la sûreté et la continuité du contrôle des deux mains : or, comme le phénomène fut tout à fait inattendu, l'attention des voisins du médium n'avait pu se concentrer d'une manière continuelle sur la surveillance à exercer : ces deux expérimentateurs ont dû déclarer qu'ils *ne croyaient pas* avoir quitté la main qu'ils tenaient ; mais n'ayant pas (à cause de toutes les distractions causées par les phénomènes produits) tenu toujours leur attention fixée uniquement sur ce point, on doit admettre comme *possible* (mais non pas comme probable) qu'ils avaient momentanément laissé le médium libre sans s'en apercevoir (1).

§ C

PHÉNOMÈNES PRÉCÉDEMMENT OBSERVÉS DANS L'OBSCURITÉ, OBTENUS ENFIN A LA LUMIÈRE. AVEC LE MÉDIUM EN VUE

Il restait, pour arriver à une entière conviction, à essayer d'obtenir les phénomènes importants de l'obscurité, sans cependant perdre de vue le médium. Puisque l'obscurité est, à ce qu'il semble, assez favorable à leur manifestation, il fallait laisser l'obscurité aux phénomènes et maintenir la lumière pour nous et le médium. Pour cela voici comment nous procédâmes dans la séance du 6 octobre : une portion d'une chambre fut séparée de l'autre au moyen d'une tenture, pour qu'elle restât dans l'obscurité : et le médium fut placé assis sur une chaise devant l'ouverture de la tenture, ayant le dos dans la partie obscure; les bras, les mains, le visage et les pieds dans la partie éclairée de la chambre.

Derrière la tenture on plaça une petite chaise avec une sonnette, à un demi-mètre à peu près de la chaise du médium, et, sur une autre chaise plus éloignée, on plaça un vase plein d'argile humide, parfaitement unie à la surface. Dans la partie éclairée nous fîmes cercle au-

---

(1) Il faudrait encore admettre que les deux mains du médium aient été abandonnées par ses voisins en même temps, et que le médium, en outre, ait abandonné sa chaise pour aller prendre le paletot, qui était mis sur une chaise éloignée. Tout ceci est déjà plus qu'improbable.

A. AKSAKOF.

tour de la table qui fut placée devant le médium. Les mains de celui-ci furent toujours tenues par ses voisins, MM. Schiaparelli et Du Prel. Le chambre était éclairée par une lanterne à verres rouges, placée sur une autre table. *C'était la première fois que le médium était soumis à ces conditions.*

Bientôt les phénomènes commencèrent. Alors, à la lumière d'une bougie sans verre rouge, nous vîmes la tenture se gonfler vers nous ; les voisins du médium opposant leurs mains à la tenture, sentirent une résistance ; la chaise de l'un d'eux fut tirée avec violence, puis cinq coups y furent frappés, ce qui signifiait que l'on demandait moins de lumière. Alors nous allumâmes, *à la place* de la bougie, la lanterne rouge, en la protégeant en outre en partie avec un écran ; mais, peu après, nous pûmes enlever cet écran après avoir placé la lanterne sur notre table, devant le médium. Les bords de l'orifice de la tenture furent fixés aux angles de la table, et à la demande du médium, rapprochés au-dessus de sa tête à l'aide d'épingles ; alors, sur la tête du médium, quelque chose commença à apparaître à plusieurs reprises. M. Aksakof se leva, mit la main dans la fente de la tenture au-dessus de la tête du médium, et annonça bientôt que des doigts le touchaient à plusieurs reprises, puis sa main fut attirée à travers la tenture ; enfin il sentit que quelque chose venait lui repousser la main ; c'était la petite chaise ; il la tint, puis la chaise fut de nouveau reprise et tomba à terre. Tous les assistants mirent la main dans l'ouverture, et sentirent le contact des mains. Dans le fond noir de cette ouverture, au-dessus de la tête du médium, les lueurs bleuâtres habituelles apparurent plusieurs fois : M. Schiaparelli fut touché fortement à travers la tenture sur le dos et au côté ; sa tête fut recouverte et attirée dans la partie obscure, tandis que, de la main gauche, il tenait toujours la droite du médium, et, de la main droite, la gauche de M. Finzi.

Dans cette position, il se sentit toucher par des doigts nus et chauds, vit des lueurs décrivant des courbes dans l'air et éclairant un peu la main ou le corps dont ils dépendaient. Puis il reprit sa place, et alors une main commença à apparaître à l'ouverture sans être retirée aussi rapidement, et, par conséquent, fût perçue plus distinctement. Le médium n'ayant encore jamais vu cela, leva la tête pour regarder, et aussitôt la main lui toucha le visage. M. Du Prel, sans lâcher la main du médium, passa la tête dans l'ouverture, au-dessus de la tête du médium, et aussitôt il se sentit touché fortement en différentes parties et par plusieurs doigts. Entre les deux têtes la main se montra encore.

M. Du Prel reprit sa place, et Aksakof présenta un crayon dans l'ouverture ; le crayon fut pris par la main et ne tomba pas ; puis, un peu après, il fut lancé à travers la fente sur la table. Une fois, apparut un poing fermé au-dessus de la tête du médium ; puis ce poing s'ouvrit lentement et nous fit voir la main ouverte avec les doigts écartés.

Il est impossible de compter le nombre de fois que cette main apparut et fut touchée par l'un de nous ; il suffit de dire qu'aucun doute n'était plus possible : c'était véritablement une main humaine et vivante que nous voyions et touchions, pendant qu'en même temps le buste et les bras du médium restaient visibles, et que ses mains étaient tenues par ses deux voisins. A la fin de la séance, M. Du Prel passa le premier dans la partie obscure, et nous annonça une empreinte dans l'argile, en effet nous constatâmes que celle-ci était déformée par une profonde éraflure de cinq doigts appartenant à la main droite (ce qui expliqua ce fait, qu'un morceau d'argile avait été jeté sur la table, à travers l'orifice de la tenture, vers la fin de la séance), preuve permanente que nous n'avions pas été hallucinés.

Ces faits se répétèrent encore plusieurs fois, sous la même forme ou sous une forme très peu différente, dans les soirées des 9, 13, 15, 17, et 18 octobre. Souvent la position de la main mystérieuse ne permettait pas de supposer qu'elle appartînt au médium; toutefois, pour plus de certitude, le soir du 15, nous attachâmes à sa main gauche un ruban de caoutchouc qui enveloppait séparément les doigts; elle permettait donc, à tout moment, de distinguer celle des deux mains que chacun des deux voisins avait en garde.

Certaines de ces apparitions se produisirent dans les soirées du 15 et du 18 (quoique avec moins d'intensité) sous le contrôle rigoureux et solennellement attesté par eux, de MM. Richet et Schiaparelli; tous deux apportèrent une attention toute spéciale à cette partie de nos expériences où un contrôle sûr était, comme toujours, assez difficile à réaliser, parce que le médium agitait sans cesse les mains, et, au lieu de les tenir sur la table en vue de tous, les tenait abaissées sur mes genoux.

CONCLUSION

Ainsi donc, tous les phénomènes merveilleux que nous avons observés dans l'obscurité complète ou presque complète (chaises attirées fortement avec la personne assise, attouchements de mains, lumières, empreintes de doigts, etc.), nous les avons obtenus aussi sans perdre de vue le médium, même pour un instant. En cela, la séance du 6 octobre fut pour nous la constatation évidente et absolue de la justesse de nos observations antérieures dans l'obscurité ; ce fut la preuve incontestable que, pour expliquer les phénomènes produits en complète obscurité, il n'est pas absolument nécessaire de supposer une supercherie du médium, ni une illusion de notre part ; ce fut pour nous la preuve que ces phénomènes peuvent résulter d'une cause identique à celle qui les produit quand le médium est visible, avec une lumière suffisante pour contrôler la position et les mouvements.

En publiant ce court et incomplet compte rendu de nos expériences, nous avons aussi le devoir de dire que nos convictions sont les suivantes :

1° Que, dans les circonstances données, aucun des phénomènes obtenus à la lumière plus ou moins intense n'aurait pu être produit à l'aide d'un artifice quelconque ;

2° Que la même opinion peut être affirmée en grande partie pour les phénomènes en obscurité complète.

Pour un certain nombre de ceux-ci, nous pouvons bien reconnaître, *à l'extrême rigueur*, la possibilité de les imiter au moyen de quelque adroit artifice du médium ; toutefois, d'après ce que nous avons dit, il est évident que cette hypothèse serait, non seulement *improbable*, mais encore *inutile* dans le cas actuel, puisque, même ne l'admettant, l'ensemble des faits nettement prouvés ne s'en trouverait nullement atteint.

Nous reconnaissons d'ailleurs que, au point de vue de la science exacte, nos expériences laissent encore à désirer ; elles ont été entreprises sans que nous puissions savoir ce dont nous avions besoin, et les divers appareils que nous avons employés ont dû être préparés et improvisés par les soins de MM. Finzi, Gerosa et Ermacora.

Toutefois, ce que nous avons vu et constaté suffit à nos yeux pour prouver que ces phénomènes sont bien dignes de l'attention des savants.

Nous considérons comme notre devoir d'exprimer publiquement notre estime et notre reconnaissance pour M. D. Ercole Chiaïa, qui a poursuivi pendant de longues années avec tant de zèle et de patience, en dépit des clameurs et des dénigrements, le développement de la faculté médianimique de ce sujet remarquable, en appelant sur lui l'attention des hommes d'étude, — et n'ayant en vue qu'un seul but : le triomphe d'une vérité impopulaire.

Alexandre Aksakof, directeur du journal les *Études psychiques*, à Leipzig ; conseiller d'Etat de S. M. l'Empereur de Russie.

Giovanni Schiaparelli, directeur de l'Observatoire astronomique de Milan.

CARL DU PREL, docteur en philosophie de Munich.

ANGELO BROFFERIO, professeur de philosophie.

GIUSEPPE GEROSA, professeur de physique à l'Ecole royale supérieure d'agriculture de Portici.

G.-B. ERMACORA, docteur en physique.

A une partie de nos séances ont assisté quelques autres personnes, parmi lesquelles nous mentionnerons MM. :

CHARLES RICHET, professeur à la Faculté de médecine de Paris, directeur de la *Revue scientifique* (5 séances).

CÉSARE LOMBROSO, professeur à la Faculté de médecine de Turin (2 séances).

II. — Notes de M. Charles Richet.

Ce n'est pas sans une certaine hésitation que je me décide à parler des expériences auxquelles, grâce à M. Aksakof, M. E. Chiaïa et M. Finzi, j'ai pu assister à Milan. Mais, d'une part, mon illustre collègue M. Lombroso n'a pas craint de divulguer son opinion, nous donnant à tous un exemple de courage scientifique que j'aurais mauvaise grâce à ne pas suivre ; d'autre part, je ne suis pas tout à fait aussi affirmatif que lui, je crois utile de faire connaître les faits que j'ai vus, ainsi que les conclusions, incertaines encore, que je crois pouvoir en déduire.

Il est bien évident pour tous ceux qui me connaissent que je donnerai mon opinion très sincèrement, très complètement, sans me laisser intimider par la crainte du ridicule ou par tout autre motif extra-scientifique.

§ A

Les expériences que fait Eusapia Paladino sont assez simples, et voici très brièvement en quoi elles consistent.

A une demi-lumière quelquefois, quelquefois en pleine lumière, quelquefois aussi dans la complète obscurité, elle se met devant une table ; puis la table, qu'elle touche légèrement, se livre à une sorte de gymnastique bizarre, qui n'a rien d'extraordinaire pour ceux qui connaissent ces sortes d'exercices, dus sans doute à des mouvements musculaires inconscients. Quelquefois la table se soulève des quatre pieds, suivant des conditions qu'il faudra étudier avec détail. — A d'autres moments de l'expérience, Eusapia change de ton et d'accent (elle s'exprime à l'état normal dans un patois napolitain très prononcé), et alors ce n'est plus Eusapia qui parle : c'est son *guide*, suivant l'expression consacrée, un certain *John*, sans autre qualificatif, qui peut, paraît-il, diminuer le poids d'Eusapia, la soulever et la porter sur une table, apporter des objets divers, et parfois même apparaître partiellement sous la forme d'une main. Cette main aurait été quelquefois nettement sentie par les personnes présentes, dans l'obscurité.

Ce sont là des faits que je ne crains pas de qualifier d'absurdes, bien plus absurdes que tout ce qu'on peut rêver. Et cette absurdité est si grande, que ce n'est pas une des moins bonnes preuves (morales) de la réalité de ces phénomènes que cet excès dans les bêtises, tel qu'on a peine à comprendre qu'elles aient été forgées et construites de propos délibéré.

Mais la question n'est pas de savoir si ces faits sont absurdes, ce qui n'est pas douteux : il s'agit seulement de savoir s'ils existent ; si l'explication mécanique, rationnelle, grossière, telle qu'une fraude ou une supercherie, est plus ou moins acceptable. Nous n'aurons donc à étudier ni le plus ou moins grand degré d'absurdité des phénomènes, ni l'explication plausible qu'on en peut donner, mais seulement cette question bien plus importante de savoir s'ils sont réels ou simulés.

§ B

Venons d'abord à l'expérience la plus simple, celle de la table soulevée des quatre pieds. Le point intéressant de cette expérience, c'est qu'elle se fait en pleine lumière. J'appelle pleine lumière une grosse lampe Carcel et deux bougies, ou une lampe électrique presque éblouissante. Le fait qu'il y a vive lumière permet une observation assez certaine et assez facile en apparence, de sorte qu'on ne saurait trop insister sur des résultats obtenus dans ces conditions très favorables.

La table qui se soulève n'a certainement aucune machination. C'est une grosse et vulgaire table, dite de cuisine, en bois blanc, sur quatre pieds. Nulle part il n'y a de traces de rainures, de clous, de vis, d'empreintes ; car la table est à peu près neuve, et a été faite récemment à Milan. Elle pèse 8 kilogrammes ; elle a à peu près $0^m,70$ de largeur sur $1^m,10$ de longueur. On peut la manier, la retourner en tous sens, avant, pendant et après l'expérience, sans trouver la plus légère trace d'une préparation ou d'un artifice quelconque.

Les personnes qui ont assisté avec moi à ces expériences sont : M. le professeur Brofferio, M. le professeur Gerosa, M. Schiaparelli, l'illustre directeur de l'Observatoire de Milan, et M. le Dr Finzi. Je ne parle que des personnes ayant assisté à toutes les expériences ; car quelquefois il y eut d'autres assistants : M. Solovovo, à la première et à la deuxième ; M. Chiaïa, à la première et à la cinquième ; M. Aksakof, à la première ; M. Ermacora, aux quatre premières. Peu importe, puisqu'il est évident que l'hypothèse d'une complicité est un non-sens ; que, d'autre part, il faudrait la supposer multiple, non unique, et enfin, comme on le verra, elle n'expliquerait rien ; car la plupart des phénomènes observés, surtout les soulèvements répétés, ne pourraient s'expliquer par la complicité d'un ou deux ou même trois des assistants.

En effet, voici comment le phénomène se produit — je l'ai peut-être vu une douzaine de fois : — Eusapia, assise devant la table, en face du côté étroit de cette table, donne la main droite à un des assistants, la main gauche à un autre des assistants. En général, dans la plupart des expériences auxquelles j'ai pris part, c'était M. Schiaparelli qui tenait la main droite et moi qui tenais la main gauche. Les autres personnes s'éloignent plus ou moins de la table, de sorte qu'on peut distinguer les deux pieds de la table qui sont loin d'Eusapia, et, sinon tout le temps, au moins presque tout le temps, les deux pieds de la table qui sont près d'elle, entre lesquels elle a placé ses jambes, ses genoux et ses pieds.

Après quelques mouvements divers, pendant lesquels il y a des soulèvements partiels, tantôt sur un pied, tantôt sur un autre; la table brusquement est soulevée en l'air des quatre pieds, à une distance du sol peu considérable, environ 8 à 12 centimètres ; dans certains cas, il m'a paru cependant (quand la lumière était nulle ou faible) que ce soulèvement se faisait à une hauteur de 20 à 25 centimètres. C'est d'ailleurs pendant une durée très courte, difficile à apprécier, mais que je croirais volontiers être d'une seconde ou deux secondes tout au plus. Cependant une fois, à la deuxième séance, le soulèvement m'a paru durer trois secondes, avec une sorte de balancement et d'oscillation dans le vide. Il y avait de la lumière dans la pièce.

Cherchons maintenant l'explication du phénomène. Un journaliste italien. M. Torelli, dans des articles assez bruyants qui ont paru dans le *Corriere della sera*, 7, 9 et 11 octobre 1892, déclare, sans pouvoir l'affirmer, que la table se soulève par le fait du mouvement d'un des pieds d'Eusapia. Nous devons donc examiner cette supposition et en faire quelques autres.

1° *La table est soulevée par les mains et des appareils tenus dans les mains.* — C'est là une hypothèse impossible, d'abord parce que les mains d'Eusapia sont en pleine lumière. Les manches sont retroussées jusqu'aux coudes et au delà. Aucun appareil n'est sur la table complètement nue ; les pieds de la table sont aussi sans vis, sans appareils ; je m'en suis assuré à diverses reprises.

De plus, au moment où la table est soulevée, c'est à peine si, avec ses mains, Eusapia la touche. Elle contracte ses mains avec force dans les mains de ses deux voisins, et elle effleure très légèrement la table. Je me souviens très bien que dans un cas (troisième séance), au moment où la table était soulevée, Eusapia avait quitté la main de son voisin de droite, pour me prendre la main gauche, et qu'alors ma main gauche était entre ses deux mains à elle : une de ses mains, par conséquent, ne touchait pas la table, et l'autre main, à ce qu'il me semble, la touchait à peine. Il me semble aussi, sans que je puisse l'affirmer, quoique j'en croie être assez assuré, que dans quelques cas la table a été soulevée alors qu'Eusapia avait ses deux mains au-dessus de la table, sans contact avec la table.

Pour l'hypothèse que la table est soulevée par les mains, cela importe assez peu : il est clair que la force musculaire de qui que ce soit est insuffisante à soulever une table par le rebord latéral. C'est impossible, absolument impossible, et il est inutile de s'attarder à cette discussion, d'autant plus, je le répète, que les mains d'Eusapia sont en pleine lumière, à plat sur la table, et la touchant légèrement, ne la touchant qu'à peine, et peut-être parfois ne la touchant pas du tout.

2° *La table est soulevée par les genoux.* — C'est là encore une hypothèse insoutenable. D'abord, Eusapia est de petite taille, et, quand elle est assise sur une chaise, elle a ses genoux très loin de la table, à une distance de vingt-cinq à trente centimètres au moins. Mais surtout le contrôle direct peut être fait. J'ai, pour ma part, mis la main sur ses deux genoux, à plat, et, pendant qu'elle me tenait la main droite, je tenais ma main gauche sur ses deux genoux. Pendant toute la deuxième séance, je n'ai pas quitté cette position, et je suis sûr, absolument sûr, que les genoux et les cuisses ne sont pour rien dans le soulèvement de la table.

Ainsi donc, ni les mains, ni les genoux, ni les cuisses ne peuvent soulever la table.

3° *La table est soulevée par un des pieds d'Eusapia.* — C'est là, à vrai dire, la seule explication mécanique, rationnelle, qui présente quelque vraisemblance. Et cependant, après de mûres réflexions, elle paraît peu admissible.

D'abord notons que, pendant toute la durée de l'expérience, chacun des assistants voisins tient un pied ou un des pieds d'Eusapia tantôt au-dessus, tantôt au-dessous de son pied : par conséquent, elle ne peut mouvoir les pieds, étant ainsi assujettie par les pieds des voisins.

Toutefois, il faut bien le reconnaître, cette surveillance est plus ou moins illusoire ; car à travers la semelle de nos souliers, il nous est impossible de savoir exactement quel pied nous tenons sous le nôtre : est-ce le pied droit d'Eusapia ? est-ce son pied gauche ? et nous ne pouvons absolument pas savoir s'il n'y a pas eu substitution un peu avant le moment où la table s'est soulevée ; puis, quand le soulèvement de la table a eu lieu, le pied d'Eusapia serait revenu à sa place.

Je le répète, le contrôle des pieds d'Eusapia maintenus par les pieds des assistants est un contrôle illusoire.

J'ai voulu alors, dans une autre expérience, procéder autrement, et après avoir proposé de maintenir les pieds d'Eusapia avec mon pied déchaussé, j'ai finalement essayé de lui tenir les deux pieds avec ma main. Or, dans ce cas, l'expérience a réussi ; et la table a été soulevée des quatre pieds. Je dois dire cependant que ce soulèvement, constaté par M. Schiaparelli et par M. Finzi, n'a pu alors être constaté par moi ; car nous étions dans l'obscurité, et j'étais par terre, occupé à maintenir avec la main, dans la même position, les deux pieds d'Eusapia. J'ai entendu, je crois, la table retomber sur ses quatre pieds, mais je ne l'ai pas vue puisque l'obscurité était complète.

C'est pour d'autres raisons que je regarde comme peu admissible l'hypothèse qu'un pied d'Eusapia se glisse sous un des pieds de la table et la soulève.

En effet, d'abord, ni M. Torelli, ni moi, ni personne, dans de nombreuses séries d'expériences faites en pleine lumière, n'avons jamais vu de mouvement suspect dans les pieds d'Eusapia. Si elle avait fait cette fraude du soulèvement à l'aide de son pied, il lui aurait fallu une prodigieuse adresse pour se soustraire à des observations réitérées et minutieuses.

Ensuite, qu'on le remarque bien, ainsi que cela se voit clairement sur les photographies, les genoux sont en avant, dépassant de beaucoup le plan des deux pieds de la table : il faudrait donc à Eusapia porter fortement le pied en arrière pour aller rechercher le pied de la table, ce faisant elle aurait dû mouvoir vigoureusement un de ses genoux. Eh bien! dans la deuxième séance, pendant que la table était soulevée à une notable hauteur, et cela à plusieurs reprises, j'avais la main sur les deux genoux, et je n'ai pu constater de mouvement appréciable.

Puis, même à supposer qu'un des pieds d'Eusapia se glisse sous un des pieds de la table pour le soulever, il faut déployer une force musculaire assez grande, très grande même, non seulement dans le pied qui soulève, mais encore dans la main appliquée sur la table qui fait la contre-pression. Or, comme nous l'avons vu, c'est à peine si, très légèrement, une seule des mains d'Eusapia est appliquée sur la surface de la table. Comment concilier ce faible mouvement avec la vigoureuse et puissante contre-pression nécessaire pour soulever par une extrémité une table de 1^m,50 pesant huit kilogrammes ?

Je dois cependant mentionner une expérience qui est un

peu contradictoire — au moins en apparence — avec ce que je viens de dire. En effet, M. Finzi et moi, préoccupés de cette hypothèse que la table est soulevée par les pieds d'Eusapia, nous avions, au début de la troisième séance, et sans en prévenir Eusapia, pris le parti de choisir chacun un rôle différent. Sans nous occuper des mains, des genoux et de tout le reste du phénomène, nous nous étions donné la tâche de surveiller, chacun de notre côté, un des pieds de la table : M. Finzi le pied de droite, et moi le pied de gauche. C'est à cette simple surveillance que nous avions pris le parti de nous arrêter. La lumière était suffisante ; mais je dois dire que *dans ces conditions la table n'a pas été soulevée ;* il y a bien eu les mouvements habituels d'oscillation, mais sans soulèvement complet des quatre pieds.

A vrai dire, je ne crois pas du tout qu'il faille en conclure que le soulèvement est dû à une fraude (consciente ou inconsciente) d'Eusapia. En effet, au dire de tous les expérimentateurs qui se sont occupés d'Eusapia, pour la production d'un phénomène quelconque il faut l'obscurité. Le reste du corps, le reste de la chambre, peuvent être à la lumière : le point où la force soulevante inconnue (s'il y en a une) est appliquée doit être dans l'ombre. C'est une des données du problème, et il me semble que nous devons l'accepter telle qu'elle, quelque absurde qu'elle nous semble et incommode pour décider pleinement la question de savoir s'il y a ou non supercherie.

Ce qui tend, dans une certaine mesure, à me faire admettre cette nécessité de l'ombre, c'est ce que j'ai observé (silencieusement) pendant les première et deuxième séances. J'étais à gauche d'Eusapia ; je tenais sa main gauche ; je tenais avec le pied son pied, ou ses pieds, et je voyais même dépasser les deux bouts des bottines d'Eusapia par-dessous sa robe. Or, quoique je visse nettement les bouts de ses bottines, quoique j'eusse la main gauche à plat sur ses genoux immobiles, je voyais (ou je croyais voir) la robe d'Eusapia se gon fler, comme pour se diriger vers le pied gauche de la table, placé fort en arrière des genoux et des pieds d'Eusapia. Il semble que, dans les mouvements d'oscillation préliminaires de la table, d'une part la table eût cherché à se rapprocher de la robe, d'autre part la robe, en se gonflant, eût cherché à se rapprocher du pied de la table, de manière à l'entourer d'ombre.

A quelques jours de là, je parlai de ce phénomène à M. Chiaïa, qui me dit que c'était par ce gonflement de la robe, toujours constaté par lui, que se faisait le soulèvement du quatrième pied de la table. Je mentionne le fait sans y insister ; car il est trop étrange pour que l'observation superficielle que j'en ai faite puisse compter.

Ainsi, pour résumer cette discussion, nécessairement très longue :

1° L'hypothèse d'une machination ou d'une complicité quelconque doit être absolument écartée ;

2° L'hypothèse d'un soulèvement par les mains ou les genoux d'Eusapia est également absurde ;

3° L'hypothèse d'un soulèvement par les pieds n'est pas absurde. Et peut-être, quelque invraisemblable qu'elle soit, faut-il l'admettre plutôt que le fait absurde d'une table qui se soulève sans une force mécanique quelconque pour l'expliquer. En effet, dans aucun cas je n'ai vu la table soulevée des quatre pieds, alors que les deux pieds d'Eusapia étaient tenus d'une manière irréprochable, ou qu'on pouvait voir distinctement, libres de tout contact avec les pieds d'Eusapia, les quatre pieds de la table.

Il faudrait cela pour nous faire admettre qu'une table peut être soulevée en l'air ; mais je croirais volontiers que l'expérience, bien faite, et dans les bonnes conditions que j'indique, pourra réussir ; car je penche à croire que ce ne sont pas les pieds d'Eusapia qui soulèvent la table. Je le crois, mais je n'en suis pas sûr ; et, pour affirmer un fait si bizarre et si absurde, il faut en être vingt fois sûr.

§ C

Je mentionnerai quelques autres expériences faites en pleine lumière. J'appelle pleine lumière, non pas la lumière du grand jour, ni la lumière d'une forte lampe, mais une lumière suffisante pour qu'on puisse lire.

C'est d'abord l'expérience de la lévitation (lévitation partielle) qui fut faite dans la deuxième séance. Eusapia était placée sur une balance romaine, assise sur une chaise, et ses deux pieds étaient fortement liés l'un à l'autre par un mouchoir. Un de nous, M. Finzi, s'occupait de la lecture des poids ; M. Schiaparelli et moi nous étions occupés à surveiller les abords de la balance, de manière à être certains qu'Eusapia ne touchait ni avec les mains, ni avec les pieds, aucun point du sol ou des objets voisins.

Son poids étant de 58 kilogrammes, on mit dans le plateau 500 grammes, de manière à avoir l'équivalence du poids de 50 kilogrammes, puis le curseur fut amené au chiffre 8. A ce moment l'équilibre de la balance était réalisé. Alors, successivement, sans qu'Eusapia déplaçât sa chaise, il fallut changer le curseur de place : on l'amena à 6, 4, 2, finalement 0 ; et encore eût-il fallu, pour obtenir l'équilibre, diminuer quelque peu le poids de 500 grammes représentant 50 kilogrammes. Par conséquent, il faut admettre, dans cette expérience, qu'Eusapia a pu diminuer de 8 kilogrammes.

Nous sommes certains qu'elle n'a rien jeté (après avoir jeté il aurait fallu reprendre, pour revenir au poids primitif), qu'elle n'a pris aucun point d'appui nulle part dans les objets voisins : et enfin le mouvement a été assez lent, environ 12 à 20 secondes, pour qu'on ne puisse guère supposer un saut, un élancement quelconque, avec le plateau de la balance comme point d'appui.

Cependant cette expérience ne nous a pas paru décisive. En effet, par le fait même de son principe, dans la balance romaine, ou bascule, le poids peut varier (quoique, il est vrai, dans une limite beaucoup plus restreinte) selon l'endroit par où passe le centre de gravité. En se déplaçant sur le plateau, surtout quand la balance n'est pas très bonne, comme c'était le cas, on peut faire varier notablement son poids.

Aussi a-t-on fait faire une autre balance, consistant en un simple plateau suspendu par les quatre angles. Quelle que soit la position prise sur le plateau, le poids ne change pas. Un appareil graphique construit par M. Finzi permettait de noter la forme du déplacement. Dans la cinquième séance, nous fîmes cette expérience qui sembla assez curieuse, étant données les excellentes conditions expérimentales : M. Schiaparelli et moi nous observions tantôt le haut, tantôt le bas de la balance, de manière à être certains qu'Eusapia ne pouvait toucher ni le sol, ni l'échelle entre les pieds de laquelle on avait suspendu le plateau.

Il y eut certainement — non sans beaucoup de peine — un léger mouvement d'élévation du plateau, mais ce fut peu marqué ; et, quoique le graphique indiquât une diminution notable, durant quinze secondes environ, je n'ose assurer que cette oscillation du graphique ne répond pas au moment où Eusapia, pour avoir plus de force, voulut se faire donner la main par un des assistants, puis la lâcha quelque temps après.

En tous cas, si l'expérience de la lévitation partielle est tentée encore, — et je ne doute pas qu'elle le soit, — il faudra certainement la faire avec cette balance à plateau et non avec une bascule romaine.

Une troisième expérience du même genre fut faite aussi en pleine lumière. Elle me paraît des plus remarquables. Elle eut lieu à la première séance, je crois.

La bascule romaine était placée derrière Eusapia, à environ 25 centimètres des derniers barreaux de sa chaise. J'étais à côté d'elle à gauche, et elle avait mon pied entre ses deux pieds, mon genou entre ses deux genoux. Je lui tenais fortement la main gauche et M. Schiaparelli fortement la main droite. Alors, à une contraction énergique de ses deux mains, je vis nettement le curseur de la balance (placée, qu'on ne l'oublie pas, à plus de 25 centimètres de son dos) osciller et retomber avec bruit, comme si un objet pesant avait été jeté sur la balance. De fait, comme je m'en assurai, il n'y avait rien.

Le même phénomène recommença une seconde fois, même avec plus de netteté et plus de force. Alors aussitôt, pendant que le curseur était encore oscillant, je dégageai rapidement ma main, et je constatai, en tâtant le sol, en tâtant la balance, qu'il n'y avait entre Eusapia et la bascule ni fil, ni machination, ni attirail d'aucune sorte.

Cette expérience me paraît bien remarquable ; elle a le malheur d'être unique. Si on la réunit aux deux autres expériences de lévitation partielle, on voit qu'elle permet une présomption en faveur de la réalité de ces phénomènes ; mais je n'ose dire une certitude, car en pareille matière ne faut-il pas se méfier de soi-même ?

D'ailleurs, quand j'entreprendrai la discussion générale, j'aurai assurément à reparler de ces expériences.

§ D

Les expériences de la seconde série furent faites à l'obscurité, et elles ne sont pas moins curieuses que les expériences faites en pleine lumière. Quelques-unes d'entre elles ont même eu lieu à une demi-obscurité, à la lueur faible que donne le verre rouge dont se servent les photographes pour pouvoir observer le développement de leurs clichés.

De même que j'ai divisé les expériences à la lumière en deux groupes (soulèvement de la table — lévitation partielle), de même je diviserai ces expériences à l'obscurité en trois groupes (expériences de contact de la main, — expériences d'apparition de la main, — expériences de mouvements d'objets).

Les expériences où il y a contact d'une main sont extraordinaires. Alors que tous les assistants se tiennent par la main — (et la bonne foi de chacun des assistants n'est pas douteuse), — une des personnes tenant la main droite, une autre la main gauche d'Eusapia, on se sent touché par une main, non visible puisque on est dans l'obscurité.

Il n'y a à cet égard pas d'erreur possible : ce n'est pas un objet quelconque, c'est une main qui vous touche ; main vivante, chaude, très chaude, presque humide, dont on reconnaît les doigts mobiles, dont on peut même, dans certains cas, dire si elle est droite ou gauche ; main assez forte pour tirer les vêtements, ou tirer les cheveux, sans faire de mal d'ailleurs.

Trois hypothèses se présentent : Est-ce la main d'un des assistants ? Est-ce la main d'Eusapia ? Est-ce la main d'un être surnaturel ?

D'abord je ne crois pas que ce puisse être la main d'un des assistants : dans la quatrième séance, il n'y avait que M. Brofferio, M. Gerosa, M. Schiaparelli, M. Finzi et moi, M. Brofferio et M. Gerosa étaient loin d'Eusapia, et ils étaient relativement en pleine lumière, l'ombre n'étant pas assez épaisse pour que je ne puisse parfaitement distinguer leurs mains et leurs mouvements ; et cependant, dans ces conditions, j'ai senti avec netteté une main qui me touchait.

Je considère d'ailleurs comme absurde d'imaginer la fraude d'un des savants qui assistaient à ces expériences. Il y a une certaine dose de suspicion qu'il ne faut pas avoir. Pourrait-on admettre que M. Lombroso, ou M. Schiaparelli, ou M. Finzi, tous savants dont la situation scientifique est considérable, commettent l'infamie d'une fraude ? C'est là une supposition inadmissible, et je considère que la bonne foi de ces savants doit être acceptée *a priori*.

Reste cette question bien grave : Est-ce la main d'Eusapia ?

Sur ce point, très délicat et difficile à déterminer, une discussion qu'on trouvera sans doute un peu longue est nécessaire.

Dans les expériences, Eusapia n'a pas, en général, la main tenue de la même manière à droite et à gauche. D'un côté, on lui tient fortement le poignet et la main ; de l'autre côté, au lieu d'avoir la main tenue par le voisin, elle se contente de poser sa main sur la main du voisin, mais de la poser avec tous ses doigts, de manière qu'on puisse sentir très distinctement si l'on tient la main gauche ou droite.

Voici alors ce qui se passe. Au moment où va commencer le phénomène, cette main qui n'est pas tenue par le voisin, mais se pose sur sa main (je suppose qu'il s'agisse, pour simplifier, de la main droite d'Eusapia, quoiqu'elle opère ainsi tantôt à droite, tantôt à gauche), cette main devient très mobile, presque insaisissable : à chaque instant elle se déplace, et pendant une fraction minuscule de seconde on ne la sent plus ; puis on la sent de nouveau, et on peut constater que c'est toujours la main droite.

Alors il peut arriver ceci : c'est que, pendant cette fraction de seconde, la main droite d'Eusapia est devenue libre et a su se porter à droite ou à gauche, toucher la tête, la figure, le cou d'un des assistants. En outre, la main gauche, tenue au poignet, peut s'appliquer sur le dos de la main de l'assistant de droite, qui continue à croire qu'il tient la main droite, alors qu'en réalité il est touché par la main gauche d'Eusapia, qui a alors sa main droite parfaitement libre.

De même que tout à l'heure, en parlant de la table soulevée, j'étais arrivé à la conviction que le seul *truc* possible était le soulèvement de la table par le pied d'Eusapia, de même, pour le contact senti d'une main humaine, le seul truc possible c'est qu'Eusapia dégage une de ses mains et touche les assistants avec cette main devenue libre, pendant que les deux voisins croiront l'un et l'autre toucher une main différente d'Eusapia. S'il y a un *truc* employé, je n'en conçois pas d'autre, et il me paraît inutile de discuter toute autre hypothèse, celle d'un compère parmi les assistants ou d'un autre individu s'introduisant dans la chambre.

Avant d'entrer dans le détail des expériences mêmes, il faut mentionner encore une remarque que M. Chiaïa nous a faite : c'est que souvent la main qui touche l'épaule ou la joue d'un des assistants est la main d'Eusapia elle-même. Cependant il y aurait aussi matérialisation d'une main ; car la main d'Eusapia est devenue libre, parce que la main (de John) matérialisée s'est mise sur la main du voisin d'Eusapia, et a pris la place de la main d'Eusapia. Je m'abstiens ici de juger cette interprétation ; je me contente de la rapporter, telle qu'elle m'a été donnée par M. Chiaïa.

Je vais maintenant exposer les raisons qui me font hésiter entre l'affirmation et la négation. Chacun ainsi pourra se rendre nettement compte de mes doutes.

D'abord je laisse de côté les expériences ordinaires, faites dans l'obscurité complète, alors qu'aucune précaution spéciale n'est prise pour s'assurer que l'assistant de droite tient la main droite, et que l'assistant de gauche tient la main gauche d'Eusapia. Il est en effet indispensable de contrôler sans cesse par la palpation des doigts de la main le côté de main que l'on tient, et, si cette précaution élémentaire n'est pas prise, toutes les autres précautions sont illusoires.

Voici deux expériences dans lesquelles, à ce qu'il semble, le contrôle a été exact, et cependant la main a été nettement sentie :

N° 1. — Dans l'obscurité complète. A la suite d'une *lévitation* que je ne décris pas. Eusapia se trouve, avec sa chaise, assez brusquement portée sur la table. Elle est en état de transe. Alors, pour constater ce phénomène, on allume une lumière faible, pour ne pas provoquer de crise dangereuse.

Je suis à sa gauche, et M. Finzi est à sa droite. On nous dit qu'il faut l'aider à descendre. On éteint la lumière. Je lui tiens fortement la main gauche avec ma main gauche, et je passe la main droite derrière son dos, comme pour l'aider à redescendre de la table. A plusieurs reprises, je dis à M. Finzi : « Vous tenez la main droite ? » et il me répond affirmativement. Pendant qu'il me répond, je sens une main qui se promène sur ma tête et me prend par les cheveux (que je porte très courts), comme si cette main essayait de me soulever, mais sans me faire de mal. Presque au même moment, une main, qui me *paraît* très chaude et plus grosse que la main d'Eusapia, me caresse la face dorsale de la main droite, qui est derrière le dos d'Eusapia. Je tiens, à ce qu'il me semble, la main gauche d'Eusapia très loin de M. Finzi, et il me semble que je la saisis fortement, doigts et paume, de manière que cette même main ne puisse toucher une autre main (la main de M. Finzi) sans qu'il ne sente simultanément la mienne. J'ai peut-être, pendant ces quelques secondes, demandé deux ou trois fois à M. Finzi s'il tenait la main droite, et toujours il m'a répondu qu'il la tenait.

N° 2. — (Je copie textuellement mes notes prises quelques heures après. Dans cette expérience on avait la lumière rouge de la lampe photographique, qui permettait de distinguer les mouvements généraux d'Eusapia. Mais ses mains étaient sous la table. Elle est placée devant la fente d'un rideau qui sépare de la pièce principale une petite alcôve dans laquelle je suis placé).

« J'ai les mains liées très lâche par un mouchoir, ma chaise étant juste adossée à la chaise d'Eusapia. M. Brofferio et M. Gerosa sont presque en pleine lumière. M. Gerosa prend des notes. M. Schiaparelli est à droite, et tient la main droite d'Eusapia. M. Finzi est à gauche et tient la main gauche. Il a eu soin de passer un fil de cuivre à trois des doigts de la main d'Eusapia pour être sûr qu'il tient toujours la même main. Son pied déchaussé est entre les deux pieds du médium qui les serre fortement. De plus, Eusapia, ayant des bottines à talon, frappe constamment des deux pieds pour indiquer qu'elle a les deux pieds à la même place.

« Trois fois alors je suis touché : deux fois au coude gauche, et une fois au bas des reins. Mais ce n'est pas cela qui est important.

« A un moment elle se raidit et dit : « Tenez-moi fort ! Tenez-moi fort ! » Alors M. Schiaparelli d'une part et, d'autre part, M. Finzi la serrent de toutes leurs forces. M. Gerosa appelle les minutes et prend des notes. Je demande à M. Finzi : « Vous tenez la main gauche ? » Réponse : « Oui » ; à M. Schiaparelli : « Vous tenez la main droite ? » Réponse : « Oui » ; à M. Finzi : « Vous tenez les deux pieds ? » Réponse : « Oui. » Alors je vois, en tournant légèrement la tête vers la gauche, une sorte de préparation qui consiste en ce que le rideau se gonfle et semble se rapprocher d'Eusapia, comme pour rendre l'ombre plus profonde.

« Puis je suis touché à l'épaule droite par une main qui me semble être une main droite (en supposant qu'elle vient du médium). Presque au même instant, après qu'Eusapia m'avait dit de rapprocher ma tête de la sienne, je suis touché par deux doigts qui me tirent assez fortement, mais sans me faire de mal, les cheveux de derrière la nuque ; de sorte que je suis assuré qu'une *main* m'a touché sur l'épaule et à la nuque.

« En même temps, M. Finzi est touché à l'oreille, au front et à la tempe par des doigts qui étaient derrière le rideau, tandis que la main qui me touchait était sans rideau. M. Finzi a été touché trois fois.

« Les assistants n'ont vu aucun mouvement anormal d'Eusapia. Moi qui étais derrière elle, je n'ai rien senti qu'une sorte de contorsion générale, et cela au moment où nous faisions le plus attention, et où M. Schiaparelli, d'une part, et, d'autre part, M. Finzi avaient les mains fortement serrées et pouvaient distinguer quelle main ils tenaient, droite ou gauche. »

Cette expérience paraît de tout point excellente, et je ne vois guère ce qu'on peut lui reprocher. En effet, M. Schiaparelli n'a pas abandonné la main droite d'Eusapia ; d'autre part, M. Finzi n'a pas *pu* abandonner la main gauche. puisqu'il avait passé son doigt dans le fil de cuivre qui entourait les doigts de la main gauche d'Eusapia. Même en admettant, ce qu'il est difficile d'admettre, que M. Schiaparelli a lâché la main, il est presque impossible que cette main d'Eusapia, devenue libre, ait pu aller toucher M. Finzi en passant derrière le rideau, car j'avais mon dos presque appliqué au dos d'Eusapia, et le mouvement compliqué qu'elle aurait dû faire pour porter la main en arrière était rendu à peu près ou plutôt tout à fait impraticable. D'un autre côté, était-il possible vraiment à Eusapia de passer la main en avant ? car l'ombre n'était pas assez profonde pour empêcher les assistants de distinguer ce mouvement ; et d'ailleurs M. Finzi a été touché à la figure, à travers l'épaisseur du rideau.

Tel est le fait qui me semble le plus probant pour faire admettre l'existence de la matérialisation d'une main. A moins de supposer, ce qui est toujours admissible, une grosse erreur expérimentale de la part de M. Schiaparelli, de M. Finzi ou de moi, on ne voit pas comment la main d'Eusapia avait pu se faire sentir à nous dans les conditions indiquées.

Toutefois, certaines observations que je vais relater, sans prouver le moins du monde la supercherie, nous engagent à faire quelques réserves :

1° Jamais il n'y a eu contact senti d'une main alors que les deux mains d'Eusapia étaient en vue toutes les deux : il a toujours fallu que l'obscurité fut complète ou que les deux mains fussent cachées sous la table.

On répond à cela que l'obscurité des mains d'Eusapia est une des conditions nécessaires du phénomène. C'est possible certainement, mais cela jette une certaine défaveur sur les expériences où il y a sensation d'une main.

Dans une expérience, j'étais à côté d'Eusapia, et les deux mains d'Eusapia étaient en pleine lumière. J'ai été alors touché deux fois ; mais je n'ai pu sentir le contact d'une main. C'était un contact léger, une sensation de pression très manifeste ; mais cette pression a eu lieu au flanc (du même côté qu'Eusapia) et au bas des reins ; de sorte qu'à la rigueur on peut admettre que dans ce cas ç'a été le contact d'un de ses pieds. Si, au lieu de sentir un contact vague, j'avais senti le contact d'une main, l'expérience eût été absolument décisive.

2° Nous avions proposé à Eusapia de lier chacun de ses poignets, par un lien assez lâche, au poignet de son voisin. Dans l'état de transe, elle a dit que cette double ligature rendrait l'expérience impossible.

Cette restriction est encore évidemment défavorable ; quoique, à l'extrême rigueur, on puisse admettre que pour ce phénomène la liberté des mains est une condition nécessaire.

3° Nous avons encore proposé de remplacer la chaîne (formée par l'union des assistants se tenant mutuellement la main) par une *chaîne* plus simple ; c'est-à-dire par une chaîne formée d'une seule personne, tenant avec la main droite la main gauche d'Eusapia, et avec sa main gauche la main droite d'Eusapia. Elle a refusé.

Dans une expérience (deuxième séance), comme je me trouvais seul avec elle dans la chambre, je la tenais ainsi ; je n'ai eu alors aucun contact de la main de John.

Il est vrai que, dans cette même séance, alors qu'il y avait d'autres personnes dans la pièce, je crois bien que j'ai été touché par une main, alors que je tenais avec mes deux mains les mains d'Eusapia ; mais je n'en suis pas assez sûr pour pouvoir l'affirmer : car le fait de tenir dans mes deux mains les deux mains d'Eusapia, et d'être alors touché par une troisième main ôterait toute incertitude, et lèverait tous mes doutes.

4° Une des mains d'Eusapia, au lieu d'être saisie fortement et immobilisée, repose légèrement sur le dos de la main de son voisin ; et elle se déplace sans cesse, ce qui rend la distinction (entre la main droite et la main gauche) singulièrement difficile.

Je dois dire cependant que ni M. Finzi, ni M. Schiaparelli, ni moi, nous n'avons pu, à un moment quelconque de l'expérience, constater un changement de main : toujours, quand il devait y avoir la main droite, c'est la main droite qu'on retrouvait.

D'autre part, je dois signaler un caractère très important dans le *moment* de ces expériences. Dans les expériences de cette nature, il se passe en effet souvent ceci : c'est que le phénomène arrive juste à l'instant où personne ne s'y attendait. Les médiums qui trompent, et les divers prestidigitateurs sont très experts dans cet art : ils détournent l'attention du public, et c'est au moment même où l'on n'est pas sur ses gardes que le phénomène a lieu ; mais ici, c'est le cas inverse. C'est au moment où Eusapia se contracte fortement, et gémit, que le phénomène se produit ; aussitôt alors les observateurs redoublent de précautions et de perspicacité pour déjouer la fraude, s'il y en a une.

Ainsi, au moment où le phénomène va se produire, l'attention est surexcitée, et la vigilance du contrôle redouble. Ce n'est pas une preuve absolue en faveur de son authenticité, mais on conviendra que cette particularité rendrait toute supercherie énormément plus difficile à exécuter.

En tous cas, les mauvaises expériences ne doivent pas nous rendre injustes pour les expériences positives. D'expériences positives, il n'y en a pas beaucoup. Il y en a une, l'expérience n° 2 (p. 93), d'une importance primordiale, que je ne cherche pas à dissimuler.

Mais de même je ne dois pas négliger de dire que *jamais il n'y a eu de main sentie, quand les deux mains d'Eusapia étaient en pleine lumière, ou tenues toutes deux par un fil, ou tenues par la même personne.*

§ E

J'ai assez longuement insisté sur les expériences de contact d'une main pour être bref sur un phénomène de même ordre : à savoir, l'apparition d'une main.

Il y avait demi-lumière. Je tenais très fortement la main droite d'Eusapia, et je suis absolument sûr que la main droite d'Eusapia n'a pas quitté ma main. Quant à la main gauche d'Eusapia elle était sur la main de M. Finzi qui est *à peu près* sûr que cette main ne l'a pas quitté, mais le fil de cuivre avec lequel il maintenait la main d'Eusapia avait été enlevé, de sorte qu'il a pu, à la rigueur, y avoir une substitution de main, quelque difficile que paraisse cette substitution.

A un moment de l'expérience, Eusapia nous dit de serrer fort et de regarder par-dessus sa tête. Elle a à peine achevé de parler que nous voyons au-dessus de sa tête une main qui s'ouvre et se referme. Quoique Eusapia soit en demi-lumière, nous ne voyons aucun mouvement anormal de ses bras ou de ses épaules ; et je suis sûr qu'à ce moment je tenais dans ma main gauche la main droite d'Eusapia.

Le mouvement de la main, qui est au-dessus de la tête d'Eusapia, est assez rapide pour que nous ne soyons pas en état d'affirmer que c'était une main gauche ou une main droite. Pour moi je croirais que c'était la paume d'une main gauche ; mais M. Gerosa pense que c'était la face dorsale d'une main droite. En tout cas nous sommes d'accord, M. Schiaparelli, M. Gerosa et moi, pour trouver que cette main était assez différente de la main d'Eusapia. La main d'Eusapia est petite, fine, mais un peu trapue et ramassée, tandis que la main que nous crûmes voir sur sa tête, nous a paru beaucoup plus allongée, avec de longs doigts effilés ; mais l'apparition a été tellement rapide que nous ne pouvons rien affirmer à cet égard : et ce n'est peut-être qu'une illusion.

La question est donc de savoir si, dans le moment même de l'expérience, M. Finzi est sûr de n'avoir pas quitté la main gauche d'Eusapia. Eh bien ! il faut le dire, il a encore quelques légers doutes à cet égard ; s'il n'avait pas ces doutes, qu'il estime lui-même exagérés, l'expérience serait décisive.

A la même séance nous revîmes la main encore deux fois. Une fois je l'ai revue si peu de temps que je n'en parle pas ; car ce fut rapide comme un éclair ; mais la troisième fois ce fut dans des conditions intéressantes.

J'étais, comme plus haut, à la droite d'Eusapia ; M. Finzi à sa gauche. Mais à ce moment, je lui tenais la main moins solidement, et je ne suis pas sûr que cette main n'ait pu s'échapper : car c'était par le contact des doigts d'Eusapia sur la face dorsale de ma main que se faisait le contrôle. Tout d'un coup elle gémit, se convulse, ce qui est l'indice à peu près certain qu'un phénomène va se produire ; et au même moment une main apparaît par la fente du rideau, tout près du rideau, entre Eusapia et le rideau, mais qui, avec la rapidité d'une flèche, pour essayer de me toucher, s'élance sur moi, puis se retire sans m'avoir touché.

Le phénomène a été tellement rapide que j'ai quelque scrupule à raconter, en une page, ce qui a duré près d'une demi-seconde. Toutefois, je dirai que cette main m'a paru très allongée, très effilée, plus encore que la première fois, lorsqu'elle s'est montrée au-dessus de la tête d'Eusapia ; que la direction de son mouvement était absolument rectiligne, comme si elle sortait de l'ombre de l'alcôve, longeant le rideau, et avec un bras que je n'ai pu distinguer, mais qui me semblait comme allongé, presque interminable, comme enveloppé d'un voile blanc ou d'une lueur blanchâtre (ces derniers détails étant extrêmement incertains). En tout cas, pendant le mouvement rectiligne de cette main, je n'ai pu déceler le moindre mouvement anormal d'Eusapia qui paraissait tout à fait immobile et gémissante.

Il ne me paraît pas cependant qu'on doive attacher trop d'importance à cette manifestation, si étrange qu'elle paraisse d'abord. En effet, je ne suis pas assez sûr de moi-même, pour prétendre conclure d'une observation aussi rapide, dans laquelle l'illusion tient peut-être une grande place.

A la cinquième séance nous eûmes aussi l'apparition d'une main ; mais les conditions étaient moins rigoureuses. Je tenais la main droite d'Eusapia, et je ne suis pas du tout sûr de l'avoir bien tenue.

De plus, la main que nous vîmes était tout à fait analogue à la main d'Eusapia, bien différente de la main que nous avions vue la veille.

Cela confirmerait peut-être l'opinion de M. Chiaïa, opinion fondée sur une longue expérience du médium, que dans certains cas, la main qui touche et qui apparaît, c'est la main véritable d'Eusapia, tandis que la main qui est tenue par les assistants qui contrôlent, c'est la main matérialisée de John.

Quelque absurde que soit cette interprétation, elle me paraît rendre assez bien compte de cette grande différence d'aspect entre la main effilée, allongée, que nous avions vue la veille, et cette petite main trapue, potelée, qui ressemblait tout à fait à la main réelle d'Eusapia.

§ F

Certaines expériences ont aussi été faites sur des mouvements d'objet, et elles doivent être mentionnées ; car elles permettent peut-être une conclusion plus positive que les expériences d'apparition ou de contact de la main.

Dans la deuxième séance, en pleine obscurité, nous faisions la chaîne : je tenais la main gauche d'Eusapia, et M. Schiaparelli tenait la main droite, quand à un moment donné, Eusapia nous dit de serrer fort. Alors, nous redoublons d'attention ; et un tambourin qui était placé à un demi-mètre de la table fut porté sur la table, comme nous le constatâmes en allumant une allumette. Quelques instants après, dans l'obscurité complète, soudain le tambourin vint par le plat me frapper légèrement le dessus de la tête, puis fut rejeté violemment dans la chambre à une assez grande distance.

Je crois bien qu'à ce moment-là, la chaîne avait été interrompue, et que, pendant que le tambourin me touchait la tête, les deux pieds d'Eusapia étaient sur mes genoux, alors que de ma main droite je tenais sa main gauche, et, de ma main gauche, je tenais sa main droite. (Mais je n'en suis plus assez sûr pour l'affirmer. Mes notes à cet égard ne sont pas assez précises, et il faut faire une certaine part à une légitime émotion. C'est dommage que je ne puisse affirmer qu'au moment où le tambourin me touchait la tête, je tenais les deux mains d'Eusapia. Cette affirmation aurait suffi pour établir la réalité du phénomène, tout soupçon de complicité de la part des assistants devant être absolument écarté.

Ce même jour un autre phénomène s'est produit, dans des conditions que je peux mieux déterminer.

Pendant que nous faisions ainsi la chaîne autour de la table, soudain je sens se poser sur mon bras droit (je tenais avec la main droite la main gauche d'Eusapia) un objet lourd qui vient assez doucement, sans hésitation, et, je le répète, avec *moelleux et douceur*, si bien que je m'imagine que c'est un bras qui s'appuie sur mon bras. En réalité, comme nous le constatâmes aussitôt en faisant de la lumière, c'était une chaise qui était ainsi venue se poser sur mon bras et la table. De nouveau on fait l'obscurité, on refait la chaîne, moi tenant toujours la main gauche, et M. Finzi la droite, quand, soudainement, quelques secondes à peine après que l'obscurité a été faite, la chaise est jetée violemment par-dessus nos têtes, et, sans heurter même légèrement quelqu'un d'entre nous, va tomber dans la chambre à une distance d'environ deux mètres de la table.

Si importante que soit cette expérience, elle me paraît moins décisive encore que la suivante, la meilleure, à mon sens, de toutes celles que j'ai vues, et qui doit être donnée avec détail ; car les conditions en ont pu être rigoureusement indiquées.

Cette expérience, qui est *presque* ce fameux *experimentum crucis* que je cherchais depuis si longtemps, a eu lieu dans la quatrième séance, celle du lundi 17 octobre, vers onze heures et demie du soir, en présence de M. Schiaparelli, M. Gerosa, M. Finzi, M. Brofferio et moi.

C'était à la demi-lumière. M. Finzi tenait la main gauche d'Eusapia, qu'il reconnaissait, parce qu'il avait passé un fil de cuivre autour des trois doigts de cette main d'Eusapia. Moi je tenais la main droite, et je la tenais solidement par la paume et le poignet, de manière à être absolument sûr que cette main ne m'a pas lâché. La lumière qui éclairait faiblement Eusapia, éclairait beaucoup mieux M. Schiaparelli, M. Brofferio et M. Gerosa, qui étaient autour de la table : en effet, par la disposition de la lampe triangulaire, avec des verres rouges colorés, d'épaisseur différente suivant les diverses faces du triangle, on peut facilement modifier la lumière. Du côté d'Eusapia, la lueur était faible : cependant je la voyais très bien.

Je distinguai aussi très bien la fente du rideau contre lequel elle se tenait. C'était un rideau épais, rigide, tendu comme un voile dans la pièce. La petite alcôve qu'il séparait de la pièce principale était très étroite, avec une porte dans le fond, porte cadenassée, et scellée avec de la cire. J'étais précédemment, de 9 heures à 10 heures et demie, resté assis dans cette petite alcôve, contenant quelques objets, entre autres une chaise assez lourde (de 4 kilogr. environ), placée à un demi-mètre environ de la chaise d'Eusapia, et cachée derrière le rideau.

M. Finzi tient les deux pieds d'Eusapia sur ses genoux. Les mains d'Eusapia sont sous la table.

Alors, Eusapia, en état de transe, se met à gémir et à se contracter. Nous redoublons tous d'attention, et nous voyons, du côté de M. Finzi, le rideau qui se gonfle, fait une saillie très visible (la lumière est suffisante pour que je puisse distinguer la bordure jaune en tapisserie du rideau, gonflée et tendue) et un objet vient avancer non pas très vite, mais avec une certaine lenteur, comme s'il glissait et cheminait sans effort, de manière à venir se placer sur la table. C'est la chaise qui était derrière le rideau qui vient ainsi se mettre sur la table en reposant sur l'union du bras gauche d'Eusapia avec la main droite de M. Finzi.

Fait remarquable, cette chaise s'est placée de telle sorte qu'elle semble avoir eu pour but de faire de l'ombre aux mains d'Eusapia. En effet, le dossier est à plat sur la table, et le siège est placé comme un écran entre la lampe et le buste d'Eusapia.

Comment expliquer ce phénomène ? Il est absurde de supposer qu'une autre personne est venue dans la pièce. La pièce est petite, complètement close ; nous étions chez M. Finzi, nous ne faisions pas de bruit, nous pouvions faire instantanément de la lumière : il y avait même une lumière suffisante pour inspecter l'état général de la pièce etc.

Donc ce ne peut être qu'Eusapia qui aurait attiré la chaise. A coup sûr ce n'est pas avec sa main gauche, puisque je la tenais solidement ; ce n'est pas avec ses pieds, qui étaient déchaussés, sur les genoux de M. Finzi. Ce n'est donc qu'avec la main droite.

Mais est-ce possible ? Évidemment non : puisque la chaise ainsi attirée est venue reposer sur l'union du bras de M. Finzi et du bras droit d'Eusapia.

Même en lui supposant une force musculaire extraordinaire, invraisemblable (moins invraisemblable toutefois que le mouvement d'un objet sans contact), cela ne suffirait pas encore ; sa main, reconnaissable au fil de cuivre, n'a pas quitté la main de M. Finzi. L'hypothèse d'une ficelle attirant la chaise est aussi tout à fait absurde, pour cette raison bien simple qu'il n'y avait pas de ficelle, ni à la main gauche, ni à la main droite, ni aux pieds.

Nous sommes donc en présence d'un fait absolument inexplicable, et qui ne comporte presque pas de restriction (Je dis presque pas, par un extrême scrupule. En effet M. Finzi, à ce moment, au lieu de passer son doigt dans les fils de cuivre, se contentait de les sentir et de les toucher, ce qui pouvait à la rigueur permettre à Eusapia de faire avec sa main quelques légers mouvements).

En tout cas, si cette expérience était répétée et répétable, elle serait de nature à enlever tous les doutes.

§ G

Je pourrais mentionner encore d'autres expériences, des apports de fleurs, des mouvements d'objets voisins, l'enlèvement d'Eusapia, avec sa chaise, sur la table ; des phénomènes lumineux, etc. ; mais ces récits n'entraîneraient pas la conviction ; car ces expériences sont toutes plus ou moins explicables par une adresse physique extrême ; il me paraît donc inutile d'insister.

CONCLUSION

Et maintenant que peut-on conclure ? car il ne suffit pas d'énumérer des expériences ; il faut dégager ou essayer de dégager le résultat final qu'elles apportent.

Si, comme ce n'est pas tout à fait le cas, nous avions obtenu un résultat absolument décisif, je n'aurais pas hésité un instant à dire hautement mon opinion. La défaveur publique ne m'inquiète guère, et ce n'est pas la première fois que je me serais trouvé en désaccord avec la majorité, voire même la presque unanimité de mes confrères ; les doutes que je ne crains pas d'avouer sont donc des doutes réels, non des doutes de timidité, ou d'hésitation dans ma pensée.

Certes, s'il s'agissait de prouver quelque fait simple et naturel, à peu près évident *a priori*, ou ne contredisant pas les données scientifiques vulgaires, je m'estimerais pleinement satisfait ; les preuves seraient largement suffisantes ; et il me paraîtrait presque inutile de continuer ; tant les faits accumulés dans ces séances paraissent éclatants et concluant ; mais il s'agit de démontrer des phénomènes vraiment absurdes, contraires à tout ce que les hommes, le vulgaire ou les savants, ont admis depuis quelques milliers d'années. C'est un bouleversement radical de toute la pensée humaine, de toute l'expérience humaine ; c'est un monde nouveau ouvert à nous, et par conséquent il n'est pas possible d'être trop réservé dans l'affirmation de ces étranges et stupéfiants phénomènes.

Je sais bien qu'il n'y a peut-être pas de contradiction ; et que ces faits nouveaux, s'ils se vérifient, pourront quelque jour s'accorder avec les faits depuis longtemps acquis à la science et reconnus comme vrais ; mais, en attendant, nous devons être assez prudents pour ne pas accepter ces nouveautés sans un examen d'autant plus sérieux qu'elles sont plus extraordinaires.

Ainsi nous serons, en fait de preuves, beaucoup plus difficiles pour les phénomènes dits *spiritiques* que pour les phénomènes de la chimie, de la physiologie ou de l'astronomie.

Cela posé, voyons les preuves qu'on peut invoquer en faveur de la réalité des phénomènes, et jugeons-les à leur valeur.

Il y a d'abord la simplicité évidente de l'expérimentation. Il est manifeste que le médium Eusapia n'est pas au courant de toutes les supercheries que les médiums de l'autre côté de l'Atlantique ont portées, dit-on, à un si haut degré de perfection. Elle sait lire à peine, elle est d'une intelligence ordinaire, et son adresse manuelle paraît des plus médiocres. Ajoutons que le profit qu'elle retire de ces expériences est faible, qu'elle en a recueilli, tout compte fait, plus d'inconvénients que d'avantages, qu'elle ne s'est jamais démentie, que jamais on ne l'a surprise en faute, et qu'il faudrait une dose d'astuce et d'habileté bien merveilleuse pour jouer ainsi, sans faiblesse et sans lassitude, le même personnage pendant huit années.

De plus, elle consent à peu près à toutes les expériences qu'on lui propose : elle accepte qu'on fasse la lumière sans la prévenir, elle admet aux séances tous ceux qui le désirent ou à peu près. Or, les observateurs sévères n'ont pas manqué : il s'en est présenté de toute espèce, et elle les a acceptés, malgré la mauvaise volonté évidente de quelques-uns.

Les phénomènes qu'elle produit sont d'ailleurs bien simples, et ne varient guère. Si ces phénomènes étaient pure supercherie, pourquoi s'arrête-t-elle en si beau chemin ?

Avec l'habileté que sa fraude suppose, elle pourrait faire dix fois davantage, et nous étonner bien plus. Au fond elle se contente de peu, et son répertoire est monotone, si monotone qu'on ne voit pas bien comment, avec la grande dextérité dont elle doit faire preuve, si elle trompe, elle serait assez maladroite pour ne pas changer et perfectionner ses programmes.

Enfin, certaines personnes, dont l'honorabilité est indiscutable, sont absolument et formellement convaincues qu'elle est sincère ; elles ont eu à maintes reprises des démonstrations qui leur paraissaient irréprochables, et elles sont prêtes à en témoigner.

Eh bien ! toutes ces preuves ne me touchent pas beaucoup ; elles sont certainement suffisantes pour qu'on se déplace, même au prix d'un long voyage, afin d'aller voir Eusapia ; mais, une fois que l'expérience a commencé, elles sont devenues des conditions extrinsèques, pour ainsi dire, et ne doivent plus entrer en ligne de compte. En effet, la psychologie de ces médiums n'est pas la psychologie de l'homme normal, et certains ressorts peut-être les poussent, que nous autres, gens du vulgaire, nous concevons assez mal. D'ailleurs il y a dans la production de ces phénomènes, même s'ils ne sont pas sincères, une part d'inconscience qui est certainement très grande. Pour ma part, je n'admets pas du tout qu'Eusapia trompe de propos délibéré ; et je crois que, si elle trompe, c'est sans le savoir elle-même.

Quant à l'opinion des personnes qui ont suivi Eusapia pendant longtemps, elle serait d'un grand poids s'il s'agissait de phénomènes vulgaires et ordinaires ; mais les faits dont il s'agit sont trop surprenants pour que la croyance d'une personne non habituée à l'expérimentation détermine ma propre croyance. Je vais plus loin. Même si un savant illustre me venait raconter ces faits, je ne me contenterais pas de son affirmation, et je voudrais connaître les procédés adoptés par lui dans ses expériences. Je suis bien certain de la bonne foi de M. Chiaïa, et des autres hommes distingués qui ont pendant des mois et des années observé Eusapia ; mais leur perspicacité ne m'est pas démontrée, et je puis parler ainsi sans les froisser ; car je me défie de ma propre perspicacité, et je tâche, dans toute expérience, d'éliminer mon propre jugement pour laisser les phénomènes se produire d'eux-mêmes, sans que j'aie besoin de faire appel à mon observation au moment précis où l'expérience se produit.

En résumé, dès que l'expérience peut être mise en cause, j'oublie tout ce qui a été dit ou fait auparavant, et je ne veux plus voir que l'expérience elle-même. Si elle est bonne, c'est bien ; si au contraire elle échoue, tout ce qui précède est non avenu.

Venons donc aux expériences. Bien entendu je ne puis entrer dans le détail qu'elles comportent puisque je les ai rapportées plus haut avec tous les développements que j'ai cru nécessaires.

Avant tout il faut écarter l'hypothèse d'un compère. Non pas que cette hypothèse soit plus absurde que le mouvement d'une table sans contact ou l'apparition d'une main ; mais c'est tout simplement parce qu'il n'y a pas de compère. Ni M. Aksakof, ni M. Chiaïa, ni M. Schiaparelli, ni M. Finzi, ni M. Brofferio, ni M. Gerosa, ni moi-même, nous n'avons assisté toujours et constamment à toutes les expériences; il faudrait donc admettre, non pas qu'il y a un compère, mais qu'il y en a cinq ou six. Il y a par exemple des photographies où la table est soulevée avec M. Aksakof seul ; d'autres où il n'y a que M. Gerosa, d'autres où il n'y a que M. Lombroso et moi, d'autres où M. Schiaparelli est seul avec M. Finzi. Alors il faudrait tous nous supposer compères, ce qui est impossible. Comme j'ai eu l'occasion de le dire ailleurs la bonne foi de quelqu'un est impossible à prouver par A+B. Il faut l'admettre sans preuves, et, quand un savant affirme un fait, on doit regarder comme certain qu'il ne ment pas. Il se trompe peut-être ; mais il ne trompe pas.

Quant à l'intervention d'une personne étrangère, elle est également impossible : les portes étaient fermées à clef ; la lumière pouvait être faite à volonté, parfois il y avait dans la salle une lumière suffisante, pour voir que nul étranger ne venait ; on n'a jamais entendu de bruit anormal ou douteux indiquant l'arrivée d'un étranger.

Donc il n'y a pas de compère parmi les personnes présentes ou absentes, et, s'il y a une supercherie, c'est Eusapia seule qui la commet, sans être aidée par personne, et sans que personne s'en doute.

De plus, si cette supercherie existe, elle se fait sans appareil, par des moyens très simples, presque enfantins. Eusapia, que l'on peut fouiller complètement, qui est pendant trois ou quatre heures l'objet d'une surveillance attentive, n'a aucun objet dans sa poche ou ses vêtements. Quand on expérimente en pleine lumière ou en demi-lumière on voit bien qu'elle n'a rien, ni ficelle, ni mannequin, ni machine d'aucune sorte.

Reste alors la seule hypothèse possible, c'est qu'Eusapia trompe en remuant les objets avec ses pieds, ou avec ses mains, après avoir réussi à dégager ses mains ou ses pieds des mains et des pieds de ceux qui sont chargés de la surveiller.

Si ce n'est pas cela qui est l'explication, la réalité des phénomènes donnés par elle me paraît tout à fait certaine.

Eh bien ! je l'avoue, cette explication par des mouvements de ses pieds et de ses mains est peu satisfaisante. Dans quelques expériences, comme par exemple celle de la balance soulevée à distance, ou celle de la chaise qui est venue derrière le rideau se placer sur le bras de M. Finzi, en demi-lumière, ou dans le cas des mains discernables par des bracelets, et dans d'autres conditions encore qu'on peut lire dans le compte rendu qui précède, je ne vois pas du tout comment la main d'Eusapia a pu se dégager, et comment, s'étant dégagée, cette main a pu accomplir le mouvement en question. Je me déclare donc incapable de comprendre.

Mais d'autre part il s'agit de faits si absurdes qu'il ne faut pas se satisfaire à trop bon compte. Les preuves que je donne seraient bien suffisantes pour une expérience de chimie. Elles ne suffisent pas pour une expérience de spiritisme.

En effet, dans ces expériences de spiritisme, le phénomène ne peut être répété autant qu'on le désire. Il faut donc, quand on fait une expérience, qu'elle soit très précise, puisqu'elle ne peut être répétée et par conséquent perfectionnée.

Or, malheureusement, jamais la preuve n'a pu être donnée d'une manière irréprochable. Il restait toujours dans notre esprit un doute, un léger doute, et, quand nous proposions de lever ce doute par un contrôle plus rigoureux, l'expérience manquait.

A mesure que les conditions devenaient plus précises, les résultats devenaient plus médiocres.

C'est là tout le contraire de la vraie expérimentation scientifique, et je ne saurais mieux comparer cette incertitude qu'à celle du chimiste qui, rencontrant un mélange où il soupçonne un nouveau corps, cherche à le purifier, afin d'éliminer tous les corps étrangers qui y sont mêlés, mais, à mesure qu'il purifie son mélange, il voit disparaître les propriétés du corps qu'il croyait trouver. De purification en purification il finit par n'avoir plus rien.

Je ne veux pas dire qu'il ne reste rien de ces expériences ; ce serait bien injuste, et cela ne répondrait nullement à ma pensée. Mais il n'y a pas assez pour que nous admettions comme un fait *scientifique* et indiscutable qu'il y a des mouvements d'objets sans contact, des matérialisations, des apports, tout ce monde nouveau du spiritisme, qui a besoin, pour être admis, d'être mille et mille fois démontré, et par des preuves sans réplique.

En définitive :

Quelque absurdes et ineptes que soient les expériences faites par Eusapia, il me paraît bien difficile d'attribuer les phénomènes produits à une supercherie soit consciente, soit inconsciente, ou à une série de supercheries. Toutefois la preuve formelle, irrécusable, que ce n'est pas une fraude de la part d'Eusapia et une illusion de notre part, cette preuve formelle fait défaut.

Il faut donc chercher de nouveau une preuve irrécusable.

CHARLES RICHET.

CHAPITRE IV

LES EXPÉRIENCES DE NAPLES. JANVIER 1893

Compte rendu par M. WAGNER,
Professeur de Zoologie à l'Université de St-Pétersbourg.

Je fus obligé, pour cause de santé, de passer l'hiver de 1893 à Naples. Je n'avais aucun désir particulier de voir le fameux médium napolitain, Eusapia Paladino ; je me bornai donc à laisser ma carte à M. Ercole Chiaïa qui était à Milan en ce moment et je ne pensai plus à Eusapia.

Le sort a néanmoins voulu que j'assistasse à ces séances, et c'est sur l'invitation d'une dame russe, Mme P. domiciliée à Naples, que je me rendis à une séance organisée dans sa maison, le 24 février.

Dix personnes se trouvaient réunies dans son petit appartement et formèrent un cercle des plus hétérogènes ; il y avait des spirites convaincus, des incrédules et même des sceptiques.

L'appartement de Mme P. est disposé en deux étages, communiquant par un escalier de pierre, escarpé et étroit.

Les séances eurent lieu dans une pièce du second, petite, obscure et sans fenêtre, communiquant par une ouverture en voûte avec une autre chambre également exiguë, dans laquelle brûlait une lanterne rouge suspendue au plafond ; la première chambre était éclairée par une suspension verte. L'escalier conduisait directement dans cette chambre, par une porte vitrée du haut en bas. Quand, au cours des expériences, on éteignit les lumières dans ces deux chambres, une faible clarté y pénétrait par la porte vitrée.

A gauche de cette porte, il y en a une autre conduisant dans un petit couloir qui donne accès, à droite, à un petit cabinet sans autre issue qui s'ouvre, dans le fond, sur la cuisine qui n'a pas d'autre sortie. Pour tout cet étage, composé de deux pièces, une cuisine et un couloir, il n'y a donc qu'une seule issue sur l'escalier étroit qui le relie à l'étage supérieur.

Mme P... invita deux de ses hôtes, sceptiques avérés, à examiner cet appartement désigné pour les séances.

Je proposai que le cercle fût d'abord formé par un nombre restreint de personnes, cinq ou six, choisies parmi celles qui croyaient aux phénomènes médiumniques, ou, tout au moins, à l'existence d'un autre monde ; les autres membres devaient rester provisoirement en haut. Ce qui fut fait.

E. Paladino entra, accompagnée de quatre personnes, et, toutes, elles prirent place autour d'une petite table en bois simple, de forme carrée. Voici quelques détails sur la personne d'Eusapia Paladino.

De tous les médiums que j'ai connus dans ma vie, Eusapia me paraît la personne la plus sympathique ; son visage est celui d'une bonne paysanne franche et simple ; pendant les séances elle se met entièrement à la disposition des assistants, s'efforçant de les convaincre qu'elle n'est pour rien dans les manifestations qui se produisent par sa présence et indépendamment de sa volonté.

Elle souffre visiblement pendant les phénomènes de la matérialisation et ne cherche nullement à éviter le contrôle que l'on exerce sur elle, ni à se dérober à la main ou au pied qui la maintiennent.

Lorsque je lui demandai de me dire ce qu'elle ressentait, quand elle gémissait en proie à des convulsions, elle me répondit : *Oppressione*.

Nous nous plaçames autour de la table en formant la chaîne ; je me mis à côté du médium qui était installé seul, du côté le plus court de la table.

Il y avait une lumière suffisante pour distinguer tous les objets ; outre les lanternes rouges et vertes, on avait allumé une bougie de stéarine, sur une petite armoire à côté de la table.

A peine nous étions-nous placés que la table se mit à bouger, et deux de ses pieds, du côté où se trouvait Eusapia, s'élevèrent facilement et avec force.

Eusapia leva ses mains de sur la table et nous pria d'appuyer les nôtres, aussi légèrement que possible ; quelques minutes après, la table commença de nouveau à bouger, se pencha d'abord d'un côté, ensuite d'un autre, et s'éleva en l'air des quatre pieds, d'un mouvement calme et régulier ; au même instant Mme P... et quatre personnes entrèrent dans la chambre en descendant de l'appartement supérieur: elles examinèrent toute la pièce, posèrent la bougie à terre et inspectèrent les pieds et les vêtements d'Eusapia. En leur présence la table s'éleva de nouveau à la hauteur d'environ un pied, et après s'être maintenue une seconde dans l'air, elle retomba d'un choc formidable, sur les carreaux du plancher. A ce phénomène, qui se répéta deux fois, succéda un moment de calme, durant lequel le médium souffrait visiblement; sa respiration était lourde et son corps avait des convulsions.

Me rappelant dans quelles conditions avaient eu lieu les séances avec Eusapia, à Milan, en présence de M. Aksakof et des savants italiens et français, je proposai de transporter la table près de la porte qui comduisait à la cuisine, ou, pour être plus exact, qui s'ouvrait sur le petit couloir, que l'on pouvait considérer comme une espèce d'antichambre ; de cette façon elle pouvait être vue de tout le monde.

Je me plaçai à la table avec deux autres personnes, les autres se tinrent à côté du médium, comme je les en priai ; cette disposition ne dura pas longtemps, car dès que les phénomènes recommencèrent, tout le monde quitta ses chaises pour s'approcher de la table. En face de moi se plaça M. Pessino, fils d'un avocat fort connu à Naples. Bientôt les portières se mirent en mouvement ; elles s'écartaient, se gonflaient fortement, ce qui était clairement visible à la clarté de la lanterne verte.

Les assistants demandèrent que les phénomènes fussent plus accentués, afin que tout le monde pût les voir. L'esprit guide, qui se trouva être John King, une ancienne connaissance à moi, fit savoir par cinq coups frappés qu'il fallait diminuer la lumière ; on éteignit la suspension et presque à l'instant même nous vîmes se dégager d'Eusapia une matérialisation, une masse foncée, ressemblant vaguement à une main ; je voyais cette forme, très distinctement, car elle se dessinait juste en face de moi, sur le fond éclairé de la porte vitrée.

Sur la table devant laquelle nous étions assis, se trouvait une petite trompette en carton que j'avais roulée avant la séance, et un petit cor de chasse. John King saisit le cor d'une façon inaperçue et y joua légèrement plusieurs notes ; puis il souffla doucement dans la trompette, comme s'il eût tenté de parler et remit ensuite cor et trompette sur la table, près du monsieur qui se tenait en face d'Eusapia.

Après ces manifestations, je sentis sur ma main gauche l'attouchement de doigts appartenant à une petite main.

Je tenais la main de mon voisin de gauche et je sentis à la surface extérieure de ma main, le contact chaud de cette petite main. Ce ne pouvait évidemment être celle d'Eusapia, car les siennes étaient tenues par ses voisins.

Quelque temps après je sentis de nouveau sur ma main gauche, le contact de cette même petite main, mais en sens inverse, c'est-à-dire comme venant de mon voisin de droite ; je me rendais parfaitement compte que ce ne pouvait être celle de mon voisin, homme de haute taille, ayant des mains vigoureuses ; il me semblait que ce fût la main d'Eusapia dédoublée ; mais cette supposition est purement subjective, et je m'y étais arrêté à la suite de l'observation de M. Aksakof.

Outre ces contacts superficiels, John King me serra légèrement l'avant-bras ou me tapait familièrement sur l'épaule.

Mais il n'éprouvait, paraît-il, aucune sympathie pour mon vis-à-vis, car celui-ci se leva subitement, disant qu'il ne pouvait plus rester à cette place. Questionné à ce sujet, il répondit que quelqu'un l'avait frappé. Il était visiblement décontenancé de ce qui lui était arrivé et changea de place pour se mettre à côté de moi ; bientôt il se recula davantage hors de la portée des coups médiumniques.

En face de moi, à gauche d'Eusapia, se placèrent alors deux messieurs, des sceptiques implacables.

Celui qui se mit près d'Eusapia fut, naturellement, dans la situation la plus précaire. Plus il serrait la main du médium et plus il lui pressait le pied avec le sien, plus les coups que lui portait John King étaient forts. Ne voulant pas s'avouer vaincu, il supportait l'attaque courageusement et en plaisantant : il jouait à qui perd gagne.

Nous passons sur quelques autres manifestations intéressantes, mais ne présentant rien de nouveau.

Il était près de neuf heures quand l'attention générale des assistants fut attirée vers l'un des pans du rideau auprès duquel se tenait Eusapia. Dans l'espace obscur derrière ce rideau, se produisait la matérialisation d'une main. Cette main poussait la portière en avant et, quoique tous les assistants témoignassent un vif désir de la voir, personne n'y pût réussir. Les mains de la Paladino étaient visibles pour toute l'assistance.

Une personne suggéra cette idée que l'un des assistants passât sa main derrière la portière afin que la main matérialisée pût la toucher ; il ne se trouva pas un amateur pour cette expérience, même parmi les personnes qui avaient bravement supporté les coups de John King.

Je ferai observer que celui-ci ne traite d'une façon

aussi cavalière que les incroyants seuls, et qu'il se conduit en parfait gentilhomme avec ceux qui ont foi en lui.

Le public demanda que John King voulût bien frapper quelques coups sur la porte de l'armoire puisqu'il ne pouvait faire voir sa main. Il accomplit ce désir de la manière suivante : il tira la portière sur le battant droit de l'armoire, ouvrit ce dernier, et le referma violemment.

Ce fut la dernière manifestation obtenue en ma présence. Les exigences du public, réuni à ces séances, me rappelèrent les conditions sévères imposées aux médiums américrains, les frères Eddys, dont les mains furent liées aux pieds ou bien à une croix.

A notre séance on n'avait pas eu recours, il est vrai, à des ligottements quelconques, mais le médium éprouvait néanmoins une grande souffrance. Si l'on tient compte de la nature méridionale d'Eusapia, de son caractère vif et irritable, il faut s'étonner de sa patience à supporter les fantaisies torturantes des gens méfiants.

Ces exigences, venant de personnes absolument incompétentes, me révoltaient au point que je me décidai à quitter la séance.

Après mon départ, les expériences se poursuivirent encore quelque temps. John King coiffa deux personnes toujours sceptiques, de légères chaises de jonc, et je ne puis dire si ce phénomène a ébranlé l'opiniâtreté de leur incroyance.

Ce qui m'attirait particulièrement aux séances d'Eusapia Paladino, c'était la question de savoir si un médium à phénomènes mécaniques (ou physiques), pouvait devenir un médium à matérialisation.

A Saint-Pétersbourg, je connais le cas d'un puissant

médium écrivain qui se transforma en médium remarquable à matérialisation. Cette faculté est évidemment la plus haute à laquelle puisse arriver tout médium à effets physiques.

Mais j'avais encore un intérêt; c'était de convaincre mon collègue, le professeur K. de la réalité des faits médiumniques. Il demeurait à Naples et occupait deux chambres attenantes à mon appartement.

Je regrette de le dire, au cours de la deuxième séance avec Eusapia Paladino, j'eus encore une fois la preuve que la croyance de l'homme est indépendante de son raisonnement.

A ce point de vue, cette deuxième séance présente une excellente matière à étude. Elle eut lieu le 2 mars, dans une très grande chambre, dans laquelle il y avait une grande fenêtre dont les volets étaient fermés. Nous étions six : Mme P., ma femme, le professeur K... le docteur B. et moi. Je me plaçai à gauche du médium, tandis que mon collègue se mit à droite, suivant mes indications. La table à laquelle nous étions assis était ronde, sur un seul pied, et très incommode pour les expériences, mais il y en avait pas d'autre dans la pièce.

Sur une autre table à côté, il y avait une lampe allumée ; sur celle que nous occupions, brûlait une bougie masquée par un écran rouge. Mais, John King nous demanda, dès le commencement de la séance, de diminuer la lumière, de sorte que nous dûmes éteindre la lampe et placer la bougie sur l'autre table.

Quelques minutes après, la table se mit en mouvement ; elle se balançait et s'élevait par bout opposé à celui où se tenait le médium. Nous reconnûmes que la table était décidément par trop incommode pour les expériences, ce qui, d'ailleurs, nous fut confirmé par l'esprit guide.

Nous la remplaçâmes donc par une table à jeu qui se trouvait dans la chambre voisine.

Cette table s'éleva complètement en l'air; mais le professeur K.., ne pouvant pas observer les pieds d'Eusapia bien qu'il tînt ses pieds sur ceux du médium tout le temps, dit n'avoir pu les contrôler d'une manière absolue ; de plus la situation occupée par Eusapia, sur le côté court de la table, ne lui inspirait aucune confiance.

Je proposai de prendre une petite table dont les trois pieds s'écartaient largement. Ces changements continuels et le désaccord qui régnait dans la compagnie eurent pour résultat d'empêcher le développement des phénomènes. Enfin, Eusapia, impatientée et semblant comprendre vaguement ce que l'on disait, se leva, contrariée de notre incrédulité, saisit la main du professeur K... en lui disant : « Quand donc, les véritables expérimentateurs se contenteront-ils d'avoir un milieu homogène, sans l'intrusion d'un étranger qui modifie tout, voulant soumettre le phénomène à ses caprices? Vous ne voulez pas croire ? Eh bien, vous allez voir une manifestation médiumnique et vous serez convaincu. »

Elle le conduisit vers la porte du balcon, dont les volets étaient fermés, à proximité de l'endroit où nous étions assis, plia sa main de la manière dont on tient un crayon ou une plume, et l'appuya contre la porte. Après quelques secondes, le professeur R... commença à tracer quelque chose sur la porte, avec sa main qui était tenue par celle d'Eusapia; quand il eût fait un trait assez long, Eusapia lui dit : « Prenez la bougie et regardez. »

Nous nous approchâmes avec la bougie, et nous aperçûmes un trait fait avec un crayon sur la porte, peinte en blanc : c'était un dessin ressemblant à la lettre C.

Cette ligne se dirigeait d'abord en haut, et décrivait une courbe abrupte, pour descendre, à l'endroit de la courbe inférieure de la lettre C ; là se détachait une autre ligne dans la direction gauche, faite comme par un doigt noirci avec une mine de plomb. Il est évident que ces deux lignes avaient été tracées, ou en deux fois, ou bien, simultanément, par deux mains.

Je demandai au professeur K... ce qu'il en pensait : — « La porte, dit-il, n'a pas été examinée au préalable. Il se peut que le dessin s'y trouvât déjà. »

J'émis un doute, quant à la possibilité pour Eusapia d'avoir pû trouver cette marque dans la demi-obscurité et de s'en être servie pour simuler un phénomène médiumnique.

De l'avis du professeur K... ce phénomène s'explique très simplement : Sur la porte, il y avait une marque qu'Eusapia avait vue ; elle avait passé le doigt du professeur K... sur ce trait, et ce doigt, noirci par la mine, aurait tracé la ligne supplémentaire.

Cette supposition pourrait être appuyée par ce fait que la ligne tracée au doigt efface plus bas la prolongation de la ligne au crayon, qui se termine par un trait descendant. Néanmoins, il est difficile d'admettre que le doigt du professeur K... conduit par la main d'Eusapia, ait suivi une ligne tracée d'avance pour la quitter à l'endroit indiqué.

Lorsque nous eûmes communiqué cette opinion à Eusapia, elle nous pria d'examiner l'autre battant de la porte. Nous n'y trouvâmes absolument rien. Alors elle me prit la main comme elle l'avait fait avec le professeur K... l'appliqua à cette autre moitié de la porte. J'attendis quelques secondes et ma main, guidée par celle du médium, se mit à se mouvoir; puis elle s'arrêta, descendit abruptement, d'un trait, et fit un mouvement brusque juste au bas du panneau. J'enlevai ma main et aperçus, à l'endroit même où le mouvement brusque s'était fait, une ligne nettement marquée au crayon, imitant la forme de la lettre C.

Je questionnai de nouveau le professeur K... pour savoir son avis. Il me répondit, en faisant observer que la ligne n'était pas tracée à l'endroit où nos mains avaient été appliquées, mais beaucoup plus bas. Je me demande alors : par qui et à quel moment cette ligne a-t-elle été tracée ? Les négateurs, si absurde que ce soit, trouvent une réponse à tout.

Je m'abstiens, pour le moment, d'entrer dans les détails de l'explication de ce phénomène, pour reprendre le compte rendu de la séance.

Le professeur K... manifestait clairement son incrédulité à l'endroit des manifestations médiumniques, et sa méfiance à l'égard du médium. Afin de mieux triompher de ses doutes, je lui proposai, aussi bien qu'au Dr B..., de s'éloigner pour quelque temps, jusqu'à ce que les manifestations prissent un certain développement. Ils consentirent volontiers.

La séance continua comme ci-devant. La petite table s'élevait en l'air, à la hauteur d'environ un pied. Ma femme pria Eusapia de se placer de côté, et de mettre ses deux pieds sur une autre chaise. Le soulèvement de la table se produisit très bien dans ces conditions. Alors j'invitai le professeur K... à entrer pour observer le phénomène. Les manifestations continuèrent à se produirent en sa présence. Il se tenait à une certaine distance de la table, auprès d'Eusapia, et quand la table se fut élevée dans l'espace, ma femme pria le professeur de s'assurer qu'elle se tenait réellement suspendue dans l'air. Malgré cela, il ne se tint pas toujours pour convaincu, parce que, disait-il, les pieds de la table étaient enveloppés dans la robe d'Eusapia. Il avait remarqué que les pieds du médium, posés sur la chaise, remuaient et que pendant que le phénomène se produisait, l'un ou l'autre de ses pieds disparaissait.

Cette circonstance lui a naturellement paru suspecte ; il faut bien cependant avouer qu'alors même que les deux pieds d'Eusapia auraient disparu de la chaise en même temps, il lui eût été impossible de soulever la table et la tenir en l'air.

(A Milan, en 1872, les savants investigateurs avaient remarqué ce fait du gonflement de la robe d'Eusapia, malgré elle, mode dont se servent les esprits et qui n'infirme pas la réalité, sans trucs, du phénomène.)

Je dois faire remarquer que, pendant les déplacements de la table, la robe d'Eusapia se gonfle et adhère aux pieds de la table, et même les entoure ; pendant ce temps ses mains et ses pieds sont rigoureusement surveillés par des voisins. Au point de vue médiumnique, le phénomène s'explique facilement par les fluides émanant du corps du médium et qui se matérialisent.

Mais au point de vue du « *bon sens* », c'est-à-dire, d'après les idées matérialistes, il faut, pour l'expliquer, avoir recours à des combinaisons compliquées : par exemple, des ressorts dissimulés sous les jupes du médium, qui jouent pendant que le phénomène s'opère. C'est probablement à cette conclusion que le professeur K... est arrivé, bien qu'il eût déclaré que son seul désir était de constater les faits sans se livrer à aucune conjecture improvisée.

La manifestation dont je viens de faire le récit fut la dernière que le professeur K... a observée. Les phénomènes continuèrent à se produire, mais il se leva brusquement et partit sans prendre congé.

Ce procédé étrange doit être mis sur le compte de l'extrême irritation du savant sceptique qui se sentait enfermé dans ce dilemme : admettre que les phénomènes dont il avait été témoin ont une puissance telle qu'ils devaient convertir tous ceux qui se décidaient à les voir en face, ou bien supposer que ce n'étaient que des tours de passe-passe auxquels il est inutile et stupide de s'arrêter.

Cette deuxième alternative se présentait à son esprit comme la plus probable, semble-t-il ; c'est pourquoi il a préféré fuir la tentation.

Pour la défense de mon collègue, je dois dire que cette collision d'opinions diamétralement apposées, a revêtu un caractère aussi cassant par ma propre faute.

CHAPITRE V

LES EXPÉRIENCES DE ROME EN 1893 ET 1894

M. Henri de Siemiradski (1), ayant assisté à une cinquantaine de séances soit chez lui à Rome, soit à Varsovie chez son ami M. J. Ochorowicz, est une des personnes qui ont pu le mieux observer les phénomènes d'Eusapia. Le résumé des expériences qu'il a faites à Rome et qu'il n'avait pas encore publié, est un document précieux parce qu'il nous présente une sorte de revue de l'ensemble des phénomènes constatés par les divers observateurs et mis au point, pour ainsi dire, par la même personne.

Je le reproduis ici dans son intégrité.

EXPÉRIENCES DE MAI 1893

A. — PREMIER GROUPE : *Mouvements d'objets avec ou sans contact des mains du médium.*

Une petite table en bois blanc, *sans rebords saillants*, se dressait sur deux pieds tantôt du côté du médium,

(1) M. de Siemiradzki, correspondant de notre Institut, mem-

tantôt du côté opposé, puis se balançait d'un côté à l'autre. A mesure que la séance se prolongeait, les mouvements devenaient plus forts et la table finissait par se détacher du parquet, restant suspendue durant 2 ou 3 secondes. Pendant la lévitation, comme du reste pendant toute la séance, *les mains d'Eusapia reposaient dans les nôtres et nos pieds étaient posés sur les siens.* C'était la règle.

Le degré de lumière variait depuis l'obscurité la plus complète jusqu'à la lumière de deux bougies ou d'une lampe à pétrole. L'obscurité facilitait d'abord à Eusapia l'entrée « en trance ». Une fois « entrancée » les mêmes phénomènes se produisaient en pleine lumière. Alors on pouvait observer parfaitement la table détachée du parquet et constater, en même temps que la position des mains et des pieds, l'impossibilité complète dans laquelle se trouvait le médium de produire ces mouvements d'une manière mécanique.

Nous avons obtenu trois photographies de la lévitation de la table à l'aide d'un appareil instantané et de l'éclairage au magnésium. Dans une de ces photographies ou peut constater qu'aucune des mains des assistants ne touche la table : à un moment donné Eusapia avait détaché ses mains de la table et avait soulevé celles des contrôleurs ; les autres personnes avaient imité le mouvement (*Planche III*).

---

bre des Académies des Beaux-Arts de Saint-Pétersbourg, Berlin, Rome, Stockholm, etc., était non seulement un très grand peintre qui a eu la médaille d'honneur à l'Exposition universelle de Paris, en 1878, mais un expérimentateur habitué aux méthodes précises d'investigation par les études qu'il avait faites brillamment à la Faculté des Sciences naturelles de Kharkof.

PL. III, p. 128 — LÉVITATION DE TABLE — ROME, 1893

Il est à noter que souvent, pendant la lévitation, le bas de la robe d'Eusapia se gonfle et touche le pied de la table. En touchant ce bas de robe on éprouve l'impression que l'étoffe subit l'action d'un vent qui la gonfle, mais sans qu'on puisse découvrir aucun objet solide sous les plis. On constate, en outre, que les pieds et les genoux du médium sont bien immobiles. Inutile d'ajouter que les visites les plus minutieuses de la personne et des habits d'Eusapia n'ont jamais permis de découvrir rien de suspect.

A plusieurs reprises les chaises des assistants furent enlevées et placées sur la table. C'était généralement sur le voisin de gauche que se produisaient les phénomènes. Tout le côté gauche d'Eusapia présente, en effet, plus d'irritabilité nerveuse que le côté droit ; c'est de ce côté qu'elle porte sur le crâne une blessure cicatrisée d'où se dégage un souffle très fort pendant certaines séances.

Voici comment les choses se passent d'ordinaire. Je tiens la main gauche du médium, parfois toutes les deux, de manière à constater en même temps la présence de la main du contrôleur de droite. Je sens très distinctement son pied gauche sous le mien ; ma jambe est collée contre la jambe gauche d'Eusapia. Le contrôleur de droite fait de même pour le pied droit et la jambe droite d'Eusapia.

Une fois, je sens et j'entends un coup ou deux sur le pied de ma chaise ; la chaise commence à remuer. Je me soulève à moitié, tout en fixant toute mon attention sur les mains, sur les jambes et sur l'attitude de tout le corps d'Eusapia. La chaise fait des efforts pour monter le long de mon bras et de celui d'Eusapia. Elle y parvient enfin ; je sens qu'elle effleure mon épaule et ma tête ; enfin elle se place sur la table. Nous constatons sa présence en enflammant une allumette, ce dont se charge un des assistants, pendant que les deux contrôleurs (celui de droite et celui de gauche) gardent leurs positions sans lâcher les mains et les pieds d'Eusapia. Nous continuons dans l'obscurité. La chaise descend par le même chemin.

Une autre fois, c'est mon cousin, M. L. Proszynski, qui s'écrie qu'il se sent « coiffé » par la chaise. Il ne bouge pas ; nous faisons de la lumière et nous trouvons M. Proszynski, debout, tenant d'une main celle du médium, de l'autre celle de son voisin du côté opposé, et la tête engagée entre les quatre pieds de la chaise. La chaise descend ensuite de la même manière.

Un soir, j'eus l'idée de poser sur la table un petit orgue de Barbarie très léger, connu sous le nom de hérophone, ainsi qu'une petite boîte à musique. Après quelques minutes d'attente, l'orgue commença à se mouvoir et joua un air ; puis nous le sentîmes voltiger en l'air autour de l'assemblée au-dessus de nos têtes. En avançant nos mains vers le milieu de la table, sans toutefois laisser échapper celle du médium, nous constatâmes l'absence de l'instrument. Quelques instants plus tard il était revenu. On entendit alors un bruit sourd comme si des mains opéraient sur l'orgue, puis nous entendîmes distinctement un bruit semblable à celui que produirait un objet plat et solide tombant sur le parquet. Quelques secondes après, il s'échappa de l'orgue non plus un air mais un sourd ronflement. On fit de la lumière en prenant les précautions ordinaires relativement à la position des contrôleurs et on constata que le disque en carton percé de trous qui détermine l'air musical avait été enlevé et jeté à un mètre environ de la table. En tournant la manivelle de l'orgue débarrassé du disque nous obtînmes les sons monotones et ronflants qui nous avaient surpris un instant auparavant.

L'autre instrument (la petite boîte à musique) fut l'objet d'une manifestation analogue. Il voltigea autour de nos têtes en produisant les sons argentins d'un air écossais et en s'appuyant tour à tour sur les fronts des assistants. Nous trouvâmes ensuite des preuves matérielles de ces contacts : quelques cheveux détachés du front des dames et engagés dans la manivelle.

Je ne ferai que citer le phénomène du rideau pesant (placé derrière Eusapia) qui se gonfle comme la voile d'un bateau et finit par l'envelopper de ses plis, mais je donnerai encore quelques phénomènes de cet ordre auxquels j'ai assisté en même temps qu'Ochorowicz.

1° Un peson à ressort fut placé sur la table ; sur le plateau du peson on posa un électroscope composé simplement de deux boules de sureau attachées par des fils de soie à une colonne de verre. Aucun écartement des boules ne s'étant manifesté, on éteignit les bougies.

Après quelques minutes d'attente, un coup formidable se fit entendre du côté du peson, puis on constata sa disparition ; après avoir allumé une bougie, on le trouva, surmonté de l'électroscope sur le buffet. On souffla de nouveau la bougie et l'électroscope vint se placer de lui-même, avec les fils de soie entortillés autour du support en verre, entre les mains de M. Ochorowicz. On aurait dit que la force occulte voulait se moquer du savant et de ses instruments de précision.

2° Les expériences se faisaient dans ma salle à manger ; une lampe non allumée était suspendue au-dessus de la grande et massive table centrale. Eusapia, Ochorowicz et moi étions avec quelques autres amis autour de la petite table en bois blanc, à une extrémité de la pièce, de telle sorte qu'aucun de nous, qui formions tous la chaîne, ne pouvait atteindre la lampe à contrepoids. Un bruit très distinct nous avertit qu'il se passait quelque chose de son côté ; de petits coups sur la table à expérience avertirent que la chose était faite. On alluma la bougie et on vit la lampe tirée en bas remuant encore, et reposant par son extrémité inférieure, sur une chaise massive qui avait été transportée au milieu de la grande table.

3° Dans le coin de la salle se trouvait un piano, à gauche et un peu en arrière d'Ochorowicz et d'Eusapia. Quelqu'un exprima le désir d'entendre toucher le clavier. Aussitôt on entend le piano se déplacer ; Ochorowicz peut même voir ce déplacement, grâce à un rayon de lumière qui tombe sur la surface polie de l'instrument à travers les volets de la fenêtre. Le piano s'ouvre ensuite avec bruit et on entend résonner les notes graves du clavier. Je formule à haute voix le désir d'entendre toucher en même temps des notes hautes et des notes basses comme preuve que la force inconnue peut agir aux deux extrémités du clavier ; mon vœu est exaucé et nous entendons à la fois des notes graves et des notes aiguës, ce qui semble prouver l'action de deux mains distinctes. Puis l'instrument se remet en marche tout seul ; il se presse contre notre groupe qui est obligé de se déplacer, accompagné de notre table d'expérience qui s'est également mise en branle, et nous ne nous arrêtons qu'après avoir ainsi parcouru quelques mètres.

4° Un verre, à moitié rempli d'eau, qui se trouvait sur le buffet hors de la portée de nos mains, fut porté par une force inconnue aux lèvres d'Ochorowicz, d'Eusapia et d'une autre personne qui en burent. L'opération eut lieu en pleine obscurité avec une précision prodigieuse.

5° L'aiguille d'une boussole renfermée dans une boîte recouverte par un verre a plusieurs fois oscillé sous l'action des doigts du médium dirigés contre l'instrument à une distance d'environ cinq centimètres.

B. — Deuxième groupe : *Attouchements de mains invisibles.*

Ces attouchements, très nettement perçus par ceux qui en ont été l'objet, semblent être produits par une main matérielle et humaine qui, tantôt effleure légèrement la tête, le visage, le corps ou les membres des voisins du médium, tantôt leur serre assez fortement les mains pour soulever celles-ci au-dessus de la table et les secouer à plusieurs reprises, tantôt les frappe sur le dos d'une manière assez violente pour que les autres assistants entendent très nettement le coup.

Il est arrivé quelquefois que cette main, comme pour écarter l'idée d'une suggestion ou d'une hallucination collective, a laissé des traits blancs à la craie sur nos dos et sur nos bras, juste à l'endroit où nous nous étions sentis touchés.

La démonstration de l'objectivité du phénomène est encore allée plus loin. La main mystérieuse a laissé des empreintes parfaitement distinctes de doigts avec leur épiderme, sur des surfaces couvertes de noir de fumée (assiettes ou morceaux de carton Bristol), alors que les mains d'Eusapia et celles des assistants ne portaient aucune trace de noir.

Nous avons pu encore constater par un procédé différent, l'existence réelle d'une main n'appartenant à aucun des assistants ; c'est par le moulage.

Nous plaçâmes un lourd bassin rempli de terre glaise à modeler sur la grande table au milieu de la salle à manger, et nous nous assîmes avec Eusapia autour de la petite table d'expériences éloignée de la grande, de plus de 1 mètre. Après quelques minutes d'attente, le bassin vint se poser sur notre table. Eusapia gémissait, se tordait et tremblait de tous ses membres ; cependant, pas un moment ses mains ne quittèrent les nôtres. Puis elle dit : « E fatto » (c'est fait). La bougie allumée, nous trouvâmes un creux irrégulier sur la surface de la terre glaise : ce creux rempli ensuite de plâtre, nous donna un moulage parfait de doigts crispés et *comme enveloppés d'une toile fine dont les plis très nettement formés laissaient voir distinctement l'empreinte du tissu.* (*Planche IV*). Deux autres moules moins parfaits furent obtenus dans les mêmes conditions.

Nous voulûmes ensuite obtenir le moulage de John King ; mais le résultat ne fut pas satisfaisant : nous n'obtînmes que l'empreinte d'une surface légèrement ondulée et enveloppée de toile que nous jugeâmes pouvoir être la face du personnage invisible, à en juger par les moulages déjà obtenus par d'autres expérimentateurs.

Je possède en effet plusieurs spécimens en plâtre de moulages de cette nature obtenus à l'aide d'Eusapia par le chevalier Chiaïa. Les mieux réussis présentent une

PL. IV, p. 134. MOULAGES DE MAINS Rome, 1893

particularité singulière : le masque est enveloppé d'un voile ; une main crispée au-dessus de la tête, tient ce voile serré. Cette main semble appartenir au fantôme.

Tout récemment le Dr Vizani Scozzi, de Florence, entièrement sceptique au début, se rendit à Naples pour tenter des expériences avec Eusapia et il obtint un moulage analogue ; M. Hoffmann, de Rome, m'en a fait voir la photographie. Ce moulage présente les mêmes particularités et M. Vizani Scozzi se porte garant de son authenticité (1).

C. — Troisième groupe : *Apparitions lumineuses.*

Elles se forment dans l'obscurité complète : ce sont de petits globes lumineux, phosphorescents, qui voltigent au-dessus de nos têtes. Le phénomène accompagne d'ordinaire les attouchements de mains, bien qu'il en soit distinct ; ainsi on voit la petite lueur près de soi et en même temps on se sent touché à quelque distance, mais avant que la lueur disparaisse. Ce n'est cependant pas la règle constante ; maintes fois on se sent touché sans voir de lueurs et *vice versa*. Tous les assistants voient la lueur au même instant et de la même manière.

D. — Quatrième groupe : *Phénomènes auditifs.*

Le phénomène le plus commun, c'est celui de légers craquements dans le bois de la table ; puis des coups frappés sur la plate-forme, tantôt légers, tantôt formidables, comme s'ils étaient dus à un poing robuste frappant de toute sa force. D'autres fois, c'est le claquement

(1) Voir le chapitre viii.

de doigts qui semblent voltiger autour de nous, des applaudissements ou bien encore des bruits de pas sur le plancher. Un soir, nous entendîmes une voix creuse s'efforçant de formuler une parole ; un autre, ce fut un rire joyeux, éclatant au-dessus de nos têtes.

EXPÉRIENCES DE 1894

Au printemps de 1894, j'ai eu l'occasion de prendre part à une nouvelle série de séances avec Eusapia, avec la collaboration de MM. le professeur Richet, le D^r baron de Schrenck-Notzing (de Munich), le Dr Lombroso (qui n'assista qu'à une seule), le professeur Danilewski (de l'École de médecine de Saint-Pétersbourg) et Dr Dobrzycki (rédacteur de « La Gazette de médecine » de Varsovie). Les résultats furent à peu près les mêmes et toujours très concluants. Voici quelques-unes des expériences qui méritent d'être rappelées.

Dans le but de faire mouvoir un objet sans contact et absolument isolé, un petit morceau de papier plié en forme de toit A fut placé sous un verre renversé et sur un disque de carton léger, découpé dans une carte de visite du Dr Dobrzycki. L'expérience n'ayant pas réussi, nous ne voulûmes pas trop fatiguer le médium et nous abandonnâmes cet appareil sur la grande table ; puis, nous prîmes place autour de la petite, après avoir soigneusement fermé toutes les portes de la salle, dont je priai mes hôtes de mettre les clefs dans leur poche, pour qu'on ne pût nous accuser de n'avoir pas pris toutes les précautions nécessaires.

On éteignit la bougie. Bientôt nous entendîmes la

verre résonner sur notre table et, ayant fait la lumière, nous le trouvâmes au milieu de nous, dans la même position, renversé et recouvrant la petite feuille de papier ; seulement le disque de carton manquait. Nous le cherchâmes en vain. La séance finie, je reconduisis mes hôtes dans l'antichambre. M. Richet fut le premier à ouvrir la porte d'entrée, bien fermée au verrou, au dedans, pendant la séance ; quelle ne fut pas sa surprise lorsqu'il aperçut, près du seuil de la porte, mais en dehors, sur l'escalier, le disque que nous avions tant cherché ? Il le ramassa ; aucun doute ! le nom du Dr Dobrzycki, mutilé par les ciseaux, était bien là.

Pendant une autre séance ; nous plaçâmes sur la table une assiette couverte de noir de fumée. La main mystérieuse y laissa l'empreinte du bout de ses doigts. Les mains des assistants y compris celles d'Eusapia étaient blanches. Nous engageâmes ensuite le médium à reproduire l'empreinte de sa propre main sur une

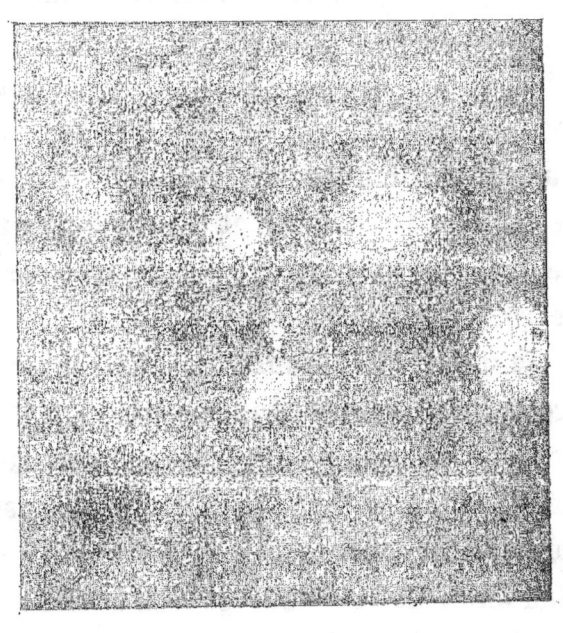

autre assiette enfumée. Elle le fit. La couche de noir enlevée par ses doigts les avait fortement noircis. La comparaison des deux assiettes nous fit constater une ressemblance frappante, ou, pour mieux dire, l'identité dans la disposition des cercles en spirale de l'épiderme, et on sait que la disposition de ces cercles est différente suivant les différents individus. *C'est une particularité qui parle d'une manière éloquente en faveur de l'hypothèse du dédoublement du médium.*

Nous réussîmes aussi à obtenir le moulage de la main fluidique enveloppée de son voile. Voici les particularités de l'expérience.

Les mains d'Eusapia étaient fortement tenues ; elle n'avait de libre que le bout des doigts qu'elle enveloppa du mouchoir de poche du D*r* Schrenck-Notzing. Le plat d'argile était hors de sa portée. A un moment donné, elle commença à gémir ; puis, toujours tenue aux poignets, elle appuya fortement le bout des doigts enveloppés sur le dos de ma main.

Pendant cette opération, Eusapia semblait souffrir beaucoup ; elle se plaignait que l'argile était dure. Il paraissait évident que sa sensibilité était extériorisée avec le double de sa main et transmettait au médium la sensation douloureuse de la résistance que présentait la terre glaise à cette main fantômale.

Je dois vous signaler encore, en terminant, le « souffle froid » que les assistants sentent passer quelquefois pendant les séances. Ce souffle est très sensible quand il se dégage de la tête du médium et précisément d'une profonde blessure qu'il porte, un peu au-dessus du front et à gauche. Cet endroit est très sensible et le moindre attouchement fait faire un soubresaut au médium.

CHAPITRE VI

LES EXPÉRIENCES DE VARSOVIE
DU 25 NOVEMBRE 1893 AU 15 JANVIER 1894

M. Ochorowicz, qui avait assisté aux expériences de Rome chez M. Siemiradski, obtint d'Eusapia qu'elle viendrait à Varsovie passer quelques semaines chez lui, pour y être étudiée à loisir par ses amis.

Elle y consentit et arriva dans la capitale de la Pologne, le 25 novembre 1893. Elle logea dans la propre maison de M. Ochorowicz, où elle pouvait être contrôlée à chaque instant non seulement par monsieur mais encore par Madame Ochorowicz. Elle en repartit le 15 janvier 1894.

Pendant ces cinquante-deux jours, elle donna 40 séances auxquelles prirent alternativement part 20 à 25 personnes choisies parmi les notabilités de la ville, telles que le général Socrate Starynkiewicz, ancien président de Varsovie, MM. Watraszewski, Héring, Higier, Harusewicz, docteurs en médecine, Swiencicki, Glovaki-Prus, Matuszewski (1), littérateurs célèbres, et un ingénieur électricien, M. Bronislas Reichman.

(1) M. Matuszewski a publié, sous ce titre : *La médiumnité*

Les phénomènes produits par Eusapia soulevèrent dans la presse de violentes polémiques. Le premier qui entra en lutte fut M. Reichman qui, au nom du camp positiviste, cria au péril et voulu enrayer ce « retour au Moyen Age » en montrant qu'il n'y avait dans tout cela que des trucs très simples et purement mécaniques favorisés par la diminution de lumière que réclamait souvent Eusapia. D'autres expérimentateurs combattirent ces assertions dans une série d'articles disséminés dans divers journaux. M. Casimir de Kranz rédigea un compte rendu des séances dont une traduction française a été publiée par la *Revue d'Hypnotisme* dans les numéros de juillet à décembre 1894. C'est d'après cette traduction médiocre et incomplète et les notes qu'a bien voulu m'envoyer M. Henri de Siemiradzki que j'ai composé le résumé suivant. Je me suis étendu principalement sur les phénomènes physiques en laissant exprès de côté les phénomènes intelligents.

1. — Analyse et compte rendu de M. de Kranz.

A. — *Classification des phénomènes.*

M. de Kranz a classé les phénomènes obtenus en dix catégories, savoir :
1° Soulèvement partiel ou total d'une table, dont un ou tous les pieds quittent le sol ; diminution ou augmentation du poids d'une table suspendue à un dynamomètre.

---

et la sorcellerie, un livre très intéressant dans lequel sont exposées les expériences faites par Eusapia.

2° Mouvement d'objets non touchés par le médium.
- *a)* — des tablettes. Observé par 5 personnes.
- *b)* — d'une sonnette suspendue à un arceau à la lumière, 14 personnes.
- *c)* — de la même sonnette couverte d'un réseau en fil de métal mince, 3 personnes.
- *d)* — d'un rideau. Demi-clarté, 15 personnes.
- *e)* — d'une petite table derrière le rideau, 13 personnes.
- *f)* — d un tambourin, d'une sonnette dans l'air au-dessus des personnes présentes. Dans l'obscurité, 10 personnes.
- *g)* — d'une grande table. A la lumière, 8 personnes.
- *h)* — de chaises et autres objets soulevés sur la table et descendus à terre. Dans l'obscurité, 10 personnes.
- *i)* — de lunettes enlevées aux personnes présentes. Dans l'obscurité, 8 personnes.
- *k)* — d'une très petite table. A la lumière, 6 personnes.
- *l)* — d'une sonnette derrière le rideau, 14 personnes.
- *m)* — Allumage d'une lampe électrique à distance.
- *n)* — Soulèvement d'une planchette posée sur la table
- *o)* — d'une légère planchette suspendue à une table autre par une charnière mobile.

3° Attouchements de personnes présentes : observés dans l'obscurité par 15 personnes, à la lumière par 9 personnes. Vue d'une main matérialisée qui n'était pas celle du médium.

4° Sons divers sans l'intervention du médium :

a) claquements, bruits de chiquenaudes, de baisers, Entendus par 10 personnes.
   b) forts coups sur la table à laquelle était assis le médium, 8 personnes.
   c) mêmes coups sur la table ou dans une porte éloignées du médium, 10 personnes.
   d) Sons d'un piano sans que le médium le touche, 6 personnes.
   e) Sons d'un instrument à embouchure, 4 personnes.
   f) voix, ronflement, 6 personnes.
   g) Son d'un accordéon, 4 personnes.

5° Soulèvement du médium sur la table, 5 personnes.
6° Phénomènes lumineux, 13 personnes.
7° Signes apparaissant d'une manière anormale :
   a) Sur le papier, 6 personnes.
   b) sur une planchette ou des tablettes cachetées, 7 personnes.
   c) sur les manchettes des personnes présentes, 7 personnes.

8° Souffle froid, 10 personnes.
9° Extériorisation de la sensibilité.
10° Nombres devinés par le médium.

B. — *Lévitation de la table.*

La lévitation de la table et les attouchements sont des phénomènes typiques du médianisme. Beaucoup d'autres phénomènes peuvent ne pas avoir lieu, même quand on les demande spécialement; mais les deux catégories citées apparaissent toujours, même contre le désir des assistants. La lévitation commence et termine toujours la série des phénomènes. C'est ainsi que, sans parler des observations de ce fait dans l'obscurité, 12 personnes l'ont observé à une clarté suffisante et sans que le médium touche la table des pieds et des mains.

A Varsovie on s'est servi d'une table faite exprès dans ce but par ordre de M. Ochorowicz. Elle était en bois, sans peinture, oblongue, grande pour 6 personnes, de hauteur ordinaire ; elle se composait d'une planche posée, *sans saillie de bords*, sur quatre pieds unis par des traverses, sans aucun autre accessoire, et pesait 25 livres.

Eusapia se met debout ou s'asseoit presque constamment du côté étroit de la table, disant que la lévitation ne lui réussit pas du côté large ; puis les assistants forment la chaîne, avec les mains ; les deux voisins immédiats d'Eusapia prennent chacun par une de leurs mains une des mains d'Eusapia, un peu en avant de la paume, et elle met ses pieds sur ceux des voisins. Les mains d'Eusapia reposent sur la table près des bords.

On attend 15, 30 minutes, parfois plus longtemps ; sur le demande du médium, on cause, on chante un air populaire napolitain (*Santa Lucia*), on joue du piano, Eusapia remue beaucoup pendant ce temps.

Apparaissent alors les symptômes hystériques. La table, après quelques oscillations, s'élève à la hauteur de 30 centimètres à peu près, et de 40 centimètres au maximum, se balance légèrement en l'air pendant quelques secondes et retombe avec bruit, presque toujours sur les quatre pieds d'un coup. Sa position dans l'air est presque horizontale, mais les pieds du côté opposé au médium s'élèvent visiblement de quelques centimètres plus haut que du côté du médium. Souvent, avant, pendant ou après les *oscillations* de la table, la robe d'Eusapia (quand elle est assise) commence à se gonfler, puis on voit s'avancer vers le pied de la table comme une langue large à peu près de 5 centimètres qui, couverte de la robe noire, se met sous le pied de la table et l'élève.

Cependant les choses ne se passent pas toujours ainsi. M. Mathuszewski écrit : «J'ai vu plus de dix fois la table élevée en haut au moment où le médium ne la touchait ni des mains ni des pieds. En contrôlant, à l'aide des mains, les pieds d'Eusapia, j'y ai toujours senti une forte tension et comme un effort violent mais réprimé, d'effectuer le mouvement nécessaire pour soulever la table par les moyens ordinaires, mouvement qui pourtant n'a jamais lieu. L'effort paraissait proportionnel à l'intensité du phénomène. » Le Dr Higier témoigne : « Une seule fois j'ai vu la lévitation de la table dans les circonstances suivantes : lumière à peu près suffisante ; le médium vêtu d'un *jupon blanc* du côté *large* de la table ; les contrôleurs tenaient leurs mains sur le genoux du médium ; j'étais assis vis-à-vis du médium. Tension considérable des muscles des cuisses et des mollets pendant la lévitation, mais sans trace de contact avec la table. » Enfin M. Ochorowicz raconte : « Le 20 décembre, Eusapia, vêtue d'un court jupon blanc de ma femme et de bas couleur de bronze, mais sans chaussures, était assise non sur une chaise comme d'habitude, mais sur un divan bas matelassé devant le côté large de la table. Les genoux d'Eusapia, réunis, étaient également distants de 25 centimètres environ des pieds voisins de la table ; et à peu près à la même distance du bord inférieur de la traverse qui est de son côté. J'étais assis à la gauche du médium, Swiencicki à droite ; les autres assistants formaient une chaîne en forme de demi-cercle ouvert, en découvrant entièrement le large côté de la table. Les mains d'Eusapia reposaient sur ses genoux et chacun des deux contrôleurs (Swiencicki et moi) tenait, d'une de ses mains, une de celles du médium avec un de ses genoux ; en outre, nos genoux touchaient les siens, et ses pieds reposaient sur les miens qui étaient largement écartés pour faire voir la position. *Personne (et spécialement Eusapia) ne touchait la table*, ni par la main, ni par le pied, ni par le jupon. Dans ces conditions, à la lumière obscurcie mais permettant aux plus proches de voir toutes les formes, la table, sans oscillations préalables, s'éleva des quatre pieds à la fois, tout à fait horizontalement ; cette lévitation se répéta trois fois dans les conditions analogues.

« Dans la même séance, Eusapia, assise du côté large de la table, s'écria soudain : — « Maintenant je vais lever la table à l'aide du genou gauche ! » — Elle s'avança la jambe sous la table, leva le genou gauche, et la table, dont la planche était à un quart d'aune au-dessus de son genou, exécuta le même mouvement. Le genou s'éleva d'environ 15 centimètres, et la table au moins de 20 centimètres. — « Je la lèverai maintenant à l'aide des deux jambes ! » — cria Eusapia encouragée par le succès. Et elle étendit les jambes raides en avant de façon que les jambes passèrent de l'autre côté de la table où elles furent vues distinctement par les assistants ; s'inclinant alors en arrière, elle leva les deux jambes raides et unies. Avec elle la table, que personne ne touchait, se leva et retomba. Eusapia était alors à l'état d'hypnose, car, le lendemain, elle ne se souvenait point de ces expériences et m'affirmait que la lévitation était impossible dans ces conditions. »

Le Dr Ochorowicz employa, pour contrôler mécaniquement les mouvements des pieds d'Eusapia, l'appareil suivant : Deux boîtes à cirage profondes et droites furent placées sous la table et Eusapia y mit ses pieds, sans chaussures. Les boîtes avaient des fonds doubles et étaient munies d'un dispositif électrique tel qu'on pouvait y manœuvrer librement les pieds en les promenant de deux pouces dans toutes les directions ; mais, si l'on voulait sortir le pied de la boîte, la sonnette électrique se mettait à sonner dès la moitié du chemin à parcourir pour cela et ne se taisait que lorsque le pied était retourné à sa place. Eusapia ne peut pas se tenir absolument tranquille pendant les séances : elle avait ainsi la liberté de ses mouvements, mais il lui était absolument impossible de se servir des jambes pour lever la table. Dans ces conditions, la table pesant 25 livres se leva deux fois sans que la sonnette se fit entendre ; pendant la seconde lévitation on photographia la table d'en bas. On voit sur la photographie les quatre pieds de la table ; le gauche est en contact avec la robe d'Eusapia, comme cela a toujours lieu quand la lumière est vive, mais les boîtes avec les pieds du médium sont à leur place. Immédiatement après l'expérience, les assistants vérifièrent que la sonnette se faisait entendre, non seulement quand on sortait le pied, mais encore quand on l'élevait trop haut dans la boîte.

M. Ochorowicz mentionne des lévitations de la table obtenues par Eusapia, les pieds liés et tenus sous la table par une personne qui y restait à genoux, d'autres avec les deux pieds visibles à la lumière.

La lévitation s'est produite aussi sous plusieurs autres formes. Ainsi les deux pieds de la table qui se trouvaient près d'Eusapia debout s'élevaient très haut et la table s'appuyait sur les deux autres faisant avec le plancher un angle de 45°. Les mains de tous les assistants s'élevaient alors au-dessus de la table en cessant de la toucher. Seules les mains d'Eusapia et des contrôleurs reposaient sur la table près des bords. Elle enlevait tantôt l'une de ses mains tantôt l'autre comme en jouant.

Pour mesurer la diminution et l'augmentation du poids de la table dues à l'influence du médium, on la suspendit à un dynanomètre rattaché, à l'aide d'une corde, à un croc fixé dans le plafond. La table s'accrochait au dynamomètre par un autre croc, vissé près d'un bord de la table, dans une série d'expériences ; ou au centre de la table dans une autre série.

Dans le premier cas les deux pieds du côté opposé au dynamomètre s'appuient sur le plancher et Eusapia se met debout du côté du dynamomètre qui est en l'air. Elle met ses doigts sous la traverse, la touchant *d'en bas*; la table s'avance vers elle sans changement de poids ; alors elle recommande de tenir les pieds opposés et enfin le dynamomètre accuse une *augmentation* de poids de 7 à 8 livres. Elle produit le même effet quand ses doigts touchent la traverse par leurs côtés supérieurs ou quand ils en sont séparés par les doigts des contrôleurs ; pas de contact avec la robe, lumière moyenne mais suffisante.

Une *diminution* de poids de 6 à 7 livres a lieu quand le médium met sa main sur la table; le gonflement de la robe se glisse alors sous un des pieds de la table.

Cette catégorie de phénomènes a été vue par 8 personnes (1).

Dans le deuxième cas, celui de la table suspendue par le centre, les lévitations et gravitations ont été vues par sept personnes et ont donné lieu à la remarque suivante de M. Reichman. « Eusapia pose les mains sur la table. Après une longue attente, la table s'élève ; le dynamomètre montre une diminution de poids. Placé de l'autre côté et regardant sous la table, je vois le contact de la robe : Eusapia, qui est debout, exécute quelques mouvements involontaires comme quelqu'un qui cherche son équilibre. »

M. Matuszewski fait une courte mention des changements de poids qui eurent lieu sans que la table fût touchée d'une façon quelconque et qui seuls lui parurent décisifs.

M. Ochorowicz en donne la description suivante. « Le

---

(1) Voici comment M. de Siemiradzki m'a décrit cette expérience importante :

Deux bougies allumées avaient été disposées sur le parquet. Eusapia s'avança et toucha d'abord la table à plusieurs reprises comme pour lui communiquer son fluide ; puis elle les en détacha complètement et les souleva à la hauteur de 10 à 15 centimètres. La table balança et suivit le mouvement des mains du médium ; nous pûmes nous convaincre qu'entre les mains d'Eusapia et la table, il n'existait aucun lien matériel (ficelle, cheveux, etc.). L'opération en sens inverse réussit parfaitement ; le bout de la table qui était suspendu en l'air s'abaissait verticalement, malgré la résistance du dynamomètre, en suivant les mouvements d'Eusapia agenouillée en pleine lumière devant la table. Ses mains, la paume tournée vers le parquet, semblaient faire des efforts comme pour tirer en bas la table au moyen d'attaches invisibles.

Dans de telles conditions, il est absolument impossible de supposer l'existence d'un truc.

31 décembre, la lumière n'était pas affaiblie. Eusapia avait les pieds soigneusement liés à l'aide d'un ruban blanc à travers les bottines complètement déboutonnées; le bout libre de ruban, tendu de façon à éloigner les deux pieds d'Eusapia du pied gauche de la table, était tenu par un des assistants. On recouvrait en outre les les deux pieds de la table par la main. Dans ces conditions, et sans aucun mouvement en arrière ou en avant, la pression exercée sur le dynamomètre par la table qu'Eusapia ne touchait point, diminua sous l'influence de ses mains serrées en l'air l'une contre autre, de 7,5 à 0, puis la pression augmenta et revint à 6,5, où elle resta stationnaire quelques instants, pour remonter encore jusqu'à 9,5 et à 10. Nous avons remarqué que la robe se gonflait ; ce que j'aidais moi-même en tenant les plis dans ma main, mais les jambes du médium restèrent immobiles. »

M. Ochorowicz ayant placé sur la table un dynamomètre enregistreur elliptique, chacun des spectateurs présents, parmi lesquels se trouvait M. de Siemiradzki, essaya sa force sur l'instrument. Eusapia fit de même.

Au bout de quelques instants le dynamomètre grinça sous une étreinte vigoureuse et, en consultant l'index de l'instrument on constata que la force déployée pour amener l'aiguille au point indiqué était *trois fois supérieure* à la force indiquée pour Eusapia et notablement plus considérable que celle de M. Ochorowicz lui-même qui était le plus fort des assistants.

C. — *Expérience de la sonnette et de l'arceau.*

Cette expérience eut lieu dans l'ombre d'Eusapia derrière laquelle, à 2 ou 3 mètres de distance, brûlait une bougie. La sonnette était une sonnette ordinaire, haute de 35 millimètres et suspendue librement à un arceau en fil de fer de plus de 10 centimètres de hauteur, monté

sur une base en bois. « J'ai préalablement examiné plusieurs fois et soigneusement cet instrument improvisé, dit le Dr Harusewicz, et constaté que la sonnette n'était pas facile à mettre en mouvement et qu'il était impossible de le faire en soufflant dessus sans que les assistants s'en aperçussent. Avant de la mettre devant Eusapia j'ai encore une fois examiné la sonnette près de la lumière et je n'ai plus permis à Eusapia de la toucher, même pour un moment.

« Alors, après quelques soupirs profonds et un léger hoquet, Eusapia, silencieuse et le visage présentant l'apparence d'une profonde méditation, approcha les doigts réunis en cône à la distance de 3 centimètres de chaque côté de l'arceau (ce qui était également la distance des fils de l'arceau à la sonnette), les tint ainsi immobiles pendant une minute à peu près ; puis elle appuya les coudes sur la table et promena les mains horizontalement en avant et en arrière de la sonnette. Celle-ci exécuta le même mouvement comme si un fil invisible, tenu par les doigts du médium, l'entraînait ; on l'entendit sonner mais bien légèrement.

« Tout cela dura de 15 à 20 secondes ; après quoi la sonnette ayant perdu l'équilibre glissa sur l'arceau du côté droit. Eusapia saisit alors ses doigts et se mit à les frotter en disant qu'ils étaient engourdis et lui faisaient mal ; à ce moment j'ai de nouveau examiné ses mains et je n'y ai rien trouvé d'anormal.

« Une autre fois, j'ai vu tenter la même expérience par Eusapia à la pleine lumière d'une lampe ; et 4 fois malgré ses efforts, constatés par la tension des muscles du haut des bras que je tâtais, elle ne put la réussir.

« J'ai entendu dire à plusieurs assistants qu'elle était parvenue à l'exécuter avec la sonnette recouverte d'un réseau de fils métalliques en forme de cloche, mais en ma présence, elle le tenta vainement.

D. — *Phénomène se passant derrière le rideau.*

On forma, dans l'appartement de M. Ochorowicz situé au 2ᵉ étage, un réduit obscur à l'aide de l'embrasure d'une fenêtre, profonde d'environ $0^m,75$, et fermée par de lourds rideaux de couleur foncée.

Les assistants constatèrent que la fenêtre était double, bien fermée et que personne ne pouvait venir de ce côté-là.

Dans le réduit on plaça une petite table et sur cette table une sonnette ; puis deux chaises et sur l'une d'elles une tablette à écrire.

Eusapia arrangea à sa guise les rideaux pour donner à l'ouverture qu'ils laissaient entr'eux la largeur qu'elle jugeait favorable et elle attacha de sa propre main les plis avec des épingles ; puis elle s'assit, tournant le dos aux rideaux, et le dossier de sa chaise étant à peu près à 30 centimètres de ceux-ci ; devant elle était une table.

Peu après elle se leva pour changer sa robe qu'elle trouvait trop lourde. Les Drs Heryng et Watraszewski la fouillent et la déshabillent complètement.

Elle se remet en place comme nous l'avons dit, bien éclairée par une bougie munie d'un abat-jour et placée sur une table à trois mètres de distance. Le Dr Watraszewski est le contrôleur de droite, le Dr Heryng celui de gauche ; chacun d'eux a sa main reliée à celle du médium par une bande élastique. Les contrôleurs disent à haute voix qu'ils sentent les pieds du médium sur les leurs.

Après une demi-heure d'attente et divers mouvements de la table devant le médium, Eusapia est saisie d'un accès de rire spasmodique : son visage exprime une sorte d'extase et, de temps en temps, on entend des soupirs profonds. En même temps le rideau du côté gauche d'Eusapia se gonfle à la hauteur des coudes du contrôleur, touche rapidement le Dr Watraszewski et retourne à sa place. Cela se répète 4 fois du côté gauche et 3 fois du côté droit.

Le Dr Heryng, en regardant dans le réduit, annonce que la petite table est tombée comme si on l'avait soulevée par le pied antérieur et que la sonnette a roulé par terre. Une des chaises de derrière le rideau s'approche du Dr Watraszewski ; l'autre chaise se meut et s'incline ; la tablette à écrire se lève et s'appuie par un de ses bords au mur. Les contrôleurs assurent ne pas avoir lâché les pieds du médium (1).

Dans une deuxième séance, la lumière était un peu plus faible que dans la première, mais dans les mêmes conditions de contrôle ; après une fouille scrupuleuse, Eusapia s'assit de telle façon que son dos fut plongé dans l'obscurité du réduit, et le Dr Harusewicz, un de ses contrôleurs, plaça derrière le rideau, à 50 centimètres du médium, une petite table à trois pieds, et constata qu'il était impossible à Eusapia de l'atteindre avec sa jambe. « Après une assez longue attente, rapporte le Docteur, malgré les symptômes hystériques spasmodiques manifestés par le médium, aucun phénomène n'a lieu. Alors Eusapia dit que la table est trop éloignée et me prie d'y poser la main pendant quelques instants. Cela fait, Eusapia, qui n'a pas changé de place, saisit convulsivement ma main, éclate d'un rire spasmodique et crie à haute voix : « Viens donc, John, viens enfin ! » ; et, au moment de la plus grande tension et d'un changement très marqué du visage, on entend distinctement la petite table s'approcher en se mouvant sur le plancher. Puis un moment de calme, un soupir profond, le hoquet, la toux hystérique, la crampe du bras levé dans la direction de l'ombre du réduit, et nouveau bruit de table qui se mouvait. En 5 occurrences pareilles, qui chaque fois se prolongeaient de 15 à 20 minutes, la table s'approcha

---

(1) A ce moment Eusapia fit retirer un des assistants (qui s'était placé près du rideau pour observer sa jambe gauche) en disant qu'il lui *coupait le courant par son corps*.

tellement de moi que je pus m'appuyer sur elle à travers le rideau. A ce moment l'épuisement d'Eusapia se lisait nettement sur son visage devenu pâle ; sa main était en sueur, elle gémissait doucement ; quand on levait son bras, il retombait inerte. Après quelques minutes de repos, nouvel accès de rire spasmodique ; Eusapia fait exécuter successivement à ma main qui tient l'une des siennes et à celle du docteur D. qui tient l'autre, le geste de repousser quelque chose, et en même temps la petite table s'éloigne en arrière. A trois reprises le geste est répété et à trois reprises la table se recule, chaque fois d'environ dix centimètres. La sonnette tomba par terre pendant un des premiers mouvements de la table, mais, malgré le désir d'Eusapia, elle ne sonna pas ; on l'entendit seulement glisser sur le plancher et on la trouva ensuite sous la chaise du médium. »

Dans une autre séance, 10 à 12 personnes étaient assises autour de la table. Eusapia tournait le dos au rideau ; elle était contrôlée par le général Starynkiewicz et le Dr Watraszewski. « J'étais assis, écrit M. Glowacki-Prus, vis-à-vis Eusapia, près de Mlle X. une personne très nerveuse et facilement hypnotisable. La séance durait depuis une heure environ avec des phénomènes nombreux et variés. Eusapia, comme toujours, avait l'air à demi-conscient. Soudain Eusapia s'éveilla et Mlle X. poussa un cri. Sachant ce que ce cri voulait dire, je lui serrai la main gauche plus fortement et je la pris ensuite par la taille parce que cette enfant devient très forte dans certains moments. La chambre était suffisamment éclairée, et voici ce que nous avons vu, ce que j'ai senti moi-même en outre par les mains. Chaque fois que les muscles de Mlle X. se tendaient plus fortement, le rideau qui pendait vis-à-vis d'elle à 2 ou 4 mètres de distance exécutait un mouvement. Le tableau suivant indique le détail de cette corrélation.

Faible tension des muscles.	—	*Le rideau s'ébranle.*
Forte tension.	—	*Il se gonfle comme une voile.*
Très forte tension, cris.	—	*Il atteint les contrôleurs d'Eusapia et les couvre presqu'entièrement.*
Repos.	—	*Repos.*
Tension des muscles.	—	*Mouvement du rideau.*
Forte tension.	—	*Fort gonflement du rideau.*

et ainsi de suite.

« On voit la proportionnalité frappante que j'ai constatée entre la tension des muscles du médium (qui, dans ce cas, était Mlle X.) et le travail mécanique du rideau en mouvement.

« Le général Starynkiewicz me disait, le lendemain, que les mouvements du rideau lui faisaient éprouver la même sensation que si la surface entière en était électrisée. Le bord du rideau, en s'écartant de la perpendiculaire, formait toujours une ligne droite dirigée du point d'attache supérieur au médium. »

M. Ochorowicz décrit ainsi un autre phénomène remarquable :

Le 3 janvier, nous nous assîmes à la table, en petit comité des habitués de ma maison. Eusapia était assise, tournant le dos au rideau, derrière lequel, par terre, un peu à gauche et à une distance un peu plus grande que le point qu'elle aurait pu atteindre, en s'inclinant de côté et en ayant le bras gauche libre, j'avais placé une caisse contenant une batterie de Grenet à quatre éléments ouverts, remplis d'une solution de bichromate de potasse et d'acide sulfurique. La caisse était haute et étroite, les vases étaient pleins de liquide et ouverts, de sorte qu'il fallait prendre beaucoup de précautions en la transportant ou la déplaçant pour ne pas verser le liquide. La porte ne fermait pas complètement la caisse. Sur la surface supérieure de la caisse, il y avait une lampe électrique avec réflecteur (que l'on pouvait mettre ou enlever), et tout près d'elle, une tige verticale terminée par un bouton et soutenue par un ressort. Quand on pressait le bouton avec une force suffisante, la tige s'enfonçait dans la caisse et plongeait quatre zings dans les quatre vases à acides. La lampe s'allumait alors momentanément ; elle brillait tant que la main pressait le bouton et donnait d'autant plus d'éclat que la pression était plus forte. Une lampe à pétrole, dont la flamme était atténuée était placée sur le plancher de l'autre côté, à l'extérieur du rideau.

Nous nous asseyons. Pas de coups frappés ; pas de lévitations de table : mais Eusapia s'assombrit, prend le hoquet et entre vraisemblablement en transe. Je me mets contrôleur de gauche ; Swiencicki est celui de droite. Pour mieux sentir ses pieds, j'enlève à Eusapia ses chaussures.

Bientôt Eusapia commence à s'inquiéter, à se roidir ; on entend quelque chose gratter mystérieusement derrière le rideau, comme dans la caisse à batterie. Je regarde Eusapia ; elle reste sans bouger ; je tiens la main gauche, je sens sans cesse le pied. Swiencicki me dit la même chose. Nous entendons trois coups de la petite porte de la caisse. Eusapia gémit et la lampe brille. Elle brille encore une fois et nous entendons glisser sur le plancher de gauche à droite. Un nouvel effort ; un nouveau gémissement d'Eusapia ; la lampe brille de nouveau, encore derrière le rideau. Enfin la caisse sort de derrière le rideau et s'approche de la lampe à pétrole qui est par terre. Nous nous inclinons tous pour mieux voir et nous sommes témoins de la manipulation suivante : une main inconnue élève le rideau de derrière, et le dispose de façon à couvrir le bouton en laissant la lampe découverte, et soudain la lumière électrique brille fortement, en éclairant Eusapia et nous tous. Cette fois, la pression sur le bouton et la lumière durèrent presque vingt secondes.

Je mesurai les distances. Du bouton de la lampe à la taille d'Eusapia qui n'avait pas bougé de sa place, un mètre 16 centimètres ; à son pied droit, un mètre 32 centimètres. Puis, je lui ordonnai de délivrer son pied du contrôle de Swiencicki, de se tourner avec la chaise, de s'incliner en arrière et d'étendre la jambe, le plus possible, dans la direction de la lampe : il s'en fallait de 38 centimètres qu'elle put l'atteindre. Pas une goutte de liquide n'était versée.

J'ai répété cette expérience dans deux autres séances ; dans l'une d'elles, la caisse fut transportée de derrière le rideau sur la table, par-dessus la tête d'Eusapia, et puis la lampe allumée, plus faiblement d'ailleurs, au milieu de la table. Nous étions sûrs du contrôle. Au moment de la pression du bouton, à la lumière de la fenêtre, j'ai vu l'ombre de la main qui le pressait. Elle venait du côté d'Eusapia, mais d'en haut.

Le 7 janvier 1894, M. Ochorowicz organisa une séance sans table pour que la force du médium ne se dispersât pas en phénomènes mécaniques. — Eusapia, qui était assise en tournant le dos au rideau, parut fort contrariée; elle ne tarda pas à entrer en transe et alors, parlant au nom de John, elle dit d'un ton ironique : « Vous m'avez enlevé la table pour découvrir les jambes du médium. Allez ! je vais vous montrer que je fais tout à l'aide des jambes du médium ! » Ce disant, elle étendit ses jambes et appuya ses pieds sur les genoux de M. Prus-Glowacki de sorte que M. Matuzewski, qui était le plus éloigné du rideau, pût les toucher ; puis elle cria : « Regardez, je frappe la table de ma jambe gauche : » En même temps elle frappait le genou de M. Prus-Glowacki avec son pied gauche ; et tout à fait simultanément on entendit résonner derrière le rideau de forts coups, comme ceux que donnerait la jambe frappant contre la table qui était dans le réduit tout contre le mur, à deux mètres de distance du médium.

E. — *Transport d'une table dans les airs.*

Récit de M. Glovacki-Prus.

Eusapia était assise du côté droit de la table ; à gauche, du côté large, Ochorowicz, Mme Szadkowska, moi, etc. Il y avait près de dix assistants. A gauche, et en arrière d'Eusapia, était placée une grande table, lourde de 28 livres, et sur elle une grande terrine avec de l'argile et une sonnette. Il y avait peu de place dans ce coin gauche, car nous étions assis tout près du mur. Après des lévitations et des coups frappés, Eusapia demanda *Meno luce* ; on affaiblit alors tellement la lumière des lampes que je ne voyais plus rien. Au bout de quelques minutes, la terrine et la sonnette de l'autre table arrivèrent sur la nôtre. Ma voisine fut légèrement heurtée ; et quand je tendis la main pour en reconnaître la cause, je constatai qu'entre moi et Mme Szadkowska glissaient en l'air les pieds d'une table dont la planche planait au-dessus de la tête de Mme Szadkowska. C'était l'autre table, celle dont on avait enlevé la terrine et la sonnette. Bientôt elle s'inclina et se coucha, les pieds en haut, et la planche sur celle de la nôtre où plutôt sur la sonnette et la terrine. Elle resta quelques minutes dans cette position, se leva lentement et passa de nouveau par-dessus la tête de Mme Szadkowska pour revenir à sa place antérieure.

Il était impossible à une personne assise, même quand elle aurait eu le libre usage de ses deux mains, de faire exécuter de pareils exercices à une table, et cela sans aucun bruit. Peut-être y serait-il arrivé, avec ses deux mains, un homme extrèmement adroit et doué de la vue d'un oiseau de nuit, pour se guider dans l'obscurité, s'il avait eu la complète liberté de ses mouvements. Or, je le répète, personne de nous ne s'était levé de table ; personne n'avait exécuté un mouvement suspect et chacun contrôlait son voisin.

F. — *Lévitation du médium*

Il y eut plusieurs cas de lévitation assez mal rapportés dans l'extrait donné par la *Revue d'Hypnotisme*. Le suivant est bien net.

« Une fois, raconte M. Matuzewski, je fus témoin du soulèvement du médium, en l'air, au milieu de la chambre, sans aucun appui. Il était alors à l'état de transe et s'élevait graduellement, lentement et légèrement en l'air (tout en restant debout), et retombait aussi lentement et légèrement sur le plancher. Cela faisait la même impression que si quelqu'un soulevait et abaissait le médium. Eusapia resta assez longtemps suspendue en l'air pour qu'on pût passer librement la main sous ses pieds pour constater qu'elle ne touchait absolument pas le plancher. La hauteur du soulèvement fut de quelques pouces. Le fait se répéta quatre fois.

Voici en quels termes M. Ochorowicz décrit une de ces lévitations dans l'*Illustration de Varsovie*:

Un autre fait des plus surprenants et des plus rares (obtenu aussi au Congrès de Milan) fut la lévitation complète de la personne même du médium, lequel, tenu toujours par les mains et par les pieds, fut soulevé de terre et porté *avec sa chaise*, en état de catalepsie, sur la table.

... « Je soulèverai mon médium en l'air, » dit Eusapia en français assez correct (langue qu'elle ne connaît pas dans son état normal). Et, en réalité, elle fut soulevée. Telle fut du moins mon impression pendant plusieurs secondes. En passant ma main sous ses bottines, j'ai pu constater qu'entre celles-ci et la table il y avait une distance de quatre à cinq pouces.

Une autre fois encore, le médium fut brusquement soulevé du sol. Il était debout et M. Ochorowicz eut le temps de passer sa main entre les pieds d'Eusapia et le parquet. La lévitation terminée, le médium, toujours en état à demi-conscient, marcha vers la table, et, appuyant ses mains sur la table, essaya de simuler, très grossièrement, ou peut-être de provoquer un nouveau soulèvement en l'air. « Cette particularité est à noter, dit M. Siemiradski qui en fut témoin ; et c'est à des mouvements automatiques, analogues, très faciles à distinguer des véritables phénomènes, qu'on doit dans beaucoup de cas, attribuer la fraude apparente dont on a souvent accusé Eusapia. »

G. — *Phénomènes lumineux.*

Les lueurs ont apparu sous les formes les plus diverses, soit que les formes changent réellement d'un instant à l'autre, soit que chacun les voit et les décrive à sa façon.

La plupart des observateurs les comparent à des étincelles dorées ; d'autres à des gerbes de 2 à 3 centimètres. Le général Starynkiewics dit qu'il a « vu dans l'obscurité et observé pendant quelques secondes un rond faiblement luisant, grand comme un œil d'homme ; la lumière avait la forme d'une spirale plate. » (On retrouve cette comparaison avec un œil d'homme dans plusieurs compte-rendus d'expériences, notamment dans celles de Mac-Nab).

II. — *Attouchements*.

Les attouchements eurent lieu plusieurs fois à travers le rideau qui, dans ce cas, se gonflait et dont le Dr Watraszewski eut même une fois la tête enveloppée.

Quand les assistants étaient touchés directement, ils éprouvaient tantôt l'impression d'une simple fourche qui les saisissait entre ses pointes, tantôt d'une main légère, fine et de chaleur normale, tantôt d'une main dont les doigts étaient chauds, mous et petits.

Le Dr Harusewicz raconte que, le 14 décembre, Eusapia étant bien contrôlée des mains et des pieds, par lui à droite, par le Dr Matuzewski à gauche, il demanda que tous deux fussent touchés à la fois. « Bientôt le Dr Matuzewski crie qu'il est touché ; en ce moment j'avais déjà senti l'attouchement : ainsi la simultanéité est presque sûre. Les mains et les pieds sont en ce moment en ordre. Je sentis la première fois une main grande, à doigts largement écartés me toucher au dos ; puis bientôt je fus frappé entre les épaules, *ce qu'entendirent tous les assistants*, mais la main ne fut plus distincte et les doigts à peine sensibles. Quant à l'impression ressentie, j'affirme, après des expériences faites à ce sujet, que l'attouchement médianimique se rapproche à s'y méprendre de l'attouchement, momentané et dans l'obscurité, du plat du pied déchaussé. Même quand le dos est nu et qu'il n'y a plus l'intermédiaire de la chemise et du vêtement, il est difficile de discerner le pied de la main. L'attouchement momentané dans le dos, d'une main ordinaire, même d'une petite main de femme, avec les doigts largement écartés, fait cependant toujours l'effet d'une main beaucoup plus grande. »

M. Glowacki fut touché dans le dos quand il tenait lui-même les *deux* mains d'Eusapia.

M. Loth remarque que chaque fois qu'il éprouvait un attouchement, Eusapia lui serrait fortement la main.

M. Ochorowicz a imaginé un appareil électrique muni d'une sonnerie qui sonnait dès que les mains d'Eusapia abandonnaient le contact des mains des contrôleurs ; la sonnerie sonnait également si Eusapia ne touchait les mains de ces deux contrôleurs qu'avec une seule main. Dans ces conditions, les observateurs furent touchés à plusieurs reprises et sentirent distinctement les doigts des mains sans que l'appareil sonnât.

I. — *Matérialisation des mains.*

Cinq personnes ont vu, très directement, à une clarté suffisante, une *grande main gauche* saisir la main de M. Prus-Glowaki au moment où ce dernier tenait lui-même la *main gauche* du médium dont les deux mains étaient d'ailleurs visibles et contrôlées. La main qui touchait planait librement au-dessus de la tête du médium; elle était blanche avec une nuance bleuâtre et semblait luire légèrement. On se rappelle qu'une main semblable a été vue à Milan.

M. Prus raconte que, dans la séance du 7 janvier 1894, où il n'y avait point de table devant Eusapia qui était assise dans l'ouverture du rideau et lui tournant le dos, on affaiblit la lumière de la lampe mais de telle sorte qu'on pouvait encore distinguer les visages et les mains des assistants. — M. Swiencicki était contrôleur de droite ; M. Ochorowiez de gauche. En face du médium étaient assises trois dames, dont un médium, Mlle X., M. Prus restait debout.

La lampe électrique s'alluma deux fois ; bientôt dans l'ouverture du rideau, au-dessus de la tête d'Eusapia, se montra une main, d'abord indistincte et comme estropiée ; puis, graduellement, à formes nettes d'une assez grande main d'homme.

Un instant après apparut une autre main, beaucoup plus petite, de blancheur neigeuse. M. Prus, qui est myope, seul de tous les assistants, ne voyait rien : il se plaça alors près du rideau posant les mains sur les épaules de M. Ochorowicz. A ce moment, dit-il, les deux jambes d'Eusapia, sans chaussures, seulement vêtues de bas foncés, reposaient sur les genoux d'Ochorowicz : je l'ai vérifié à l'aide de ma main. Après quelques minutes, à droite d'Eusapia, à un mètre au-dessus de la tête, sortit de derrière le rideau un objet de couleur claire qui ressemblait à une petite main dont l'avant-bras était nu et la paume, comme fermée en poing, était couverte d'une toile blanche. L'objet se retira bientôt en arrière et l'apparition ne dura que quelques secondes. Alors, très étonné et ému, j'ai demandé à toucher cette main ; trois coups de la table qui était derrière le rideau répondirent affirmativement, suivant les conventions adoptées, et Eusapia, d'une voix altérée, m'ordonna de tenir la main au-dessus de sa tête. Je me suis approché du rideau ; j'ai pris, de ma main gauche, l'épaule droite d'Eusapia (Ochorowicz lui tenait la main droite) ; j'ai placé ma main droite à 3 pouces au-dessus de la tête d'Eusapia. — Certes, c'était un moment extraordinaire pour moi, mais je me sentais les sens normaux. — Soudain j'entendis le bruit caratéristique des doigts derrière la tête d'Eusapia, et, une demi-minute après, un bruit de papier froissé vis-à-vis de son oreille droite. Après un nouvel intervalle d'une demi-minute, *une main gauche d'homme sortit lentement et horizontalement du côté droit d'Eusapia*, serra ma main de ses trois doigts, tira légèrement mes doigts et se retira lentement derrière le rideau. Les assistants crièrent : « Une main, une grande main ! » C'était une main complètement vivante, de forme oblongue, de couleur de peau claire, de température et de densité normales. Seulement, je ne remarquai pas le quatrième et le cinquième doigt, et je ne me souviens pas si la partie visible et nue de l'avant-bras était longue de 3 ou de 6 pouces ; je n'aperçus aucune manche. »

K. — *Signes apparaissant d'une manière anormale.*

« Au nombre des phénomènes produits par Eusapia à une lumière telle qu'on peut voir, mais non distinctement, les traits du visage du médium et ses mains, se trouve le suivant : le médium écrit sur le papier, une manchette ou une tablette, sans l'aide du crayon, mais il se sert de son doigt, du doigt d'un des assistants, ou bien du côté d'un porte-crayon terminé par une gomme à effacer reconnue comme non encore employée. A la pleine lumière de la lampe, en ma présence, une pareille expérience ne réussit jamais, malgré les tentatives faites dans ce but. Mais, lors de l'avant-dernière séance, un des médiums prit un crayon à gomme et, se servant du côté de la gomme, il traça des signes sur une feuille de papier blanc à l'ombre de plusieurs personnes qui couvraient légèrement la lampe obscurcie et placée sur le bureau ; le résultat fut nul. Eusapia posa alors sa main gauche sur celle du médium qui écrivait, et sans toucher du doigt le papier (elle touchait seulement le crayon) ; on vit presqu'aussitôt apparaître sur le papier des signes visibles, tracés au crayon. » (Dr Harusiewicz, *La voix*.)

« Lors de plusieurs séances on plaçait non loin du médium des tablettes liées l'une à l'autre : on attendait l'apparition d'inscriptions sur les côtés intérieurs ; les tablettes étaient si bien liées qu'on ne pouvait rien faire entrer entr'elles. Quoiqu'elles restassent là pendant des séances qui réussissaient bien, jamais nous n'avons trouvé d'inscription. » (B. Reichman, *Courrier de Varsovie*).

« Assis dans l'obscurité à côté d'Eusapia et touchant sa main et sa jambe gauches, je sentis quelque chose gratter ma manche ; m'étant levé de table, je vis sur la manchette de ma main droite quelques zigzags informes faits probablement à l'aide du crayon que l'on avait sorti de la poche droite de mon gilet sans que je l'ai remarqué ; car, après la séance, je l'ai trouvé à peine engagé dans cette poche. » (Matuzewski, *Compte rendu*).

« En ma présence, le médium, en promenant les doigts des Drs H. et D. sur les manchettes du Dr M. y produisit quelques lignes épaisses. Une autre fois Eusapia produisit sur la manchette d'un des assistants un signe rouge, en faisant, à la lumière, un mouvement de main à la distance de plus de deux mètres. Nous fûmes témoins souvent, le Dr Ochorowicz et moi, soit à Rome, soit à Varsovie, du phénomène de l'écriture directe qui peut être considéré comme un développement de celui des signes laissés par les attouchements sur les habits dont je vous ai déjà entretenu à propos de mes expériences à Rome. Le médium trace en l'air un signe quelconque (Eusapia ne sait pas écrire), en *pleine lumière*, avec son doigt dirigé soit contre une ardoise, soit contre le dos d'une personne, soit contre une feuille de papier, et le signe apparaît sur la surface visée : en blanc ou en rouge sur l'ardoise ; au crayon noir ou rouge sur le papier. L'expérience ne réussit pas toujours. Souvent ces signes apparaissent spontanément sur les ardoises, sur le papier, ou sur la table, sans que ni Eusapia, ni aucun des assistants s'en soit approché. Une fois, à Varsovie, Eusapia fit en pleine lumière apparaître, tracé en rouge, un de ces signes, sur la manchette d'un des assistants à la distance de près d'un mètre. (H. de Siemiradzki, *Lettre au col. de Rochas*).

L. — *Le souffle froid.*

Il est bon de distinguer ceci :

Le refroidissement général de l'atmosphère qui accompagne généralement les actions médianimiques et qui semble être une transformation de la chaleur ambiante en mouvement observé.

Et le souffle qui s'échappe pendant la transe de la cicatrice qu'Eusapia porte au côté gauche de la tête.

Ils sont confondus dans les observations de Varsovie.

Le Dr Higier a ressenti trois fois un souffle froid, et chaque fois à une distance qui exclut la supposition du souffle mécanique. Une fois, il l'a senti de deux côtés ; une autre fois sur la main droite ; une autre fois sur la main gauche. Une seule fois, sur les trois, son voisin, M. Matuzewski, ressentit le souffle en même temps que lui.

M. de Siemiradski l'a senti distinctement, mais pas à chaque séance : aux mains rarement et faiblement ; le plus souvent au visage. Dans ce dernier cas le souffle lui semblait venir de la blessure qui est à la tête d'Eusapia.

« Eusapia leva une fois ma main au-dessus de la moitié gauche de sa tête, et je sentis alors distinctement un souffle froid, allant de la tête du médium en haut. » (Dr WATRASZEWSKI, *Compte rendu*).

« Eusapia prit ma main échauffée et couverte de sueur et la promena au-dessus de sa tête. J'ai eu l'impression absolument identique à celle que donne le « souffle électrique. » M. Ochorowicz affirmait qu'il était d'une autre nature. Pour l'examiner j'ai passé, à la séance suivante, sur la tête du médium, une lame de laiton avec une pointe, pensant que si c'était le souffle électrique, on verrait peut-être se produire une aigrette électrique ; mais il n'en fut rien. Le même jour Eusapia tint ma main au-dessus de sa tête, mais je ne sentis plus aucun souffle, seulement un froid très peu accentué et des cheveux mal coiffés. » (REICHMAN, *Courrier de Varsovie*).

M. — *Une séance improvisée.*

Dans les intervalles des séances officielles qui fatiguaient et exaspéraient le médium, grâce à la circonstance fâcheuse qu'une grande partie des assistants était absolument étrangère à ce genre d'études, Eusapia proposait parfois de faire une séance en petit comité. L'excellent résultat de ces séances remontait son moral et, chose étrange, restaurait ses forces.

« Pendant une de ces séances improvisées, tenues dans une toute petite pièce, séparée par une porte à la portée de la main du salon éclairée par une lampe, nous arrivâmes à nous trouver devant une véritable barricade dressée sur notre table. Il y avait là : une autre table les pieds en l'air, un guéridon, une chaise, une sonnette, etc. Et tout cet encombrement de meubles fut opéré dans un endroit tellement étroit qu'il serait absolument impossible à une personne en chair et os de le faire sans heurter les assistants et déranger leur groupement. Le guéridon se trouvait à ma droite et Eusapia, dont je tenais la main avec la mienne, était à ma gauche. Je suivis très distinctement les mouvements du guéridon depuis le moment où il heurta mon coude jusqu'à son installation complète sur la table d'expériences en passant par-dessus mes épaules. La table qui fit partie de la barricade se trouvait, au début, derrière Eusapia, dans l'embrasure de la fenêtre séparée de la pièce par un lourd rideau (H. DE SIEMIRADSKI, *Lettre du colonel de Rochas*).

II. — Conclusions de M. Ochorowicz.

M. le D'´ Ochorowicz, à qui j'avais écrit pour le prier de me communiquer son rapport personnel, me répondit, le 15 novembre 1895, que ce rapport, écrit en polonais, n'était point encore publié ; mais il eut l'obligeance de vouloir bien m'indiquer les conclusions auxquelles il était arrivé, au point de vue théorique, celui qu'il savait m'intéresser le plus. Ces conclusions les voici, telles qu'il les a formulées dans la lettre précitée.

1° Je n'ai pas trouvé de preuves en faveur de l'hypothèse spirite, c'est-à-dire en faveur de l'intervention d'une intelligence étrangère. « John » n'est pour moi qu'un dédoublement psychique du médium. Par conséquent, je suis « médianiste » et non « spirite. »

2° Les phénomènes médianimiques confirment le « magnétisme » contre « l'hypnotisme » — c'est-à-dire impliquent l'existence d'une action fluidique en dehors de la suggestion.

3° Cependant la suggestion y joue un rôle important et le médium n'est qu'un miroir qui reflète les forces et les idées des assistants. En plus, il possède la faculté de réaliser, en les extériorisant, ses rêves somnambuliques propres ou suggérés par les assistants.

4° Aucune force purement physique n'explique ces phénomènes qui sont toujours de nature psycho-physique ayant un centre d'action dans l'esprit du médium.

5° Les phénomènes constatés ne contredisent ni la mécanique en général, ni la loi de conservation des forces en particulier. Le médium agit aux dépens de ses propres forces et aux dépens de celles des assistants.

6° Il existe une série de transitions entre le médianisme d'ordre inférieur (automatisme, fraude inconsciente) et le médianisme d'ordre supérieur ou extériorisation de la motricité (action à distance sans lien visible et palpable).

7° L'hypothèse d'un « double fluidique » (*corps astral*), qui, dans certaines conditions, se détache du corps du médium, paraît nécessaire pour l'explication de la plupart des phénomènes. D'après cette conception, les mouvements d'objets sans contact seraient produits par les membres fluidiques du médium.

CHAPITRE VII

LES EXPÉRIENCES DE 1894 A CARQUEIRANNE ET A L'ILE ROUBAUD

Ces expériences ont duré deux mois et demi pendant lesquels il y a eu environ 35 séances de la plus grande importance, tant à cause de la haute valeur scientifique de ceux qui y prirent part que des conditions excellentes où elles se produisirent.

M. Charles Richet, professeur de physiologie à la faculté de médecine de Paris, possède en effet, près de Toulon, deux propriétés voisines : le château de Carqueiranne et l'île Roubaud, une des îles d'Hyères.

Pendant les vacances de 1894, il réunit, tantôt dans l'une, tantôt dans l'autre de ces habitations, Eusapia avec plusieurs de ses amis : M. et Mme Sigdwick, M. et Mme O. Lodge, M. J. Ochorowicz, M. Fr. Myers, le baron de Schrenck-Notzing (de Munich), et le Dr Ségard, médecin principal de la Marine.

Eusapia se trouvant sous un ciel analogue à celui de sa patrie, avec une grande liberté d'allures et dans un milieu sympathique, produisit des phénomènes remarquables dont il n'a été malheureusement publié aucun compte rendu complet et détaillé.

Seul, M. Lodge a lu, à la 68ᵉ réunion générale de la Société d'Études psychiques de Londres, un rapport imprimé dans ses procès-verbaux avec un article de M. Hodgson, docteur en droit, membre de la même société qui, bien que n'ayant assisté à aucune des expériences, cherche à prouver que tous les phénomènes produits par Eusapia ne sont dûs qu'à d'habiles tours de passe-passe.

MM. Richet, Myers et Ochorowicz répliquèrent.

Cette polémique ayant été publiée dans un périodique destiné aux membres seuls de la société, il n'est point permis de la reproduire et je dois me borner à en donner quelques extraits imprimés dans d'autres Revues ; mais ces documents seront complètement élucidés par la très remarquable étude que M. Ochorowicz a bien voulu nous envoyer, à propos des expériences de Cambridge et qu'on trouvera à la fin du chapitre suivant.

I. — Analyse du compte rendu de M. Lodge.

M. Lodge déclare qu'il s'est rendu à l'invitation du Dʳ Richet, très convaincu qu'il ne pouvait y avoir production de mouvements physiques sans contact, mais que ce qu'il a vu l'a parfaitement convaincu que les phénomènes de ce genre peuvent, dans certaines conditions, avoir une existence réelle et objective.

Il assista d'abord, dans un espace de 6 jours, à une première série de quatre séances d'une durée moyenne de 3 ou 4 heures, avec MM. Richet, Myers et Ochorowicz.

Il assista ensuite à une deuxième série de dix séances, avec MM. Richet, M. Ochorowicz, M. Lodge, M. et Mme Sigdwick et le baron de Shrenck-Notzing.

Les séances eurent lieu la nuit, de 10 heures à 1 heure du matin, dans une pièce de rez-de-chaussée, dans la maison de M. Ch. Richet qui était la seule habitation de l'île Roubaud, sauf le phare. Deux fenêtres ouvraient sur une vérandah, et il n'y avait qu'une seule porte dont le professeur Lodge portait la clé sur lui.

En dehors d'une de ces fenêtres presque fermées, était assis M. Bellier, secrétaire de M. Richet depuis 20 ans, qui prenait des notes à la lumière d'une lampe. Il parlait de temps en temps, avec les assistants qui pouvaient ainsi s'assurer de sa position sous la vérandah.

Dans la chambre était une grande table, d'une construction simple, sans battants, comme une table de cuisine de campagne, et pesant 22 kilos (1). Une autre table plus petite, servait pour les séances, elle pesait 9 kilos.

Sur une troisième table ronde, en acajou, recouverte d'une étoffe, étaient placés les objets dont on se servait pour les expériences.

Les assistants s'asseyaient autour de la petite table, avec Eusapia, en pleine lumière.

La table commençait par faire des mouvements; la lumière étant baissée, le médium semblait entrer en

---

(1) Cette table, construite exprès pour les expériences, était carrée, d'un mètre de côté et sans rebords : les pieds, de 0^m,75 de hauteur, étaient terminés en pointe, de manière à rendre presqu'impossible toute tentative de soulèvement par une pression exercée sous ces pieds pointus.

état de transe, et, au bout d'une demi-heure environ, des phénomènes plus prononcés se présentaient.

Chaque matin, après la séance, on écrivait le compte rendu de ce qui était observé, en se servant des *notes*, comme base, mais, en examinant avec soin chaque détail ; on discutait chaque point douteux, avec minutie.

En état de transe, le médium répondait plutôt au nom de *John* (Jean), mais il parlait italien seulement ; lorsque l'état de transe n'était pas complet, les phénomènes étaient élémentaires et peu satisfaisants.

Dans la chambre il y avait un petit chalet à musique, objet de fabrication suisse, acheté pour la circonstance, avec un remontoir en dessous et un ressort au-dessus ; quand on tournait la cheminée, les portes s'ouvraient et la musique jouait.

Il y avait encore un accordéon ordinaire, de construction simple, également acheté pour la circonstance à un magasin de Toulon.

M. Lodge dit qu'il a été poussé, pincé, qu'on appuyait sur sa tête, sur son dos, ses bras et ses genoux lorsqu'il tenait les deux mains du médium dans les siennes, et que les pieds et la tête d'Eusapia étaient observés. Dans ces mêmes conditions, il a eu sa main empoignée momentanément par quelque chose ressemblant à une main humaine, donnant l'impression distincte de doigts ayant des ongles. Il a vu une forte main, et d'autres objets plus vaguement, qui passaient se détachant la nuit sur la lumière faible du ciel. Le médium était toujours soigneusement et complètement tenu.

Il a vu une chaise placée près de la fenêtre, à plusieurs pieds de distance du médium, glisser plusieurs fois, horizontalement, puis se lever et frapper le parquet.

Le médium était tenu, et personne n'était près de la chaise.

Au moment où il n'y avait pas la moindre brise au dehors, un lourd rideau se gonfla comme si quelqu'un était derrière, et resta ainsi gonflé un bon moment. Il n'y avait personne de caché derrière le rideau, le médium en était distant de près de deux mètres ; cela était visible.

Une fois, le rideau fût jeté sur la table et sur les assistants ; une autre fois, le contour d'un visage se détacha contre la fenêtre, et quelque chose comme une main se leva vers ce visage.

La grande table, auprès de laquelle il n'y avait personne, était agitée souvent et même retournée, trouvée complètement renversée par terre ; ceci était fait avec soin et de manière à ne pas briser sur le plancher une batterie voltaïque et autres objets. M. J. Ochorowicz a pu, de sa place, voir la table au moment où elle se retournait.

Le médium étant bien observé, le petit chalet a été vu plusieurs fois traversant la chambre ; on entendit la clé remonter le mécanisme, et la musique jouer dans différentes parties de la chambre, quelquefois à deux mètres du médium, M. Lodge a vu ce chalet s'appuyer sur lui, puis être posé sur la table, sans que personne ne le touchât. « J'ai entendu, dit-il, quelques notes de l'accordéon, rendues loin de nous, pendant que l'instrument était sur la table et les mains du médium bien en vue ».

Dans une autre séance, il a entendu un piano donner des accords lorsque le médium en était éloigné et complètement tenu. On pouvait voir le clavier, mais pas assez pour observer la dépression des touches. *Cette expérience est particulièrement intéressante.* Elle a eu lieu à Carqueiranne. Les pieds étaient tenus ; les mains tenues. — M. Sidgwick déclara alors que tout était irréprochable, sauf la bouche, et que la seule explication possible du mouvement du piano (notes jouées) était le maniement d'un appareil quelconque (coupe-papier, règle... ?) tenu par les dents et la bouche. Alors M. Richet tint la bouche d'Eusapia avec sa main, toutes les autres personnes restant dans la même position, et, à deux reprises différentes, des notes furent frappées avec force sur le clavier.

M. Lodge a entendu, non seulement des coups frappés dans une table éloignée, mais des coups d'une violence extrême, comme donnés avec un maillet.

Il a vu, avec les autres assistants, des lumières traverser rapidement la chambre, comme des lucioles.

Il a entendu le bruit de la clé tournant dans la serrure de la porte (1) ; la clé arriva ensuite sur la table des séances, on put l'y toucher ; puis elle retourna à la porte, entra dans la serrure, fit jouer le pène et sortant de nouveau de la serrure, elle vint se replacer entre les mains de M. Lodge pour y rester.

Il a vu de l'écriture produite sur du papier, au crayon bleu, faite avec l'ongle propre d'un doigt et à la lumière d'une bougie ; expérience absolument remarquable, car elle a eu lieu à la lumière et s'est répétée cinq fois de suite dans d'excellentes conditions.

---

(1) Cette porte était assez éloignée du médium pour qu'en étendant le bras et en se baissant, il pût très difficilement l'atteindre. La chambre était éclairée seulement par un rayon de lune passant à travers les fentes des persiennes.

A. R.

Une fois, on passa du bleu sur le doigt du médium et on promena ensuite sa main près de la table sur laquelle il n'y avait pas de marques bleues ; personne n'avait touché cette table, et cependant on trouva des marques bien nettes *sur le côté opposé* près duquel la main du médium n'avait pas passé.

La grande table fut enlevée complètement du sol à environ 20 centimètres de hauteur. Les assistants étaient debout autour ; le médium, bien tenu, avait ses deux mains appuyées légèrement sur la table ; il eût été impossible au médium, même sans être tenu, de soulever la table dans la position qu'il occupait, c'est-à-dire debout, près d'un angle, ses deux mains appuyées légèrement sur le dessus ; cela ne se pouvait, même en concédant que le médium eût ses forces décuplées par un état anormal et hystérique.

M. Lodge a entendu le médium, comme buvant au goulot d'une bouteille d'eau qui avait été posée préalablement sur un buffet ; ensuite, il a senti que cette bouteille était déposée sur la table, au moment où tous les assistants se tenaient par les mains autour de cette table.

En résumé, les faits de la réalité desquels il se porte spécialement garant et qui pouvaient être facilement observés et constatés sont :

1° Les mouvements d'une chaise éloignée, visible au clair de lune, et dans des circonstances telles qu'il n'y avait évidemment pas de connexion mécanique ;

2° Le gonflement et le mouvement d'un rideau en l'absence de vent ou d'autre cause ostensible ;

3° Le remontage et la locomotion d'un chalet à musique sans être touché ;

4° Des sons procédant d'un piano et d'un accordéon, lesquels n'ont pas été touchés ;

5° Une clé tournée dans une serrure, en dedans de la chambre des séances, puis placée sur la table et après remise dans la serrure ;

6° Les mouvements et le renversement, par évolutions correctes et lentes, d'une lourde table, que l'on a trouvée après, ainsi retournée ;

7° Le soulèvement d'une lourde table, dans les conditions où il eût été impossible de la soulever dans les conditions ordinaires.

8° L'apparition de marques bleues sur une table, auparavant sans taches, et ceci fait sans le secours des moyens ordinaires de l'écriture (1) ;

9° La sensation de coups, comme si quelqu'un vous saisissait la tête, les bras ou le dos, tandis que la tête, les mains et les pieds du médium étaient bien en vue ou tenus et éloignés des endroits du corps touché.

M. Lodge expose ensuite les divers phénomènes qu'on attribue à Eusapia et qu'il divise en trois classes :

Classes A : opérations faciles dans les limites ordinaires du corps humain, sans préparations préalables, pourvu que ce corps ne soit pas empêché par des moyens artificiels de produire ces résultats.

---

(1) M. le Dr Ségard insiste dans une lettre qu'il m'a fait l'honneur de m'écrire « sur l'expérience si admirable, faite en pleine clarté, de l'écriture en traits bleus, effectuée sous nos yeux, *sans plume ni crayon*, au gré du geste d'Eusapia, directement sur une feuille de papier, ou à travers plusieurs feuilles superposées. »

Classe B : opérations qui, tout en étant dans les limites du corps humain, ne peuvent avoir lieu sans quelques préparations ou manipulations convenables.

Classe C : opérations qui, selon l'entendement ordinaire, sont impossibles.

Ainsi dans la *classe A*, on peut mettre : le soulèvement et le transport de quelques objets légers, tels que chaises, clés, chandeliers, boîtes, carafes, etc.. ; remonter des boîtes à musique ; faire sonner les clochettes électriques ; faire jouer les accordéons sans les toucher ; palper, tirer, ou empoigner les assistants ; faire apparaître des mains et des têtes.

Dans la classe B : le soulèvement des objets très lourds, qui dépassent la force ordinaire de l'homme ; la production de lumière et de diverses odeurs ; montrer des mains plus fortes que celles du médium ; écrire sur des objets éloignés ou sans crayon ; faire mouvoir et sortir des objets d'une boîte fermée à clé.

Dans la classe C : faire sortir des objets d'une caisse solidement fermée ou faire sortir un objet d'un tube clos hermétiquement ; faire des nœuds dans une corde sans fin ; faire pénétrer l'un dans l'autre deux anneaux en bois ; suspendre l'action comburante de corps chauffés au rouge ; produire un changement de température sans cause visible et artificielle ; séparer en ses diverses parties, une solution mélangée et fermée hermétiquement.

M. Lodge dit qu'il n'a pas vu tous ces phénomènes et ne peut, en conséquence, en garantir la réalité : par exemple, il ne peut absolument pas affirmer *que les mains vues, étaient plus grosses que celles du médium, attendu qu'il n'a pas pu les mesurer* ; il ajoute qu'il n'a pas observé qu'avec l'aide du médium, on eût fait autre chose que ce qu'aurait pu faire un être humain libre de toute entrave (1) ; dans la chambre des séances, les objets sont transportés absolument comme si une personne vivante circulait librement et naturellement.

La première hypothèse que peut faire l'observateur est donc qu'une telle personne est actuellement présente.

S'il en était ainsi, il y aurait fraude de la part de quelqu'un, soit :

1° Du médium ;

2° D'un ou plusieurs des assistants ;

3° De quelqu'un de dehors, introduit dans ce but.

Pour se prémunir contre la fraude, de la part du médium, on prenait les plus grandes précautions ; ainsi, ses pieds étaient posés sur un appareil qui faisait sonner une sonnette électrique quand l'un ou l'autre pied se levait ; quelquefois on tenait en plus les pieds et les jambes du médium, ainsi que ses mains, et même sa tête ; on savait toujours la position de ses pieds, tête et mains, au moment même où les phénomènes avaient lieu.

Toutes ces précautions étaient acceptées par le médium dont on n'avait du reste pas de raison pour suspecter la bonne foi ; mais comme on ne peut jamais se fier complètement à une personne en état de transe, elles étaient nécessaires.

Quant à la connivence de la part des assistants, M. Lodge dit avec raison :

(1) Richet estime aussi que tous les phénomènes dont il a été témoin avec Eusapia pourraient s'expliquer, sauf les écritures au crayon bleu, en admettant qu'elle a pu libérer ses mains. Cela prouve simplement que l'action de la force dégagée par Eusapia ne s'étend guère au-delà d'un mètre.

« Dans certains cercles où les personnes sont inconnues entre elles, une telle hypothèse peut suffire à détruire la valeur de l'évidence ; mais, dans notre cas (nous étions quatre), chacun avait au moins un ami intime présent; et tous les quatre, engagés dans des occupations sérieuses, nous accordions un temps précieux à l'étude de ces phénomènes. Dans ce cas une telle supposition devient absurde.

« Ensuite on peut supposer que, plutôt que d'avouer que les phénomènes n'eurent point lieu, nous avons pu en produire nous-mêmes ou que l'un des assistants trompait les autres en laissant libre le médium pour la production des faits observés. »

M. Lodge répond à cette seconde objection en assurant qu'il a observé des phénomènes au moment où, seul, il tenait les mains et les pieds du médium, et que les autres ont fait de même ; que ces phénomènes eurent lieu en l'absence de chacun des membres du groupe, que MM. Richet et Ochorowicz en avaient eu une masse avant l'arrivée des autres observateurs et ne pouvaient, par conséquent, porter des suspicions sur les arrivants.

Il reste l'hypothèse grotesque que M. Richet lui-même aurait préparé une tromperie; mais MM. Finzi, Schiaparelli, Lombroso et d'autres, en Pologne et en Italie, ont observé les mêmes phénomènes en l'absence de M. Richet.

La présence ou l'absence de l'un ou de l'autre des assistants n'a donc pas eu d'action pour empêcher les phénomènes pourvu que Eusapia fût présente.

Dans l'hypothèse de fraude, il faudrait suspecter tout le monde et supposer que tout le monde était d'accord pour tromper. Le professeur Lodge fait observer que dans ce cas, son propre rapport ferait partie de ce plan de fraude; en conséquence, il ne recherche pas à se défendre sur ce point.

Mais en admettant que les assistants étaient honnêtes et ordinairement intelligents, et que le médium était tenu de manière à être empêché de faire des choses anormales avec son corps normal, que faut-il penser au sujet d'un acccomplissement possible de phénomènes?

Il ne faut pas oublier que ces séances eurent lieu dans une île presque inhabitée, où il n'y avait, en dehors des expérimentateurs, que la famille du garde du phare et les domestiques de M. Richet, c'est-à-dire un marin, sa femme et sa fille.

Le phare est à environ 500 mètres de la maison de M. Richet, et les domestiques couchaient dans un cottage séparé où ils se retiraient pendant la nuit; on pourrait supposer que ces simples paysans de la Provence étaient d'accord avec la fine Italienne et que la différence de leurs langues qui empêchait toute conversation entre eux n'avait pas empêché une entente préalable; mais il est inutile de discuter cette hypothèse absurde, car le voisinage de ces gens n'était aucunement nécessaire pour les phénomènes.

Il n'y avait à la salle des séances qu'une porte d'entrée que M. Lodge fermait à clé lui-même pendant les séances; mais, même si elle avait été ouverte, personne n'aurait pu entrer sans que le fait ne fût connu. On ouvrait le divan avant les séances, pour s'assurer qu'il était vide. Les séances commencèrent toujours dans la pièce bien éclairée, « et je puis positivement déclarer que personne, étranger à la séance, n'est entré d'une façon normale, car je l'aurais vu et su. »

II. — Extraits de la réplique de M. Ch. Richet à M. Hodgson.

M. Richet fait observer que toute l'argumentation de M. Hodgson est basée sur cette hypothèse que *l'on croit tenir les mains d'Eusapia et qu'on ne les tient pas.* Voici comment il y répond :

Est-ce que nous tenions bien les mains d'Eusapia ?
M. Hodgson ne le croit pas. M. O. Lodge, M. Fred. Myers, M. Ochorowicz et moi nous le croyons. Il s'agit donc d'examiner ce point.

Tout d'abord il semble que M. Hodgson a tort de reprocher à M. O. Lodge de ne pas donner plus de détails. Il est clair que lorsque on dit, *la main est bien tenue,* des détails plus circonstanciés deviennent presque inutiles. Comme cela se répète près de cent fois au moins dans une séance, il suffit de s'entendre, ce que nous avons fait constamment, sur le sens de ce mot : *la main est bien tenue.* Cela signifie d'abord qu'on n'a aucun doute sur le côté de la main qu'on tient. Si, en tenant la main pendant qu'un phénomène se produisait, je n'étais pas absolument sûr que c'était la main droite (au cas où j'avais pour mission de tenir la main droite) aussitôt j'arrêtais tout, en disant, « j'ai lâché la main » ; et tous les expérimentateurs faisaient de même. De plus, nous avions pris le parti de tenir la main fortement, tous les doigts dans notre paume, ou le poignet et une partie des doigts dans notre main ; le plus souvent les deux avantbras, celui d'Eusapia et le mien, étaient côte à côte, et les deux mains, celle d'Eusapia et la mienne, étroitement unies. Enfin nous avions soin, à chaque phénomène, de nous rappeler, les uns et les autres, à l'observation exacte ; et peut-être cent fois dans le cours d'une séance, de manière à en être ennuyeux et même insupportables, *ad nauseam*, nous répétions — « je tiens bien la main droite, » « je tiens bien la main gauche ».

S'il s'agissait d'expérimentateurs novices, peut-être éblouis, ou effrayés par la nouveauté des phénomènes. je comprendrais les doutes de M. Hodgson, et je les partagerais assurément. Mais il s'agit d'expérimentateurs qui avaient conservé tout leur sang-froid, et qui, certes ne songeaient qu'à faire une expérience dans de bonnes conditions. S'il m'est permis de parler de moi, je dirai que j'ai expérimenté avec Eusapia 5 fois à Milan, 10 fois à Rome ; 40 fois à Carqueiranne et à l'île Roubaud, où elle est restée trois mois. Pendant ces trois mois, déjà préparé par les expériences faites à Rome et à Milan, je n'ai pas songé à autre chose qu'à ce point très spécial et cependant très important, de bien tenir la main, de manière à ne pas laisser cette main se libérer, prendre des objets, et me toucher au dos, au nez, au front. Avec Ochorowicz qui est resté presque tout le temps à l'île Roubaud, et qui avait eu à Varsovie et à Rome une trentaine de séances déjà, nous n'avons pas songé à autre chose. Nous n'avions donc pas d'autre préoccupation que celle d'empêcher une des mains d'Eusapia de nous échapper.

Eh bien ! sans nous croire plus perspicaces et plus habiles qu'il ne convient, il nous semble que cette constante préoccupation, cette idée fixe doit un peu nous garantir du reproche d'avoir conclu à la légère. Il me semble qu'après trois mois d'exercice et de méditations on peut arriver à la certitude qu'on tient bien une main humaine.

Dans une expérience (la dernière, je crois) qui a été très brillante, Mme Sidgwick tenait la main gauche d'Eusapia, et mon savant ami, le Dr. Ch. Ségard, médecin en chef de la marine, tenait la main droite. Il avait d'ailleurs déjà assisté à plusieurs expériences. Quinze ou vingt fois dans le cours de la séance, je lui ai demandé, ainsi qu'à Mme Sidgwick : « Etes-vous bien, bien sûr de tenir la main ? et la même main ? » Et, sur son affirmation, j'ajoutais : « Prenez garde, si vous vous trompez, c'est presque de la complicité ! »

Il est certain en effet qu'affirmer solennellement, résolument, sans aucune hésitation, qu'on tient la main droite d'Eusapia, cela veut dire qu'on en est vraiment sûr, et cette affirmation, portant sur un fait facile et simple, ne comporte probablement pas d'erreur.

Cela est si vrai qu'avec Ochorowicz nous avions imaginé divers appareils électriques pour remplacer ce procédé élémentaire de la main tenue dans notre main. Je fais grâce au lecteur de la description de ces divers instrument : ils étaient très ingénieux, mais il ne m'inspiraient aucune confiance. Je crois beaucoup aux instruments précis en physique et en physiologie ; mais, quand il faut les laisser dans l'obscurité, livrés à la fantaisie d'un médium, je n'y attache plus aucun prix. A toute l'instrumentation je préfère, et de beaucoup, simplement ma main. Car, lorsque je tiens bien solidement la main droite d'Eusapia dans ma main ou mes deux mains, je suis sûr, autant qu'humainement on peut être sûr de quelque chose, qu'elle ne peut pas promener cette même main droite sur mes cheveux.

Nous avions aussi essayé de tenir ses pieds (déchaussés) avec nos pieds (déchaussés). Mais cela est loin de donner une sécurité absolue ; car la sensibilité tactile des pieds est assez grossière. De même les appareils électriques pour les pieds ont été finalement tout à fait abandonnés, comme n'inspirant pas une confiance suffisante ; et, pour les pieds comme pour les mains, le meilleur procédé nous a paru être de les tenir avec nos mains. Aussi, au moins dans la dernière série des expériences, l'un de nous se mettait-il par terre, ayant pour unique fonction de tenir avec ses deux mains les deux pieds d'Eusapia.

Il me semble que cette méthode est encore la meilleure. Cela vaut tous les appareils, et toutes les ligatures : car les appareils se détraquent ou se faussent : les nœuds se défont, et peuvent être refaits, si bien que la conviction n'est jamais complète. Au contraire, avec la main, on obtient la certitude, et je suis convaincu que ce procédé, que M. Hodgson trouve défectueux, est celui auquel il aurait recours après avoir tenté d'autres méthodes.

Cela bien posé, il est une expérience qui me paraît fondamentale. Elle ne réussit malheureusement pas toujours, et il faut parfois beaucoup de patience pour obtenir le phénomène.

Il s'agit de tenir les deux mains du médium ; et d'être soi-même touché par une main bien distincte.

Il est clair que, lorsque je dis une main *bien distincte*, je suppose qu'on a songé à toutes les supercheries possibles. Un contact vague, ce n'est pas une main ;

la sensation d'un moignon, ou d'une paume ne suffit pas. Une main bien distincte, c'est une main nettement formée, dont on sent les doigts, qui est capable de pincer le bras, de tirer les cheveux ou la barbe, de faire sentir ses doigts, de donner, en un mot, une sensation telle qu'une main seule peut la donner ; main vivante, animée, tout à fait identique à une main humaine.

Eh bien ! *cette expérience, je l'ai faite* ; et, pour ne pas parler des expériences de Rome où elle avait réussi aussi, à l'île Roubaud 4 fois elle a réussi avec moi. Une fois entre autres, je tenais d'une main les deux d'Eusapia ; je lève mon autre main en l'air, très haut ; alors cette main qui est en l'air est saisie vigoureusement par une main qui me prend deux doigts, les tire avec force, et, après avoir tirés, me donne, sur le dos de cette même main, une tape assez forte que tout le monde entende. Malheureusement, comme je l'ai déjà dit, cette expérience essentielle, importante, fondamentale, on ne peut pas toujours l'obtenir. On ne l'obtient même que rarement, je ne sais pourquoi, de sorte que sa rareté est une cause de doute, et même de doute assez grave. Pourquoi est-il plus facile d'avoir un contact quand chaque matin est tenue par une pesonne différente que quand c'est la même personne qui tient les deux mains ?

Et cependant ce n'est pas moi seulement qui ai été ainsi touché par une main distincte, alors que je tenais les deux mains d'Eusapia.

Le 9 juillet, Ochorowicz est touché dans le dos par une main bien distincte, alors qu'il tenait les deux mains d'Eusapia.

Le 24 juillet, Lodge, tenant les deux mains d'Eusapia est touché distinctement par une main à l'épaule.

Le 26 juillet, pendant que je tenais les deux mains d'Eusapia, je suis touché par une grande main qui se promène sur ma tête.

Ce qui rend cette sorte d'expérience très instructive, et à mon sens absolument décisive, c'est qu'il faut admettre ou une hallucination tactile, ce qui me paraît absurde; ou une mauvaise plaisanterie de la part d'un des assistants, ce qui est impossible à admettre; ou enfin, et c'est la conclusion à laquelle j'arrive, quelque chose comme la matérialisation d'une main vivante; conclusion que j'admets en désespoir de cause, et à laquelle je ne me résigne pas sans douleur.

Les cas dans lesquels un expérimentateur A tient les deux mains et un autre expérimentateur B est touché par une main sont très nombreux, presque aussi probants.

Le 1ᵉʳ juillet Ochorowicz tient les deux mains : je suis touché par une main. Le même jour je tiens les deux mains; Ochorowicz, à genoux, tient les deux pieds, et il est touché à la tête par cinq doigts distincts.

Le 9 juillet, je tiens les deux mains; Ochorowicz est touché distinctement par une main (à deux reprises).

Le 25 juillet, Lodge tient les deux mains; Myers est touché par une main.

Le 21 juillet, Lodge tient les deux mains. Myers est touché par une main qui presse le bras; puis, quelque temps après, Lodge tenant toujours les deux mains, Myers sent une grosse main qui le frappe dans le dos.

Quant aux cas dans lesquels un expérimentateur A tient une main d'Eusapia; un autre B tient l'autre main; et où cependant des objets volumineux se meuvent dans la pièce, en même temps qu'une main est nettement vue ou sentie ; nous en avons des exemples si nombreux qu'il me paraît, dans cette note de critique, inutile de les rappprter.

Si encore il suffisait d'un moment d'inadvertance pour expliquer le phénomène, j'admettrais bien que pendant une longue période de une ou deux heures d'expérience, il s'est produit une négligence d'un instant, que la main d'Eusapia alors a été abandonnée, et, devenant libre, a pu prendre un des objets voisins. Je sais parfaitement que l'attention ne peut se prolonger pendant une heure, avec toute certitude et toute efficacité ; mais les choses ne se passent pas ainsi. Comme l'ont fait remarquer avec raison Lodge et Myers, comme cela est évident pour toutes les personnes qui ont assisté aux expériences d'Eusapia, les phénomènes n'ont pas lieu par surprise ; on est prévenu que quelque chose va se produire par le frémissement, l'agitation et, si je puis dire, la tension vibratoire de tout le corps du médium. C'est donc à ce moment que tout naturellement on redouble d'attention, et qu'on tient le mieux les mains du médium. A moins d'être bien détestable expérimentateur, on ne va pas choisir le moment décisif, le moment de l'expérience, pour laisser la main libre.

Ce n'est pas tout. Même si la main — ce que je ne crois nullement — a pu se libérer, il faut encore qu'elle revienne en place : or, le phénomène vient de se produire ; on en a été formellement averti. Pour que, à ce moment même, on soit repris par une main qu'on a quittée un instant, et qu'on ne s'aperçoive pas de cette substitution, il faut vraiment une dose de trouble ou de négligence qui me paraît un peu forte.

Même j'admettrais que j'ai commis une fois, deux

fois, dix fois, vingt fois, cette négligence difficile à comprendre ; ce que je n'admets pas, c'est que, ne songeant pas autre chose, poursuivi, hanté, par cette préoccupation unique de ne pas abandonner la main que je tiens, j'ai été deux cents ou trois cents fois assez léger (pour ne pas dire plus) pour ne m'être pas aperçu que j'avais lâché la main, et qu'après la production du phénomène, Eusapia avait habilement replacé sa main dans la mienne. Et cette légèreté impardonnable, je ne serais pas seul à l'avoir commise. M. Aksakof, M. Schiaparelli, M. G. Finzi, M. de Siemiradsky, M. de Schrenck-Notzing, M. Ochorowicz, M. Ségard, M. O. Lodge, M. Fred. Myers, M. et Mme Sidgwick, tous, les uns et les autres, vingt fois, quarante fois, cinquante fois, nous aurions laissé se faire ces substitutions de main, précisément au moment même où notre attention devait être et était le plus fortement éveillée.

Et puis, — et c'est là un point sur lequel il faut insister — quand un habile prestidigitateur a fait un tour ingénieux, il ne veut pas le recommencer ; il sait bien que si, devant le même public, il refait le coup qui a réussi, à la seconde, ou à la troisième, ou à la quatrième fois, son *truc* sera dévoilé. Ici c'est tout autre chose. Devant le même public, attentif, qui cherche constamment à la prendre en faute, étudie minutieusement toutes les conditions de l'expérience, Eusapia consent à recommencer presque indéfiniment les mêmes phénomènes, de manière même à lasser notre patience ; tant toutes les séances se ressemblent. Qui en a vu une en a vu cent ; et il n'y a d'autre profit à assister à beaucoup d'expériences, que de devenir de plus en plus expérimenté et capable de les juger.

LÉVITATION DE TABLE

Pl. V, p. 191. CARQUEIRANNE, 1894.

Des photographies nombreuses (au magnésium) ont été prises, qui montrent la manière dont la table (il ne s'agit plus de la grosse table, mais d'une table plus légère, de 7 kil.) est soulevée (*Planche V*) (1). Il n'y a évidemment ni crochet, ni corde, ni appareil. La seule hypothèse, je ne dis pas vraisemblable mais discutable, c'est qu'Eusapia met un de ses pieds (le pied droit) sous le pied gauche de la table, et, faisant contrepression avec la main, obtient ainsi un soulèvement. Mais, dans nombre de photographies, cette hypothèse ne peut être admise ; par exemple, lorsque la table est soulevée quand Eusapia se tient par le côté large, ou encore lorsque on applique la main sur les deux genoux qu'on maintient immobiles, ou encore lorsque Eusapia est debout. En tout cas avec la grande table de 22 kil. cela est impossible, et c'est ce qui me fait considérer comme ayant une valeur prépondérante l'expérience faite avec cette lourde table.

Ce ne sont là que les principales expériences ; celles qui sont le plus communes ; il en est quantité d'autres,

---

(1) Outre ces photographies de lévitation de table dans l'obscurité obtenues à l'aide de l'éclair de magnésium, M. le Dr Ségard a bien voulu me communiquer celle d'une lévitation de table obtenue *en plein jour*, entre 4 et 5 heures du soir, sur la terrasse de la ville de l'île Roubaud.

Toutes ces photographies confirment celles dont j'ai déjà donné la reproduction ; dans toutes, on voit les mains et les pieds d'Eusapia, soit tenus par les contrôleurs, soit dans une position qui ne permet pas d'agir sur la table ; mais dans presque toutes aussi, on peut constater qu'il y a un pied de la table en contact avec le bas de la robe d'Eusapia.

Les deux photographies de la planche V, obtenues à quelques secondes d'intervalles, mettent en évidence la mobilité des attitudes d'Eusapia en transe.

presque absolument inexplicables par l'hypothèse de la prestidigitation. Par exemple, en présence de M. et de Mᵐᵉ Sidgwick, en demi-lumière, les deux mains d'Eusapia étant bien tenues et vues sur la table ; la tête et la bouche étant tenues par un des assistants ; les deux pieds tenus par un autre assistant qui était par terre ; à diverses reprises, nous avons entendu frapper des notes sur un piano voisin. Ou bien encore, un objet volumineux (un melon) pesant 7 kil. 200, placé sur une chaise derrière Eusapia, se trouve doucement apporté sur la table et, sur cette même table, soulevé à plusieurs reprises, pendant que les deux mains sont tenues par la même personne. — Ou encore, en demi-lumière, alors que les pieds sont dans l'appareil électrique qui fonctionne très régulièrement, les deux mains étant vues de tout le monde et levées en l'air en même temps qu'elles sont tenues, un harmonium placé à terre joue non pas des airs, mais des notes séparées, et nous entendons comme la pression des doigts sur les touches. — Ou encore, un appareil électrique étant adapté à une balance romaine, de manière à donner une assez vive lumière dès que la balance est remuée (poids de plus de 8 kil. nécessaire pour faire mouvoir la balance), nous obtenons le mouvement de la bascule sans rien voir d'anormal ; les pieds et les mains étant d'ailleurs tenus comme d'habitude. Ou encore — et c'est peut-être le phénomène le plus surprenant, au milieu de toutes ces choses étranges — à travers les vêtements une marque de crayon est faite sur la chemise de l'un de nous, et, ce qui est plus surprenant encore, sur une page blanche, notre doigt, parfaitement propre, traçant cinq fois de suite, en pleine lumière des marques de crayon.

CHAPITRE VIII

LES EXPÉRIENCES DE NAPLES EN AVRIL 1893

Ces expériences furent faites par le docteur Paolo Visani-Scozzi, médecin spécialiste pour les maladies nerveuses à Florence. Il s'en servit comme base de son étude publiée sous le titre, *La Médianita*, étude fort intéressante qui remplit 300 pages in-16.

Il y eut 4 séances auxquelles assistèrent d'une façon permanente le docteur Visani, la comtesse Hélène Mainardi et son mari le capitaine Georges Mainardi. — A la première séance, il y avait en outre le chevalier Chiaïa ; à la deuxième, M. Rafaële Dardis, M. et Mme Singer ; enfin, à la dernière, Mme Visani et un avocat qui n'a laissé publier que l'initiale de son nom, parce qu'il occupait une haute position officielle.

Les trois premières eurent lieu chez M. Rafaële Dardis dans une grande chambre carrée de 6 mètres de côté, sans rideaux ni meubles autres que ceux qui devaient servir aux manifestations. La quatrième eut lieu chez l'avocat dont il a été question.

Les précautions ordinaires ayant été prises avec le

plus grand soin pour éviter toute fraude, voici les phénomènes principaux qu'on observa.

1° *En pleine lumière* : mouvement d'objets sans contact et surtout craquements ; mouvement, lévitation et suspension d'une grande table en bois de sapin ; raps dans l'intérieur, au milieu de la même table, parfois extrêmement forts et répondant avec un, deux, ou plusieurs coups, suivant un alphabet convenu, aux demandes des assistants. Ces coups, étaient parfois rythmés selon des rythmes divers et compliqués, et frappés en même temps, sur la table et sur des chaises très éloignées de la table.

Il y eut encore un exemple frappant d'écriture directe : La lettre E paraissant écrite sur une feuille de papier sur lequel le docteur tenait la main (1).

2° *Dans l'obscurité non complète*, c'est-à-dire avec une lumière suffisante pour reconnaître le contour des personnes, il y eut :

Des attouchements de mains invisibles solides et bien formées — mains froides nerveuses, énergiques et robustes qui frappaient les épaules des personnes présentes et leurs serraient amicalement la main. Le D^r voulut quelques fois retenir dans la sienne une de ces mains, mais elle s'évanouissait avec autant de rapidité qu'elle s'était formée.

Des coups parfois très forts dans la table : des mouvements de la table qui allait d'un côté à l'autre de la pièce ; et des mouvements de chaises, qui s'éloignaient et retournaient seules à leur place.

Des baisers retentissant distinctement dans la chambre.

(1) On a déjà vu qu'Eusapia était complètement illettrée.

Tous ces phénomènes étaient souvent simultanés.

Une fois pendant que le D^r sentait une main qui le prenait au menton, le capitaine Mainardi reçut des coups énergiques dans le dos et la comtesse ressentit de douces caresses sur la figure.

La simultanéité de ces actions en divers points paraissait spécialement voulue par l'agent invisible.

Une autre constatation curieuse est l'indépendance de l'agent ou des agents occultes et le contraste de leur volonté, avec celle du médium.

Il y eut aussi, toujours en obscurité non complète : Le tintement d'une clochette agitée par une personne invisible qui semblait tourner derrière les assistants avec une vitesse incroyable ;

Une ombre formée près du médium comme sortant de lui et s'élevant au point de prendre des proportions colossales. — Le médium, pendant ce phénomène se trouvait en transe profonde et complètement immobile.

3° *En obscurité complète*. Mouvements de table, de chaises, d'objets divers, que l'on retrouvait parfois renversés quand on refaisait la lumière.

Formation de mains qui touchaient les assistants.

Formation de têtes invisibles qui donnaient des baisers, frottaient avec leur barbe (une barbe soyeuse) le visage des assistants.

Formation d'une nuée globulaire émettant une lumière blanchâtre (comme un globe de brouillard) qui passa devant les yeux des assistants, avec une insistance qui démontrait l'intention de se faire nettement distinguer.

Formation d'un fantôme présentant, d'une façon assez grossière la forme d'un homme très grand ; cette forme était nettement visible par la lumière rougeâtre qu'elle émettait et elle avait toutes les apparences de la vie.

La tête tenta de parler, mais elle n'émit que des sons indistincts comme s'ils sortaient d'un organe humain imparfait.

Coups et raps tellement forts qu'ils auraient sans doute fracturé le poignet d'un homme qui se serait avisé de les produire. De pareils coups auraient seulement pû être produits par le choc d'un puissant marteau en fer ; mais, dans ce cas, la table en aurait été complètement brisée.

Une trompette, un tambour de basque et une sonnette furent en même temps soulevés en l'air et se firent entendre en même temps. Le son s'éleva et parut s'éloigner en prenant l'allure d'une marche joyeuse. La marche commença alors pour tous les meubles. La table s'achemina vers l'entrée frappant de ses pieds le rythme des instruments qui jouaient, pendant que le médium endormi était traîné avec sa chaise même dans le sens que la table.

Dans l'obscurité, l'on obtint encore des lueurs verdâtres, des petits serpents de lumière sillonnant l'air en tout sens.

Un des caractères les plus extraordinaires des phénomènes obtenus dans l'obscurité, consiste dans la précision et la délicatesse de leur exécution ; l'auteur démontre que les explications que l'on en donne par la *nyctalopie* et l'*éméralopie*, n'expliquent rien.

Le plus important des phénomènes obtenus dans ces séances, fut une empreinte sur un gâteau de terre glaise apportée et préparée par le capitaine Mainardi. Cette empreinte fut obtenue dans les meilleures conditions de contrôle et, quand le plâtre qu'on y coula fut solidifié, on trouva en bas-relief de profil droit d'un visage humain bien distinct dans quelques parties, avec les proéminences des orbites et des zigomes bien marquées ; avec la branche mandibulaire assez distincte et le pavillon de l'oreille bien dessiné ainsi que la moitié inférieure de la pyramide nasale.

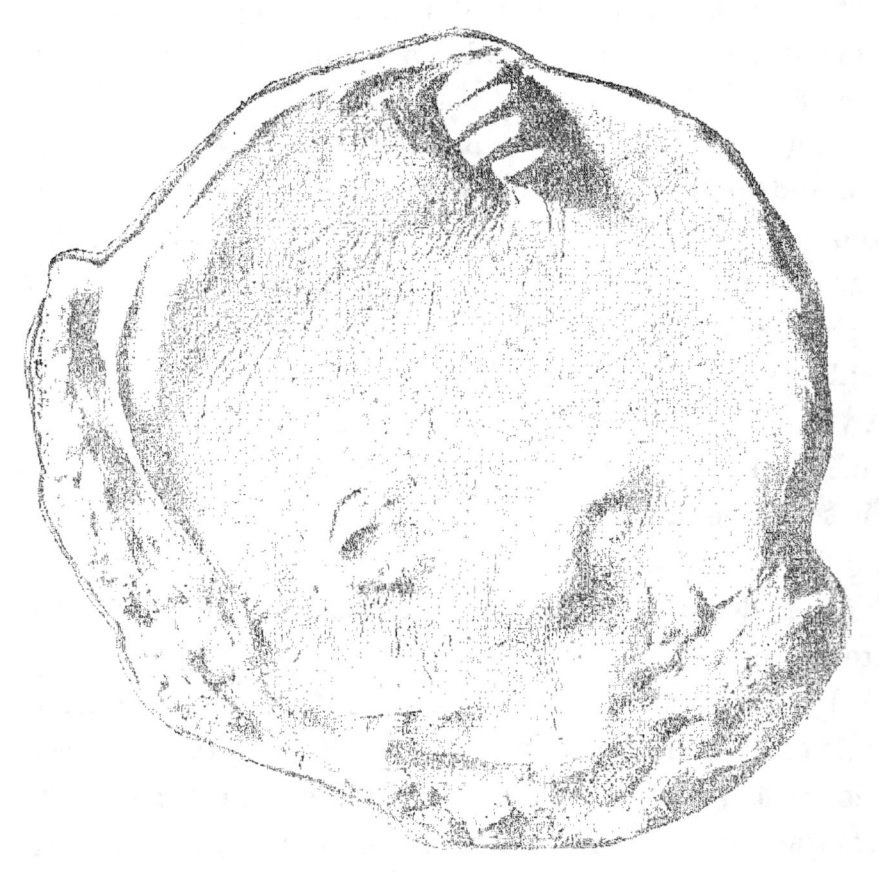

Cette empreinte, formée en grande partie par les os et les cartilages, reproduisait pourtant aussi l'action d'une certaine plasticité des tissus mous. La joue était creusée comme chez les personnes extrêmement maigres.

Quelqu'un a cru distinguer aussi une esquisse de la convexité du globe oculaire.

Sur toute la surface, on voyait imprimée la trame d'un tissu comme celle d'une toile assez fine. Il en résultait des plis, surtout dans la partie creuse du bas-relief où l'inconsistance du corps qui s'était imprimé dans la glaise n'avait pu déterminer une pression suffisante.

On voit en outre bien distinctement dans le plâtre, au-dessus de la tête, le relief d'une main fermée en poignée poussée obliquement dans la glaise.

La figure de la page 199 donne le schéma du profil, qu'il n'est généralement pas facile de reconnaître à première vue.

Les noms qu'on lit sur le plâtre furent écrits par les assistants avant qu'il fut solidifié (1).

Pendant une de ces séances, le capitaine Mainardi pria mentalement l'entité qui se fait appeler John King, de lui ôter la bague qu'il porte au petit doigt et de la passer au doigt de sa femme. Aussitôt une main paraissant descendre du haut lui ôta la bague d'un mouvement bien sûr. La comtesse en même temps sentit une main rapide et énergique prendre sa droite et en tirer un doigt... mais à ce moment la sonnette de l'appartement retentit... et la bague tomba par terre.

(1) Pour répondre aux doutes qui surgissaient dans son esprit, l'auteur voulut demander conseil à des personnes qui lui donnaient les meilleures garanties de compétence et de capacité. Un jeune et éminent artiste, M. George Kiewerk, peintre et sculpteur à Florence, fit inutilement, dans son atelier, une série d'expériences pour reproduire dans la glaise ces empreintes.

Pendant d'autres séances plusieurs objets tels que des sous que le médium tenait dans sa poche, une boucle d'oreille qu'elle avait à son oreille, furent emportés parfois très loin et retournés après de longues réclamations du propriétaire, mais avec une intention qui semblait intelligente. Par exemple, une broche que Mme Mainardi avait portée avec elle pour en faire cadeau à la Paladino, fut retrouvée au cou de la personne à laquelle elle était destinée.

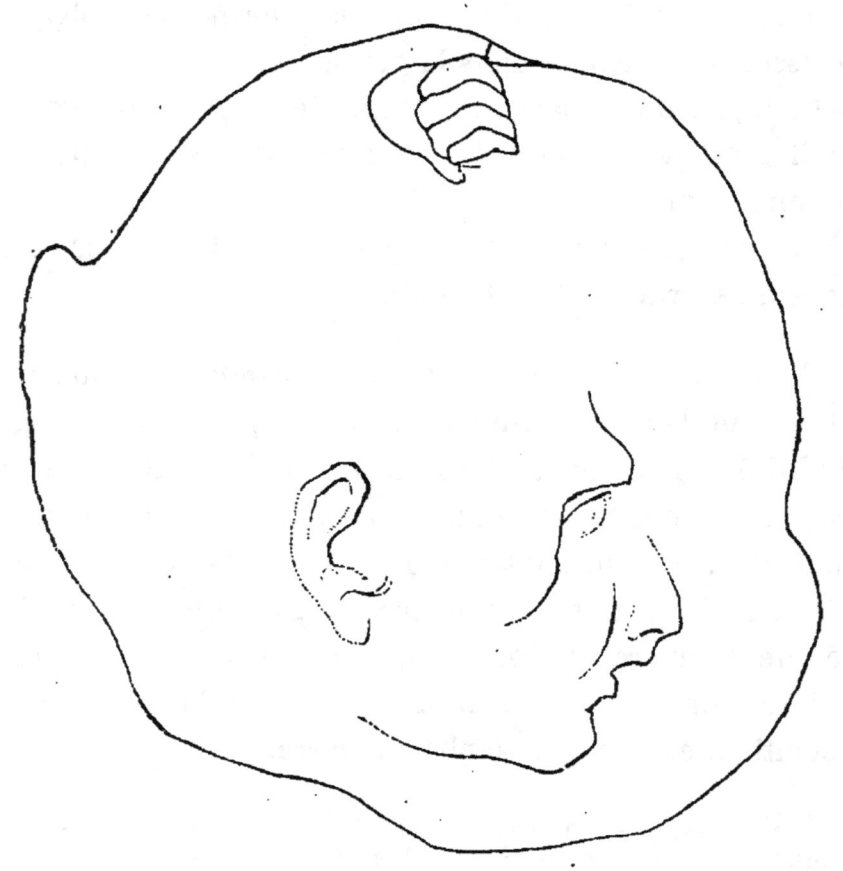

Intelligente aussi, la force que réussissait à défaire en pleine obscurité, les nœuds parfois très compliqués avec lesquels on assurait la ficelle qui liait le médium, toutes les fois que l'entité le désirait.

Après avoir scrupuleusement établi la réalité des phénomènes l'auteur a crû devoir en conclure l'existence d'individualités intellectuelles extérieures à l'homme et invisibles, qui ont la faculté de provoquer, par suggestion mentale, chez certains sujets prédisposés, des actions tout à fait analogues à celles que provoquent des opérateurs humains. Mais les agents occultes, bien plus puissants que ces opérateurs parce qu'ils sont en contact plus intime avec leurs sujets, arrivent à provoquer des radiations fluidiques capables de produire des effets mécaniques en dehors de leur enveloppe charnelle, et même à former avec ces radiations des appendices temporaires qui ont l'apparence de corps complets et indépendants.

(Analyse par M. Charles Bonazza.)

CHAPITRE IX

LES EXPÉRIENCES DE CAMBRIDGE
EN AOUT 1895

I. — **Analyse d'une communication faite à la 75ᵉ Assemblée Générale de la Société des Recherches psychiques de Londres.**

Au mois d'août 1795, Eusapia se rendit à Cambridge et resta plusieurs semaines dans la maison de M. Myers pour être soumise à l'expérimentation d'un certain nombre de membres de la Société des Recherches psychiques de Londres.

Ces expériences réussirent fort mal. Eusapia fut malade. MM. Sidgwig et M. Hodgson insistèrent de nouveau sur les trucs à l'aide desquels on pouvait reproduire une partie des phénomènes que l'on avait observés avec Eusapia ; le principal de ces trucs est la substitution de mains permettant au médium de rendre libre l'une de ses mains que les contrôleurs croient encore tenir.

M. Sidgwig fit, à ce sujet, une communication, le 11 octobre 1895, à l'Assemblée Générale de la Société des Recherches psychiques, et il affirma que le médium avait employé ou tenté d'employer ces divers trucs dans les expériences de Cambridge qui devaient être considérées comme entachées de fraude, et que par suite il n'y avait pas lieu d'en insérer le compte rendu dans les Mémoires de la Société.

M. Myers confirma les appréciations de M. Sidgwig, mais il ajouta :

Quant aux manifestations beaucoup plus frappantes que j'ai vues en 1894 à l'île Roubaud, elles sont, au moins dans mon opinion, inexplicables par les procédés employés à Cambridge. Il faut en outre remarquer que le Professeur Richet, dont la conviction a toujours été soumise à l'existence d'un bon contrôle, avait déjà observé la plupart de ces trucs et les avait indiqués dans son compte rendu des expériences de Milan. Je n'ai cependant pas l'intention de faire accepter aucun des faits constatés dans la carrière antérieure d'Eusapia comme démonstratif.

Il ne me conviendrait pas d'en dire davantage à présent. La confiance qu'éprouvent certains des principaux expérimentateurs du continent dans l'authenticité des phénomènes d'Eusapia n'a pas été détruite. Un groupe français, auprès duquel Eusapia s'est rendue en partant de chez moi et auquel j'avais donné des renseignements complets sur nos récentes expériences me fait savoir que depuis la réception de nos renseignements, il a obtenu des phénomènes qu'il considère encore comme authentiques. Tant que de nouvelles expériences seront faites par des personnes ayant une titution scientifique reconnue, les gens sans parti pris devront préférer juger les phénomènes qu'obtiendront ces expérimentateurs d'après les comptes rendus que ceux-ci en donneront eux-mêmes.

M. Myers donna ensuite lecture de la lettre suivante

du Professeur Lodge qui était empêché d'assister à la réunion :

Je n'ai assisté qu'à deux séances à Cambridge, toutes deux après la découverte de la fraude. La première m'a paru présenter quelques faits de bon aloi, la seconde a été entièrement frauduleuse. J'ai examiné et vérifié cette fraude avec le plus grand soin et j'ai la conviction de son existence bien que je ne me prononce pas sur le point de savoir si elle doit être attribuée à Eusapia agissant consciemment, ou si il faut la considérer plus charitablement comme un acte demi-inconscient. Quelles que soient les conditions physiologiques, le fait matériel est celui-ci : Dans cette séance elle donna une seule de ses mains à tenir à deux personnes (on n'assura le contrôle que par le contact d'une seule main) tandis que l'autre main était libre.

Il me reste à examiner dans quelle mesure ce fait, qui n'est pas douteux, doit influencer mon premier compte rendu (*Journal Soc. Ps. Res.* novembre 1894). Aux yeux du public, — si jamais le public l'a lu — tout commencement de crédit qui y était attaché doit disparaître ; mais, à tout homme prudent, à tout scrupuleux chercheur de la vérité, je dirai que les principaux faits constatés dans ce document ne sont pas ébranlés dans mon esprit. J'irai même jusqu'à dire que certains des phénomènes qui ont été constatés à Cambridge ne me paraissent pas pouvoir s'expliquer scientifiquement par une hypothèse aussi simple que celle d'une main dégagée et sans l'aide d'un mécanisme. J'admets cependant, étant donnée l'extrême difficulté de toute hypothèse occulte, qu'il convient d'étendre à l'extrême toute explication normale : pour cette raison, je considère qu'il est plus prudent d'abandonner sans plus ample analyse, beaucoup de faits dont je n'aperçois pas l'explication rationnelle. Il vaut probablement mieux placer dans cette catégorie tout ce qui se produit lorsqu'un second expérimentateur tient l'autre main d'Eusapia, c'est-à-dire tout ce qui dépend de la conviction qu'ont deux personnes qu'elles tiennent chacune une différente main de la médium. Cependant, si l'on n'oublie pas qu'à l'île Roubaud Eusapia s'asseyait fréquemment au côté le plus large de la table, de manière qu'il lui était bien difficile de rapprocher ses deux mains pour en effectuer l'échange sans qu'on s'en aperçut, je sens qu'en abandonnant cette classe de phénomènes on sacrifie bien des faits authentiques.

Mais lorsque je pense au fait de la clé de la porte, à la quantité de lumière qui pénétrait par la fenêtre, à la durée du bruit, durée telle que le Dr Ochorowicz, assis dehors sous la vérandah demanda qui le faisait et, apprenant que c'était « *John* », posa plusieurs fois la question « avec quoi », tandis que nous avions pendant tout ce temps les yeux attentivement fixés sur l'espace libre qui séparait Eusapia de la porte : lorsque je me rappelle en outre l'arrivée de la clé sur la table, son retour à la porte, sa seconde arrivée sur la table, je considère comme absurdement impossible de supposer qu'Eusapia eût un bras ou une jambe étendue vers la poignée de la porte pendant tout ce temps sans que nous nous aperçussions. Lorsque je pense encore au remontage du chalet à musique, qui pendait du plafond, tandis qu'Eusapia s'appuyait sur moi à une distance de ce meuble qui dépassait de beaucoup son atteinte normale ; lorsque je me rappelle la chaise qui se mouvait dans la lumière de la lune, le gonflement du rideau, gonflement qui n'était pas celui qu'eût produit une corde tirée, mais qui paraissait dû à la présence d'un corps matériel solide derrière le rideau, lorsque je pense encore à l'encrier qui était repoussé à une distance graduellement croissante, je ne puis voir aucune ressemblance entre les misérables séances frauduleuses de Cambridge et les manifestations de l'île Roubaud.

Et la personnalité appelée John qui se révèle dans la

transe du médium ? Il n'y en avait à peine trace à Cambridge, pas plus que de son anxiété pour donner des contrôles bons et complets sans distractions préliminaires, ni de sa promptitude à répéter les phénomènes lorsqu'un doute était exprimé. J'ai été saisi bien des fois dans l'île Roubaud par une main alors que je tenais moi-même avec certitude les deux mains du médium. Le contrôle des pieds lui-même (lorsque j'indique qu'il est certain) ne résultait pas simplement de l'apposition du pied de la médium sur le pied des expérimentateurs — ce qui est tout à fait incertain, je le reconnais. — Mais c'était souvent un mode de contrôle qui permettait d'être sûr qu'aucun des pieds du médium n'était pas libre, même si le résultat était de nature à être produit par un pied dégagé du contrôle.

Ma foi, par conséquent, dans le caractère intrinsèque des phénomènes constatés dans l'île n'est pas ébranlée par l'exposition actuelle de la fraude d'Eusapia. J'ai examiné attentivement toutes les faciles critiques dont peut-être l'objet la position que je prends actuellement et je n'hésite pas moins à considérer comme authentiques les bonnes séances que j'ai eues d'abord, comme je crois frauduleuses les mauvaises séances que j'ai eues en dernier lieu (lorsque probablement, et certainement même, j'étais un observateur mieux préparé). L'ordre dans lequel les événements se sont succédés pour moi est bizarre ; mais il est juste de faire remarquer que l'observation présente de tentatives de fraude de la part d'Eusapia n'est pas une découverte neuve. La possibilité de ce genre de tricherie a été soigneusement indiquée par le professeur Richet : la constatation de la fraude, au cours des mauvaises séances, a été également signalée par le Dr Ochorowicz — pour ne pas parler d'un témoin plus hostile, Monsieur Torelli. J'espère donc que l'état de décadence actuelle de la médiumnité de la napolitaine sera passager et que plus tard des témoins compétents et bien préparés pourront certifier la continuation chez cette femme des pouvoirs anormaux qui existent dans son organisme.

II. — La question de la fraude dans les expériences avec Eusapia Paladino, par J. Ochoroowicz.

(Document inédit)

§. Ier. — BONNES ET MAUVAISES SÉANCES.

Les expérimentateurs de Cambridge sont arrivés à cette conclusion unanime, que « tout était fraude, depuis le commencement jusqu'à la fin » dans les *vingt séances* avec Eusapia Paladino.

Il est certain que cette nouvelle, propagée par la presse anglaise et continentale, souvent avec force détails fictifs, aurait pour effet d'arrêter l'étude, à peine commencée, des phénomènes médianiques, et de décourager une grande partie de ceux qui ont été sur le point de l'aborder, si on la laissait passer sans commentaires ; d'autant plus, que le compte rendu complet des deux plus longues séries d'expériences, celles de Varsovie (1893) et celles de l'Ile Roubaud (1894), n'a pas encore été publié, et que le protocole de Milan (1892) ne fait pas mention de la fraude.

Ayant pris part aux expériences de Varsovie et de l'Ile Roubaud, sans compter quelques séances préparatoires à Rome (1893), et ayant spécialement étudié la question de la fraude dans les phénomènes médianiques, je me propose de commenter le résultat négatif de Cambridge à l'aide des données, acquises par les expérimentations précédentes.

Et d'abord entendons-nous sur le point capital : les expérimentateurs de Cambridge parlent d'une *découverte*. M. F. W. H. Myers a eu l'extrême obligeance de me faire parvenir les principaux protocoles, dont quelques extraits seulement ont été publiés dans le *Journal* de la S. P. R. du mois de novembre. Je les ai lus avec une grande attention ; j'y ai trouvé plusieurs faits intéressants, mais pas une découverte. Et je commence à croire que les expérimentateurs de Cambridge n'ont eu connaissances, ni de semblables découvertes de M. Torelli en 1892 à Milan, ni des observations et des discussions détaillées avec M. Bronislas Reichman à Varsovie (1893-94), qui contiennent tout, absolument tout, ce qui a été « découvert » à Cambridge, depuis la substitution des mains et des pieds, jusqu'au petit appareil « avec une préparation phosphorescente » dont parle encore M. le Dr Hodgson. Avec cette différence toutefois qu'à Cambridge, on ne conteste pas la *supposition* du docteur, sans chercher à la vérifier, tandis qu'à Varsovie M. Reichman s'est donné au moins la peine de fouiller le médium consciencieusement, et qu'il put constater ainsi l'absence de l'appareil.

Donc; pas de découverte. Si découverte il y a, elle est *toute inconsciente*, et nous la préciserons plus loin.

Maintenant, passons aux séances. Déjà dans ma réponse au Dr Hodgson (*Journal of the S. P. R.* mars et avril *1895*) j'avais mentionné, qu'avec E. P., à côté de bonnes séances, on en a de mauvaises, c'est-à-dire de plus ou moins frauduleuses.

Les trois exemples suivants serviront à élucider la question.

A. *Une mauvaise séance.*

(La xxiiie dans l'île Roubaud, le 4 août 1894).

Depuis plusieurs jours le médium est visiblement épuisé. Les trois dernières séances ont été faibles et en grande partie frauduleuses. Le scepticisme nous gagne de plus en plus, *mais nous cachons nos sentiments devant E. P.* Ce soir, elle est de mauvaise humeur et boude M. Richet (elle a envoyé ce matin une corbeille de fruits à la fille du gardien de l'île, sans autorisation du maître de la maison, qui lui a fait une petite observation à ce sujet). Sur mon admonition, elle va ôter son corset, et revient vêtue d'une camisole blanche, contrairement aux prescriptions de « John » (1) qui n'aime que la couleur noire. — Nous sommes plus que jamais sur nos gardes et notre méfiance réagit visiblement sur le médium. — Ayant remarqué, qu'en prenant une chaise pour elle-même, elle choisissait toujours celle qui avait le dos ouvert, ce qui permettait d'allonger le bras insensiblement en arrière, je lui donne une autre chaise qui a le dos plein ; elle l'accepte sans protester.

Nous formons la chaîne et presque instantanément E. P. entre en transe.

La lumière est tout à fait suffisante.

« John » commence par se plaindre, que deux assistants (nous étions seuls, M. Richet et moi) ne lui donnent pas

---

(1) Toutes les fois qu'on rencontrera le nom de John dans cet article, il est sous-entendu qu'il désigne tout simplement : *un état psychique spécial du médium.*

J. O.

assez de force : « *Poco forza ! Poco forza !* » répète-t-il à tout instant.

Quelques minutes après, je remarque un gonflement de la robe de E. P. à gauche ; je me penche pour mieux l'observer ; je romps la chaîne avec R., je transmets la main gauche du médium à ma main gauche et j'allonge mon bras droit jusqu'au bord inférieur de sa robe. Presque immédiatement, *je suis touché* près du plancher et à travers la robe, *comme par un doigt*. En ce moment j'ai *vu* bien distinctement ses *deux* pieds sous la table, reposant séparément sur nos deux pieds éloignés. Je reste attentif dans la même position, et je dis exprès pour calmer le médium, qui pleurnichait par moments :

— « Ne la fatiguons pas ; laissons à John la liberté de faire ce qu'il peut. »

A ces paroles, *je suis touché* de nouveau, trois fois de suite, *comme par une main*, toujours à travers sa robe. Cet attouchement, dans le langage de John, signifiait *Oui* et répondait à mes paroles. Si c'était une main, elle était molle et sans consistance.

Après cet intéressant intermède, E. P. nous engage à vérifier les positions et nous demande si nous serions satisfaits d'un soulèvement de la table, dans ces conditions, c'est-à-dire avec les mains placées sur la table comme au commencement de la séance. Nous répondons affirmativement.

Alors la table, sous la pression automatique de ses mains, se penche un peu à droite et à gauche, puis s'élève latéralement du côté de E. P.

A ce moment, je vois et je sens près de mon mollet droit, quelque chose, à travers sa robe, se rapprocher du pied gauche de la table : on dirait une main impuissante, qui cherche à saisir ce pied et à soulever la table. Mais elle réussit seulement à la maintenir latéralement à quelques centimètres du plancher sans pouvoir effectuer un soulèvement complet, c'est-à-dire avec lévitation de deux autres pieds de la table.

C'est alors que le pied gauche du médium, qui jusqu'à ce moment était resté appuyé contre mon pied droit, s'échappe, va dans la direction du pied gauche de la table, un peu soulevé, comme pour se mettre dessous, et en même temps, le talon du pied droit du médium (contrôlé par R.) remplace la pression exercée tout à l'heure sur mon pied droit par le pied gauche du médium. Je fais un mouvement avec mon pied droit, pour indiquer que le pied gauche du médium n'y est plus et pour le suivre ; « immédiatement ce dernier retourne à sa place, et la lévitation promise *n'a pas eu lieu.*

John demande qu'on diminue la lumière. Nous cédons et nous changeons de place.

Comme la lumière est maintenant très faible, et comme il y a eu un relâchement momentané du contrôle, par suite du changement de place, E. demande elle-même que j'examine ses poches et ses vêtements. Dans ce but, elle se lève, et se tient debout. Je l'examine attentivement et je ne trouve rien de suspect, mais je remarque, qu'en s'asseyant après la visite, E. P. (toujours en transe) *à l'aide d'un mouvement brusque de son coude droit, rapproche l'éventail,* qui se trouvait sur l'autre table d'à côté. *Je la laisse faire sans rien dire.* Quelques secondes après, elle allonge dans cette direction sa main droite, avec la mienne, qui la tenait 3/4 (1), et

---

(1) Il fut entendu entre nous de désigner le genre du contrôle

alors je sens parfaitement qu'avec les bouts de ses doigts restés libres, *elle prend l'éventail et le jette sur notre table.*

C'était un « apport », exécuté d'une façon naïvement imprudente. *Je ne dis rien et la fraude continue.*

M. R. est touché au flanc, « *comme par un pied* », et il remarque en même temps que le pied gauche du médium l'avait quitté.

Une échelle double placée en arrière et à gauche du médium s'ébranle et frappe le parquet. Je remarque qu'à ce moment, nous avons eu tous les deux un seul pied (le droit) du médium. L'autre retourne après le phénomène.

— « *Je suis touché à l'épaule droite*, dit R. *par quelque chose de gros* ». — Etant assis vis-à-vis de la fenêtre, je vois presque, ou du moins je sens, que c'est fait avec la tête du médium, qui s'est abaissée dans cette direction.

Quelques minutes après, R. dit que *quelqu'un entoure sa main droite d'un cordon.* Il avait en ce moment les deux mains du médium, à savoir : sa main gauche tout entière et la paume de sa main droite, dont je tenais le poignet ; par conséquent les doigts de la main droite restaient libres. Or, en tenant le poignet j'ai senti les mouvements des tendons, correspondant à l'action de l'enroulement. *Ce n'était pas une preuve de la fraude*, car les mouvements sympathiques accompagnent souvent, sinon toujours, le phénomène pur ; mais, en tout cas, c'était suspect.

d'une main ou d'un pied, par fractions : 3/4 signifiait : je tiens le poignet et la paume de la main, mais pas les bouts des doigts.

Je communique mes impressions à R. et E. P. devine ma pensée. Jusqu'à ce moment elle paraissait insensible à nos doutes ; maintenant elle s'en émeut. Elle se fâche, déclare qu'elle ne fera plus rien et jette le cordon par terre.

Nous lui déclarons carrément que tout était fraude, et alors elle s'anime, devient plus sensible aux objections, plus ambitieuse, plus maîtresse d'elle-même — et nous obtenons quelques phénomènes corrects. On dirait que l'excitation avait éveillé son attention et ses forces sommeillantes, comme le fouet excite un cheval paresseux.

Avant la séance et à l'insu du médium, M. Richet a mis sur une chaise, derrière le dos de E. et derrière le rideau, huit pièces de 5 francs, empilées l'une sur l'autre. Chacune portait la marque d'une année différente et elles étaient placées dans l'ordre de leur ancienneté.

La transe devient plus profonde. E. souffre et se tord en s'exclamant :

— « *Io prendero ! Io prendero !...* » et puis avec colère : « *Non posso prenderle !...* »

Enfin, toujours surveillée avec un soin spécial, et tenue tout entière entre nos bras (sauf la tête) elle pousse un cri — et *une pièce de cinq francs*, celle du sommet de la colonne, *tombe sur notre table*.

Quoique la tête (la bouche) du médium. ne paraisse pas devoir être incriminée, nous recommençons en exigeant encore le contact de la tête. Elle applique son front contre mon front, je lui tiens d'une main sa main droite tout entière, en sentant tout son avant-bras depuis le coude jusqu'au bout des doigts ; avec l'autre main j'embrasse ses deux genoux réunis ; avec le pied je touche sa jambe droite, depuis le genou jusqu'au bout des doigts — R. contrôlant de la même façon tout le côté gauche. — Dans ces conditions *une seconde pièce de 5 francs est transportée et tombe sur notre table.*

On recommence.

Nous faisons d'abord un examen attentif des mains et des manches du médium, à partir de l'épaule jusqu'aux doigts ; moi du bras droit, R. de tous les deux — et, tenant *chacun* les *deux* mains du médium avec nos *deux* mains nous allongeons ses bras, réunis comme pour prier, au-dessus de sa tête et aussi haut que possible.

Dans ces conditions *une troisième pièce de 5 francs est passée en l'air.* Elle était chaude.

Encore deux autres pièces ont été transportées d'une façon semblable, toujours dans l'ordre des années. Puis E. à l'aide d'un mouvement vif de sa main gauche, tenue par M. Richet à distance, fait tomber par terre les pièces de monnaie qui restaient sur la chaise. Mais elle est visiblement au bout de ses forces, et je conseille d'interrompre la séance, qui dura une heure et demie.

Avant de finir, John demande, que je fasse à E. « une suggestion mentale » d'être calme, moins fière, de mieux se gouverner et d'oublier ses ressentiments. C'est ce que j'ai fait en lui posant les mains sur la tête.

En se réveillant elle est amicale avec R. puis s'étonne elle-même de ce changement ; enfin, elle oublie tout, et la suggestion se réalise entièrement.

Malgré quelques bonnes expériences — au commencement et à la fin — tout le reste était faux ; et comme la série dure déjà depuis plus d'une semaine, je note dans mon journal :

« Je suis tellement ébranlé par la fréquence de la fraude dans ces derniers temps, que je commence à douter de tout ; j'ai grandement besoin d'une épreuve vraiment irréprochable pour me débarrasser du scepticisme qui m'obsède. »

Je crois que tel fut aussi en ce moment le sentiment de M. Richet.

Est-ce à cause de la courte durée de la séance, ou bien parce qu'elle fut en grande partie frauduleuse ? Nous ne sommes pas fatigués du tout.

B. *Une bonne séance.*

(La xxive dans l'île, le 6 août 1894.)

Beau temps. E. P. très bien disposée à la suite de deux journées de repos et de distractions (1). M. Bellier devait rester avec nous, mais au dernier moment on dé-

---

(1) *Le 6 août*, nous avions laissé E en repos, et afin de la distraire, R. lui avait donné 10 francs pour ses plaisirs. Elle va à Hyères, où une fête doit avoir lieu. Elle en revient tout émerveillée, et ne se lasse pas de nous raconter les menus détails enfantins de la salle de danse, où elle a eu un grand succès.

Le 7 août. Nous avons pris l'habitude d'aller tous les jours de bonne heure, dans une barque, pêcher à la ligne. Il était défendu à E. P. de faire partie de ces excursions à cause des vagues, qu'elle ne pouvait pas supporter. Mais, ce matin, comme la mer était assez calme et qu'il m'importait de bien disposer E. P. envers nous, je conseillai de la prendre (*lorsqu'elle s'ennuyait les séances étaient toujours mauvaises*). La

cide qu'il ira se placer derrière la fenêtre, sous la véranda, pour prendre les notes. J'en suis content, parce que, s'il était avec nous, j'aurais pu croire que c'était le nombre d'assistants qui produisit le changement favorable. Sans cela il est clair que, cette fois-là du moins, la cause en a été toute subjective. — E. P. est habillée *totalement en blanc*, ce qui permet de la distinguer, même dans l'obscurité relative. — Nous avons profité de son absence, et nous avons construit un appareil spécial pour la production instantanée d'une assez vive *lumière électrique*, que nous plaçons derrière le rideau. L'arrangement était tel que le moindre mouvement d'une bascule romaine suffisait pour donner passage au courant électrique, entre un aimant et son armature, en allumant la lampe *qui ne s'éteignait plus*. De cette façon, la production de la lumière, non seulement accompagnait le phénomène, mais par sa durée, permettait de vérifier les positions. *E. P. n'a pas connaissance de cet arrangement.* — Je lui donne pour s'asseoir la même chaise en bois (avec le dos plein) qu'elle accepte; mais, une fois en transe, John demande qu'on la change, « car *il faut que le corps du médium soit aussi découvert que possible.* » — Il ne proteste pas contre la robe blanche.

9 h. 53. — E. P. s'assied à 10 ou 15 centimètres du rideau et pose ses pieds dans un appareil de contrôle. C'est une cage à double fond électrique, séparée en

---

joie de pouvoir nous accompagner la rendit tellement réfractaire, qu'elle supporta très bien les balancements de la barque — et elle resta toute la journée reconnaissante et gaie. R. lui pardonna ses petits excès, pour ne pas la froisser, et c'est le soir qu'eut lieu la séance.

deux compartiments par une cloison solide, qui dépasse sensiblement les bords, pour empêcher toute communication mécanique entre les deux moitiés de la cage et les deux pédales. Les deux pieds (déchaussés) s'enfoncent chacun séparément dans les deux compartiments de la cage. Chaque pédale est en communication électrique avec le fond de la cage et, à l'aide des fils bien isolés, avec une sonnerie placée à distance.

Une assez grande pression sur les pédales est nécessaire pour fermer le courant en dérivation, et alors la sonnerie reste muette ; mais dès qu'on essaie d'enlever les deux ou un seul des pieds enfermés dans la cage, la sonnerie donne l'alarme et ne cesse de sonner qu'au moment où le pied revient à sa place. Avec une certaine habitude des bruits des pédales et de la sonnette, nous sommes en mesure de suivre avec l'oreille les mouvements des pieds du médium. Le contrôle du toucher complète, de temps en temps, les indications de l'appareil.

Les mains du médium sont tenues *par les poignets* ; c'est un moyen bien simple, qui n'a pas été découvert à Cambridge, mais qui est, dans beaucoup de cas, très commode, parce qu'il empêche toute substitution des mains et en même temps donne une liberté relative au médium. En tenant fermement les poignets, et en touchant légèrement les coudes avec les coudes, on se rend compte de tous les mouvements du médium, sans l'irriter aux moments d'hyperesthésie (qui se manifeste surtout sur la partie dorsale des mains et des doigts.)

Une lampe à pétrole, recouverte d'une grande feuille de papier blanc, éclaire la chambre.

L'unique porte est fermée à clef et, à travers la fente de la fenêtre, on entend M. Bellier préparer ses ustensiles de secrétaire. On vérifie l'appareil des pieds, qui marche bien.

A 9 h. 57, c'est-à-dire après 4 minutes d'attente, la table se penche à droite et à gauche, sous une pression mécanique (mais pour sûr, inconsciente) des mains du médium qui sont bien visibles. Ce sont les « salutations de John ». La table salue d'abord M. Richet en se penchant à droite, ensuite moi en se penchant à gauche, et enfin le médium en se penchant vers E. P.

9 h. 59. — Nous disons que, pour ce soir, nous ne voulons pas diriger les expériences, laissant John libre de faire ce qu'il veut — tout en lui faisant remarquer que nous avons préparé quelque chose derrière le rideau, pouvant servir aux manifestations.

10 h. — Vérification de l'appareil de contrôle pour les pieds.

10 h. 2. — La table remue légèrement. Nous soulevons nos mains avec celles du médium — et la table remue toujours sans contact. Les pieds sont dans la cage et ne touchent pas non plus la table. Mais, pour en être sûr, R. contrôle les genoux avec son genou et sa main restée libre, *car nous ne faisons pas la chaîne.*

10 h. 3. — *Deux nouveaux mouvements de la table sans contact.* — Tout est visible. *La table se soulève latéralement du côté de E. et reste suspendue en l'air.* On vérifie qu'il n'y a pas *de contact ni avec les mains, ni avec les pieds, ni avec la robe du médium.*

Balancements de la table soulevée latéralement. Les

pieds du médium enfermés dans la cage, la sonnerie reste muette ; les deux genoux rapprochés, tenus d'une main par R. ; les mains visibles.

E. P. prend la main droite d'O. et simule un mouvement d'attraction en l'air : *la table se rapproche.* Mêmes conditions vérifiées ; d'ailleurs on voit bien tout.

L'expérience des mouvements et des soulèvements de la table est répétée encore au *moins une dizaine de fois*, toujours en lumière et toujours avec constatation, par tous les moyens possibles, que *personne ne touche la table*.

10 h. 10. — La lumière est presque éteinte. L'appareil des pieds est vérifié et fonctionne bien.

10 h. 12. — Comme les bras du médium (toujours tenus en l'air séparément) se redressent en avant, on s'attend à un transport d'objets et on redouble d'attention. *Chaque main est visitée par les deux contrôleurs et tenue bien, tout entière, depuis le coude jusqu'au bout des doigts.*

Dans ces conditions, *un gros maillet en bois*, pesant plusieurs livres, *tombe sur la table.*

Le maillet se trouvait sur la grande table d'à côté, à droite du médium et à une distance de 0^m,60 de sa chaise. On vérifie après coup, que, malgré les balancements de notre table, la distance qui les séparait n'a pas été sensiblement modifiée. M. Richet dicte à son secrétaire : « Avant que le maillet arrive, nous avons rigoureusement contrôlé les mains, les avant-bras, etc. Dans toute cette expérience les mains ont été admirablement tenues ; et cela sans effort ».

Jusqu'à ce moment E. P. se trouvait dans un état de transe superficielle, qui s'était déclarée graduellement et insensiblement. La vraie transe profonde n'a commencé qu'au moment où E. P. appliqua sa tête sur mon front et posa sa main sur la tête de R. Nous la reconnaissons au changement de sa voix et à une certaine faiblesse de tout son corps.

A aucun moment jusqu'ici nous n'avons fait la chaîne ; par conséquent, nous avons toujours eu une main libre, pour le contrôle complémentaire (La chaîne n'est nécessaire qu'avec les personnes nouvelles ou au moment des phénomènes exceptionnellement difficiles ; ce qui est encore relatif, car à Varsovie nous avons eu par exemple une lévitation du médium au milieu de la chambre, sans chaîne, et nous étions seulement deux : M. Matuszewski et moi).

10 h. 20. — E. essaye de diriger ses efforts du côté du rideau, c'est-à-dire par derrière. Elle nous demande la permission de *toucher le rideau*, ce qu'elle fait sans que sa main ait été quittée par nous. (C'est encore une habitude du médium qui prête aux soupçons : avant de produire un mouvement à distance, elle touche l'endroit en question, tantôt pour mesurer les distances, tantôt pour « magnétiser » l'objet, que sa main dynamique — la main de « John » — doit prendre).

Il est évident que c'est sa main droite qui doit être en jeu, car *elle essaie de la libérer autant que possible*. Tout à l'heure, avec sa main droite, elle tenait complètement la main gauche de M. Richet, maintenant elle ne lui donne que *l'index* qu'il tient bien, mais le reste des doigts est libre. Cela ne nous inquiète pas outre mesure, car je tiens, moi, sa main gauche tout entière, jusqu'au bout des doigts.

Cependant, craignant que le phénomène ne se manifeste dans des conditions suspectes, après l'attouchement du rideau qui pouvait mettre en jeu une ficelle ou quelque chose de semblable, je me lève et passe entre le rideau et le médium. Pendant ce temps, R. tient les deux mains.

10 h. 24. — Je reprends ma place. R. n'a pas quitté les deux mains « sauf peut-être l'une d'elles pour une seconde ».

Ce doute provoque un nouvel examen et nous constatons qu'il n'y a rien de suspect sur E. P., rien sur la table, et que l'appareil des pieds fonctionne bien.

10 h. 26. — E. P. porte sa main droite (qui tient la main gauche de R), très haut et latéralement. — R. constate qu'il n'y a rien dans cette main — et, quelques secondes après, *il reçoit le manche d'un marteau*, le côté de fer du côté du buffet, comme si quelqu'un le tenait par le fer et plaçait le manche en bois dans la main de R. — Cette main de R. tournait la face palmaire du côté du buffet, tandis que les doigts de la main droite du médium reposaient sur la face dorsale. — Pendant ce temps la main gauche de E. P. restait éloignée ; elle reposait tantôt sur le cou de O., tantôt sur la table, tenue par O. (Avant la séance le marteau se trouvait sur la grande table, à droite, à côté du maillet). Ensuite, R. sent fort nettement et longtemps (6″) *le contact de gros doigts* ; on dirait de la même main qui lui avait passé le marteau. Mais ce phénomène ne nous paraît pas bien probant, car en ce moment O. tenait la main gauche de E. P. non loin de là, sans avoir l'extrémité des doigts. Il se peut donc que ce fussent ces doigts (quoique R. ait cru le contraire) qui ont touché la main de R.

10 h. 34. — E. P. applique la main gauche de O. sur le côté gauche de sa tête, qu'elle dit être un peu malade. (C'était une preuve que le phénomène n'aura pas lieu bientôt ; car alors John ne permet pas d'appliquer la main sur cet endroit. Au moment des phénomènes intenses cette partie de la tête souffre beaucoup chez E. P. et, en approchant la main, on y sent un souffle froid « soffio freddô » très net. C'est seulement dans les intervalles des manifestations que John permet d'appliquer la main d'un magnétiseur « pour calmer la douleur ».)

10 h. 37. — E. P. parle à R. et à O. et raconte une suggestion mentale que O. lui a faite et qu'elle a comprise. (C'était exact ; il s'agissait d'ordonner à E. P., malgré ses serments de ne le point faire, d'aller déjeuner à la cuisine). » John explique qu'il est en bonne disposition aujourd'hui parce que E. P. elle-même est bien disposée, etc. Il annonce que lorsque M. et Mme Sidgwick arriveront, les expériences réussiront bien et qu'il « changera le type de sa fille » (Il voulait dire qu'elle ne se comporterait plus comme une enfant gâtée, mais qu'elle serait sérieuse, avec les apparences d'une grande dame...) ; ce qu'on n'a pas remarqué d'ailleurs. Cependant, il faut ajouter, que, *durant les séances*, E. P. fut remarquablement sérieuse et calme.

10 h. 44. — Vérification de l'appareil.

10 h. 47. — E. P. relève un peu sa robe (Encore une mesure suspecte, qui annonce toujours l'action médianique des pieds. Seulement, il ne s'ensuit pas nécessairement que c'est son vrai pied qui sera employé). R. a parcouru tout le bras droit de E. pour voir s'il ne cache pas quelque chose. Les deux mains sont bien tenues séparément.

E. P. gémit, fait quelques efforts de contraction musculaires... (Vérification de l'appareil des pieds)... La chaîne est faite. O. *est touché au flanc*, et immédiatement après il vérifie que le pied gauche du médium, qui seul pouvait être incriminé, est resté à sa place et que l'appareil du contrôle marche bien.

10 h. 54. — R. tenant bien la main droite et la tête, O. séparément la main gauche et les deux pieds — *la lampe électrique derrière le rideau s'allume et nous entendons le choc de la balance qui avait occasionné ce phénomène.*

Vu l'importance de cette manifestation, qui nous a paru excellente, je dois exactement indiquer les conditions : R. tenait la main droite de E. P. éloignée du centre, à bout de bras et abaissée, le front de E. P. appuyait sur son front avec force, et, au moment du phénomène, même avec violence. Quant à moi, je transmis la main gauche de E. P. à ma main gauche, en l'embrassant, sur la table, par une pleine poignée de main ; tandis qu'avec sa main droite, restée libre, j'ai ramassé la robe de E. P. derrière ses mollets de façon que les *deux* talons et les *deux* genoux réunis restaient *enveloppés dans les plis de la robe, et serrés entre les doigts de ma main*. Tout ceci sans compter la cage de contrôle pour les pieds, qui restait toujours. La chaise de E. P. n'a pas bougé ; son front n'a pas quitté le front de R. et les deux mains, sûrement éloignées l'une de l'autre, l'une sur la table l'autre abaissée, ont été tenues *entièrement*.

Je serais curieux de savoir dans quel sens M. le D^r. Hodgson aurait suggestionné ses collègues de Cambridge, devant une semblable expérience ?... Malheureusement, il est certain, qu'avec son système il n'aura jamais d'expérience décisive. La force développée ainsi à distance et derrière le rideau correspondait à 800 gr. La lampe ne cessant pas de brûler, nous étions en mesure de bien vérifier les positions.

Dans une expérience semblable à Varsovie, où l'appareil employé a été plus simple et plus petit, il fut possible de mesurer exactement les distances. Il s'agissait d'appuyer sur un bouton, soulevé par un ressort dur, pour allumer la lampe. L'appareil était placé également derrière le rideau, mais par terre. Tout se passait non dans l'obscurité, mais en demi-lumière très suffisante (une lampe à pétrole couverte d'un grand abat-jour placée par terre à côté du rideau). Le ressort du bouton fut abaissé, et la lampe électrique allumée (Distance du bouton à la ceinture de E. P. : $1^m,16$; au bout de son pied droit qu'on aurait pu songer à incriminer : $1^m,32$). En lâchant le médium, en le penchant convenablement et en tirant son pied aussi loin que possible, on arrivait aux environs du bouton — *mais il manquait encore 38 centimètres pour pouvoir l'atteindre.* — S'est-on donné la peine à Cambridge, en incriminant continuellement les mains et les pieds, de mesurer les distances et la longueur des membres du médium ? — On n'a même pas vérifié si c'était vraiment elle qui touchait. Les expérimentateurs se contentaient de constater qu'elle avait libéré sa main, ou son pied. Or, il ne faut pas oublier que E. P. est petite, quoique assez grasse : sa taille ne dépasse pas $1^m,55$; la longueur de ses jambes est de 85 centimètres ; celle de son bras, 62 ; et celle de son pied, 22. — (L'arrangement de l'île Roubaud présentait sur celui de Varsovie l'avantage de laisser la lampe allumée, tandis qu'à Varsovie elle s'éteignait avec la cessation de la pression).

Il était intéressant pour nous de savoir comment John s'y prendrait pour *éteindre la lumière.* Il aurait fallu pour cela arracher une petite plaque en fer doux, collée à son aimant. Nous avons entendu la plaque claquer à plusieurs reprises ; mais comme l'attraction était forte, la distance très petite, et que la plaque était mobile et suspendue par son milieu, elle s'attachait à l'aimant d'un côté lorsqu'on l'arrachait de l'autre, et John finit par reconnaître son incapacité ; il tenait cependant à nous donner des preuves de sa force :

11 h. 3 — *R. est touché légèrement à travers le rideau* comme pour attirer l'attention ; *le rideau s'entr'ouvre et brave la lumière.* E. P. est tenue entièrement, et d'ailleurs elle est bien visible, puisque la lampe électrique brûle toujours.

11 h. 5. — Mêmes conditions. De nouveau, sans que la chaise de E. P. remue, *le rideau est écarté.*

11 h. 8. — R. tient E. P. tout entière : les deux pieds, les deux mains et la tête ; de plus O. tient le côté gauche. *John diminue la lumière en fermant le rideau.*

11 h. 10. — E. P. dit qu'elle voit les pièces de 5 fr. sur la balance. — Elle se trompait un peu, car les pièces étaient près de la balance, *par terre.* C'est là, toutefois, un curieux exemple de vision « sans le secours des yeux » car nous avions placé les pièces à son insu dans un coin obscur du rideau (1).

(1) J'ai fait avec E. P. plusieurs expériences à Varsovie de vision des lettres et des nombres, les yeux bandés et dans l'obscurité. Elle était alors *hypnotisée* par moi. Ces expériences ont pour la plupart réussi. La suggestion mentale fut dans beau-

Dans les intervalles de cette séance, John nous expliqua encore pourquoi elle a particulièrement bien réussi : c'est que « à déjeuner, il a fait copieusement manger sa fille (son médium) pour qu'elle ne mange plus rien avant la séance ». Et, en effet, j'ai remarqué que toutes les séances faites après le dîner, et même après avoir seulement donné à boire au médium, ont été toujours médiocres et fatigantes. E. P. est si peu raisonnable que, tout en le sachant, elle n'y fait pas attention.

Cette séance ne dure que *1 h. 30*. John était prêt à continuer, mais nous avons interrompu exprès, sachant que *les séances plus longues sont toujours préjudiciables à la valeur des phénomènes*. L'épuisement se reflète, sinon immédiatement, du moins dans la suite. Je ne sais pas combien de temps ont duré en moyenne les séances de Cambridge : mais, dans l'unique qui est racontée en détail, je trouve les dates de 6 h. 30 jusqu'à

---

coup de cas éliminée. Il est évident, pour quiconque se rend compte de l'ensemble des séances ordinaires de E. P. que, même en les considérant comme entièrement frauduleuses, il faut lui reconnaître une assez étrange et certes « anormale » faculté de voir dans l'obscurité. Si la moitié de tours d'adresse que lui reproche le Dr Hodgson est vrai, il reste acquis que E. P. voit, et voit très bien dans l'obscurité. On n'a pas réfléchi là-dessus à Cambridge, comme du reste sur beaucoup d'autres points. Je me hâte d'ajouter que E. P. est loin de posséder cette faculté à son état normal ; elle n'apparaît chez elle que dans la transe et prend deux formes différentes : 1º d'une simple hyperesthésie visuelle et 2º d'une hyperesthésie tactile, qui rend par moment sa *peau* sensible à l'action de la lumière. Les traces de cette faculté étrange peuvent être retrouvées chez E. P. après la plupart des séances. Il suffit de lui couvrir les yeux et de jeter un rayon de lumière sur sa peau pour l'exciter, quelquefois même avec signes de douleur. J. O.

9 h. 8. Il est vrai que dans l'île Roubaud nous nous sommes permis de prolonger quelquefois les séances (surtout pendant les séjours des membres de la S. P. R.); mais alors, ou bien nous avons donné au médium un repos de deux jours avant et après, ou bien je l'endormais hypnotiquement pour plusieurs heures de suite. A Varsovie je la laissais souvent dormir *jusqu'au lendemain soir*. C'est à ce prix seulement, qu'elle a pu conserver ses forces.

Comme toujours après une bonne séance, E. P. resta sur sa chaise, abattue, presque paralysée (1).

M. Richet voulant lui faire respirer l'air frais, la prit, en tenant ses deux mains réunies dans la sienne droite, et la conduisit dehors sous la véranda. Pendant que nous traversions l'antichambre, je marchais derrière eux, en observant le médium. Tout à coup *une pierre fut lancée par-dessus nos têtes*, rebondit sur le couvercle d'une corbeille et tomba par terre. Je suis sûr qu'à ce moment elle n'a fait aucun mouvement suspect, M. Richet tenait les deux mains et il n'y avait personne dans la maison.

C. *Une séance d'imitation.*

(le 7 août 1894.)

Le lendemain nous laissons E. P. en repos. Elle va se coucher de bonne heure, dans sa chambre au pre-

---

(1) Sa force musculaire, qui est normalement d'environ 20 kilos à droite et 25 kilos à gauche, et qui pendant la séance « avec l'aide de John » augmente considérablement, retombe immédiatement après presque à 0, pour se reconstituer graduellement au bout d'un quart d'heure ou d'une demi-heure.   J. O.

mier, et nous restons en bas, en discutant la question de la fraude. M. Bellier, qui nous écoute, est étonné de nous entendre parler froidement de la *fraude* (il l'aurait été encore davantage s'il avait su qu'elle n'a été « découverte » qu'un an après par M. Hodgson), tout en admettant la réalité des phénomènes, et il émet des doutes quant à la possibilité de produire frauduleusement des manifestations aussi éclatantes que celles dont il était question tout à l'heure. Je lui réponds que *tout dépend des conditions*, et que je considère moi-même notre dernière séance comme correcte, ce qui n'empêche pas que la précédente eût été en grande partie frauduleuse. Et comme M. B. devait prendre part à nos séances suivantes pour augmenter le nombre, insuffisant d'après John, de deux assistants, je lui propose de l'initier afin de le rendre plus apte à nous aider et nous arrangeons une séance d'imitation, dans laquelle je joue le rôle du médium ; M. B. est contrôleur à gauche et R. à droite.

Je commence par une lévitation de la table en demi lumière. Après avoir exécuté une substitution des pieds. que M. B. ne remarque pas et que R. tolère en souriant, je bascule la table par une pression latérale à droite, je glisse mon pied libéré sous son pied gauche et avec l'aide d'une contre-pression de la main gauche par dessus la table, la lévitation est faite.

En frappant quatre « coups intimes », d'abord avec les bouts des doigts en les glissant insensiblement sur le bois (non verni) de la table, et ensuite plus fort en frappant avec mon pied libre — je demande *Meno luce*. Dans l'obscurité. je m'empare d'abord du marteau, que je tiens entre mes dents ; avec mon pied libre je touche

M. B. au flanc trois fois de suite, et après avoir bien fait sentir aux contrôleurs qu'ils ont chacun une main différente, je laisse tomber le marteau sur la table. Enfin, connaissant bien l'arrangement derrière le rideau (après avoir manipulé la table pour me rapprocher un peu de ce côté), à l'aide de mon pied libre, je secoue la balance et j'allume la lumière électrique…

En ce moment un bruit formidable, provenant du premier étage, nous effraye tous les trois. C'était, dans le silence de la nuit, comme si quelqu'un frappait avec colère des coups de poings sur l'une des portes du premier.

Nous montons précipitamment, nous entrons dans la chambre de E. P. et nous la voyons dormir paisiblement dans son lit. Elle remue cependant un peu, se tourne vers nous et prononce de sa voix de transe :

— *Sono io…* (c'est moi, John).

Puis, elle semble se réveiller ; mais elle passe seulement à l'état de somnambulisme ordinaire, et nous prie de lui laisser une bougie allumée, « parce qu'elle a peur ».

Dans ce nouvel état il n'y a plus de John, et elle ne se rappelle rien.

Le lendemain, elle ne garde aucun souvenir, ni du tapage nocturne, ni de ses propres paroles.

Etait-ce un phénomène médianique pur, ou bien est-ce elle-même, qui, dans l'état de noctambulisme, avait frappé à la porte de sa chambre, et s'était cachée ensuite dans son lit, avant que nous eûmes le temps d'arriver ?… A-t-elle réellement ressenti par télépathie le choc moral de raillerie dans notre séance d'imitation — ou était-ce un simple jeu du hasard ?…

Penchant plutôt vers cette dernière alternative, nous n'avons pas trop insisté pour élucider la question.

A Varsovie nous avons eu plusieurs faits spontanés de ce genre, dont quelques-uns bien observés, et j'en donnerai un exemple, en parlant de la fraude inconsciente.

Puisque le lecteur sait maintenant ce que nous appelons une mauvaise séance, une bonne séance et une simple imitation, nous pouvons entrer dans le fond de la question.

§ II. — LES DEUX MÉDIANISMES ET LES SOURCES DE LA FRAUDE

Les expérimentateurs de Cambridge n'admettent dans leur rapport que deux alternatives : *le vrai phénomène* et *la fraude consciente*.

C'est simple — et pour les gens du monde c'est suffisant. Mais, dans une assemblée scientifique, on devrait savoir que la chose est beaucoup plus compliquée.

Devant cette négligence, tout à fait inattendue, des savants de Cambridge, le lecteur me permettra de préciser un peu quelques notions fondamentales.

Dans le vaste champ des phénomènes dits spirites, il faut distinguer les catégories suivantes :

a) Fraude consciente à la William.
b) Fraude inconsciente :
    à l'état de veille ;   ⎫ Médianisme.
    à l'état de transe :   ⎭ d'ordre inférieur.
c) Fraude partielle, automatique ⎫ Médianisme.
d) Le phénomène pur   ⎭ d'ordre supérieur.

Les rapporteurs de Cambridge n'ont trouvé chez E. P. que la première catégorie. Moi, je prétends, au contraire, que (du moins jusqu'ici) on a trouvé chez E. P. toutes les autres, sauf la première. Entrons un peu dans les détails.

a) La fraude consciente n'appartient pas à la science. Elle est généralement facile à constater, quand il ne s'agit pas d'une représentation publique, observée de loin. Une bonne fouille avant et après la séance, l'élimination des compères et une surveillance active des mouvements du prestidigitateur, avec connaissance des trucs professionnels, suffisent. Dans les cas simples (sans appareils), elle peut cependant être confondue avec la fraude inconsciente.

b) La fraude inconsciente peut-elle être aussi rusée que la simulation préméditée ? Pourquoi pas ! Même davantage. M. E. von Hartmann n'a-t-il pas dit : « L'inconscient ne se trompe pas ? » Et réellement, la précision, l'adresse, la finesse, la prévoyance même des actions instinctives sont en général plus parfaites que celles des actions conscientes.

En prétendant que E. P. triche sciemment, a-t-on donné une preuve quelconque de cette accusation ?

Aucune. Dans les déclarations publiées par le *Journal of the S. P. R.* (octobre et novembre 1895) je ne trouve, en fait de preuves, que l'observation suivante :

« La fraude a été employée aussi bien en dehors de la transe, que dans la transe, *vraie ou simulée*, et elle fut appliquée avec tant *d'adresse* que la pauvre femme a dû la pratiquer longtemps et soigneusement ».

Les expérimentateurs ne savent même pas si la transe était vraie ou fausse — ce qui n'est pas étonnant, puisqu'ils n'ont fait aucune étude médicale du médium, et, si je ne me trompe, il n'y avait parmi eux personne ayant l'habitude de divers états hypnotiques. Mais puisqu'ils admettent la possibilité de la transe vraie, ils devraient s'apercevoir qu'il est illogique de supposer la fraude *consciente* en état de *transe !*

La fraude inconsciente a ceci de particulier qu'elle ne laisse aucun souvenir à l'état normal. A-t-on essayé à Cambridge de vérifier si E. P. garde après les séances un souvenir quelconque des phénomènes ? Non, n'est-ce pas ? Eh bien, ce ne serait pas encore une preuve de préméditation, car le médium peut se souvenir des *effets* produits et ne pas se souvenir des mouvements inconscients qui en furent la *cause*. Lorsque plusieurs personnes se mettent autour d'une table et ont la patience d'attendre la fatigue de leurs mains, posées dessus avec l'idée fixe d'obtenir un mouvement du meuble, elles finiront toujours par avoir quelques mouvements, sinon une danse complète de la table, en raison des contractions involontaires et inconscientes de leurs muscles. Les assistants vont s'accuser réciproquement de fraude, et il se peut que tous soient de bonne foi. Dans l'expérience du pendule tenu entre deux doigts, c'est le sujet qui s'abuse lui-même, en croyant que le pendule marche tout seul (1).

Dans les expériences si intéressantes de *Cumberlandisme* ou divination apparente des pensées ce n'est pas le magicien qui nous trompe. Il devine l'endroit ou la personne, tout simplement d'après les indications in-

---

(1) M. Ochorowicz est peut-être ici un peu trop exclusif. Le lecteur soucieux d'approfondir cette question devra lire les travaux de Reichenbach et spécialement celui que j'ai publié sous le titre : *Les effluves odiques*. A. R.

conscientes de nos muscles. C'est la personne qui pense à l'objet caché, quelquefois avec l'idée de démasquer le magicien ; c'est elle qui triche sans s'en douter, puisque c'est elle qui prétend ne pas avoir donné le moindre signe, tout en indiquant par les vibrations de sa main l'endroit où l'objet avait été caché. Quelquefois cette inconscience va plus loin encore. Une dame, qui m'avait très bien conduit dans les expériences du Cumberlandisme et avait juré de ne plus faire le moindre signe inconscient, commence en arrivant près de l'objet caché (je tenais légèrement sa main droite) par m'indiquer du doigt la direction. — Je cherche un peu trop haut : sa main fait le signe de négation. — Je m'abaisse ; *Oui*, dit la main. — Et enfin, en pliant le doigt comme pour soulever le vase sous lequel était caché un bout de papier, elle me l'indique carrément.

Inutile de dire que je l'ai trouvé.

— C'est extraordinaire ! fit la dame ; cette fois-ci je suis absolument certaine de ne pas avoir donné la moindre indication...

Quel bonheur que cette dame, une personne très intelligente et très consciencieuse, n'ait pas été exposée à une étude semblable à celle de Cambridge. Elle eût été proclamée fourbe par tout le monde.

M. Lodge rappelle un petit incident de l'île Roubaud, sur lequel je donnerai quelques détails, car, malgré son caractère enfantin, il est très instructif et il n'a pas été bien compris.

Un jour (c'était le 22 juillet), le lendemain d'une séance fatigante, E. P. nous appelle inopinément, M. Lodge, M. Myers et moi, dans l'autre chambre, « car, dit-elle, on y entend des coups dans la table ».

Nous arrivons ; E. P. se met à côté d'une grande table renversée, et nous entendons les coups frappés ; seulement, il ne fut pas difficile de remarquer que c'était elle-même qui frappait à l'aide de sa bottine. Lorsque je lui fis cette observation, elle recula un peu, tout en niant le fait.

— « C'est étrange tout de même, dit-elle, *quelque chose pousse mon pied vers la table. Sentite ! Sentite !...* » Elle était tellement sûre du « phénomène » qu'elle insista, afin que je lie son pied avec le mien à l'aide d'un cordon. Et quand cela fut fait, je sentis qu'elle tirait le cordon en tordant son pied ; elle le tournait de façon à pouvoir frapper la table avec son talon...

C'était évident pour tout le monde, sauf pour elle-même — et elle haussa les épaules, lorsque je lui dis que ça n'avait pas d'importance et que ce n'était pas la peine de continuer. On aurait pu croire à une plaisanterie de sa part, tandis que c'était sincère. J'ai vérifié d'ailleurs à Varsovie, à l'aide des appareils électriques, qu'il suffit à E. P. de rester quelques minutes immobile, pour perdre le sentiment de ses pieds ; et alors elle exécute divers mouvements déréglés, sans s'en douter. On devinera facilement que durant une séance, ces mouvements paraîtront suspects ; d'autant plus, qu'alors *ils suivent les représentations motrices, qui gouvernent à un moment donné l'imagination du médium.*

J'ai vu des médiums taper avec leur poing sur la muraille, devant les témoins, tout en prétendant que c'était « l'esprit » qui tapait.

Un étudiant en droit, médium d'ordre inférieur, s'appliqua, en vue de tout le monde, un soufflet, dont il était très effrayé. Il n'était pas en transe constante, et il s'obstinait à nous convaincre que c'était l'esprit de la Xanthippe, femme de Socrate, qui lui avait infligé cette admonestation.

Ce sont des choses bien drôles, assurément, mais ce sont des *faits psychologiques* qu'il faut connaître avant d'aborder l'étude du médianisme supérieur.

Un soir, à Varsovie, E. P. dort dans sa chambre à côté de la nôtre ; moi, je ne dormais pas encore, et tout à coup j'entends qu'elle se lève et se promène, pieds nus, dans l'appartement, puis rentre dans sa chambre et s'approche de notre porte. Je fais semblant de dormir et je fais signe à Mme Ochorowicz, qui s'est réveillée, de rester tranquille et de bien observer ce qui va suivre. Un moment après E. P. ouvre doucement la porte, s'approche de la toilette de ma femme, ouvre un tiroir, le referme et s'en va, en évitant soigneusement de faire du bruit. Je m'habille à la hâte et nous entrons dans sa chambre. E. P. dort tranquillement. La lumière de notre bougie semble la réveiller : — « Qu'as-tu cherché dans notre chambre à coucher ? — Moi ? je n'ai pas bougé de place. »

Voyant l'inutilité d'un plus long interrogatoire, nous regagnons nos lits, en lui recommandant de dormir tranquillement.

Le lendemain je lui pose la même question. Elle en est tout étonnée et même troublée (elle rougit légèrement) — « Comment oserais-je, dit-elle, entrer dans votre chambre, dans la nuit ! »

Cette accusation lui est très pénible et elle cherche à nous persuader par toute sorte de raisons insuffisantes, que nous nous trompons. Elle nie tout, et je suis obligé de reconnaître qu'elle ne se rappelle ni de s'être levée, ni *même d'avoir causé avec nous* (c'était déjà un autre état somnambulique).

Je prends une petite table et j'ordonne à E. P. de mettre ses mains dessus.

— « C'est bien, dit-elle, John vous dira que je ne mens pas ! »

Je pose les questions :

— « Est-ce toi, John, qui es entré, cette nuit, dans notre chambre à coucher ?

— Non.

— Est-ce la femme de chambre ? (Je suggère cette idée exprès pour mettre à l'épreuve la véracité de John).

— Non, dit-il.

— Est-ce le médium lui-même ?

— *Oui*, dit la table... « Non, ce n'est pas vrai », s'exclame E. P. en voyant son espoir déçu. — « Si ! » répond la table avec force.

— Est-ce dans l'état de transe ?

— Non.

— Dans son état normal ?

— Non.

— Dans un état de somnambulisme spontané ?

— Oui.

— Dans quel but ?

— *Pour aller chercher les allumettes, car elle avait peur dans son sommeil et ne voulait pas dormir sans lumière.*

Et réellement il y avait toujours des allumettes dans le tiroir ouvert par E. P., sauf cette nuit par exception ; elle est donc retournée sans rien prendre.

En entendant l'explication de la table E. P. haussa les épaules, mais ne protesta plus.

Voilà donc une femme qui est capable de se trouver d'un moment à l'autre dans un état psychique tout à fait différent. — Est-il juste d'accuser une pareille créature de fraude préméditée, sans le moindre examen médical et psychologique, sans le moindre essai de vérification ?...

c) Voici maintenant une catégorie qui doit nous intéresser spécialement. Il s'agit de la fraude *apparente*, partielle ou incomplète, des mouvements automatiques suspects, mais non frauduleux dans le sens propre du mot.

A Cambridge on a constaté que E. P. *délivre sa main*, lorsqu'on la laisse faire. C'était connu ; bien qu'on ne l'ait jamais laissé user si longtemps de cette liberté. Après avoir délivré sa main, en fait-elle toujours un usage frauduleux ? Les rapporteurs de Cambridge nous le donnent à croire, mais sans preuves suffisantes.

En effet, ils se trompent. Ainsi quelquefois la main délivrée va jusqu'au point visé, touche elle-même, soulève ou transporte elle-même — *mais pas toujours*. Dans le premier cas c'est la fraude inconsciente complète, dans le second cas, c'est la fraude inconsciente incomplète constatée à Varsovie et dans l'île Roubaud et méconnue complètement à Cambridge. En voici quelques exemples :

1° A Varsovie, le 17 décembre 1893, le Dr Mayzel, contrôleur du côté gauche, a eu ses lunettes enlevées. Il tenait la main gauche tout entière. Les lunettes ont été passées au Dr Dunin, assis un peu plus loin, également à gauche. Ce dernier, en prenant les lunettes, avance sa main et attrape la main gauche de E. P. Le médium, sans se débattre, demande la lumière. Je l'allume et on vérifie :

Que le Dr Dunin tient la main gauche de E. P. avec la main droite du Dr Mayzel qui ne l'a pas quitté un instant ;

Que la main droite est tenue bien séparément par le contrôleur de droite, le Dr Harusewicz ;

Qu'au moment de l'enlèvement des lunettes, la main de E. P. a fait *un petit mouvement vers le haut*, mais SANS QUITTER LA TABLE et sans lâcher son contrôleur ;

Qu'au moment où les lunettes ont été passées au Dr Dunin, la main gauche du médium *s'est avancée dans cette direction*, mais sans atteindre le Dr D. et sans quitter le Dr M. C'est à ce moment qu'elle a été attrapée par le Dr D. qui, pour cela, avança sa main droite de plusieurs centimètres.

Par conséquent, il y a eu *rapprochement de la main du médium vers les points visés*, mais sans possibilité de contact immédiat.

2° A Varsovie, le 27 décembre, je suis couché sous la table et je tiens les deux pieds de E. P. Un peu avant la lévitation de la table, le pied gauche essaye de se délivrer. Je le serre un peu ; il est sensiblement hyperesthésié ; il s'arrête. Il s'éloigne de nouveau ; je le laisse aller, en l'entourant légèrement des doigts de ma main droite. — Il va dans la direction du pied gauche de la table, le touche, revient à sa place, devient froid ; et ce n'est qu'à ce moment que la lévitation a eu lieu.

3° Le 25 septembre, à Carqueiranne, je suis dans la même position sous la table. Le piano est derrière et à gauche du médium. A un moment donné, le pied gauche essaye de se délivrer ; je ne le quitte pas, en le tenant légèrement ; il fait quelques centimètres de chemin dans la direction du piano, devient froid — j'annonce un phénomène à gauche ! — Le pied se contracte avec effort, et à chaque mouvement du talon correspond une note jouée sur le piano. — Si j'avais lâché le pied contrôlé (comme on le faisait à Cambridge) j'aurais cru qu'il était allé jusqu'au clavier du piano.

Il existe encore chez E. P. un autre genre de fraude inconsciente partielle ; il y a *dédoublement de la main du médium*, mais c'est sa main matérielle qui touche la personne visée ou transporte l'objet, tandis que le contrôleur n'est en contact qu'avec la main médianique.

Une fois, M. Richet et moi nous avons été en contact prolongé avec *trois* mains du médium. John se mit à rire et nous prouva que c'était sa main à lui que nous avions prise pour la troisième main du médium. Ce fait a été observé une fois à Varsovie, et beaucoup plus tôt et à plusieurs reprises par M. Chiaïa à Naples.

Voici ce qu'il m'écrit à ce sujet : « Pendant dix ans d'expériences, faites presque journellement avec E., j'ai pu constater plusieurs fois des résultats, non seulement nuls, mais contradictoires. Au commencement, ma foi a été très souvent mise à une dure épreuve et j'ai subi d'amères désillusions, jusqu'au moment où j'ai dû me convaincre de la parfaite bonne foi du médium, qui devient un instrument *absolument passif* de cette force occulte et intelligente qui l'assiste et qui se fait appeler *John*. Cette force ou esprit, comme il vous plaira de la nommer (1), peut produire directement tous les divers

---

(1) Pour moi ce n'est ni une personne étrangère au médium,

phénomènes physiques, *lorsqu'elle trouve les conditions médianiques favorables* ; dans le cas contraire elle se sert très souvent des bras et des mains du médium, *pour ne pas trop l'épuiser* ».

M. Chiaïa raconte, entre autres, le fait suivant :

Tout en croyant sentir la main de E. P. sur la sienne, il voit le bras délivré du médium. Il l'attrape ; le médium subit une secousse momentanée, mais reste impassible et immobile, en prétendant qu'il n'a pas bougé. M. Chiaïa lui fait des reproches, menace de l'abandonner, etc. ; alors elle tombe en transe — et John explique que c'était sa main fluidique qui restait sur celle de M. Chiaïa, tandis qu'il s'était servi de la main du médium pour produire les attouchements, *ce qui lui épargnait la tâche de matérialiser complètement la sienne.* « Il m'a proposé alors, raconte M. Chiaïa, de tenir les *deux* mains d'E. serrées dans une des miennes, et m'a ordonné de soulever bien en l'air mon autre bras — ce que j'ai fait *et je me suis senti prendre par une main, qui m'a tiré en haut fortement, par les bouts des doigts* » (Écrit le 2 oct. 1895).

La déclaration franche de M. Chiaïa a suffi pour exciter l'ambition du médium, et pour contraindre John à lui donner un phénomène correct.

Précisons maintenant la question essentielle : *Pourquoi le médium essaie-t-il si souvent de dégager sa main ?*

ni une force nouvelle indépendante et occulte, mais un état psychique spécial qui permet au dynamisme vital du médium (« corps astral » des occultistes) d'agir à distance dans certaines conditions exceptionnelles. C'est la seule hypothèse qui me paraît *nécessaire, dans l'état actuel de mes connaissances.* J. O.

Pour les expérimentateurs de Cambridge la cause en est bien simple et toujours la même : il dégage sa main pour tricher. En réalité, les causes de la délivrance sont multiples et compliquées.

1° Faisons observer tout d'abord que E. P. dégage souvent sa main, rien que pour toucher sa tête qui souffre aux moments des manifestations. C'est un mouvement reflexe naturel ; et, chez elle, c'est une habitude invétérée. Comme, le plus souvent, elle ne s'en aperçoit pas, ou du moins ne prévient pas le contrôleur, l'obscurité justifie les soupçons.

2° Immédiatement avant le dédoublement médianique, sa main est hyperesthésiée, et par conséquent la pression d'une main étrangère lui fait mal, surtout du côté dorsal ; elle place donc, le plus souvent, la main qui doit être active médianiquement, *au-dessus* et non au-dessous de celle du contrôleur, en cherchant à la toucher le moins possible. Lorsque le dédoublement est complet et la main dynamique plus ou moins matérialisée, celle du médium se crispe et appuie avec force sur le contrôleur, juste au moment du phénomène. Elle est presque insensible alors et contracturée. Dans de très bonnes conditions médianiques, le dédoublement est facile et l'hyperesthésie initiale de courte durée : dans ce cas, le médium permet d'embrasser sa main complètement et de mettre les pieds des contrôleurs *sur* les siens, comme nous faisions toujours à Rome en 1893 ; mais, depuis, elle ne supporte plus cette position et préfère plutôt être tenue par les mains sous la table.

3° Suivant les lois psychologiques, la main va toujours, automatiquement, dans la direction de nos pensées (*Cumberlandisme*). Le médium agit par auto-suggestion, et l'ordre d'aller jusqu'à un point visé est donné par son cerveau, en même temps à la main dynamique et à la main corporelle, puisque à l'état normal elles ne font qu'un. Et comme immédiatement après l'hyperesthésie initiale, son sentiment musculaire s'émousse et que la main devient engourdie, il arrive, surtout lorsque le médium procède négligemment et ne gouverne pas assez ses mouvements, que la main dynamique reste sur place, tandis que c'est sa main propre qui va dans la direction visée. La première, n'étant pas matérialisée, ne produit qu'un simulacre de pression et une autre personne, capable de voir un peu dans l'obscurité, n'y verra rien et même pourra constater par le toucher l'absence de la main du médium sur celle du contrôleur. En même temps la main du médium va dans la direction de l'objet — et *il se peut encore qu'elle ne l'atteigne pas réellement, en agissant à distance par un prolongement dynamique*.

C'est ainsi que je m'explique les cas où la main, étant délivrée, n'a pas pu cependant atteindre le point visé, physiquement inaccessible, et les nombreuses expériences faites à Varsovie en pleine lumière, avec une clochette diversement suspendue, avec des boussoles de formes différentes, avec une toute petite table de quelques centimètres, etc., expériences dans lesquelles les doigts de E. P. étaient tout près, mais ne touchaient pas l'objet. J'ai vérifié qu'il n'y avait là en jeu aucune force électrique, mais que les choses se passaient comme si les bras du médium s'allongeaient en agissant invisiblement mais *mécaniquement*. Inutile de dire qu'on a d'abord mis hors de doute l'absence des cheveux, fils, etc.

Rapprocher sa main de l'objet visé dans la pensée, c'est donc encore une action réflexe, instinctive et inévitable s'il n'y a pas d'obstacles. Pour l'arrêter il faut : ou bien un obstacle *mécanique* (le contrôleur) ou bien un empêchement *psychique* (l'attention même du médium, suffisamment éveillée et excitée).

4° Indépendamment de l'hyperesthésie cutanée initiale, tout le processus de dédoublement, de déchirement physiologique entre le bras et son dynamisme, s'accompagne de douleur et demande un certain excès des forces nerveuses. Lorsque le médium est épuisé, ou seulement lorsqu'il agit avec nonchalance, c'est-à-dire *sans un effort spécial* de sa volonté somnambulique, il affranchira sa main tout simplement pour frauder et il exécutera la substitution aussi adroitement que possible, *parce que c'est beaucoup moins fatigant, et parce qu'on le lui permet*. Puisque le phénomène vrai s'accompagne de douleur — pourquoi ne pas l'éviter, quand on trouve des contrôleurs aussi complaisants que M. Hodgson ?

Telle est la logique de l'Inconscient du médium, qui, sans être morale est tout à fait physiologique. Ainsi il faut le savoir une fois pour toutes : *sans une excitation spéciale contraire, propre ou étrangère, le médium trichera toujours*, automatiquement, même à l'état de veille, qui, étant un état mixte et non simple, peut être interrompu par la transe momentanée et intermittente.

A Varsovie, lorsque un de mes amis, M. Glowacki, se mit dans la tête « qu'il fallait laisser faire le médium, pour découvrir sa méthode » nous avons eu toute une séance frauduleuse et nous avons perdu notre temps inutilement. Au contraire, on a dû remarquer que dans notre mauvaise séance de l'île Roubaud, nous avons obtenu quelques bons phénomènes, après avoir franchement déclaré au médium qu'il trichait.

On verra dans la suite l'importance de cette observation.

§ III. — DE QUOI DÉPEND LA VALEUR DES SÉANCES

Il est impossible, dans une étude relativement sommaire, de disséquer toutes les influences pouvant modifier l'action d'un médium.

J'espère cependant avoir mis en évidence les agents principaux dans les observations suivantes.

A). *Les assistants.*

1) Le meilleur *nombre* des assistants pour les séances avec E. P. est de 5 à 8. Si mes essais dynanométriques — qui ont encore besoin d'être répétés par d'autres — ne me trompent pas, en voici la raison : après chaque séance les assistants perdent une partie de leur force, et le dynamomètre nous donne une idée approximative de cette perte. *La somme des pertes individuelles correspond à peu près à la force moyenne d'un homme ;* comme s'il s'agissait de créer un organisme dynamique à part, aux dépens des assistants, y compris le médium. Avec un seul participateur, il n'y a rien ou presque rien (chez E. P.) ; deux se fatiguent beaucoup et fatiguent beaucoup le médium ; avec 5-8 la perte se répartit modérément et le médium s'épuise moins — mais un nombre plus grand est préjudiciable, car il rend de plus en plus difficile *une certaine harmonie* (quelque

chose dans le genre de ce que les magnétiseurs appellent « rapport ») qui doit régner entre les assistants. Et puis, une foule empêche l'unité du contrôle, ce qui est encore une condition essentielle. Dans les séances médianiques, *une seule* personne, déjà expérimentée, doit garder la *direction* de la séance ; autrement on perdra beaucoup de temps pour rien.

2) Les assistants ne doivent pas être malades, fatigués, sommeillants, etc. Une personne débile ou épuisée gagne au dyanomètre en faisant partie de la chaîne, au lieu de faire profiter « John » de sa force. Ce dernier élimine toujours les personnes, même très sympathiques pour lui, si elles ont sommeil par suite de fatigue ; ce qui, cependant, au point de vue de la fraude, devrait lui convenir. *Une activité modérée* (« Parlate ! ») favorise les manifestations ; mais, naturellement, il faut faire attention que le contrôle n'en souffre pas ; on peut précisément parler du contrôle en évitant les exclamations, les discussions vives et tout ce qui pourrait troubler l'état psychique du médium par des éléments émotifs. En général, *on ne doit pas adresser la parole au médium*, à moins que ce soit pour des faits importants du contrôle.

3) *La foi* n'est pas du tout nécessaire. Ce qui est nécessaire, c'est une certaine bienveillance et surtout l'impartialité. On ne peut pas nier cependant que la foi favorise les manifestations. Je me rappelle, par exemple, deux séances consécutives à Varsovie : l'une, dans une assemblée de médecins sceptiques ; l'autre dans une société de spirites. Il n'y avait pas de comparaison quant à la force, la richesse et même l'évidence des phénomènes !

Le médium s'exclame souvent : « Ajutate me ! » (Aidez-moi !) et il faut être bien faible observateur pour douter de la sincérité de ce cri. Oui, le médium a besoin qu'on l'aide, qu'on l'aide par la pensée et par un sentiment bienveillant, non par un sentiment de fausse politesse, mais par l'unification des efforts mentaux vers le même but. Le médianisme supérieur tout entier est-il autre chose qu'une création psycho-physique collective ?

4) Un point spécial, très important, et qui est en rapport avec ce que je viens de dire tout à l'heure, est le suivant : *il ne faut pas trop forcer le contrôle dès le début.* Le médium a besoin d'une certaine liberté pour entrer en transe et pour développer son action. Si, dès le commencement, on l'immobilise trop, si on l'entoure de tous les côtés en la regardant dans les yeux et en suivant ses moindres mouvements, on risque d'attendre longtemps et on ne verra rien de bon ; car il s'énerve, s'effarouche et s'épuise inutilement. D'ailleurs, cette façon d'agir prouve l'ignorance complète du médianisme, car *les premiers phénomènes médianiques sont toujours d'ordre inférieur*, c'est-à-dire ne consistent qu'en contractions inconscientes des muscles, qui pressent ou poussent *mécaniquement*. Par conséquent, au point de vue de l'observateur, *c'est de la fraude*, nécessairement. Il faut donner au médium le temps de traverser les différentes phases de dédoublement physiologique, qui constituent le processsus du médianisme, à savoir :

a) Dédoublement entre le cerveau et les centres automatiques.

b) Dédoublement entre la conscience et les représentations ou auto-suggestions somnambuliques.

c) Dédoublement entre le dynamisme de ses membres et ces membres eux-mêmes.

Avant d'arriver à ce dernier point, qui constitue le nœud du médianisme supérieur, le médium doit nécessairement tricher, car il ne se rend bien compte, ni de la position de ses membres, qui deviennent tantôt hyperesthésiés et tantôt insensibles, ni de la différence qu'il y a entre un mouvement exécuté à distance et un mouvement direct — puisque c'est toujours *son* bras, une fois palpable et une autre fois impalpable, qui exécute le mouvement ordonné. — Peu à peu le dédoublement augmente, les différences subjectives s'accentuent, et alors on *peut* exiger qu'il veille sur ses réflexes ; que sa main, qui, naturellement, cherche à se délivrer et à suivre la direction de ses pensées, n'aille pas trop loin dans cette direction, et n'exécute pas elle-même le mouvement.

En attendant le développement des phénomènes on gagne toujours. On gagne d'abord parce qu'on attend moins, et ensuite parce que les phénomènes sont alors nets, et un contrôle sévère ne leur nuit plus ; au contraire, il devient l'auxiliaire du médium, car alors ce dernier est obligé de se donner beaucoup de peine pour retenir sa main sur place, et on lui rend un service en la retenant. Dans ces moments-là, c'est-à-dire dans les moments des phénomènes vrais, le médium presse convulsivement avec sa main, pour ne pas la laisser s'échapper. Quelquefois cependant, lorsqu'il procède négligemment, son attention, étant distraite par l'exécution du phénomène, il n'exerce cette pression qu'*après*, pour montrer que sa main est bien là ; *mais ce n'est pas une preuve de substitution.*

En un mot, pas trop de zèle au commencement et beaucoup ensuite. Dès que les phénomènes purs semblent commencer, *il n'est plus permis de lâcher la main,* car alors non seulement on se condamne à ne jamais rien voir de sérieux, mais encore on crée une habitude, une accoutumance réflexe chez le médium, qui tend à se répéter indéfiniment.

C'est ainsi qu'on procédait à Cambridge. On a vicié le médium par une longue application de la méthode policière de MM. Torelli, Reichmann et Hodgson — et on s'étonna ensuite qu'avec l'application des méthodes sérieuses du contrôle il n'y avait plus rien.

A Varsovie, certains médecins ont tenu si bien la main de E. P. qu'elle avait le lendemain cinq bleus correspondant aux doigts du contrôleur — c'était déjà une exagération brutale et inutile — mais ne peut-on pas tenir légèrement une main *et la suivre cependant partout où elle va ?*

5) Après avoir vicié le médium par une permission systématique de tricher, les savants de Cambridge ont eu encore un moyen d'élever le niveau des phénomènes — un seul d'ailleurs. Ce moyen c'était *la franchise.* Malheureusement, ils n'en ont pas profité, et *E. P. a quitté Cambridge sans se douter de son échec !*

J'ai constaté dans les expériences de Varsovie et de l'île Roubaud, que si, après une mauvaise série nous avons eu des séances excellentes, c'était presque toujours à la suite d'une franche déclaration faite au médium qu'il triche. *Sans cette franchise une sévérité plus grande du contrôle nuisait plutôt.* La sincérité, au contraire, lui donnait un coup d'éperon, animait son ambition, son zèle, en le rendant attentif à ses mouvements réflexes.

Il ne faut pas oublier, que, jusqu'à ce moment, nous n'avons pas de médiums éduqués ou dressés scientifiquement, par des hommes de science et avec le sentiment spécial de probité et d'exactitude scientifiques. Tous les médiums sont développés dans les cercles spirites, plus ou moins crédules, avec un contrôle à peu près illusoire ; il n'est donc pas étonnant que le médianisme inférieur, c'est-à-dire la fraude inconsciente, domine dans leur répertoire et dans les habitudes de leur système nerveux. Déraciner ces mauvaises habitudes, redresser le sentiment d'exactitude et de probité, apprendre les médiums à ne rien donner, plutôt que de propager des simulacres et des imitations — tel est le but des hommes sérieux, qui veulent s'occuper du médianisme. Mais, certes, ce n'est pas avec la méthode de Cambridge qu'on pourra l'atteindre !

6) Après avoir reconnu que le médium n'est qu'un miroir qui reflète et dirige les idées et les forces nerveuses des assistants, vers un but idéoplastique, on ne s'étonnera pas de voir *la suggestion* y jouer un rôle important. Il n'est pas douteux que les assistants peuvent suggérer au médium l'acte désiré, et il n'est pas douteux non plus que les manifestations prennent le caractère des croyances ambiantes. J'ai vu « John » dans une société de matérialistes se dissoudre en une force impersonnelle que le médium appelait tout simplement : « questa forza » ; tandis que dans des cercles spirites

intimes, il prenait la forme de personnes défuntes, plus ou moins maladroitement. De même, avec des contrôleurs imbus de l'idée de la fraude comme MM. Hodgson et Maskelyne, *le médium restera sous l'empire d'une suggestion de fraude.* M. J. Page Hopps, qui a déjà soupçonné cette influence, n'est pas loin de la vérité. Cela ne suffirait pas pour s'expliquer l'échec de Cambridge, mais cela complète son explication. En lisant le fameux protocole de M. Hodgson, je fus frappé par son uniformité, par la régularité mécanique de son contenu. J'ai eu environ 80 séances avec E. P., mais je n'ai jamais rien vu de semblable !

E. P. n'y fait plus l'impression d'un médium, mais d'une machine à écrire, qui travaille sous les doigts de M. Hodgson. C'est tellement automatique, tellement monotone, qu'après avoir lu une page, on les connaît toutes. M. Hodgson sent la main s'échapper, il annonce le phénomène, le phénomène arrive, la main revient à sa place. Il sent le pied s'échapper, il annonce le phénomène, le phénomène a lieu, le pied retourne à sa place, et ainsi de suite.

Non, vraiment, on n'est pas si bon prophète, sans être un peu complice !

Et M. Hodgson l'était pour sûr et doublement :

D'abord parce qu'il *tolérait* la fraude ; ensuite parce qu'il la *suggérait* par ses idées préconçues et *très nettes.*

Mais alors, il faut admettre que E. P. est capable de subir l'influence d'une *suggestion mentale* ?

Certainement ; et les savants de Cambridge ont encore perdu l'occasion d'expérimenter dans ce sens avec un sujet fort intéressant.

En voici quelques preuves, entre autres (je copie dans mon journal de Varsovie).

Le 6 décembre 1893.

E. P. est très fatiguée à la suite d'une longue séance d'hier soir ; « chaque cheveu me fait mal » dit-elle ; je veux donc l'endormir et dans ce but je la fais s'asseoir dans un fauteuil, en disant que je calmerais son mal de tête.

Je tiens ma main droite au-dessus de sa tête et immédiatement je sens un souffle froid. En approchant les mains des genoux, même impression (signe d'épuisement).

Elle s'endort paisiblement au bout de deux minutes. Au commencement les bruits environnants la font tressaillir, puis elle n'entend plus rien. Elle couvre ses paupières et tourne la tête, en manifestant une hyperesthésie pour la lumière. Etat mixte, pas tout à fait aïdéique.

— *Vous avez eu un désagrément*, me dit-elle tout à coup (C'était exact).

Je fais une passe derrière sa tête : la tête se rapproche de ma main. — Je diminue la lumière et lui couvre les yeux avec un mouchoir. Sans le chercher, je constate une *imitation de mes mouvements* :

a) J'appuie ma main sur mon front. — Elle fait e même.

b) Je croise les bras. — Elle fait de même.

c) J'écarte les bras, et je remarque qu'elle fait de même. *A peine avais-je eu le temps de formuler cet acte dans mon esprit, qu'il était exécuté complètement.*

d) Je tape tout doucement avec mon doigt sur le dos

de ma main. Rien. Mais sa main suit les mouvements de la mienne. — « C'est assez, dit-elle, réveillez-moi, je suis bien ».

Je la réveille, par des passes transversales au-dessus de sa tête. Elle croit que j'ai seulement tenu ma main pour calmer sa douleur. *Elle n'a aucun souvenir des expériences que j'ai faites, elle ne sait même pas qu'elle a dormi* et ne se rappelle pas non plus du bruit qui la fit tressaillir au commencement.

Le 24 décembre...

Je l'endors et je pense : « dans quelques minutes je lui ordonnerai mentalement *de se lever*, mais d'abord il faut s'occuper de *sa santé* » et je continue les passes. — *Elle se lève* et dit : — Bagno... più freddo... 16°-17° (elle compte sur ses doigts)... 15 minutes ; puis bien frotter tout le corps... bene... contenta... dormire...

Je pense ensuite : « Peux-tu, dans cet état, *soulever une table ?*

Quelques minutes après elle étend sa main et rapproche un petit guéridon ; elle met sa main dessus et provoque quelques mouvements par pression mécanique inconsciente — puis elle repousse le guéridon, avec mécontentement...

M. Aksakof, sachant qu'il est facile de provoquer la fraude pour les mouvements médianiques d'ordre inférieur par une suggestion mentale ou exprimée m'a demandé si je ne pensais pas qu'il en serait de même pour les phénomènes purs. Je lui réponds que, dans ce dernier cas, la suggestion *directe* et *particulière* est même dangereuse— elle m'a toujours donné des résultats positifs, *mais dans le sens de la fraude*. Le médium, forcé par suggestion, triche. Cependant lorsqu'il s'agissait de le *bien disposer* pour une séance à venir, par une suggestion générale, sans préciser et fixer le temps du phénomène, elle réussissait souvent.

7) Le cercle d'assistants, une fois formé et harmonisé, *doit rester le même durant toute une série de séances*. Dans ces conditions, les manifestations se développent de plus en plus, en augmentant de force et de netteté. Par conséquent, si on a la patience d'attendre, avec la même composition du cercle, on s'épargnera une quantité de mesures fatigantes pour les assistants et paralysantes pour le médium. J'ai fait cette observation d'abord à Rome, puis à Varsovie ; mais déjà les expérimentateurs de Milan (1892) ont remarqué qu'en persistant dans le même cercle, ils ont pu voir, à la lumière, les mêmes phénomènes, qui au commencement ne réussissaient que dans l'obscurité. En introduisant une nouvelle personne, il faut qu'elle ne se rapproche du médium que graduellement, — mais (sauf les cas d'un nombre insuffisant : deux, par exemple) on risque toujours d'abaisser le niveau des phénomènes.

Même une personne absente pendant quelques séances produit déjà cet effet. Si donc, au lieu de continuer avec le même cercle, on introduit souvent des personnes nouvelles, au lieu d'avancer de A à Z, on répète l'A, B, C.

A Cambridge, on changeait la composition du cercle « de temps en temps ».

8) Une mesure qui m'a paru nécessaire, et que j'ai

introduite déjà dans mes expériences de Rome, c'est de vérifier tout d'abord si, parmi les assistants, il n'y a pas de personnes nettement sensibles à l'hypnoscope, c'est-à-dire hypnotisables. On élimine de cette façon la possibilité des hallucinations et on gagne un critère pour juger la valeur relative des sensations éprouvées dans le cercle. Il m'est arrivé par exemple à Varsovie de constater que les personnes hypnotisables ont senti nettement *une main*, où il n'y avait qu'un contact non défini, et *vice versa*, suivant les suggestions ambiantes ou les auto-suggestions. Lorsqu'une idée préconçue domine le cercle, le contrôleur suggestible ne verra et ne sentira que ce qui est conforme à cette idée.

J'ajouterai, pour information générale, que si l'une des personnes présente est facilement hypnotisable, fréquemment elle s'endort, en faisant partie de la chaîne ; et alors il vaut mieux, pour ne pas compliquer l'observation, l'éliminer, à moins d'en faire un auxiliaire sensitif, si elle est convenablement exercée à cet effet. En tout cas, *elle ne doit rester près du médium* que momentanément, car elle absorberait les forces destinées à ce dernier (1). Lorsque l'assistance est assez nombreuse (6-8) on peut quelquefois la laisser sans inconvénient *à l'autre bout de la chaîne*, vis-à-vis du médium. *Deux médiums* ne doivent jamais rester à côté l'un de l'autre, car ils tricheraient pour sûr, et, contrairement à certaines idées préconçues, *on ne gagne rien en multipliant leur nombre*. Il est à remarquer seulement que les personnes sensibles à l'hypnoscope sont plus facile-

---

(1) Cette affirmation ne me paraît pas complètement exacte. J'ai constaté que le contraire avait lieu quelquefois. A. R.

ment atteintes par les attouchements médianiques, et que, parmi les réfractaires, on en trouve qui n'ont jamais pu éprouver un attouchement, indépendamment de leur bonne ou mauvaise disposition théorique. Ce sont cependant de rares exceptions.

B. — *Le médium.*

Les développements antérieurs nous permettent d'être bref en énumérant les conditions qui concernent le médium lui-même :

1) *La maladie* du médium empêche le développement des phénomènes supérieurs. La menstruation cause un retard d'abord, et une grande lassitude après.

De même:

2) *La fatigue des muscles* ; on attend longtemps et quelquefois en vain.

3) *L'épuisement nerveux* par une série de séances, ou au cours d'une même séance trop longue, supprime les phénomènes purs et prédispose à la fraude réflexe. Les séances ne doivent pas durer plus d'une heure et demie à deux heures tout au plus et il faut laisser entre elles un intervalle de 1-3 jours suivant l'état du médium.

4) *L'ennui* provoque la fraude par négligence. D'où nécessité de distractions et, en général, de sensations agréables qui assurent une bonne disposition de l'esprit.

5) *Le sommeil* naturel, immédiatement avant une séance, paraît préjudiciable ; le sommeil hypnotique au contraire dispose bien. Il y a cependant une grande différence entre l'hypnose et la transe, et il ne faut pas les confondre.

6) *La diète.* Avant une séance, le médium ne doit absolument rien manger ni boire. Toutes les séances continuées, après un intermède consacré au repas, furent médiocres et présentaient une tendance marquée à se renforcer mécaniquement.

7) *Le vêtement* doit être léger et commode. Tout ce qui serre la peau (le corsage, les bottines boutonnées, etc.) doit être supprimé ; car, au moment des hyperesthésies, le médium en souffre, et, pour diminuer la souffrance, il triche instinctivement. Je ne suis pas certain s'il y a une influence quelconque de l'étoffe et de sa couleur. J'ai souvent expérimenté avec E. P. en robe blanble et la soie même n'a pas empêché de très bonnes manifestations, tout en permettant, par ses frémissements, de suivre avec l'oreille l'étendue de ses mouvements.

C. — *Conditions extérieures.*

1) La température et les conditions atmosphériques ne semblent influer que dans des cas extrêmes ou bien indirectement par l'influence psychique. La pleine lune est peut-être favorable.

2) C'est encore un préjugé, paraît-il, que l'influence médianique de la lumière rouge et jaune. A Varsovie, la lumière bleue nous réussissait mieux, parce qu'elle était plus agréable au médium.

§ IV. — L'ŒUVRE DE CAMBRIDGE

En observant les conditions indiquées, il me paraît impossible de ne pas avoir avec E. P., dans l'état actuel de sa médianité, une série de bonnes séances.

Mais il ne faut pas oublier non plus que *la fraude est inséparable du médianisme, comme la simulation est inséparable de l'hypnotisme.*

Pour s'endormir il faut d'abord simuler le sommeil, et il y a une grande part de simulation dans les hallucinations provoquées, positives et négatives, dans les changements de personnalité, dans les crimes des laboratoires, etc.

Les paralysies et anesthésies suggérées, en tant que *psychiques*, ne sont-elles pas au fond simulées? Ce qui n'empêche pas qu'il y a encore une grande différence entre une simulation inconsciente, qui tient à la nature même des phénomènes, et une simulation consciente et apprise.

De même, le médianisme inférieur n'est qu'une façon particulière de tromper les autres et soi-même. Dans l'écriture automatique, par exemple, c'est indubitablement avec soi-même que l'on se dispute : une couche de notre conscience pose les questions, et une autre lui répond ; une couche de notre entendement demande un mouvement et une autre l'exécute ; l'une est gaie et l'autre mélancolique ; l'une croit à tout, et l'autre se moque de tout ; l'une triche et simule et l'autre reste sincère.

Ce mélange apparait même dans les manifestations les plus élevées de l'hypnotisme et du médianisme ; mais cela n'empêche pas, qu'à côté de la *suggestion mentale apparente*, il y a *la suggestion mentale vraie* ; et à côté de *l'écriture automatique*, son plus haut développement : *l'écriture directe*.

Savoir *décomposer les éléments* — tel est le problème de l'observateur.

A-t-on fait le moindre effort dans cette direction à Cambridge ?

Malheureusement, non.

Jusqu'à ce moment, dans les grandes séries expérimentales avec E. P. on a cherché à introduire quelques perfectionnements dans l'étude de ces problèmes difficiles..

A Milan (1892), on a appliqué la photographie, la balance et le dynamomètre suspendu.

A Varsovie (1893-94) de même ; et en outre les appareils électriques du contrôle pour les mains et les pieds, le dynamomètre à main, l'hypnotisme, etc. On a fait un grand nombre d'expériences en pleine lumière, on a étudié le médium au point de vue physiologique et par des fouilles fréquentes on a mis hors de doute l'absence d'appareils spéciaux pour la fraude.

Dans l'île Roubaud (1894), on a continué les essais dynamométriques ; on a perfectionné l'expérience de la lampe électrique, l'expérience d'une grande table spéciale pesant 22 kilos ; on a obtenu des photographies à la lumière du jour et précisé les conditions des phénomènes !

A Cambridge (1895) ?...

A Cambridge on a trouvé le moyen d'avoir avec E. P. une série de VINGT séances entièrement frauduleuses « depuis le commencement jusqu'à la fin » — résultat qui n'a été atteint ni par leurs prédécesseurs ni par leurs successeurs.

Ce résultat est-il au moins *exact* ?

A les entendre, ces Messieurs, ou plutôt ces Dames et ces Messieurs, n'ont pas vu un seul phénomène vrai, et *toutes* les séances ont été également frauduleuses.

Cependant, si mes informations particulières ne me trompent pas, les quelques *premières* séances (*avant l'arrivée de M. Hodgson*) ont été apparemment assez bonnes pour provoquer l'enthousiasme d'un certain nombre d'assistants. Pourquoi le compte-rendu ne fait-il pas mention de cette circonstance ?...

De l'autre côté, M. le professeur Lodge qui fut présent aux deux séances *après* la découverte de M. Hodgson, déclare que dans l'une d'elle il y avait, paraît-il, quelques phénomènes vrais. — Pourquoi n'a-t-on pas cru devoir donner les détails de ces expériences ?...

Mystères de la suggestion !

La suggestion du docteur Hodgson est tellement forte que l'on ne voit, que l'on ne pense, que l'on ne se rappelle que ce qui confirme la suggestion.

En voici quelques exemples :

1) Une boîte à musique est placée par terre, derrière E. P. et tout près de son talon (pourquoi tout près ?). Les mains sont bien tenues par M. Hodgson à droite et par M. Sidgwick, à gauche ; ce dernier a en outre la tête de E. P ; Mme Sidgwick, couchée par terre, sous la table, tient les pieds entre ses deux mains.

La boîte se met à jouer, et Mme Sidgwick déclare qu'elle sent la main de « John » qui tourne la manivelle.

Jusqu'ici tout est clair. Malheureusement, dans ce récit du protocole primitif, le phénomène a l'air correct et il contredit la théorie de M. Hodgson

Le lendemain — (il est dit expressément dans l'introduction de l'article, que les parenthèses ont été ajoutées le lendemain et le surlendemain) — M. Hodgson ajoute une petite parenthèse :

« (*after* the phenomenon). »

Elle est placée à la suite d'une phrase qui faisait croire au lecteur que la main droite de E. P. était à sa place. Par cette addition il suggère, au contraire, que la main droite de E. P. ne fut pas à sa place durant le phénomène, mais seulement *après* le phénomène.

Immédiatement Mme S. écrit une note, dans laquelle elle suppose qu'elle fut touchée par *une* main (elle ne dit plus : la main de « John ») *par accident*.

Et dans une troisième note (le surlendemain ?) M. Hodgson déclare déjà carrément, qu'on a vu E. P. se pencher, *comme si c'était* sa main droite qui tournait la manivelle !...

On a oublié que dans le protocole primitif, dicté durant la séance, il était dit : « *Les mains* bien tenues » (Hands wel helt) et que si E. P. donnait sa tête à M. Sidgwick, elle était penchée à gauche, et ne pouvait pas, en même temps, être penchée à droite (1).

---

(1) On ne se croit pas obligé de mesurer les distances et de nous expliquer comment, dans cette position, le médium ait pu atteindre la manivelle. En général, M. H . qui fut très sévère pour les autres, l'est beaucoup moins pour lui-même, et il nous force très souvent à demander « the détails of theses holdings ». Même confusion, au sujet du caoutchouc attaché à l'une des mains de E. P., sur sa propre proposition, afin de pouvoir distinguer plus facilement sa main droite de sa main gauche : d'après la note en bas de la page 155 c'est la main gauche qui fut marquée ainsi — d'après le texte de la même page, c'est plutôt la main droite. Autrement le récit n'est pas compréhensible. Et on ne dit pas non plus à quel moment de la séance la condition fut appliquée. Pour M. H. ce détail est sans importance. Assurément ! il lui était bien égal de lâcher une main avec ou sans caoutchouc — en sa qualité de contrôleur il la lâchait toujours !

2) Immédiatement après :

« 9. 8 — Mme S. *sent deux mains sur sa tête, sous la table.* »

Mais, comme la suggestion de M. Hodgson ne parle que d'*une* main libre, elle ajoute : « Il se peut que ce ne fut qu'une seule ».

Et, le lendemain, elle explique qu'elle avait été touchée des deux côtés de sa tête à la fois, mais que la sensation ne ressemblait pas complètement à l'attouchement de deux mains.

3) « *Une main énorme* (enormous hand ») *secoue la tête de* Mme *M. et c'est bien nettement une main* (hand clearly felt) p. 153.

Mais M. Hodgson suggère que la main droite de E. P. jouait avec la sienne, c'est-à-dire était absente par moments... Et immédiatement tous les sexes de Cambridge se mettent d'accord pour reconnaître, que, l' « enormous hand » ce fut la très petite main droite de E. P. (1).

4) Mlle *Alice J. est touchée au flanc gauche comme par une main* (p. 158), *Cette main paraît mal formée, avec des doigts incomplets, mais elle touche en même temps trois points différents.*

Malheureusement, à ce moment là, les mains de E. P. furent bien tenues, et l'on ne pouvait soupçonner que le pied. Mlle A. J. conclut donc, que l'attouchement fut exécuté avec la *plante du pied droit de E. P.* recourbée à cet effet d'une façon spéciale pour former trois doigts...

---

(1) Longueur de la main droite de E. P. : 15 centimètres, juste. Ce n'est vraiment pas énorme.

5°) Une fois (p. 158) Mlle A. J. *voit la tête de « John » à l'un des bouts de la table; au moment où E. P. reste assise à l'autre bout de la table...*

Pour ne pas contredire les suggestions de M. Hodgson, et rester en même temps en paix avec sa conscience, Mlle A. J. ajoute modestement :

« Je ne m'explique pas cette curieuse illusion. »
Et voilà tout.

Enfin, lorsque personne ne se hâtait de préciser les conditions du protocole primitif dans le sens de la suggestion dominante, M. Hodgson ajoutait lui-même le lendemain (ou le surlendemain) sa petite *parenthèse* : (« *after* phenomenon ») et l'affaire était arrangée.

Il est entendu que je n'ai pas l'intention de froisser aucune de ces personnes. Je ne dis que la moindre de leurs observations ne fut pas conforme à leur conscience et à leurs souvenirs ; mais il fallait caractériser l'atmosphère, respirée par tout le monde dans cette malheureuse affaire.

Il est entendu également que je ne prétends pas que les phénomènes ci-dessus mentionnés fussent de vrais phénomènes — je n'ai pas de preuve pour le dire, et d'ailleurs la fraude a été tellement autorisée, suggérée et facilitée si longtemps par l'étrange méthode de M. Hodgson, que même en cas de bons phénomènes on n'avait pas le moyen de les constater. En effet, comment constater, que la main de E. P. n'est pas allée jusqu'au point visé, si *aucun des contrôleurs ne s'est jamais donné la peine de la suivre dans ses mouvements ?* Il se peut qu'il en fut ainsi, mais le protocole ne nous le dit pas. On n'y trouve que des suggestions, des vraisemblances plus ou moins grandes. On n'a jamais trouvé rien de suspect sur E. P. et sa main ne fut jamais prise en flagrant délit de fraude. Il y a clarté dans les conclusions, mais pas dans les prémisses.

Et vraiment ! quand je me rappelle que, mes amis et moi, nous avons eu des cas de fraude, inconsciente mais *tout à fait nette* et dûment constatée, je bénis le ciel que ce ne soit pas nous qui, dans un moment de doute, si fréquent partout, ayons eu le courage d'accuser publiquement de fourberie une pauvre créature sans défense.

§ V. — Une méthode a trouver

Les savants de Cambridge ont cependant une excuse, et je tiens à l'indiquer.

Ils n'ont pas réfléchi qu'une nouvelle classe de phénomènes exige une méthode nouvelle d'observations. Dans de pareilles circonstances, ne sachant à quel saint se vouer, on est toujours tenté d'appliquer la *méthode du sens commun*, et l'on se trompe ; car le sens commun de notre époque (M. Richet nous a rappelé que le sens commun lui-même se transforme avec le temps) n'a rien à faire avec le médianisme.

Il lui faut une méthode spéciale scientifique, c'est-à-dire conforme à la nature des phénomènes ; et, comme la nature des phénomènes ne se révèle que peu à peu, nous ne sommes pas encore en possession d'une méthode tout à fait adéquate.

Lorsqu'on a découvert le *Galvanisme* il a fallu peu à

peu trouver des appareils nouveaux et des méthodes nouvelles pour l'étudier. Aujourd'hui, celui qui emploie un galvanomètre est obligé de savoir l'équilibrer et le régler, en écartant diverses causes d'erreur ; s'il laisse sur la table, ou s'il porte sur lui-même quelques morceaux de fer, il n'aura pas le droit de dire que l'appareil le trompe.
— L'expérience de Galvani, qui devait prouver l'existence d'une nouvelle classe de phénomènes, à savoir l'« électricité animale », ne fut qu'une *illusion* ; car, pour pouvoir prouver les courants des nerfs et des muscles, il a fallu créer des appareils nouveaux. En appliquant les anciens, insuffisamment sensibles, on arrivait fatalement à cette conclusion que les courants des nerfs et des muscles n'existent pas.

Lorsqu'on a découvert l'*Hypnotisme*, il a fallu changer complètement la méthode d'observation physiologique pour ce domaine spécial. En appliquant la méthode du sens commun, les premiers critiques sont arrivés forcément à conclure que tout est *simulation*. — Aujourd'hui, nous savons qu'avec des sujets très sensibles il faut prendre garde non seulement à la suggestion involontairement exprimée, mais même à la suggestion mentale ; et que celui qui a un système préconçu dans sa tête, concernant par exemple certains états spéciaux, la polarité, l'hypno-phrénologie, etc., risque bien de le trouver *artificiellement* dans les réactions de son sujet.

Puisqu'on a découvert le *Médianisme*, encore plus inattendu que les catégories précédentes, il faut s'attendre, vu la complexité et l'étrangeté des phénomènes, à l'obligation de changer encore une fois les méthodes d'observation. Avec celle du sens commun de notre époque, en négligeant les conditions inhérentes à la nature intime des manifestations, on arrive nécessairement à conclure que tout est *fraude*.

Dans le médianisme supérieur il ne suffit pas d'observer, il faut aider à créer l'objet de l'observation. Le médium n'est pas un professeur qui nous expose son savoir — c'est un instrument; un instrument délicat, qu'il faut savoir équilibrer et régler, en écartant les influences étrangères qui pourraient vicier son fonctionnement. Sans cela, on n'a pas le droit de dire qu'il nous trompe.

§. VI. — Conclusions

1° Non seulement on n'a pas prouvé à Cambridge la fraude *consciente* chez E. P., mais on n'a même pas fait le moindre effort dans cette direction.

2° On a prouvé la fraude *inconsciente* dans des proportions beaucoup plus larges que dans toutes les expérimentations précédentes.

3° Ce résultat négatif est justifié par une méthode maladroite, peu conforme à la nature des phénomènes.

4° Le seul résultat positif de cette série d'expériences sera d'attirer l'attention des savants sur la question de la fraude, dans les phénomènes médianiques.

Julian Ochorowicz.

Varsovie, le 12 décembre 1895.

CHAPITRE X

LES EXPÉRIENCES DE L'AGNÉLAS EN SEPTEMBRE 1895

RAPPORT DE LA COMMISSION (1)

I

Une Commission s'est réunie chez M. le colonel de Rochas, à la villa de L'Agnélas, depuis le 20 septembre 1895 jusqu'au 29, pour y étudier les phénomènes produits par le célèbre médium napolitain Eusapia Paladino, qui avait été déjà l'objet d'observations et d'expériences du même ordre à Naples, à Rome, à Milan, à

(1) On remarquera la très grande ressemblance qui existe entre les considérations développées dans le présent rapport et l'article précédent de M. Ochorowicz, quoique ces deux documents aient été rédigés avant que leurs auteurs ne se fussent mis en communication. Nous laissons au lecteur le soin d'expliquer, à l'aide des observations de M. Ochorowicz, la plupart des mouvements suspects aux expérimentateurs de l'Agnélas qui ont eu trop peu de séances à leur disposition pour se faire une idée aussi nette de la psychologie du médium.

Varsovie, à Carqueirane, et, il y a peu de temps encore, à Cambridge, chez M. F.- W.- H. Myers.

La Commission était composée de :

MM. Le docteur Dariex, directeur des *Annales des Sciences psychiques* ;
Le comte Arnaud de Grammont docteur ès-sciences physiques ;
Maxwell, substitut du procureur général près la Cour d'appel de Limoges ;
Le l' colonel de Rochas, ancien élève de l'école polytechnique, membre honoraire du Comité des travaux historiques et scientifiques, près le Ministère de l'Instruction publique.
Sabatier, professeur de zoologie et anatomie comparées à la Faculté des sciences de Montpellier ;
Le baron C. de Watteville, licencié ès-sciences physiques et licencié en droit.

Trois membres de la famille de M. de Rochas ont pris part exceptionnellement à quelques expériences.

Avant de donner le compte-rendu des expériences faites en présence de la Commission ci-dessus, il est bon d'exposer quel a été le point de vue auquel se sont placés les observateurs, l'esprit qui a présidé à leur expérimentation, les dispositions mentales qu'ils y ont apportées, et enfin les garanties auxquelles ils ont eu recours pour assurer un contrôle suffisant et pour éviter les fraudes et les supercheries possibles tout en n'apportant pas un obstacle notable à la production des phénomènes.

Les membres de la Commission admettaient sans doute la *possibilité* des phénomènes dont Eusapia avait été l'auteur devant d'autres groupes de savants réunis pour les observer et qui avaient publié leurs observations. Mais aucun des membres de la Commission n'avait été le témoin des expériences antérieures faites sur Eusapia; et chacun d'eux était désireux de s'assurer si leur production correspondait à une réalité physiologique dépourvue de toute fraude, ou s'il fallait les rejeter comme entachées de supercherie et comme pouvant (toutes ou quelques-unes), trouver leur explication dans l'habileté et la ruse du sujet observé.

Nous parlons à dessein de *réalité physiologique*, car les membres de la Commission se sont placés, dans cette circonstance, tout à fait en dehors des préoccupations d'ordre occulte ou spirite, et ont voulu étudier les phénomènes peu ordinaires attribués à Eusapia et qui allaient être soumis à leur jugement, comme des faits purement psycho-physiologiques, peut-être d'une fréquence plus grande qu'on ne le pense ordinairement, mais présentant chez le sujet en question un degré extraordinaire de puissance dans leur manifestation.

Les membres de la Commission se sont trouvés en présence de plusieurs modes possibles de procéder; et ils ont dû choisir celui qui leur a paru le meilleur à tous égards.

On pouvait, en effet, manifester au médium de la confiance ou de la méfiance.

On pouvait lui tendre ostensiblement des pièges en relâchant la surveillance et le contrôle ;

On pouvait encore rendre le contrôle suffisamment rigoureux et capable de supprimer toute supercherie, ou bien exagérer les exigences du contrôle et le rendre extrêmement rigoureux et en quelque mesure surabondant.

Manifester au médium trop de méfiance, c'était évidemment agir d'une manière fâcheuse sur son état mental, et l'exposer à perdre une partie de ses moyens naturels ; lui témoigner trop de confiance, c'était l'exposer, pour peu qu'il en eût la pensée, à introduire la supercherie dans la production des phénomènes.

Relâcher le contrôle, c'était l'exposer aux mêmes tentations ; le rendre trop rigoureux, c'était peut-être aussi gêner les manifestations qui ne sont pas sans exiger de la part du sujet une certaine liberté de mouvements qui ne compromet en rien la valeur des résultats.

La Commission s'est laissée diriger dans la conduite et l'organisation des expériences par cette double considération et elle a cherché à associer d'une manière légitime et logique les exigences du sujet et celles des observateurs.

Quant au Sujet, la Commission a considéré qu'elle n'opérait pas sur un corps inerte, sur de la matière non sensible, mais sur un être à la fois physiologique et moral ; que le côté moral avait certainement sur le côté physiologique du sujet une influence très considérable et qu'il convenait, non seulement de laisser le sujet en possession de ses énergies, mais encore de les fortifier et de les accroître par des témoignages de confiance, de gratitude même, et par des procédés bienveillants. Un orateur voit ses moyens considérablement accrus par la sympathie de l'auditoire et il est souvent déprimé et comme paralysé par l'hostilité ou la mauvaise volonté de ceux qui l'écoutent ; et pourtant la valeur virtuelle de son talent oratoire n'en est pas changée. Un soldat, un artisan, un lutteur voient leur pouvoir grandir ou décroître selon que leur état moral est relevé ou déprimé. Tout autorise à penser que des influences semblables et d'autres encore, jouent un rôle important dans les phénomènes attribués à Eusapia.

Ne faut-il pas en effet tenir compte de la sensibilité morale et physiologique du sujet ? Dans le cas actuel, le médium est une femme, simple d'éducation, mais d'une grande fierté et d'une susceptibilité farouche qui s'offusque gravement du moindre signe de méfiance. Sa situation de médium *payé* (qui n'est pas sans l'humilier dans quelque mesure) est une circonstance bien faite pour aiguiser sa susceptibilité, pour la rendre ombrageuse, et peut-être aussi pour la pousser à obtenir par une voie quelconque des résultats attendus d'elle, et que des circonstances présentes l'empêchent de réaliser.

Eusapia est, en outre, un sensitif et, comme telle, elle est éminemment suggestible. Cette suggestibilité, qui s'accroît peut-être encore dans l'état de transe, peut avoir des conséquences psychologiques telles que la volonté du médium soit largement influencée par celle des expérimentateurs, par leurs désirs, par leurs soupçons, par leurs préventions. Un cercle d'expérimentateurs ne peut-il modifier la volonté et la puissance d'un médium très impressionnable et certainement impressionné ?

La Commission, obéissant à des considérations de cet ordre, s'est efforcée de supprimer dans une certaine mesure ces causes possibles d'insuccès.

Mais, d'un autre côté, s'il fallait respecter l'état moral du sujet, il ne convenait pas moins de donner au contrôle toutes les satisfactions exigées par une bonne observation. Il fallait donc supprimer toute possibilité de fraude ou de supercherie, et pour cela mettre le sujet dans l'impossibilité d'y avoir recours.

Cela était d'ailleurs d'autant plus nécessaire que la Commission n'ignorait pas que tout sujet, médium ou autre, appelé à produire des phénomènes qui exigent de sa part des efforts pénibles et parfois même douloureux, peut être tenté *consciemment* ou même *inconsciemment* d'avoir recours à des moyens plus faciles d'obtenir les résultats demandés. C'est là une disposition essentiellement humaine et naturelle, avec laquelle il faut d'autant plus compter que l'on se trouve (et c'était ici le cas) en présence de personnes, habituées dès longtemps à servir de sujets d'expérience, qui ont pu penser souvent aux moyens de faciliter leur tâche par la fraude et en faire l'essai. Il y a là des habitudes de penser et d'agir qui, prennent peu à peu place dans la manière d'être du sujet et qui peuvent aboutir avec le temps et la répétition à des tentatives inconscientes et presque innocentes de tromperie.

Cette considération a son importance, car elle peut conduire à des conclusions négatives un observateur qui n'y attache pas une attention suffisante. Surprendre un médium en tentative de supercherie ne suffit pas pour nier d'une manière absolue et sans appel la réalité des phénomènes.

A côté des essais de supercherie peuvent réellement exister les phénomènes sincères et positifs ; et quand on veut observer dans l'ordre de faits qui nous préoccupe, on est tenu de penser qu'un phénomène obtenu par voie illégitime peut se mêler parfois à des faits sérieux et dignes de crédit. Il importe donc que les observateurs cherchent à saisir, à côté des observations douteuses ou suspectes, des observations faites avec la netteté et la rigueur de la méthode scientifique.

Nous inspirant de ces considérations qui découlent logiquement de la nature à la fois physique, physiologique et morale du sujet à observer, la Commission a cru devoir adopter l'attitude morale et les précautions de contrôle que nous allons exposer.

La Commission a dit à Eusapia et par ses paroles et par ses actes.

« Vous êtes, nous le savons, le sujet de phénomènes très remarquables, qui ont été observés et contrôlés par des hommes de science d'une valeur telle que nous ne pouvons douter de leur témoignage. Nous sommes donc disposés à croire à la réalité des phénomènes que vous produisez. Ils nous intéressent au plus haut degré, et nous désirons en être les témoins. Nous vous serons donc très reconnaissants de les reproduire devant nous. Nous considérons comme un grand privilège que vous fassiez pour nous ce que vous avez déjà fait pour d'autres. Nous sommes des gens de bonne foi et prévenus en votre faveur; mais nous sommes aussi des hommes de science, qui observons non par vaine curiosité, mais pour connaître la vérité et pour la faire connaître aux autres. Le caractère étonnant et très frappant des faits que vous produisez aussi bien que le respect de la vérité, notre situation scientifique et le soin de notre dignité et de notre crédit, exigent que nous fassions nos observations dans toutes les conditions de contrôle nécessaires pour qu'on ne puisse pas nous objecter que nous avons observé superficiellement, que nous n'avons pas pris toutes les précautions nécessaires pour éviter toute fraude et toute erreur. Un contrôle modéré pourrait, à la rigueur, ne pas porter atteinte à notre conviction, et nous permettre de croire à votre pouvoir remarquable. Mais il ne saurait en être de même de nos lecteurs, de ceux auxquels nous ferons le récit de nos observations. Pour eux, encore plus que pour nous, il faut que toute objection possible soit supprimée, et que nous puissions entraîner leur conviction par la rigueur de notre contrôle. Sachez donc qu'en tout temps nous voulons prendre les précautions exigées par une bonne observation et que nous ne considérerons comme faits acquis que ceux pour lesquels vous aurez autorisé tous les moyens de contrôle désirables et nécessaires. »

Telle est l'attitude que nous avons sincèrement prise vis-à-vis de nous même et vis-à-vis d'Eusapia dès le début de nos expériences. La confiance en elle, nous nous sommes efforcés de la lui témoigner, non seulement pendant les séances, mais par les égards et les témoignages de considération que nous lui avons donnés pendant la durée des quelques jours qu'elle a passés au milieu de nous à l'Agnélas.

Cette attitude, nous l'avons eue très ouvertement et très incessamment vis-à-vis d'Eusapia, et nous ajoutons qu'à mesure que sa confiance et sa sérénité morale s'affermissaient par les témoignages bienveillants dont elle était l'objet, à mesure aussi s'accentuait son pouvoir de production des phénomènes psycho-physiologiques, quoique les moyens de contrôle devinssent plus rigoureux et qu'à la fin les probabilités de fraudes nous parussent complètement supprimées.

Nous aurons complété ce que nous avons à dire de notre attitude et de la conduite des expériences, en ajoutant que nous n'avons certes pas perdu de vue nos droits d'expérimentateurs, que notre attention était constamment éveillée sur une supercherie possible, et que dans bien des circonstances favorables, ainsi que nous le verrons plus loin, nous avons essayé de surprendre le médium en flagrant délit de fraude.

Nous devons enfin, avant de clore ces considérations préliminaires, dire d'une manière très expresse, qu'au milieu de toutes les expériences parfois complexes, d'une observation assez difficile et qui exigeaient le concours et le témoignage de plusieurs témoins, nous avons considéré comme une condition d'une importance capitale, d'obtenir une expérience simple, démonstrative, où le contrôle pût être parfait et extrêmement rigoureux, d'où tout soupçon de fraude pût être *entièrement* écarté, et que chacun de nous pût observer très nettement et très clairement pour *son propre compte, en dehors du concours des autres*, et dans toutes ces conditions de production. Cette expérience, celle du pèse lettre, qui est décrite à la page 320, nous l'avons obtenue; nous l'avons répétée plusieurs fois sous les yeux de plusieurs observateurs et nous n'avons pu trouver le moindre motif de douter de sa sincérité et de sa loyauté. La *certitude* de ce fait nous autorise au moins à conclure à la *possibilité des faits du même genre*, pour lequel le contrôle a été moins sûr.

Quant aux détails et aux conditions du contrôle, quant aux précautions prises pour assurer la sincérité des résultats, le récit que nous allons faire des séances les indiquera suffisamment. Ce récit n'est d'ailleurs que la reproduction des documents obtenus de la manière suivante :

Pendant le cours des expériences qui avaient lieu dans le salon de M. de Rochas à l'Agnélas, un membre de la Commission variable suivant les jours, et parfois même dans la même séance, était installé dans le vestibule précédant le salon dont la porte restait toujours plus ou moins entrebâillée. Le secrétaire, ne voyant rien de ce qui passait dans le lieu même des expériences, écrivait le récit qu'on lui faisait des phénomènes au fur et à mesure de leur production. On lui dictait les détails du phénomène ; on lui spécifiait les conditions dans lesquelles il se produisait, et les moyens de contrôle employés. Par là, tout était noté, séance tenante, et tout oubli sérieux, toute confusion étaient évités. Mais, comme quelques détails et les observations ou réflexions personnelles des divers observateurs pouvaient être négligés dans un récit que la succession parfois *rapide* des phénomènes rendait nécessairement laconique, une fois la séance terminée, les notes ainsi recueillies étaient lues devant les expérimentateurs qui étaient appelés à signaler oralement les détails ou observations notés spécialement par eux. Ces corrections ou additions étaient soigneusement notées, et immédiatement un procès-verbal complet était rédigé, dans la nuit même, par le secrétaire aidé de ces documents. Ce procès-verbal était, le lendemain matin, communiqué à chacun des membres de la Commission qui le lisait en particulier et qui ajoutait en marge ses observations ou réflexions personnelles et les additions ou corrections qui lui paraissaient désirables. Lecture était ensuite donnée de tous ces documents devant la Commission réunie, qui arrêtait une rédaction définitive.

Nous espérons, par cet ensemble de précautions, avoir assuré, autant que possible, la sincérité et la valeur du récit qui va suivre.

II

Il y a eu six séances d'expérimentation qui ont duré de deux à trois heures chacune, sauf une, l'avant-dernière, qui n'a duré qu'une demi-heure environ. Ces séances ont eu lieu le soir à 8 heures et demi ou 9 heures, dans le salon de la maison de campagne de M. de Rochas. Cette maison est située à l'Agnélas, à 3 kilomètres environ de Voiron (Isère). Elle est isolée de tout autre habitation par des distances de plusieurs centaines de mètres, et située dans l'aire d'un espace clos de toute part. Eusapia était arrivée à l'Agnélas le 21 septembre. Elle venait de Paris où elle s'était arrêtée quelques jours en revenant de Cambridge où avaient eu lieu des expériences. Elle n'avait avec elle *aucun compagnon* autre que le Dr Dariex, membre de la Commission, qui s'était chargé de la conduire de Paris à l'Agnélas. Elle n'amenait donc avec elle aucune personne que l'on pût soupçonner de lui servir de compère.

La première séance eut lieu, le 22 septembre, en présence seulement de MM. de Rochas, Dariex et de Watteville. La seconde eut lieu, le 23 septembre, en présence des trois observateurs précédents auxquels s'étaient ajoutés M. le professeur Sabatier et M. Maxwell arrivés dans la journée.

Ces deux séances, qui donnèrent des résultats très intéressants et déjà fort encourageants, ne furent point fixées dans des procès-verbaux, attendu que la Commission n'était pas complète. Néanmoins, elles eurent leur utilité pour le règlement du mode de procéder et de contrôler.

La planche VI donne la reproduction de deux photographies prises au magnésium pendant la seconde de ces séances préliminaires. Elle montre Eusapia en transe et indique comment le contrôle fût, le plus souvent organisé, quand Eusapia était assise. Le premier contrôleur lui tenait la main droite ; le deuxième, la main gauche ; le troisième, assis sur un petit tabouret, serrait entre ses jambes, les jambes d'Eusapia, lui tenant les pieds déchaussés avec sa main gauche, et contrôlait les mouvements du buste.

Dans le dessin du haut, le 4ᵉ expérimentateur qui fermait la chaîne, s'est retiré pour laisser voir le médium ; dans le dessin du bas, la table elle-même a été enlevée pour permettre de voir comment était fait le contrôle des pieds.

Le 25, la Commission s'étant complétée par l'arrivée du comte de Gramont, les expériences furent reprises et donnèrent les résultats dont suit l'exposé.

III

3ᵉ SÉANCE. — 25 SEPTEMBRE 1895

La séance est ouverte à 8 heures et demie. Les expérimentateurs prennent place autour d'une table de cuisine en bois blanc, simple, à quatre pieds, dont le tiroir a été enlevé ; les quatre pieds, *droits*, sont facilement observables dans toute leur longueur. Cette table, de forme rectangulaire, mesure 0^m,80 de longueur sur 0^m,55 de largeur et 0^m,75 de hauteur ; elle pèse 10 ki-

ORGANISATION DU CONTROLE

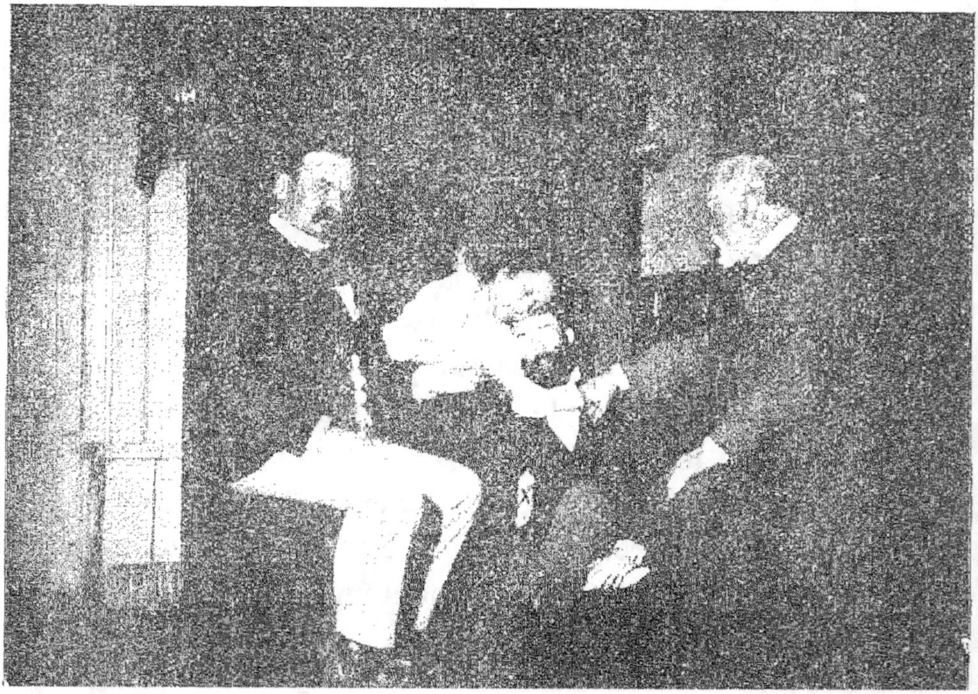

Pl. VI, p. 276   L'Agnélas, 1895

logrammes. Elle est placée au-devant d'une fenêtre pourvue de deux paires de rideaux. La première est en reps de laine rouge très épais, très lourd et très résistant,

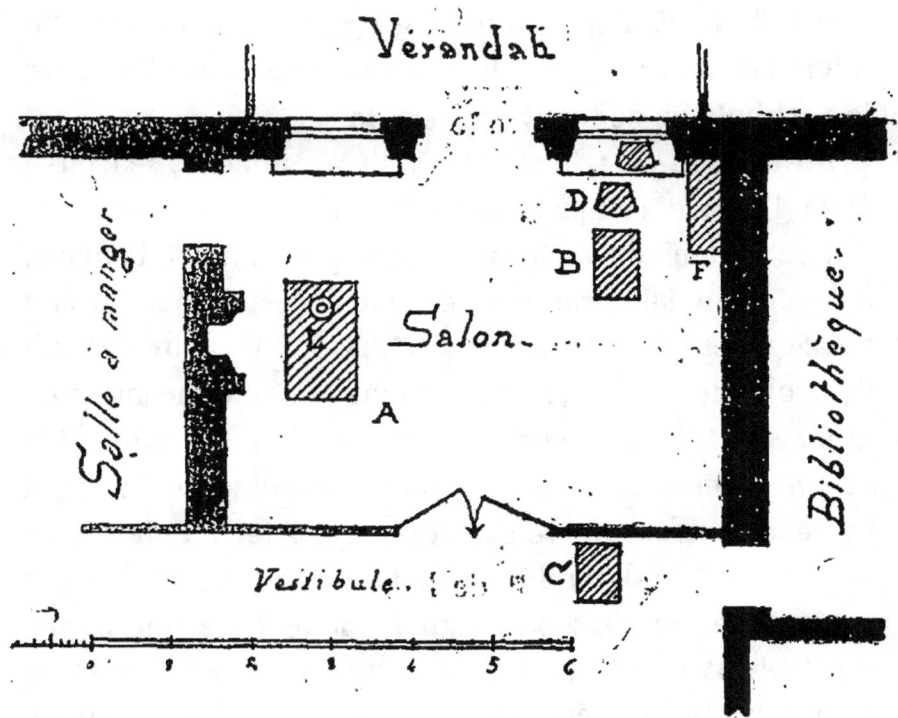

A. Table sur laquelle repose la lampe L. au début des expériences.
B. Table légère servant aux expériences.
C. Table du secrétaire dans le vestibule.
D. Chaise d'Eusapia. Dans l'embrasure de la fenêtre et derrière les rideaux se trouve le fauteuil sur lequel on plaçait les petits objets devant servir aux expériences.
F. Bahut.

doublé d'une solide étoffe blanche et portant une frange de pendeloques en bois, dures et pesantes ; leur maniement et leur soulèvement exigent un effort notable ; derrière ces rideaux s'en trouvent d'autres en guipure blanche, plus légers et plus souples. Les rideaux étaient dégagés de leurs embrasses, libres et suffisamment entrebâillés pour laisser apercevoir les volets intérieurs pleins qui sont soigneusement et solidement fermés, de telle sorte que toute communication avec le dehors est impossible. D'ailleurs, toutes les portes et fenêtres du salon sont fermées, sauf la porte de communication avec le vestibule où se trouve le secrétaire.

Un fauteuil vide, lourd et massif, à roulettes, se trouve dans l'espace compris entre les rideaux et la fenêtre. Sur ce fauteuil on a déposé un petit piano, jouet d'enfant, du poids de 900 grammes et dont le clavier comprend douze notes. Ce petit piano a $0^m,34$ de longueur, $0^m,205$ de profondeur et $0^m,11$ de hauteur. Cet enfoncement de la fenêtre *très soigneusement examiné* ne renferme *rien de plus*. On peut d'ailleurs, pour l'intelligence de ce qui précède et de ce qui va suivre, se reporter au plan de la p. 277. A $2^m,50$ ou 3^m de la table des expériences se trouve une grande table A sur laquelle il y a une lampe à pétrole avec abat-jour de mousseline blanche, claire et transparente, et éclairant bien la pièce. Dans l'angle du salon, voisin de la première table, se trouve un bahut F.

Le médium s'assied à l'un des bouts de la table, sur une chaise dont le dossier se trouve devant la ligne de jonction des deux paires de rideaux.

A ce moment l'éclairage de la pièce est donné par la lumière de la lampe à pétrole placée à 2 ou 3 mètres des observateurs ; la flamme en a été légèrement abaissée, mais on y voit très distinctement, et assez bien pour lire un livre à petits caractères ; la lumière permet de se rendre un compte exact du moindre mouvement du médium et des assistants. Le médium est vêtu d'une robe noire plate très simple qui dessine exactement ses formes. M. Sabatier s'assied à droite du médium et tient de la main gauche la main droite de celui-ci ; M. Maxwell s'assied à la gauche du médium et sa main droite tient la main gauche de celui-ci ; M. de Gramont prend place en face du médium, à l'autre extrémité de la table. Les mains du médium étaient embrassées par celles des observateurs de manière à ne pouvoir leur échapper. Le Dr Dariex s'est placé à droite du médium ; il est presque couché sur le parquet, accoudé seulement sur un tabouret bas, au coin de droite de la table, surveillant ce qui se passe au-dessous. De cette position tout particulièrement favorable pour cette inspection, le Dr Dariex voit parfaitement le milieu de la table et les genoux du médium ; il voyait très clairement trois des pieds de la table en entier ; l'extrémité inférieure du quatrième pied, masquée pour lui par la robe d'Eusapia, était surveillée par M. Maxwell. Les mains d'Eusapia séparées l'une de l'autre, et celles des observateurs qui les tiennent sont posées au-dessus de la table sans rapport avec les bords mêmes de la table. Le médium entre « en transe », gémit, se tord, paraît souffrir de douleurs analogues à celles de l'accouchement. La lumière est affaiblie graduellement, sur la demande d'Eusapia, à mesure que sa transe s'accentue, jusqu'au moment où l'œil habitué ne distingue plus que la silhouette des objets. A ce moment, la table, après s'être inclinée en s'élevant des deux pieds du côté gauche du médium, s'est élevée rapidement à

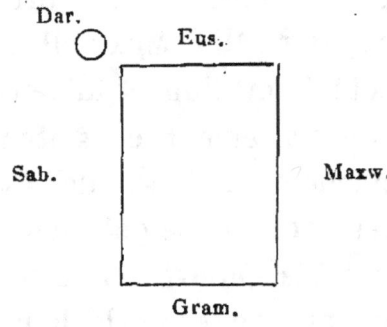

0^m,30 au moins au-dessus du sol, *horizontalement*, les quatre pieds étant simultanément détachés du sol. Cette position se maintient pendant au moins trois secondes ; puis la table retombe brusquement. Pendant qu'elle est en l'air, MM. Maxwell et Sabatier, situés chacun d'un côté du médium et lui tenant chacun une main qui se voit très clairement, constatent que les mains, placées simplement au-dessus de la table, n'en saisissent nullement les bords, et se détachent même parfois de la surface de la table soulevée ; ils constatent aussi *de visu*, en se penchant, que les pieds de la table, voisins du médium, sont entièrement libres de tout contact avec ce dernier. M. Dariex, placé en observation au-dessous de la table, comme il a été dit ci-dessus, affirme que les genoux du médium sont restés immobiles et qu'aucune jambe n'a été avancée pour soulever la table par en-dessous et la maintenir ainsi en lévitation. Le même phénomène se reproduit encore une fois dans des conditions semblables. M. Sabatier en profite pour passer sa main droite restée libre le long des jambes du médium, et constate qu'il n'y a aucun déplacement de ses jambes et aucun contact avec la table soulevée.

Il faut également noter que pendant cette première partie des expériences et pendant les premières lévitations de la table, le médium avait placé son pied droit chaussé sur le pied gauche de M. Sabatier et son pied gauche également chaussé sur le pied droit de M. Maxwell. L'un et l'autre ont pu sentir le contact continu des pieds du médium et les *voir directement* ; et ils ont constaté qu'il n'y avait pas eu de mouvement des pieds capable d'expliquer le soulèvement de la table. Voici comment M. Sabatier s'assurait de la main droite du sujet : il la tenait avec la main gauche, le pouce et l'index formant un anneau qui embrassait l'articulation du poignet et les trois autres doigts serrant les doigts d'Eusapia et étant serrés par elle. Pendant toute la période de la séance où M. Sabatier a tenu la main du médium, il affirme que cette main ne l'a pas quitté, et que c'est bien toujours la main droite du médium, et *elle seule*, qui a été en contact avec lui : il n'y a pour lui pas d'erreur possible à cet égard.

A ce moment le Dr Dariex passe à gauche du médium et s'assied sur un tabouret bas de 0^m,20 de hauteur. Sur la demande du médium, la lumière est abaissée ; les pieds et les mains du médium sont contrôlés comme précédemment.

Il est à noter, quant à la main gauche du côté de M. Maxwell, que c'est Eusapia qui *tient* la main de M. Maxwell ; elle entrelace quelquefois ses doigts dans ceux de M. Maxwell et insiste parfois pour que le contact soit assuré de cette manière ; le pouce d'Eusapia s'oppose aux autres doigts, et la pression est très forte. C'est donc Eusapia *qui tient* la main de M. Maxwell, mais le contact est toujours donné par la face palmaire de la main d'Eusapia. La position du pouce est observée soigneusement par M. Maxwell dont l'attention a été attirée sur ce point ; il a toujours l'impression d'être serré par une main gauche ; le pouce est toujours replié, la main toujours la paume en-dessous ; l'ongle du pouce d'Eusapia fait fortement sentir sa pression par la tranche. Quand un phénomène se produit, la pression de la main d'Eusapia est très forte.

Le Dr Dariex pose sa main droite sur les deux genoux rapprochés du médium et sa main gauche à plat sur la face dorsale des pieds également rapprochés de ce dernier. Dans ces conditions, la table, après quelques oscillations, s'est mise en lévitation horizontale, les quatre pieds de la table étant à $0^m,25$ ou $0^m,30$ du sol. Rien de suspect n'a été observé. A ce moment, sur la demande du médium, la lampe est emportée dans la pièce voisine (vestibule) ; elle n'éclaire plus qu'à travers la porte entrebâillée et par réflexion, mais cependant avec une lumière suffisante pour qu'on distingue les mains et la figure du médium et qu'on puisse en suivre les mouvements. Même contrôle pour les mains et les pieds fait par MM. Sabatier, Maxwell et Dariex. Le fauteuil, situé derrière le rideau, est déplacé avec bruit. A ce moment, trois notes successives du piano, vivement frappées, se font entendre. Le pied gauche du médium, appuyé sur le pied droit de M. Maxwell et tenu (ainsi d'ailleurs que le droit) par le Dr Dariex, produit des mouvements correspondant aux coups frappés sur le piano, mais ne constituant certes pas un déplacement notable du pied, capable d'atteindre le piano placé en arrière du médium et sur le siège du fauteuil. On ne peut d'ailleurs constater aucun lien ou moyen de communication tangible entre aucune partie du médium et le piano.

A 8 h. 3/4, le Dr Dariex, sur la demande du médium, revient à la droite de celui-ci. Il s'assied sur le petit tabouret bas, dans l'angle formé par le médium et M. Sabatier. Eusapia place alors ses deux jambes entre celles du Dr Dariex et appuie ses deux pieds sur le tabouret. En outre, le bras droit et la main droite de M. Dariex maintiennent le genou et les cuisses. Dans cette position, les pieds, les jambes, les genoux, les cuisses du médium sont continuellement contrôlés ; leur contact est constant et l'on peut se rendre compte du moindre mouvement des membres inférieurs du médium qui sont dans l'impossibilité de se dégager. Cette position des jambes ne changera pas jusqu'à la fin de la séance. Tout en la conservant, le médium repose sa tête sur la tête de M. Dariex ; et celui-ci peut encore participer au contrôle du bras droit et de la main droite, en enroulant son bras gauche autour du bras d'Eusapia de telle manière que le pli du coude de M. Dariex embrasse la partie inférieure du bras d'Eusapia, que l'avant-bras de M. Dariex soit en contact avec l'avant-bras du médium, et que sa main repose sur la face dorsale du poignet du médium ; en outre, par l'extrémité de ses doigts, M. Dariex touche la main de M. Sabatier qui tient, comme il a été dit ci-dessus, la main droite d'Eusapia. En résumé, M. Dariex tenait le médium de manière à être sûr des membres inférieurs, du bras droit et du poignet droit, qui ne quittaient pas la table, et de la tête, qui ne quittait pas la sienne. M. Maxwell tient toujours la main gauche, comme il a été dit ci-dessus ; M. Sabatier la main droite d'une manière très ferme. Le médium se plaint de la lumière ; la porte est fermée presque complètement, d'où il résulte une obscurité assez prononcée pour qu'on ne puisse distinguer que les objets volumineux ou de couleur blanche.

Le fauteuil qui se trouve derrière les rideaux est déplacé vivement, ainsi qu'on en peut juger par un bruit de roulement intense. Le rideau se gonfle à environ $0^m,95$ au-dessus de la tête d'Eusapia ; il est violemment déplacé et projeté sur la table ; il frotte contre la figure de M. Maxwell, qui a la sensation d'un corps dur frottant le rideau sur sa figure. M. Maxwell reçoit trois coups nettement localisés sur le côté droit de la poitrine ; toujours dans les mêmes conditions, le pied du fauteuil frappe trois coups violents ; on entend une série de notes jouées vivement sur le piano ; celui-ci passe sur la tête de M. Maxwell et est apporté sur la table. M. de Gramont a vu un objet blanc ayant l'apparence du rideau blanc de dessous et paraissant accompagner l'objet dans son transport ; il a vu le piano se déplacer lentement et se balancer en passant entre Eusapia et M. Maxwell, comme si une main le tenait, enveloppée dans la doublure du rideau, puis, au bout de quelques secondes, se poser au milieu de la table. M. Sabatier a également vu, par ses touches blanches, le piano se poser tranquillement sur la table. M. Dariex, absorbé par le contrôle des pieds du médium, était placé de telle sorte qu'il ne pouvait rien voir de ce qui se passait au-dessus de la table, mais il a entendu le piano se poser. M. Maxwell a eu l'impression suivante : une fois le petit piano placé sur la table, il voit un objet blanc de la forme vague d'une main, se détachant dans l'obscurité et se retirant assez rapidement pour entrer dans l'embrasure de la fenêtre. Est-ce le rideau blanc ? M. Maxwell ne le croit pas. Pendant ce temps la main de M. Maxwell est maintenue immobile par celle d'Eusapia et est restée, avec celle-ci, appuyée sur la table.

9 heures. — M. Sabatier tient bien la main droite d'Eusapia. M. Maxwell contrôle la main et le genou gauche d'Eusapia en ce sens qu'Eusapia appuie fortement la main droite de M. Maxwell sur sa cuisse gauche, M. Maxwell, s'assure, en remontant de la main au bras et au cou, que c'est bien la main gauche d'Eusapia qu'il tient. Cette constatation est faite à deux reprises. Quoi-

que la lampe fût enlevée et que la lumière ne parvint que faiblement à travers une ouverture de la porte, le Dr Dariex voit la tête du médium et peut en distinguer les mouvements. Dans ces conditions, les pieds de la table se soulèvent et frappent trois coups violents : les mains, la tête et les membres inférieurs d'Eusapia n'ont pas bougé ; puis le fauteuil remue également trois fois. M. Maxwell s'assure, comme précédemment, que c'est bien sur la cuisse gauche d'Eusapia, près du genou, et en contact également avec la cuisse droite que se trouvent sa main et celle d'Eusapia. Après les mouvements du fauteuil, M. Maxwell, qui n'a pas perdu le contact de la main d'Eusapia (Eusapia a son pouce engagé entre les doigts auriculaire et annulaire de la main droite de M. Maxwell) remonte en suivant le bras gauche jusqu'à l'épaule gauche et au cou d'Eusapia ; il constate ainsi que c'est bien la main gauche qu'il tenait ; M. Sabatier est sûr d'avoir bien tenu la main *droite*.

9 h. 10′. — Les conditions du contrôle restent exactement les mêmes.

M. Maxwell éprouve dans le dos la sensation d'une main le touchant d'un coup sec et brusque, comme si les doigts étaient écartés et présentés par la pointe. Il n'a nullement la sensation d'un bras passant derrière lui.

Le Dr Dariex a la tête saisie par une main entière qui s'applique sur elle et en embrasse le sommet avec les cinq doigts écartés dont la sensation est très nette. Il ne peut pas établir de différence entre cette sensation et celle que produirait la main même du médium.

Les observateurs, interrogés à deux reprises, disent être sûrs des mains du médium.

Le Dr Dariex déclare le contrôle parfait de sa part en ce qui concerne les membres inférieurs, la tête et le bras droit du médium.

M. Sabatier est fortement pincé à l'épaule gauche ; le moignon de l'épaule est nettement et vivement saisi et pincé à deux reprises successives, comme par une main. Dans tous ces cas de pression ou de pincement, l'action est vive, directe, et, quoiqu'il y ait obscurité, il n'y a aucun signe d'hésitation ou de recherche. MM. Dariex, Maxwell et Sabatier sont saisis avec décision et nettement.

M. Maxwell sent le rideau qui vient toucher sa main. Le Dr Dariex se dit toujours placé de manière à contrôler les jambes, les pieds, la tête et le bras droit. M. Sabatier est assuré de la main droite ; M. Maxwell dit que le contrôle de la main gauche est également assuré.

A ce moment, M. Maxwell, se sentant fatigué, invite M. de Rochas à venir prendre part à la chaîne qui avait été établie précédemment entre le médium, M. Sabatier, M. Maxwell et M. de Gramont. M. de Rochas se place à gauche de M. Maxwell, entre lui et M. de Gramont. Les conditions de contrôle du médium restant les mêmes, le piano, qui était resté sur la table, se soulève et frappe un coup violent, comme s'il avait été vivement projeté sur la table par un bras vigoureux. Le contrôle se continuant dans les mêmes conditions, le piano resté sur la table joue alors un air de 10 à 12 notes représentant un thème simple répété, comme celui de : *Au clair de la lune, mon ami Pierrot*. M. de Gramont *voit* les touches s'agiter sans qu'une main paraisse agir sur elles. Puis le piano se soulève, se balance et vient se placer sur la main gauche de M. Dariex qui, étant placé à droite du médium, enlace le bras droit de celui-ci avec son bras gauche et atteint par l'extrémité de ses doigts gauches le cou du médium. Le piano s'est donc transporté sur la main gauche de M. Dariex et sur le cou d'Eusapia. Le contrôle ne révèle aucun mouvement des membres inférieurs, des membres supérieurs et de la tête d'Eusapia. En outre, le dessus de la table est suffisamment éclairé pour qu'on puisse apercevoir les notes blanches du piano ; et, malgré l'attention la plus vive des observateurs, aucune main ni aucun corps étranger n'est aperçu tapant sur les notes du piano, ou saisissant et transportant ce dernier.

Sur la demande du médium, M. Sabatier change de place avec M. de Gramont, qui passe à la droite du sujet pour tenir sa main droite. M. Sabatier se place à droite de M. de Gramont sur le grand côté de la table ; sa main gauche est en contact, sur la table, avec la main droite de M. de Gramont, pour faire la chaîne ; et sa main droite avec la main 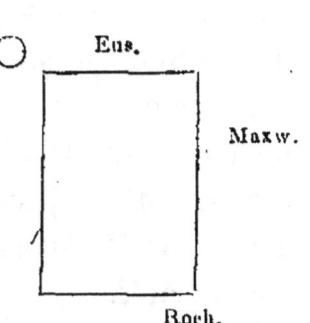 gauche de M. de Rochas, qui est lui-même en contact avec M. Maxwell. Il est à noter que le sujet, qui avait exécuté les premiers phénomènes sans qu'eût été formée une *chaîne* de personnes ayant ses deux mains comme point de départ et d'arrivée, a demandé à plusieurs reprises à ce qu'on lui donnât de la force en faisant la chaîne. Elle dit à certains moments qu'elle sent comme un fluide lui arriver du côté de M. Maxwell d'abord, et plus tard de M. de Rochas, quand celui-ci aura remplacé M. Maxwell, qui se dit lui-même *très épuisé.*

M. de Gramont tient la main droite du médium avec sa main gauche, la face palmaire en haut ; celle du médium est en-dessus mais n'a *jamais cessé* d'être serrée entre le pouce et les autres doigts de la main gauche de M. de Gramont, pendant *tout le temps* que celui-ci a été assis à côté d'Eusapia. M. Maxwell déclare aussi, à ce moment, que le contrôle de la main de son côté est incontestable. Celui de M. Dariex continue à être complet pour les membres inférieurs saisis entre ses jambes et contrôlés en outre par sa main droite, et pour la tête appuyée à la fois sur son épaule et sur celle de M. de Gramont (1).

A ce moment, M. de Gramont, qui tient la main droite du médium, sent son habit tiré comme par une main qui en aurait saisi le revers droit, c'est-à-dire celui des deux qui est le *plus éloigné* du médium.

Le piano frappe un coup sur la tête et l'épaule droite de M. de Gramont. Une série de notes résonnent. M. de Gramont lâche promptement de la main droite la main gauche de M. Sabatier et cherche à saisir la main ou le corps matériel qui joue de l'instrument, mais sans résultat. M. de Gramont dit alors qu'il est sûr de la tête et de la main droite du médium. M. Maxwell répond de la main gauche. Les membres inférieurs continuent à être tenus par M. Dariex avec la même rigueur et la même certitude.

Eusapia porte à *deux centimètres* au-dessus de sa tête sa main accompagnée par celle de M. de Gramont qui la

---

(1) Eusapia avait demandé à appuyer sa tête contre celle de M. de Gramont comme contrôle.

tient toujours. Celui-ci a l'impression nette d'un courant froid s'échappant des cheveux du médium et qui est semblable à celui qu'on ressent près d'une machine électrostatique à influence.

9 h. 45'. — Les conditions de situation et de contrôle restent les mêmes. Mais, sur la demande d'Eusapia, la lumière a été diminuée, l'ouverture de la porte du vestibule ayant été réduite à une fente étroite. On n'aperçoit que les objets *blancs*, tels que les touches et le dessous en bois blanc du piano, lorsqu'il est renversé.

M. Sabatier a senti le piano s'élever en l'air en lui frôlant l'extrémité de l'index qu'il avait laissé au-dessus de la table, à proximité du piano.

M. de Gramont a l'impression que le piano, *sans poids*, repose à peine sur sa main pendant plusieurs secondes. Dans cette position, le piano joue quelques notes. M. de Gramont le repousse sur la table. Il se sent touché au bras gauche. Sa manche est tirée à deux reprises doucement, avec précaution, comme avec deux doigts, à la partie antérieure du bras.

M. Dariex est sûr que le phénomène n'a pas été produit par la tête du médium qui était maintenue, à 0^m,50 du bras de M. de Gramont, par sa main gauche à lui qui étreignait la nuque. En outre, la tête d'Eusapia repose sur celle de M. Dariex tandis que celle de M. Gramont repose sur celle d'Eusapia, dont la tête est, par conséquent, doublement contrôlée. Le Dr Dariex tient du reste étroitement enlacés les genoux et les pieds du médium. MM. de Gramont et Maxwell sont sûrs de bien tenir chacun la main de leur côté.

Le Dr Dariex est touché au nez, comme par des doigts qui lui caressent ensuite la barbe et le menton. M. Maxwell est pincé légèrement et chatouillé sous l'aisselle droite. Le rideau s'est approché de M. Maxwell, mais la sensation éprouvée a été semblable à celle que produirait une main pinçant légèrement.

Le fauteuil lourd, situé derrière le rideau, vient heurter vivement, à plusieurs reprises, la chaise de M. Maxwell. Celui-ci constate qu'au moment de la production du phénomène, la main gauche d'Eusapia, qu'il tenait, est glacée. Eusapia a agité la main pendant les mouvements du fauteuil, et synchroniquement avec eux. Mais M. Maxwell a tenu toujours la main d'Eusapia et l'a sentie devenir *très froide*. La chaleur est assez rapidement revenue. M. Maxwell, au moment où il a senti la température de la main s'abaisser, a serré avec le pouce la main d'Eusapia. Il est *très sûr* que c'est la main gauche qu'il tenait qui est redevenue chaude ; il affirme que le contrôle de la main a été très bon. M. de Gramont est sûr de la main droite, et M. Dariex des membres inférieurs, de la tête et du bras droit.

Le piano se soulève et se pose sur la main de M. de Gramont, et, sans exercer de poids notable, joue quelques notes. Les mains d'Eusapia sont bien tenues comme précédemment. Le Dr Dariex est sûr de la tête du médium sur laquelle repose la sienne. D'ailleurs, le bras gauche de M. Dariex enlaçant le bras droit d'Eusapia, la main correspondante du docteur est placée sur le cou et la nuque d'Eusapia, dont la tête est ainsi fixée entre la tête de M. Dariex et sa main gauche. En même temps la tête de M. Dariex repose sur le bras droit d'Eusapia ; le docteur est, en outre, sûr des jambes et des pieds qu'il tient enserrés entre ses jambes tandis que son bras et sa main droite, appuyés sur les genoux et les cuisses d'Eusapia, achèvent d'immobiliser parfaitement les membres inférieurs de celle-ci.

Dans ces conditions, le piano est transporté sur la tête du Dr Dariex, puis il retombe sur la table. Le contrôle est déclaré excellent par tous les observateurs, chacun pour la part qui lui revient.

Le piano est revenu sur la table; il est visible à cause de sa couleur blanche. Eusapia penche la tête en avant pour souffler sur le piano; le piano se déplace comme mu par ce souffle.

La main de M. de Gramont est élevée par la main d'Eusapia qui la lui tient au-dessus de sa tête. Aussitôt le rideau, quoique éloigné de cette main, s'agite au-dessus de la tête du médium. Cette même main de M. de Gramont est touchée au quatrième et au cinquième doigt par une autre main donnant l'impression d'une main de femme.

M. de Rochas prend la place de M. Maxwell, à la gauche du sujet, M. Maxwell prenant la place de M. de Rochas à la gauche de celui-ci, M. de Rochas prend la main gauche du médium. M. de Gramont continue à tenir la main droite. Le médium se lève debout. Le Dr Dariex tient à pleine main la face dorsale des pieds, chacune de ses mains saisissant un pied. En outre, les jambes étaient enserrées entre le bras, l'épaule et la tête du Dr Dariex et par conséquent bien contrôlées. Eusapia, après avoir soulevé au-dessus du piano la main de M. de Gramont qui tenait sa main droite, et après avoir ensuite lâché

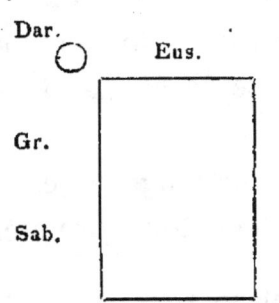

celle-ci pour chercher son mouchoir dans sa poche, s'en sert pour essuyer la sueur qui inondait son visage. Elle remet son mouchoir à sa place antérieure, et elle s'incline à droite vers M. de Gramont pour poser sa tête sur la sienne. La main droite du médium est reprise par M. de Gramont.

A ce moment les rideaux rouges et blancs du côté gauche du médium sont projetés *violemment* de manière à recouvrir une partie de la table ainsi que la tête et l'épaule droite de M. de Gramont, du côté de M. Sabatier. On redouble de vigilance quant au contrôle. Les mains, les pieds sont bien tenus comme ci dessus. Le médium, de plus en plus en transe, geint, se tord, puis repousse du corps, vers la gauche et un peu en arrière, la chaise sur laquelle il est assis. Cette chaise pesant $2^{kil},500$ s'est élevée *lentement*, en passant à la gauche de sa tête et au-dessus de son épaule gauche ; elle s'est portée en avant, en basculant, de manière à se renverser, le dossier en bas, le siège et les pieds en haut, et est venue se placer, avec une douceur remarquable de mouvements, le siège sur le bras et l'avant-bras droit de M. de Gramont, et la traverse supérieure du dossier sur les genoux de M. Sabatier placé à droite de M. de Gramont (1).

Les rideaux sont de nouveau fortement agités ; ceux de droite, restés à leur place, sont à leur tour projetés

(1) Il convient de mentionner que, quelque temps avant le fait du soulèvement de la chaise et de sa projection sur M. Sabatier et sur M. de Gramont, Eusapia avait fait remplacer la lourde chaise de velours et acajou sur laquelle elle était assise, par une chaise cannée légère. On peut supposer que le médium, ayant l'intention de produire le phénomène d'une manière quelconque, a voulu diminuer l'effort à dépenser.

PL. VII, p. 293

L'Agnélas, 1895

TRANSPORT
DEVANT LE MÉDIUM
D'OBJETS PLACÉS
DERRIÈRE LUI

Contrôleurs :

Vu de profil :
  M. Maxwell.

Vu de face :
  C^{el} de Rochas.

Le bras sous la chaise :
  Cte de Gramont.

Derrière le rideau :
  Le Dr Dariex.

Le médium Eusapia est complètement caché par le rideau.

violemment de manière à venir recouvrir la tête et
l'épaule droite de M. de Gramont. M. de Gramont se
sent touché à la tête à travers les rideaux qui continuent
à s'agiter. On apporte alors la lumière pour se rendre
compte des situations et de l'état du contrôle. En outre,
une photographie est prise au magnésium (Planche
VII) ; M. Sabatier qui, par sa position à droite de
M. de Gramont, masquait presque tout l'ensemble, est
seul écarté ; les autres personnes conservent *rigoureusement* leurs positions. A la lumière, on constate l'état
du contrôle, qui est excellent. Aucun artifice ou truc
n'est découvert ; les membres sont parfaitement tenus.
La tête, précédemment contrôlée par M. de Gramont et
par le Dr Dariex, a échappé au contrôle direct, le médium s'étant levé debout, mais le contrôle indirect, ou
par continuité des bras et des jambes, n'a révélé aucun
mouvement général et important du tronc et de la tête.
Il est aisé de comprendre combien eût dû être considérable un déplacement de la tête et du tronc, qui eût permis au médium debout, d'aller saisir avec la bouche la
chaise située en arrière et à sa gauche, pour la transporter par-dessus la table, de l'autre côté de la table et en
avant. Les mouvements violents et la projection des rideaux en avant eussent exigé, de la part du médium, des
mouvements violents et très étendus de la tête et du tronc
qui n'eussent pu échapper aux observateurs chargés du
contrôle des mains et des membres inférieurs. Or, ces observateurs n'ont rien constaté qui leur permît de soupçonner des mouvements de la tête et du tronc du médium.

Comme remarque générale, il est important de noter
qu'Eusapia, presque toujours, a annoncé les phénomènes

au moment où ils allaient commencer à se produire, et que par là elle facilitait singulièrement la surveillance et le contrôle.

En outre, elle paraissait pendant tout le temps de l'expérience, dans un état de transe douloureux et pénible qui se traduisait par des soupirs, des gémissements, une toux nerveuse, une transpiration abondante. Quand un phénomène allait se produire, les gémissements redoublaient et on sentait en elle un état d'effort et de tension considérables. Dès que le phénomène cessait, elle retombait inerte et comme épuisée par la dépense de force qu'elle avait dû faire.

Il faut également noter qu'Eusapia *esquisse* généralement les mouvements de ses membres qui sont censés devoir produire le phénomène. Mais elle les esquisse seulement par des mouvements de faible amplitude, incapables d'atteindre les objets qui sont remués et transportés. Il y a là quelque chose qui rappelle les mouvements synergiques que l'on produit instinctivement lorsqu'on observe et que l'on veut aider un homme faisant un très grand effort. Ainsi, quand Eusapia veut attirer et mettre en mouvement un fauteuil placé dans son voisinage, elle porte un peu la main, ou mieux le poing fermé, du côté du fauteuil, et le retire ensuite, comme pour tirer le fauteuil à l'aide d'un lien matériel. Dans aucun cas, ce lien matériel n'a pu être ni saisi, ni même soupçonné par les observateurs.

Notons que, dans le cours des expériences, Eusapia a quitté un moment la main de l'observateur de droite pour toucher le piano qui était sur la table ; mais elle en a prévenu les expérimentateurs et a ajouté qu'elle procédait ainsi pour bien savoir *où elle devait agir*.

4° SÉANCE. — 27 SEPTEMBRE

La séance commence à 8 h. 58′.

La table, de 10 kilogrammes, est à la même place que lors de la précédente séance. Le fauteuil est derrière la table, dans l'embrasure de la fenêtre et le petit piano est sur le siège du fauteuil. Eusapia prend la même position, assise sur une chaise.

M. Sabatier tient la main droite du médium :

M. Maxwell tient la main gauche :

Le Dr Dariex est assis par terre à la droite d'Eusapia :

Le colonel de Rochas et son fils Charles sont à l'autre extrémité de la table et font la chaîne avec M. Sabatier, Eusapia et M. Maxwell. Il y a une bonne lumière produite par une lampe à pétrole placée sur une table voisine.

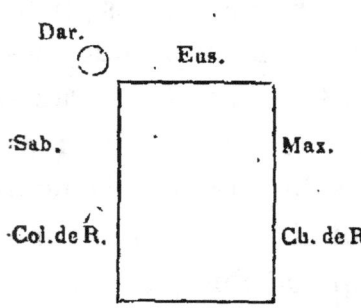

9 heures. — Eusapia ferme les mains, serrant fortement les mains de MM. Maxwell et Sabatier, et promène vivement ses poings de gauche à droite et de droite à gauche alternativement, à 0^m,10 au-dessus de la table et par conséquent *sans contact* avec elle. La table suit les mouvements des poings et se dirige, *avec force*, dans le même sens que ceux-ci.

Pendant ce temps, les deux pieds du médium sont placés : le gauche, sur le pied droit de M. Maxwell et le droit sur le pied gauche de M. Sabatier ; les jambes sont en contact avec celles des observateurs. D'ailleurs, il y a *pleine lumière*, et l'on surveille très attentivement les membres inférieurs du médium qui ne font pas de mouvement et ne sont pas en contact avec la table. M. Dariex, assis sur le sol, se rend parfaitement compte de la position des pieds.

Eusapia prend la main droite de M. Maxwell et la porte à $0^m,30$ au-dessus de la table ; la table oscille et puis s'élève de ce côté. M. Maxwell presse en vain sur la table de sa main gauche pour la faire retomber ; elle résiste.

9 h. 3'. — La table se soulève horizontalement des quatre pieds et reste ainsi quelques secondes. Nous observons, en *pleine lumière*, les quatre pieds de la table et les membres inférieurs d'Eusapia et ne découvrons rien de suspect. Pendant que la table est en l'air, le médium gémit et manifeste un effort pénible. La table retombe brusquement et le médium pousse un grand soupir.

9 h. 6'. — Nouvelle lévitation horizontale de la table dans les mêmes conditions, les mains du médium *tenues* étant situées à $0^m,10$ au-dessus de la table.

A ce moment, la lampe est enlevée de la table du salon et placée sur le *seuil* de la porte du vestibule. Une lumière douce, mais suffisante pour distinguer les figures et les mains, pénètre dans le salon. Le contrôle reste le même, les mains étant tenues par M. Sabatier à droite et Maxwell à gauche, les pieds étant posés, le droit sur le pied gauche de M. Sabatier, le pied gauche sur le pied droit de M. Maxwell.

Trois coups sont frappés dans le bahut placé derrière M. Maxwell et séparé d'Eusapia par ce dernier. A chaque coup correspond un léger mouvement synchrone de la main gauche bien tenue par M. Maxwell.

M. Maxvell sent de légers attouchements sur le flanc droit. Ces attouchements se renouvellent.

On diminue la quantité de lumière en rétrécissant l'ouverture de la porte qui n'a plus que $0^m,25$; mais la lampe étant sur le seuil de la porte, la lumière permet de distinguer les silhouettes des objets, les figures et les mains. Le contrôle des mains restant le même, le Dr Dariex, assis par terre, surveille les pieds et contribue au contrôle des membres inférieurs.

Eusapia se *lève debout* et, avec elle, MM. Maxwell et Sabatier qui tiennent toujours les mains.

A ce moment, la table, à la surface de laquelle se trouvent appliquées les mains tenues d'Eusapia, se soulève d'abord du côté d'Eusapia, puis horizontalement des quatre pieds et atteint ainsi environ $0^m,90$ au-dessus du sol. A ce moment, MM. Sabatier et de Rochas appuient fortement sur la table pour la faire tomber, mais en vain ; elle ne retombe que quelques secondes après. Le Dr Dariex, qui a regardé les pieds du médium, n'a rien vu de suspect.

Tout le monde se rassied. Le contrôle restant le même, Eusapia, de la main gauche tenue par M. Maxwell, mime des coups à 30 centimètres au-dessus de la table ; ces coups sont simultanément entendus dans la table d'une manière très forte. Puis elle dirige cette même main, tenue par M. Maxwell, vers le rideau derrière elle, mais sans atteindre le fauteuil caché dans l'embrasure ; aussitôt on entend ce fauteuil se mouvoir en semblant suivre les mouvements de la main, comme si cette main était un aimant. Contrôle parfait.

9 h. 15′. — Eusapia, qui avait gardé ses souliers, les quitte à ce moment. Elle place chacun de ses pieds sur le pied voisin de l'un des deux observateurs qui tiennent les mains. Elle dégage ses mains et prend la main droite de M. Maxwell et la frotte entre les siennes. Puis, de sa main gauche, elle fait faire à la main droite de M. Maxwell les mêmes mouvements que précédemment, et les mouvements du fauteuil se produisent. M. Maxwell ne sent aucun effort, aucune résistance. M. Sabatier avait repris la main droite d'Eusapia dans sa main gauche et sa main droite était placée sur les deux genoux d'Eusapia, de manière à s'assurer que les membres inférieurs restaient immobiles. En outre, M. Sabatier voit bien la main droite d'Eusapia sur la table et est *sûr* qu'elle n'est pas rapprochée de la gauche. Les mouvements du fauteuil jettent le piano par terre ; il est remis sur le fauteuil par le Dr Dariex.

9 h. 20′. — Eusapia frotte vigoureusement la main de M. Maxwell entre ses deux mains et le fauteuil *se précipite* contre la table.

Eusapia reprend les mains des deux observateurs, Sabatier et Maxwell, avec les siennes. Elle met ses deux pieds sur les pieds de M. Maxwell. *Ce dernier contrôle est déclaré insuffisant par M. Maxwell.*

9 h. 25′. Sur la demande du médium, la lampe est enlevée du seuil de la porte, de sorte que la lumière devient très faible et l'obscurité presque complète. Les mains sont tenues : la droite, par M. Sabatier, la gauche, par M. Maxwell. L'un et l'autre sont sûrs du contrôle à ce moment. La main droite de M. Sabatier, placée sur les deux cuisses d'Eusapia, en contrôle les mouvements. La tête du médium est appuyée sur M. Maxwell. La

chaise sur laquelle est assis M. Sabatier, décrit *brusquement* un arc horizontal de 45° qui a failli jeter M. Sabatier par terre. M. Sabatier est pincé dans le dos.

9 h. 30'. — M. Sabatier est touché trois fois et tiré trois fois violemment par le pan gauche de sa jaquette. A ces contacts correspondent des mouvements synchrones du pied gauche tenu sous la table par M. de Rochas. Le contrôle de la main gauche est déclaré parfait par M. Maxvell. M. Sabatier tient la main droite de sa main gauche et les deux genoux de l'autre main. M. Sabatier est frôlé à la tête, sur l'occiput, trois fois comme par une main. La chaise de M. Sabatier est encore fortement tirée, puis le rideau est lancé très violemment au-dessus de la table et des observateurs.

On apporte alors la lumière pour se rendre compte des positions et vérifier le contrôle. Rien de suspect n'est remarqué.

9 h. 49'. — A ce moment, M. de Gramont remplace, dans la chaîne, le colonel de Rochas et se place entre MM. Charles de Rochas et Maxwell. M. Sabatier tient la main droite ; M. Maxwell. la main gauche. Le Dr Dariex, assis sur un petit tabouret, à droite de M. Sabatier, tient les pieds du médium avec les mains ; M. Sabatier a, en outre, la main droite appuyée sur les cuisses du médium.

Le rideau se soulève et couvre M. Maxwell.

Un plat rempli d'argile molle est placé par les observateurs sur la table dans le but de recueillir des empreintes, s'il y a lieu.

On entend des bruits répétés frappés sur la table. M. Maxwell est touché onze fois de suite sur le *sommet* de la tête. Les coups sont reproduits synchroniquement par le pied gauche du médium. La figure de M. Maxwell était contre celle d'Eusapia qui s'était penchée sur lui. La chaise sur laquelle est assis M. Sabatier est *arrachée violemment* et renversée ; M. Sabatier tombe à demi couché par terre.

Le contrôle est *excellent* et aucun des membres du médium ni sa tête n'ont fait un mouvement suffisant pour produire un tel effet. M. Sabatier tenait bien la main droite, M. Maxwell la main gauche. La main droite de M. Sabatier reposait sur les deux cuisses du médium.

9 h. 50′. — La chaise de M. Sabatier se relève, va se poser sur la tête de M. Sabatier demi-couché sur le sol, puis va se placer à cheval sur le bras de M. Sabatier.

A ce moment, M. Edouard de Rochas remplace M. Charles de Rochas dans la chaîne.

Les pieds et les mains étant tenus comme précédemment, le piano quitte le fauteuil placé derrière Eusapia et vient tomber sur la table.

Pour venir sur la table, le piano a passé entre Eusapia et M. Maxwell qui est placé de manière à en distinguer la silhouette. Celui-ci en a vu assez bien la forme pour remarquer qu'il se mouvait comme s'il eût été fermement tenu, la face inférieure étant à peu près horizontale. Il n'avait certainement pas l'apparence d'un objet mû par une ficelle ou par un fil de fer, car il n'eût pas gardé ainsi son équilibre. Le mouvement d'apport n'a pas été très rapide. Le piano émet deux notes accompagnées de mouvements synchrones des pieds d'Eusapia. Le clavier *blanc* est vu par M. Maxwell qui ne remarque pas de corps étranger passant au-dessus de lui.

A ce moment, Eusapia recommande de regarder le piano. Ce dernier se rapproche de M. Sabatier, il bondit à deux reprises et retombe sur la table. M. Sabatier voit les mouvements du piano. Le piano s'élève, frôle la figure de M. Sabatier. M. Sabatier n'a rien vu qui altérât ou masquât la blancheur des touches.

Eusapia fait des mouvements de la main tenue par M. Maxwell à $0^m,20$ *au-dessus* du piano, comme si elle voulait frapper sur les touches. Celles-ci rendent des sons synchrones à ces mouvements.

10 h. 5'. — Des contacts analogues à ceux d'une main sont sentis aux diverses régions du corps par MM. Maxwell, de Gramont, Dariex.

10 h. 10'. — Eusapia dit de regarder le piano. Le piano rebondit deux fois sur la table, va se poser au-dessus de la tête de M. Sabatier et donne quelques notes. M. Sabatier tient la main droite, M. Maxwell la gauche.

M. Sabatier déclare, à ce moment, que depuis quelques moments déjà, il observe dans les mains du médium des mouvements et des changements de situation qui l'obligent à faire *des réserves* sur la *garantie du contrôle* des mains. Il s'expliquera après la séance.

Le plat rempli d'argile va se poser sur la tête de M. Maxwell. Le plat tombe et se casse. M. Sabatier continue à trouver le contrôle des mains insuffisant.

10 h. 15'. — Eusapia annonce qu'elle va former une tête. Elle dit : « Regardez, vous allez voir la tête ». M. Maxwell regarde. Il tenait la main gauche d'Eusapia, qui appuyait sa tête sur la sienne. Il a alors vu à $0^m,10$ de sa figure une silhouette noire qui se profilait sur la partie de la muraille du salon placée en face

de lui, et qu'éclairait la bande de lumière qui passait dans la fente de la porte. C'était une silhouette nettement découpée en haut, se perdant en bas et pouvant rappeler la silhouette d'un crâne avec une saillie recourbée ressemblant à des cheveux frisés. C'était comme une ombre sur une muraille. Cette forme s'est déplacée à droite ; puis, après un repos, est revenue à gauche, avec un mouvement très rapide. M. Maxwell seul a vu cette forme.

M. Maxwell, invité encore par Eusapia à regarder, a eu la sensation visuelle d'un avant-bras et d'une main. Il a vu se profilant sur la bande de la muraille éclairée par la fente de la porte en face de lui une main et un bras qui étaient au-dessus de la tête de M. Sabatier. Ils lui ont paru, à diverses reprises, s'abaisser et se relever comme pour toucher la tête de M. Sabatier, qui a accusé à ce moment divers attouchements. L'avant-bras lui a paru long et mince. Il n'en a pas vu la continuité avec le bras, car il se perdait dans l'ombre, à l'endroit où aurait pû être le coude. Aucun des autres observateurs n'a observé le fait ; mais il convient de dire que M. Maxwell seul, par sa position, pouvait saisir la silhouette sur un fond éclairé.

10 h. 20′. — M. de Gramont s'assied sur le petit tabouret entre M. Sabatier et Eusapia. Il se charge de surveiller les pieds et les tient tout le temps entre ses deux jambes croisées, tandis qu'une de ses mains est sur les deux pieds réunis d'Eusapia et l'autre sur ses deux genoux. Le contrôle des membres inférieurs est ainsi bien assuré. En outre, Eusapia s'appuie sa tête sur celle de M. de Gramont. La tête de M. de Gramont

appuie sur le bras droit Eusapia et aide au contrôle.

Pendant tout le temps de cette surveillance, M. de Gramont a bien observé que chaque manifestation produite par le médium est immédiatement précédée ou accompagnée d'un mouvement corrélatif du pied ou de la jambe tout entière du côté où le phénomène va se produire ou se produit. Ce mouvement est accompagné d'un effort musculaire violent, révélé par le durcissement des muscles, mais il n'a qu'une amplitude *très faible* et tout à fait hors de proportion avec l'effet produit. M. de Gramont s'est assuré d'ailleurs que le mouvement, ou plutôt l'effort du membre, n'avait aucune relation possible de contact ou de lien supposé, soit avec l'objet déplacé, soit avec la personne touchée, soit avec le corps frappé. Eusapia agite la jambe ou le pied gauche; on y sent une contraction musculaire, et, en même temps, le fauteuil placé derrière le rideau et derrière elle se déplace synchroniquement, à plusieurs reprises, derrière le rideau, comme s'il avait été mécaniquement solidaire de ce pied gauche tenu dans la main droite de M. de Gramont, qui s'assure bien de l'indépendance absolue du membre du médium, de tout lien ou de tout contact avec le fauteuil. Ce contrôle des pieds et de la tête ainsi assuré, et le contrôle des mains restant ce qu'il était (c'est-à-dire peu satisfaisant à cause de leurs déplacements fréquents déjà signalés par M. Sabatier), des coups violents retentissent dans la table, accompagnés de mouvements synchrones de la jambe gauche. Plusieurs assistants éprouvent des contacts de mains. Le fauteuil s'agite. Le rideau est projeté sur la table.

10 h. 35′. — Le contrôle restant le même, une as-

siette pleine de farine, placée sur la table, se déplace, va blanchir la barbe de M. Sabatier et toucher la tête de M. de Gramont. M. Maxwell a aperçu la silhouette blanchâtre de l'assiette de farine qui, après être restée quelque temps sous son menton, a été transportée dans la direction de M. Sabatier. Elle a passé devant Eusapia, puis entre celle-ci et M. Sabatier ; ensuite il l'a perdue de vue. Il ne la voyait pas quand elle était sous son menton, mais l'a bien aperçue pendant qu'elle se mouvait.

M. Sabatier continue à trouver le contrôle des mains *peu satisfaisant* Il s'expliquera plus tard.

10 h. 50'. — MM. de Gramont, Sabatier, de Rochas sont successivement touchés à la tête, à l'épaule dans le dos, au bras. A ce moment, M. Dariex, fatigué, quitte la séance.

M. Maxwell cède sa place, à gauche d'Eusapia, à M. Ed. de Rochas. M. de Gramont abandonne sa situation de contrôle des jambes d'Eusapia et passe à droite, remplaçant M. Sabatier. M. Ed. de Rochas tient la main gauche d'Eusapia et M. de Gramont la main droite.

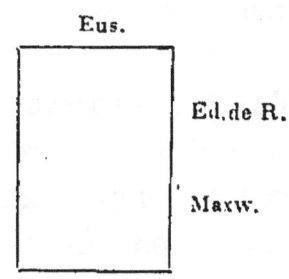

Eusapia demande que la table soit éloignée de la fenêtre et portée vers le milieu du salon. Les mains sont contrôlées comme ci-dessus ; les pieds d'Eusapia reposent, le droit sur le pied gauche de M. de Gramont, le gauche, sur le pied droit de M. Ed. de Rochas. Ce contrôle des pieds est *évidemment insuffisant*.

Eusapia dit à plusieurs reprises « Altare, Altare », c'est-à-dire « S'élever, S'élever », pour indiquer qu'elle va s'efforcer de s'élever. Elle fait répéter à MM. de Gramont et Ed. de Rochas, qui tiennent ses deux mains, le mouvement *d'accompagner* des mains en l'air, mais sans opérer de traction ou de résistance notable. Au bout de quelques minutes, et dans une obscurité à peu près complète, qui permet à grand'peine de distinguer les silhouettes, Eusapia, *sans prendre de point d'appui sur les mains des observateurs* qui suivent simplement les siennes, ni sur les pieds des mêmes observateurs sur lesquels reposaient les siens, a paru à M. de Gramont, qui tenait la main droite, être enlevée, *assise*, d'un mouvement continu assez rapide, non par un *bond* ou *saut* appréciable, mais plutôt comme par un ascenseur. La chaise s'élève avec elle, et les pieds d'Eusapia parviennent *à peu près* à hauteur de la table. Les observateurs se lèvent en même temps pour suivre le mouvement. A partir de ce moment, elle échappe au contrôle des deux observateurs, les mains étant lâchées. M. Sabatier, placé à droite de M. de Gramont, cherche à se rendre compte par le toucher, dans l'obscurité, si Eusapia, pendant qu'elle s'élève, place un genou sur la table pour lui servir de levier ; mais il n'a rien pu constater nettement. MM. de Gramont et Ed. de Rochas affirment qu'Eusapia a été soulevée avec sa chaise, un peu moins haut que la table, sans opérer de pression sur eux et sans prendre point d'appui sur leurs mains ou leurs pieds.

La surprise causée par ce phénomène extraordinaire permet seulement de constater qu'Eusapia se trouve debout avec sa chaise sur la table.

Elle essaie de s'élever encore verticalement. M. Sabatier passe rapidement la main sous la plante des pieds d'Eusapia, et constate que les talons sont relevés au-dessus de la table, mais qu'Eusapia s'appuie sur l'extrémité des pieds et des orteils, comme on le fait lorsqu'on se hausse sur le bout des pieds.

Eusapia s'affaisse alors ; ses voisins la reçoivent dans leurs bras et l'asseyent à terre.

Le récit de cette seconde séance mérite quelques explications, que nous avons déjà fait pressentir.

Il faut noter, en effet, que le contrôle, qui a été suffisant parfois, ne l'a certes pas été toujours. Le contrôle des pieds et des membres inférieurs a laissé à désirer toutes les fois qu'il se bornait à ceci, que les pieds d'Eusapia reposaient chacun sur un pied de l'un des observateurs placés à côté d'elle pour lui tenir les mains.

Il ne faudrait pas cependant conclure de là que tous les phénomènes qui ont été produits pendant que ce contrôle des membres inférieurs était défectueux doivent être considérés comme entachés de fraude.

Il en est un certain nombre, en effet, qui n'auraient pu être produits par les pieds du médium, quelque liberté qu'on leur eût laissée. Mais on est en droit de prétendre que parmi ces phénomènes il a pu y en avoir d'entachés de supercherie, à côté d'autres qui étaient sincères.

D'autre part, le contrôle des mains a beaucoup laissé à désirer pendant une partie notable de la séance, et en particulier à partir du moment où l'obscurité a été assez complète pour qu'on distinguât difficilement les mains. M. Sabatier, qui tenait la main droite, a été particulièrement frappé de ce fait : 1° qu'Eusapia lui refusait de laisser saisir cette main droite à pleine main ; 2° qu'elle

la retirait peu à peu de manière à laisser seulement la paume de la main et surtout le poignet en contact avec la la main de M. Sabatier; 3° qu'elle agitait constamment cette main, la portant vers la main gauche tenue par M. Maxwell; et 4° qu'elle dirigeait souvent l'extrémité des doigts restés libres vers cette main gauche. M. Sabatier a suivi et étudié très attentivement tous

ces mouvements. Ces manœuvres l'ont porté à penser, en ce moment, qu'Eusapia pouvait bien agir ainsi dans le but de remplacer la main gauche, tenue par M. Maxwell, par l'extrémité des doigts de la main droite, de manière à libérer la main gauche et à lui permettre d'agir dans les mouvements du piano, du plat d'argile, de l'assiette de farine, des attouchements (1), etc.

Néanmoins cette supercherie ne suffirait pas à tout expliquer, parce qu'avec sa main *gauche* le médium ne pouvait, sans *un déplacement très considérable de tout son corps*, déplacement qui eut été remarqué, aller tirer le bas de l'habit de M. Sabatier placé *à droite*, ni déplacer la chaise de M. Sabatier située à *droite* et l'arracher de dessous lui, etc. On peut encore ici, comme précédemment, penser qu'il y a eu là un mélange de faits sincères et de faits frauduleux.

On peut admettre, en effet, comme nous l'avons indiqué plus haut, que le médium voulant produire un effet et ayant à sa disposition deux moyens : l'un facile et n'exigeant que de l'habileté et de la ruse, et l'autre pénible, coûteux et douloureux, est tenté de choisir, consciemment ou *même inconsciemment*, celui qui lui coûte le moins.

(1) La planche de la p. 307, qui représente cinq positions successives de la main du contrôlé et des contrôleurs, montre suffisamment comment le premier peut, grâce à l'obscurité et à une série de mouvements habilement combinés, laisser croire au contrôleur de droite qu'il sent encore la main droite du sujet sur la sienne, tandis qu'il ne sent que la main gauche du sujet toujours tenue par le contrôleur de gauche ; cette main droite, devenue libre, peut produire alors un certain nombre d'effets *à sa portée* mais ne peut produire que ceux-là.

Néanmoins le résultat général de cette séance a été pour nous bien moins affirmatif et moins satisfaisant que celui de la précédente où le contrôle s'était bien exercé ; et la Commission s'est promis de se montrer plus exigeante dans la séance suivante.

6ᵉ Séance (1). — 28 Septembre 1895

Cette séance a eu lieu à 8 heures et demie, dans le même local que précédemment. Mêmes observateurs sauf M. Maxwell qui avait dû partir.

Eusapia a été prévenue que, tout en ne la soupçonnant pas de fraude, nous désirions un contrôle plus sévère qu'à la séance précédente, et que nous tenions à agir autant que possible avec une lumière suffisante. Son état moral paraît excellent ; elle s'est familiarisée avec ses observateurs ; elle promet de faire tout ce qui dépendra d'elle, et nous autorise à contrôler aussi rigoureusement que nous le désirerions.

On voit qu'il y a en elle de l'entrain, du bon vouloir et un grand désir de succès. Déjà, avant le dîner, à 6 heures, sans transe, à l'état naturel, sur la table même où brille une lampe à pétrole, elle nous a rendus témoins de faits frappants dont nous réservons le récit pour la dernière partie de ce mémoire.

Eusapia se place à l'extrémité de la table du côté de la fenêtre. Pour assurer le contrôle et démontrer que ses

---

(1) Cette séance a été précédée d'une cinquième plus courte à 6 heures du soir environ, dont il sera parlé plus tard.

mains ne saisissent pas la table pour l'agiter ou la soulever, elle demande deux verres remplis d'eau, qu'on place sur la table. Une lampe à pétrole, placée sur la grande table, à 2^m,50 de distance environ, avec abat-jour de mousseline blanche transparente, brille de tout son éclat, et nous observons en pleine lumière. Eusapia plonge chacune de ses mains dans un verre rempli d'eau (1). Le colonel de Rochas place et maintient sa main sur les genoux d'Eusapia, et par conséquent entre ses genoux et la table, pour constater que ni jambes ni genoux n'exercent aucune pression de bas en haut sur la table. La lumière étant très belle, MM. Sabatier et de Gramont surveillent les pieds d'Eusapia et constatent qu'ils n'ont aucun contact avec les pieds de la table et qu'ils ne sont pas mis en mouvement.

Eusapia, exerçant sur les parois internes des verres une pression excentrique qui les fixe aux mains, porte les verres, renfermant ainsi les mains, au-dessus de la table et même en dehors du périmètre de la table, sans aucun contact avec elle. Elle porte les mains tantôt à droite, tantôt à gauche. La table exécute des mouvements latéraux correspondants, en suivant les mains. Des coups sont frappés dans la table.

Les mains, placées dans les verres, sont portées au-dessus de la table sans aucun contact avec elle ; M. de Watteville saisit les genoux avec les mains ; les pieds sont vus par les observateurs. La table est enlevée horizontalement à 0^m,25 de hauteur suivant le mouvement

(1) Elle voulait d'abord essayer de soulever la table, en soulevant simplement ses mains plongées dans l'eau des verres qui auraient suivi, entraînant la table ; mais elle ne put y parvenir bien qu'elle eût, disait-elle, produit ce phénomène en Italie.

des mains d'Eusapia qui s'élèvent. Elle reste ainsi quelques secondes, et puis retombe brusquement. De nouveau, dans les mêmes conditions du contrôle, la table est élevée à 0^m,30 environ.

Jusque-là, les observations se sont faites en pleine lumière.

9 h. 30'. — La lampe est emportée hors du salon ; mais à travers la porte, pénètre une lumière suffisante pour distinguer les objets. Les mains sont toujours dans les verres, dont l'eau n'a pas été renversée tant Eusapia maintient ses mains dans une position constante et verticale, position qui ne leur permet pas d'agir par la préhension.

M. Sabatier se couche sous la table, sur le dos, et saisit entre les mains et les bras, très fermement, les pieds et les jambes d'Eusapia. Les mains d'Eusapia, renfermées dans les verres, sont maintenues hors du contact de la table, ce que la lumière permet fort bien de constater. Sur un mouvement de ces mains, la table est renversée et tombe sur les jambes de M. Sabatier. A ce moment, le médium abandonne les verres, et les mains sont saisies l'une à droite, par le colonel de Rochas, l'autre, à gauche, par M. de Watteville. Chacun de ces observateurs s'applique à tenir solidement et exactement la main qui lui correspond, et la saisit par le poignet et la main qu'il embrasse. M. Sabatier, couché sous la table qui a été redressée, tient fermement les deux membres inférieurs. Eusapia est vêtue d'une robe noire très simple, d'un corsage clair et n'a pas de corset. Avant la séance, Mme de Rochas a assisté à sa toilette de séance (car elle s'allège pour la circonstance) et Mme de Rochas a constaté, avec *grand soin* et *très minutieusement*, qu'il n'y a sur elle aucun moyen de fraude et de supercherie, ni rien d'étranger à son costume. En outre, M. Sabatier, avant le début de la séance, a palpé *très librement* le médium dans presque (1) toute l'*étendue du tronc et des membres*, et n'a rien constaté de suspect. Cette inspection avait lieu lors des précédentes séances, mais dans le cas actuel, elle a été exercée avec une rigueur et une liberté encore plus complètes, si possible, Eusapia l'ayant d'ailleurs sollicitée.

Sur la demande du médium, la lampe est emportée dans le vestibule, la porte en est fermée et l'obscurité est complète. Eusapia appuie sa tête sur le coude du colonel de Rochas, qui peut, par là, en contrôler les mouvements. Elle promène en tâtonnant sa main droite tenue par la main gauche de M. de Rochas, sur le bras droit de M. de Rochas ; la main gauche est maintenue immobile sur la table par M. de Watteville. Pendant qu'Eusapia tâtonne elle dit en italien : « Je cherche, je cherche », puis : « J'ai trouvé ». Elle s'agite et gémit beaucoup. Au bout de quelques instants, on entend, sur la table, un coup *très violent*, qui retentit très fort sur la tête de M. Sabatier, placé sous la table. Les membres inférieurs d'Eusapia enlacés par M. Sabatier sont restés immobiles.

On apporte la lampe, et l'on trouve, au milieu de la table, un caillou assez volumineux pesant 500 grammes. C'est un calcaire compact, mamelonné d'une part, cassuré de l'autre, analogue à ceux qui se trouvent dans les mo-

(1) M. Sabatier dit *presque* parce que, naturellement, il a hésité à porter la main dans certaines parties, comme l'intervalle des seins, où un objet aurait pu, à la rigueur être caché ; mais il faut remarquer qu'Eusapia n'avait pas de corset et que Mme de Rochas l'avait soigneusement examinée, *partout* pendant qu'elle s'habillait.

raines sur lesquelles est bâtie l'habitation de l'Agnélas(1).

Après constatation, la lampe est emportée, mais la porte reste assez largement entrebâillée pour que les objets puissent être *nettement distingués*. La *figure et les mains du médium sont toujours parfaitement observables et le resteront jusqu'à la fin de la séance.* Le contrôle de la vue s'ajoute ainsi à celui du toucher. Quant aux membres inférieurs, ils sont maintenant tenus par M. de Watteville, qui les saisit avec les mains; M. de Watteville est remplacé par M. Sabatier à la main droite du médium.

Le fauteuil, placé derrière Eusapia, à 1 mètre de distance au moins (car la table a été portée plus vers le milieu du salon que précédemment), se soulève plusieurs fois et frappe vivement le parquet en retombant; la lumière est suffisante pour que les mouvements du fauteuil soient bien *vus*; les mains sont *vues* et bien tenues; les pieds sont bien tenus: la tête est bien *vue* et immobile.

Sur une geste de la main droite du médium tenue par M. de Rochas, le fauteuil se soulève et bondit encore violemment. A ce moment, sur la demande du médium, M. Sabatier abandonne le contact de la main droite et se place à droite de M. de Rochas qui prend la main droite du médium. M. Sabatier relève la jambe droite du médium sur son genou, et en saisit le pied de la main droite, M. de Watteville tient la main gauche du médium de sa main droite et la jambe gauche du médium de la main gauche. Le contrôle est parfait : car les mains sont tenues et *vues*, la tête est *vue*.

---

(1) Depuis dix ans, j'ai mis, plusieurs fois, ce caillou entre les mains de sensitifs, sans leur en indiquer l'origine, Ils l'ont toujours rejeté comme s'il était brûlant.

Le fauteuil se soulève; il frappe, à plusieurs reprises, trois coups.

9 h. 40'. — Eusapia demande qu'on fasse la chaîne pour lui donner de la force. M. Charles de Rochas se place entre MM. Sabatier et de Watteville, et la chaîne se fait. Le pied droit d'Eusapia est tenu et *vu* par M. Sabatier, le gauche est bien tenu par M. Watteville.

Le fauteuil se soulève sur deux pieds et s'incline. M. de Watteville est touché. Eusapia s'incline alors à droite et en avant, vers M. Sabatier, c'est-à-dire du côté *opposé au fauteuil*, et le prévient qu'elle va lui tirer doucement les cheveux, et que, pendant ce temps, le fauteuil, placé à un *mètre* environ, avancera lentement de son côté. Cela se réalise parfaitement. Puis elle repousse la tête de M. Sabatier, et le fauteuil recule et s'éloigne. La lumière est suffisante pour que les bras et les deux mains du médium soient *nettement vus de tous* sur *la tête* de M. Sabatier. Le pied droit est tenu comme précédemment par M. Sabatier, et le gauche, par M. de Watteville.

Eusapia, les mains et les pieds tenus comme ci-dessus prévient qu'elle va tirer la clé du bahut placé à sa gauche (voir le plan, p. 277) et *trop éloigné* d'elle pour que, sans se pencher très fortement, elle puisse l'atteindre soit avec les mains soit avec les pieds. D'ailleurs, M. de Watteville est placé entre le médium et le bahut, si bien que le médium ne saurait atteindre le bahut qu'en passant à côté de M. de Watteville ou même en le poussant. En outre, la lumière est insuffisante pour qu'on puisse voir nettement si Eusapia dirige un de ses membres vers le bahut. Aussitôt on entend grincer distinctement la clé dans la serrure, mais la clé, mal engagée, refuse de sortir. Eusapia prend d'une main le poignet gauche de M. Sabatier et des doigts de l'autre main lui entoure l'index. Elle produit autour de ce doigt des mouvements alternatifs de rotation auxquels correspondent des grincements synchrones de la clé tournant tantôt dans un sens, tantôt en sens contraire.

9 h. 45'. — Mᵐᵉ de Rochas entre dans la chaîne entre M. de Rochas et M. Sabatier. Le contrôle reste le même : le pied droit tenu par M. Sabatier, le gauche par M. de Watteville. Eusapia se frappe les mains, devenues *libres, en l'air, au-dessus de la table*; ses mains sont vues de tous. Le fauteuil frappe des coups synchrones avec la mimique des mains. Elle frappe des mains et le fauteuil accompagne fidèlement de ses bonds et de ses coups les mouvements des mains. Les mains sont bien *vues* de tous, les pieds sont bien tenus et même *vus* : le contrôle est déclaré excellent par tous les observateurs.

Eusapia, saisissant de ses *deux mains* la main de M. Sabatier qui est assis *à droite* fait des gestes saccadés de va-et-vient, comme pour ouvrir la porte du bahut située *à gauche*, à un mètre de distance environ, et derrière M. de Watteville. Aussitôt la porte du bahut s'agite et produit des sons saccadés et tumultueux comme ceux d'une porte qu'on s'efforce d'ouvrir, mais qui résiste, la serrure n'étant pas ouverte.

A ce moment, M. de Watteville demande s'il n'y a pas lieu de dégager directement la clé du bahut, que les efforts d'Eusapia n'ont pu que faire tourner, sans l'ouvrir. Sur avis conforme des observateurs, M. de Watteville tourne la clé, ce qui rend libre la porte du bahut Alors, sur un nouveau geste d'Eusapia, la porte s'ouvre. Eusapia, s'inclinant vers M. Sabatier, placé à sa *droite*, met *chacune* de ses mains sur la *joue correspondante* de M. Sabatier. Les pieds sont toujours bien tenus, le droit par M. Sabatier, le gauche par M. de Watteville. Eusapia frappe des *deux mains* en cadence les joues de M. Sabatier : la porte de l'armoire s'ouvre et se ferme alternativement en cadence. Un coup sur les joues l'ouvre, le coup suivant la ferme. Les mains sont parfaitement vues et senties; les mouvements de la porte sont également *vus* et entendus, car la porte vient frapper en s'ouvrant contre la chaise de M. de Watteville, assis devant le bahut (entre le bahut et Eusapia), et en se fermant contre le bahut lui-même. Les mouvements de la porte sont proportionnés comme vivacité aux mouvements des mains. Après un certain nombre de coups ainsi portés, Eusapia pousse *vivement* la tête de M. Sabatier vers le bahut ; la porte se ferme avec *violence*.

Avant que tous ces phénomènes se produisirent, Eusapia *les avait clairement annoncés* ; aussi les observateurs sont-ils très en éveil, et le contrôle très rigoureusement observé. Les pieds sont tenus et *vus*, la tête l'est également : les mains sont senties et *vues* par M. Sabatier, et *vues* par tous les observateurs. Il fut, en outre, constaté, après la séance, qu'Eusapia, de la place où elle était, ne pouvait atteindre la porte et la clé du bahut avec les pieds. D'ailleurs, la présence de M. de Watteville entre elle et le bahut, aurait fort contrarié des mouvements de cette sorte. Les mains appliquées sur les joues de M. Sabatier ne sauraient être mises en cause. En outre il est bien constaté qu'il n'y a entre Eusapia et ce bahut, ni lien, ni levier, ni les deux ficelles nécessaires pour produire ce mouvement alternatif, ni aucun moyen direct de transmission. D'ailleurs, on avait, au cours des expériences, changé de place et circulé entre Eusapia et le bahut, ce qui aurait dérangé le truc, s'il avait existé. A aucun moment des expériences, Eusapia n'a été vue en situation ou en action pour placer des moyens matériels de communication entre elle, le bahut et sa clé. Il est bon de répéter que les expériences se faisaient à une lumière suffisante pour que les mouvements des personnes et des objets fussent *distinctement vus et constatés*.

L'impression laissée par cette séance sur les observateurs a été excellente, car elle s'est passée presque tout entière soit en pleine lumière, soit à une lumière suffisante pour qu'on pût suivre les mouvements d'Eusapia et des objets sur lesquels elle agissait. En effet, les mains d'Eusapia ont toujours été *vues directement* et *distinctement*; il en est résulté que toute supercherie et tout soupçon de supercherie de cet ordre ont été absolument supprimés et rendus impossibles. Néanmoins, le médium a agité parfois ses mains, et a cherché à les rapprocher et à exécuter des *mouvements semblables à ceux qui, dans la séance précédente, nous avaient fait penser à des manœuvres frauduleuses*.

Ces mouvements peuvent donner lieu à deux explications différentes : ou bien ils pourraient être des tentatives de fraude ou de supercherie dont le médium a pris l'habitude et qu'il exécute aujourd'hui *inconsciemment*, alors même que les circonstances, la lumière par exemple, s'opposent à ce qu'il puisse en tirer profit ; ou bien ce sont des mouvements innocents et sans but de fraude ou de supercheries, que l'état de transe, de souffrance et d'effort provoque involontairement chez le médium, mouvements qui sont pour lui comme un soulagement physiologique et non une tentative coupable.

La séance en question a eu encore un avantage signalé, c'est qu'elle a été remplie par des phénomènes très variés, portant sur des objets divers situés dans des directions très différentes autour du médium. Il est évident, en effet, que pour établir un truquage capable de les expliquer tous, il faudrait une combinaison de procédés très variés et une machinerie très compliquée et très multipliée qui eût bien difficilement échappé à l'attention très éveillée de la Commission.

Pour le seul fait qui ait été produit dans l'obscurité, c'est-à-dire l'apport du caillou de 500 grammes sur la table, la Commission fait expressément ses réserves, quoiqu'elle n'ait *absolument* rien constaté de suspect, et qui lui permette d'incriminer une supercherie bien définie.

Trois suppositions sont possibles :

1° Ou bien le caillou a été caché sur elle par Eusapia et a été habilement jeté par elle sur la table. Mais l'examen attentif d'Eusapia, fait par Mme de Rochas, pendant qu'elle s'habillait, l'examen fait avant la séance par M. Sabatier par un palper très libre, n'ont rien révélé ; or, un caillou gros comme le poing et pesant 500 grammes n'est pas facile à dissimuler ; cependant cette dissimulation *est possible*. Reste encore néanmoins à expliquer comment Eusapia a pu saisir le caillou et le projeter sur la table sans que les personnes qui lui tenaient les mains s'en soient aperçues. — Toutefois, il faut insister sur ce point qu'Eusapia a exécuté des mouvements de tâtonnement avec la main tenue par M. de Rochas, et que l'obscurité complète a pu en masquer le but et les résultats ; mais il est difficile de comprendre comment ces tâtonnements, exécutés sur le bras droit de M. de Rochas le plus éloigné du corps d'Eusapia, auraient pu permettre à celle-ci de saisir une grosse pierre dissimulée dans ses vêtements.

2° Ou bien le caillou a été apporté du dehors pendant l'expérience et en vertu d'une force propre d'Eusapia. La Commission ne nie rien à cet égard, mais elle attend que la possibilité d'un fait aussi extraordinaire soit mieux établie, pour se former une opinion.

3° Enfin, Eusapia pourrait avoir, dans la journée, apporté le caillou dans le salon, et l'avoir attiré sur la table par la puissance de ce même agent qui lui permettait de soulever les tables, les meubles, etc.

Ce serait peut-être là l'explication la plus rationnelle. Mais la Commission se borne à enregistrer le fait sans l'apprécier, attendant de nouvelles expériences pour sortir d'une réserve qu'elle croit sage et légitime.

Quant aux autres phénomènes, et particulièrement aux mouvements imprimés à la table pendant que les mains d'Eusapia étaient plongées dans des verres remplis d'eau situés en dehors de tout contact avec la table, les faits relatifs à la clé et à l'ouverture du bahut, tous les observateurs présents les considèrent comme parfaitement authentiques, n'ayant pu découvrir ni imaginer aucune supercherie dans leur production.

D'ailleurs ces faits, qui établissent (en dehors de toute explication et de toute théorie) qu'*Eusapia peut agir sur les corps matériels à distance et sans aucun contact*, trouvent une confirmation nouvelle dans une série de faits qui se sont produits le même jour et dont le contrôle a été aussi *parfait* que puisse l'être le contrôle résultant de la *vue claire et directe* d'un fait expérimental. Voici le récit rigoureusement exact de ces faits, tel qu'il a été noté séance tenante.

5ᵐᵉ Séance — 28 septembre, a 6 heures du soir

Sur la table du salon, de 1 mètre de longueur environ, lourde et bien calée, est placée, vers l'une des extrémités, une forte lampe à pétrole donnant une belle lumière et munie d'un abat-jour en mousseline blanche. La table est brillamment éclairée.

Il est 6 heures et demie environ. On va passer pour le dîner dans la salle à manger qui est à côté ; Eusapia est en état normal et non en transe.

Sont présents : MM. de Rochas, Sabatier, Dariex, de Gramont, de Watteville, Mᵐᵉ et Mˡˡᵉ de Rochas.

M. de Gramont demande à Eusapia si elle se sent capable, dans cet état normal et en pleine lumière, d'agir par la simple imposition des mains sur un pèse-lettres à plateau et à bascule qu'il a dans sa valise de voyage. Eusapia répond qu'elle n'en sait rien, mais qu'elle est disposée à l'essayer. Les membres de la Commission expriment le désir qu'une semblable expérience soit faite *immédiatement*, car le contrôle en est extrêmement facile ; son caractère improvisé ne permettrait pas de soupçonner la préparation préalable d'un artifice, et son succès ferait, dans leur esprit, disparaître bien des doutes. M. de Gramont va chercher son trébuchet à

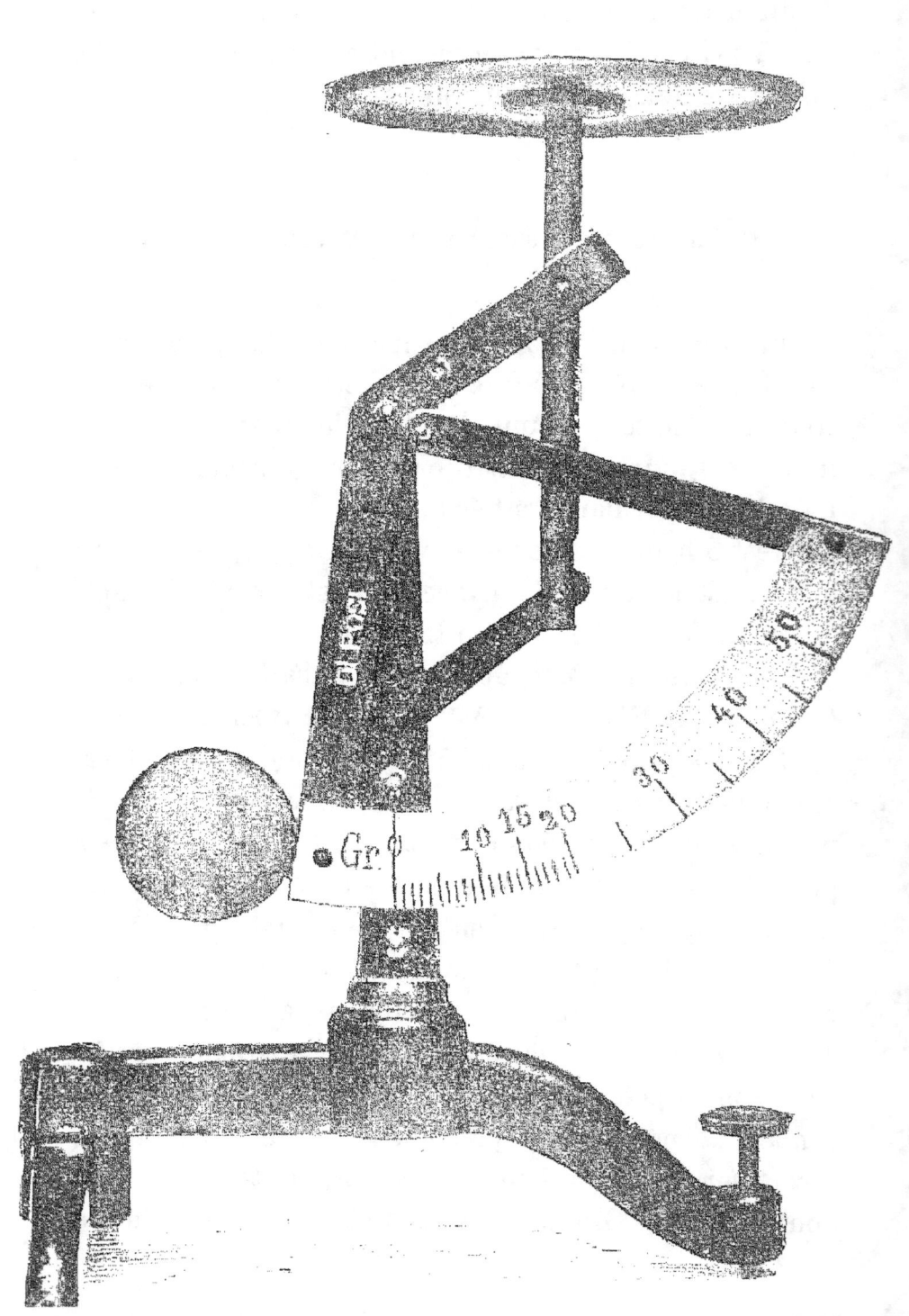

plateau, dans sa chambre, au 1ᵉʳ étage, et l'instrument est placé sur la table à 0ᵐ,60 de la lampe à pétrole, de manière que l'observation en soit très facile pour tous les observateurs. Le trébuchet est muni d'un plateau et d'un contrepoids placé à l'extrémité d'un levier coudé. Le mouvement d'une longue aiguille sur un cadran indique le poids correspondant au degré d'abaissement du plateau. La situation la plus abaissée du plateau correspond à un poids de 50 grammes placé sur le plateau (*Planche* VIII).

Eusapia se met debout, près de l'extrémité de la table où est placé le trébuchet dont l'aiguille marque 0, puisqu'il n'y a aucun poids sur le plateau. MM. de Rochas, Sabatier, de Gramont et de Watteville se disposent autour de la table et portent leurs regards très attentifs sur le plateau et sur les mains d'Eusapia. Eusapia essaie d'abord, infructueusement, de le faire mouvoir en plaçant une seule main à quelques centimètres au-dessus du plateau. Réunissant alors en pointe les doigts de chacune des deux mains, elle place celle-ci l'une à droite l'autre à gauche du plateau et concentre sa volonté sur ce point. L'extrémité des doigts de chacune des mains est distante de 3 *ou 4 centimètres au moins* des bords du plateau, et se trouve *absolument sans contact* avec ce dernier. Eusapia esquisse avec les mains quelques faibles mouvements de haut en bas. Au début, le plateau est immobile ; bientôt il oscille, à plusieurs reprises, de haut en bas synchroniquement avec les mains. Enfin, Eusapia ayant abaissé les mains, le plateau s'est abaissé à fond, c'est-à-dire jusqu'au point extrême de sa descente, et est ensuite remonté. Pendant ce temps le médium n'a fait aucun autre mouvement que celui des mains ; la table, solidement calée, n'a subi aucune espèce d'ébranlement.

Immédiatement après et dans les mêmes conditions d'éclairage, l'expérience est recommencée. Le Dʳ Dariex, qui n'a pas assisté à la première, est venu ajouter son contrôle à celui des quatre observateurs.

Il se place à droite de M. Sabatier, presque complètement en face du médium, de manière à constater très facilement les relations des deux mains avec le plateau. Eusapia placée à l'extrémité de la table, mais près d'un angle, recommence son mouvement, et au bout de quelques instants, après qu'elle a demandé à être touchée sur les épaules par ses deux voisins (le colonel de Rochas à sa gauche et M. de Gramont à sa droite) le plateau du pèse-lettres s'abaisse à fond. Il est évident pour *tous* les observateurs, dont l'attention était très aiguisée et qui regardaient de très près les doigts du médium, que ceux-ci sont *toujours* restés à une distance d'au moins 3 *centimètres* du pèse-lettres.

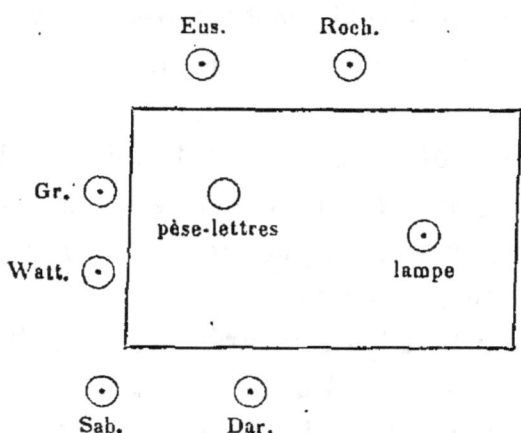

L'*impromptu* de l'expérience, imprévue pour le médium et pour les observateurs, serait déjà une raison pour exclure l'idée d'une tricherie préparée en vue du succès. Mais il est bon d'ajouter qu'avec un éclairage aussi parfait et une mise en scène si simple, le truquage eût été bien difficile. Les observateurs étaient groupés autour d'Eusapia ; il y en avait dans tous les sens, et par conséquent, le contrôle saisissait les rapports des doigts d'Eusapia et du pèse-lettres dans toutes les directions. Il eût fallu que le médium eût réuni ses deux mains par un fil très fin, ou par un cheveu ; mais, outre que la préparation de cette supercherie eût eu beaucoup de chances de ne pas échapper à l'attention de l'un des cinq observateurs réunis autour du médium, il faut ajouter qu'un cheveu *même très fin* se voyait fort bien avec un tel éclairage, ainsi que l'épreuve en a été faite par M. Dariex après la séance.

D'ailleurs, *en présence des mêmes observateurs*, l'expérience a été reprise avec de nouveaux moyens de contrôle. Pour s'assurer des mouvements des mains et pour les maintenir à distance du pèse-lettres, M. Sabatier s'est placé derrière le médium et, passant les bras de chaque côté de sa taille, a saisi la main droite du médium avec sa main droite, et la gauche du médium avec sa main gauche, les emprisonnant l'une et l'autre entre ses doigts et laissant seulement saillir un peu l'extrémité des doigts d'Eusapia réunis en pointe. En outre, en se penchant légèrement sur le côté, il voyait très bien le pèse-lettres et les mains. Dans ces conditions, il a accompagné les mouvements des mains du médium et s'est assuré qu'elles se mouvaient bien dans des plans verticaux, sans obliquer vers le pèse-lettres et sans entrer en contact avec lui. Le pèse-lettres s'est de nouveau abaissé *à fond*, pour la troisième fois, et aucun des observateurs n'a pu apercevoir le moindre contact.

Enfin les observateurs s'étant dispersés, et Eusapia étant restée avec M. Sabatier, le colonel, Mme et Mlle de Rochas, l'expérience suivante a été faite.

Le pèse-lettres est placé a 0ᵐ30 du bord de la table toujours aussi bien éclairée. M. Sabatier se place vis-à-vis, de manière à embrasser du regard le pèse-lettres et les deux mains d'Eusapia et à pouvoir apprécier exactement les distances entre ces trois objets. Sur la demande de M. Sabatier, Eusapia place ses deux mains ouvertes dans deux plans verticaux parallèles, des deux côtés du pèse-lettres, et fait des mouvements non plus dans le sens vertical, comme précédemment, mais dans une direction horizontale, comme pour imprimer au pèse-lettres un mouvement total de progression. Après un ou deux mouvements ainsi indiqués, le pèse-lettres, obéissant à l'impulsion des mains, dont il est séparé de chaque côté par une distance de 5 à 6 centimètres, glisse sans secousses sur la table, avec un mouvement d'abord *hésitant et lent*, mais qui s'est rapidement accéléré ; et il va se projeter sur le sol à quelque distance du pied de la table. Le poids du pèse-lettres est de 125 grammes.

Ici se termine le récit de nos expériences, récit déjà bien long et difficile à lire.

Peut-être lui reprochera-t-on encore de n'avoir point décrit assez minutieusement toutes les circonstances dans lesquelles se sont produits les phénomènes ; mais où s'arrêter et comment prévoir tous les détails jugés nécessaires par un esprit fertile en objections ?

Les longues discussions sur le contrôle des pieds et des mains, auxquelles ont donné lieu les expériences de Milan, de Carquéiranne, de Varsovie et de Cambridge, n'ont certainement changé les opinions de personne, puisque, de part et d'autre, elles reposent sur des affirmations dont on ne saurait donner la preuve absolue.

De plus, nous n'avons point voulu modifier, à l'aide de souvenirs plus ou moins effacés (et l'on sait combien, en ces sortes de choses, ils s'effacent vite à cause de la rapide succession des faits), nos procès-verbaux qui sont, pour ainsi dire, les photographies des phénomènes, où il y a nécessairement des parties en lumière, d'autres dans l'ombre. Pour des documents de cette nature on doit proscrire toute retouche après coup.

Ce sont, en effet, de simples documents que nous présentons au lecteur. Nous n'avons pas la prétention de n'avoir pu être trompés, et encore moins celle de porter un jugement définitif sur des questions aussi délicates et aussi complexes ; mais nous devons déclarer que, malgré une attention très soutenue, malgré la connaissance des trucs supposés, jamais, dans les expériences de l'Agnélas, nous n'avons pris le médium en flagrant délit de tromperie, bien que nous ayons parfois remarqué et signalé des mouvements suspects.

Quant à nos conclusions, elles ressortent, dans chaque cas, de l'exposé même des faits. Leur concordance avec celles des nombreux et éminents expérimentateurs qui nous ont précédés, opérant avec des méthodes diverses et à l'aide d'appareils enregistreurs, pourra seule former l'opinion de la partie du public qui se donne la peine de chercher la vérité.

A. Sabatier ; A. de Rochas ;
A. de Gramont ; Maxwell ; X. Dariex ;
C. de Watteville.

CHAPITRE XI

EXPÉRIENCES DE 1896 A TREMEZZO A AUTEUIL, ET A CHOISY-IVRAC

Les personnes qui s'étaient réunies en 1895 à L'Agnélas s'arrangèrent entre elles pour faire venir de nouveau Eusapia en France, en 1896.

Afin de s'adjoindre de nouveaux expérimentateurs dont les idées particulières pouvaient aider à la recherche de la vérité, ils se divisèrent en deux groupes, devant opérer chacun pendant 15 jours, l'un près de Paris, l'autre près de Bordeaux, du milieu de septembre au milieu d'octobre.

De plus Eusapia, en partant de Naples, s'arrêta à Tremezzo sur les bords du lac de Côme dans une villa occupée par la famille Blech.

Les résultats de ces trois séries d'expériences ont été consignés dans des procès-verbaux très détaillés, mais pour éviter des répétitions inutilement fastidieuses, je me bornerai à en reproduire ici quelques extraits.

I. — Séance de Tremezzo.

Lettre de Mme Z. Blech au colonel de Rochas.

. . . .

Eusapia est arrivée chez nous le samedi soir 12 septembre.

Notre séance a eu lieu le dimanche 13. Dans la journée nous avions, autant que possible, distrait et amusé Eusapia.

L'orage menaçait; nous avions peur qu'il n'empêchât cette unique séance dont nous pouvions disposer. Il n'a rien empêché et cependant il a été épouvantable : il y avait des roulements de tonnerre continuels et des éclairs sans interruption.

Nous avions disposé, pour la séance, un grand kiosque très commode, isolé dans le jardin et dont toutes les façades ont des fenêtres.

Dès le début nous obtînmes des manifestations ; mais John, par cinq coups frappés, montrait son mécontentement de la lumière, car les éclairs étaient aveuglants malgré les persiennes et faisaient souffrir Eusapia. Il nous dit de rentrer à la maison et nous promit une belle séance malgré l'interruption que cela allait causer. Nous nous sauvons jusqu'à la villa, sous une pluie torrentielle, et nous nous établissons dans un grand salon.

Comme assistants il y avait : mes parents, ma sœur A..., moi-même, et le pasteur P...; ami d'enfance de mon père, très savant, très spiritualiste, mais ne s'étant jamais adonné d'une façon particulière à l'étude des sciences psychiques.

Nous avions eu tous la précaution de ne prendre, au repas précédent, que de l'eau, du thé et de la viande blanche.

Au moment de nous installer, à la pleine lumière des lampes allumées, le guéridon placé à environ 1 mètre en arrière de ma sœur, arriva rapidement sur elle, sans renverser une bougie allumée qui était posée dessus, ainsi que différents objets.

Eusapia prit la main de ma sœur, la posa à plat sur le guéridon et mit la sienne par-dessus, mais sans appuyer. Puis elle lui dit : « *Levate la mano* (ôtez votre main) ». A sa grande surprise, ma sœur en élevant la main sentit que le guéridon y adhérait et le souleva à une hauteur d'environ 30 ou 40 centimètres. Il retomba aussitôt qu'Eusapia enleva sa main.

Pendant toute la séance du reste, et malgré la production d'autres phénomènes, ce guéridon ne cessa de remuer, de glisser et de se balancer visiblement sur le parquet, même loin de nous.

Eusapia n'était alors qu'en demi-transe, c'est-à-dire qu'elle parlait en son nom personnel au lieu de parler au nom de John.

Elle n'est tombée en transe complète qu'au moment de la production de mains visibles, ce qui la faisait souffrir et gémir. Ces *mains visibles* me paraissent constituer le phénomène le plus remarquable de la séance.

Nous avions disposé un cabinet au moyen de rideaux et d'un grand drap blanc.

Une lampe L était placée dans la pièce voisine et donnait une lumière de crépuscule.

Eusapia était assise entre ma sœur et M. P..., qui contrôlaient chacun de leur côté, la position de la main et du pied correspondant d'Eusapia dont nous *voyons tous les mains*.

Ma sœur, la première, a vu une main sortir du drap blanc D, que nous avions établi entre la colonne de marbre blanc et le mur pour former le cabinet, et que j'appellerai désormais le rideau. *Cette main* s'est montrée, continuée par un bras d'abord enveloppé dans le

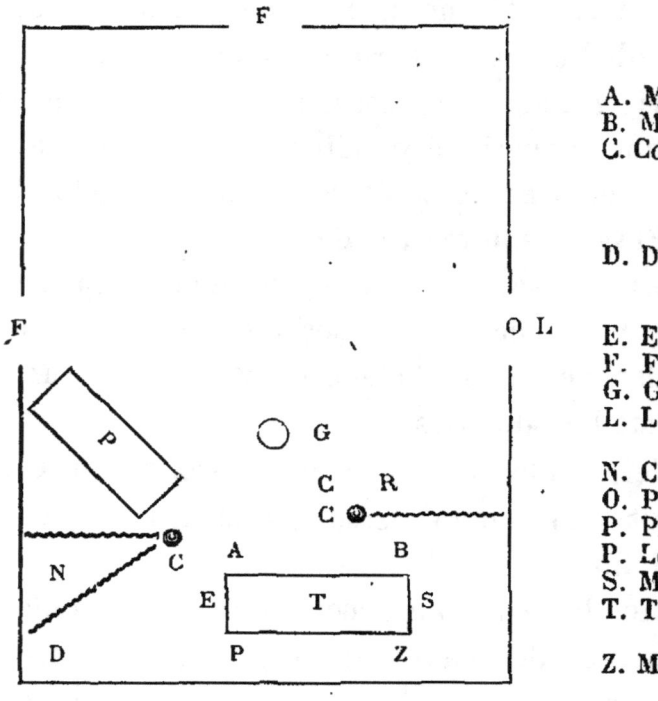

LÉGENDE

A. Mlle A. Blech.
B. M. Blech père.
C. Colonnes formant division dans la pièce à l'aide des rideaux R.
D. Drap blanc servant à former le cabinet.
E. Eusapia.
F. Fenêtre.
G. Guéridon.
L. Lampe dans la pièce voisine.
N. Cabinet noir.
O. Porte ouverte.
P. Piano.
P. Le pasteur P...
S. Mme Blech mère.
T. Table d'expérience.
Z. Mme Z. Blech.

rideau. A plusieurs reprises et très rapidement elle venait toucher tour à tour l'épaule de ma sœur et la colonne de marbre blanc. J'ai pu voir que le bras sans épaule se trouvait au-dessus de la tête d'Eusapia.

Nous avons tous vu ce phénomène, sauf mon père qui a réclamé et demandé qu'il se produisit plus distinctement. Alors a eu lieu un grand remous du rideau qui s'est porté vers le piano P, et l'a complètement recouvert, puis *la main* est arrivée par en bas, jetant sur la table un paquet de morceaux de musique, pris sur le piano, et s'est posée sur ces morceaux, en les tapotant plusieurs fois. Tous nous avons vu très distinctement, non une main lumineuse de fantôme, mais une main de chair semblable aux nôtres. Nous aurions eu tout le temps nécessaire pour la photographier si nous avions eu un appareil prêt. L'avant-bras qui continuait cette main, était couvert d'une manche collante d'étoffe grise allant jusqu'au poignet, tandis qu'Eusapia avait endossé une matinée nous appartenant, dont les manches étaient peu ajustées ; la main apparue nous a du reste semblé plus longue que la sienne. Etait-ce bien la main astrale d'Eusapia ? Je ferai seulement remarquer que cette main, venant toujours d'en bas et sortant de la jupe d'Eusapia, ne pouvait être le prolongement de son épaule.

Durant l'apparition de cette main, les deux mains d'Eusapia, tenues par ses voisins, étaient *parfaitement visibles*.

Nous avons eu d'autres phénomènes encore. Dans une lumière très suffisante pour ne nous laisser aucun doute et les pieds d'Eusapia étant en évidence, nous avons vu sa jupe se gonfler. Quand on touchait à ce gonflement on était saisi par *trois doigts* vous pinçant fortement. Je me suis tenue un moment debout près d'Eusapia, en mettant un bout du rideau sur mon épaule. *Je voyais parfaitement les deux mains d'Eusapia sur la table* et cependant j'ai senti trois fois une *main entière* me prendre le pied et le genou ; elle venait donc toujours d'en bas.

Nous avons fait l'obscurité pour augmenter l'intensité

des manifestations, et, les mains d'Eusapia étant bien tenues nous avons entendu des applaudissements partant du plafond. Nous avons aussi entendu, au-dessus de nos têtes la sonnerie d'une clochette que nous avions déposée derrière le rideau.

Sur notre demande nous eûmes un concert ou plutôt une cacophonie : tout à la fois la sonnette s'agitait au-dessus de nous, des coups de poing étaient frappés sur les touches du piano et la guitare était pincée dans le cabinet ; ce triple phénomène semblait produit par plusieurs mains distantes les unes des autres.

La guitare continuait à se faire entendre ; elle était dans le cabinet à 1^m, 80 d'Eusapia. Comme on l'entendait se mouvoir bruyamment ma sœur pria John de ne pas l'abîmer. Aussitôt, la guitare fut doucement apportée sur la table, toute envelopée dans un châle que nous avions mis au fond du cabinet. Puis, se dégageant du châle, elle s'éleva au-dessus de nos têtes et la triple musique recommença. J'ai cherché à la toucher pour m'assurer de son isolement. Elle flottait horizontalement au-dessus de nos têtes et j'ai senti une résistance en voulant l'abaisser. M. P... et A... se déclaraient sûrs de leur contrôle du médium. Je passe à dessein un grand nombre de manifestations d'ordre plus intime dont notre ami M. P... se montra particulièrement surpris et ému.

A la suite de la séance, qui dura trois heures environ, Eusapia sentait ses bras courbaturés, sans doute à cause des matérialisations de mains et de bras.

Vous vous rappellerez nous avoir entendu dire, l'année dernière, que dans une séance avec Eusapia (celle-ci, comme vous le savez, ne sait ni lire ni écrire), nous avions obtenu la signature d'un prénom. Nous désirions donc vivement pousser plus loin cette expérience : nous n'avons malheureusement obtenu que des caractères nettement tracés mais sans signification. A un moment donné, la main astrale, vexée de son impuissance, est venue prendre l'une des miennes par la peau dorsale (comme on prendrait un chat ou un chien par la peau du cou) et l'a tenue appuyée contre le crayon, sans doute pour l'aider à écrire. J'ai voulu la saisir, mais elle a fui rapidement. Autant que j'ai pu m'en rendre compte, c'était une main petite et chaude, comme celle d'Eusapia dont les deux mains étaient contrôlées avec soin.

Voici du reste ce que M. le Pasteur P. vient d'écrire à ma sœur :

« Après notre séance du lac de Côme, où j'ai vu et saisi des mains qui n'appartenaient à aucune des personnes présentes ; où j'ai vu des mains sans propriétaire corporel, soulever et transporter des objets divers, jouer à la fois de trois instruments différents, promener et agiter une sonnette au-dessus de la tête des expérimentateurs placés autour d'une table, la main dans la main du voisin, je ne puis plus trouver aucune difficulté à admettre une sorte de dédoublement partiel du médium, en même temps que la condensation passagère d'un fluide magnétique ou vital, dégagé par ce dernier et par son entourage, et se manifestant sous des formes vivantes, ayant déjà ou n'ayant pas encore existé dans le monde réel ou normal. »

II. — Expériences d'Auteuil.

A. — *Remarques générales par le Dr Dariex.*

Eusapia a fait récemment en France un nouveau séjour, afin que ceux qui avaient déjà expérimenté avec elle, l'an dernier, pûssent pousser plus loin l'étude des phénomènes qu'elle produit et se faire à leur égard une opinion mieux fondée.

Elle est arrivée à Paris le 16 septembre, après s'être arrêtée deux jours sur les bords du lac de Côme, chez nos amis Ch. Blech, auxquels elle a donné une séance très intéressante. Son séjour en France a duré un mois et s'est divisé en deux périodes de quinze jours, passées la première à Paris, la seconde à Choisy-Yvrac, près de Bordeaux.

A Paris, elle est descendue à Auteuil, chez notre collaborateur et ami Marcel Mangin, dans une maison avec jardin, isolée de toute part, qui est sa propriété et qu'il habite lui-même avec un personnel sûr.

Nos séances avaient lieu au second étage, dans une grande pièce non meublée, formant une aile de la maison, accessible par une seule porte et pourvue de deux fenêtres se faisant vis-à-vis. Cette pièce, sans placard et sans autres meubles que ceux nécessaires pour les expériences, ne pouvait permettre à personne de s'y introduire subrepticement. D'une part, en effet, nous étions au second étage, avec fenêtres et persiennes fermées ; d'autre part la porte unique située au bout de la pièce, opposé à celui où nous expérimentions, restait toujours fermée et ne pouvait s'ouvrir sans être entendue et vue, car, ou bien la lumière était allumée et éclairait suffisamment la pièce, ou bien elle était éteinte, et alors une clarté révélatrice serait venue de la rue dès qu'on aurait ouvert cette porte qui donne sur un très large balcon formant galerie de passage, et se trouve peu éloignée de l'un des becs de gaz de la rue. D'ailleurs, les persiennes des deux fenêtres laissaient toujours filtrer assez de lumière pour qu'il fût possible de distinguer encore la silhouette des personnes présentes et de s'apercevoir aisément de la présence de tout intrus qui se serait aventuré parmi nous.

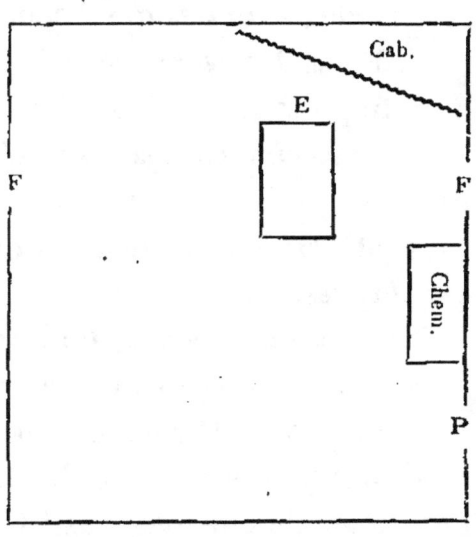

Enfin nous étions chez un ami intime et sûr et entre personnes se connaissant, sûres les unes des autres et n'ayant toutes pas d'autre préoccupation que la recherche impartiale de la vérité, quelle que puisse leur paraître cette vérité.

Personne n'accompagnait Eusapia, et pendant toute la séance nul autre que les expérimentateurs et le médium n'était admis dans la salle.

Le groupe des expérimentateurs se composait des personnes suivantes :

Mme Boisseaux, très au courant des recherches psychiques et apportant dans ces recherches beaucoup de sang-froid et de logique.

M. le docteur Xavier Dariex, chef de clinique ophtalmologique à l'hospice national des Quinze-Vingts, directeur des *Annales des Sciences psychiques.*

M. Émile Desbeaux, rédacteur à l'*Illustration*, auteur d'un important traité de physique.

M. Anthonny Guerronnan, rédacteur au *Paris-Photographe.*

M. Marcel Mangin, rédacteur aux *Annales des Sciences psychiques.*

M. Sully-Prudhomme, de l'Académie française.

En raison de l'époque de l'année, qui était encore la période des villégiatures, tous les expérimentateurs n'ont pas pu assister à toutes les séances. Sous ce rapport nous n'étions pas aussi bien organisés que l'année dernière à l'Agnélas où, habitant tous sous le même toit, nous vivions côte à côte et d'une commune vie, ayant pour principal objectif les expériences en vue desquelles nous nous étions réunis.

Les comptes rendus qu'on lira sur les expériences de Paris proviennent de notes prises immédiatement après les expériences ou dès le lendemain matin. Personnellement, je me bornerai à décrire les phénomènes pour lesquels je jouais un rôle important dans le contrôle, et qui m'ont paru réalisés dans des conditions satisfaisantes.

Avec le compte rendu de M. Desbeaux, celui de M. Mangin et le mien, l'on possédera un ensemble assez complet et très exact. Peut-être eût-il mieux valu prendre les notes séance tenante et en extraire un compte rendu unique et collectif ; mais l'irrégularité des expérimentateurs aux séances a rendu la chose pratiquement irréalisable : d'autre part le compte rendu particulier a l'avantage de mieux mettre en relief l'opinion et l'impulsion du narrateur qui se trouve ainsi mieux à même d'insister sur les faits qui lui ont paru les plus dignes d'être remarqués.

Mme Boisseaux et M. Sully Prudhomme ont jugé inutile de tomber dans les redites en ajoutant un compte rendu personnel à ceux dont je viens de parler, mais ils n'en restent pas moins convaincus qu'ils ont incontestablement été témoins de phénomènes psychiques authentiques.

Je n'ai, pour ma part, relaté que les faits qui m'ont paru véridiques, et j'ai insisté tout particulièrement sur les conditions de contrôle satisfaisantes et capables de leur donner un caractère d'authenticité ; mais il ne faudrait pas en conclure que je n'ai pas d'autre souci que celui de défendre une thèse favorable à la réalité des phénomènes. Ce qui me préoccupe avant tout, c'est de savoir si les phénomènes en cause sont vrais ou faux et si, oui ou non, nous pouvons les accepter comme réels. Or, pour qu'ils soient vrais, il n'est pas nécessaire qu'ils le soient toujours et qu'ils restent à jamais exempts de tout mélange de truquage ; il suffit de pouvoir être quelquefois certain de leur authenticité.

Actuellement je suis, de par mon expérimentation, obligé d'admettre un mélange de vrai et de faux. Le faux ne mérite pas d'être rapporté avec détails : il est parfaitement inutile de décrire de nouveau et longuement tel phénomène truqué et la manière suivant laquelle il a été truqué.

Non seulement je fais abstraction de tous les phénomènes simulés ou suspects, me bornant à dire qu'à toutes les séances, un certain nombre de ceux qui se produisaient n'étaient pas exempts de suspicion ; mais je repousse encore ceux qu'il est possible d'attribuer aux membres inférieurs, toutes les fois que les pieds ne sont pas tenus à pleine main par les expérimentateurs, car nous n'admettons comme contrôle efficace des pieds que celui qui est exercé avec les mains, comme nous le pratiquions souvent en 1895, aux expériences de l'Agnélas. Dans cet ordre de recherches, nous ne pouvons admettre que les phénomènes offrant toute garantie de contrôle et, *sans aller jusqu'à penser qu'il y a tricherie toutes les fois que le contrôle n'est pas irréprochable*, nous sommes autorisés à dire qu'il y a *maldonne* et que cela ne compte pas. Or nous disons maldonne toutes les fois qu'Eusapia se borne à poser ses pieds sur les pieds de ses contrôleurs de droite et de gauche, parce que nous savons qu'un pied peut se substituer à l'autre, que le même pied peut parfois s'appuyer en même temps sur le pied des deux voisins du médium et donner à chacun d'eux l'impression de contact et par conséquent de contrôle du pied dont ils sont chargés, alors qu'en réalité ce contrôle est illusoire.

Assurément ces tours de passe-passe ne résistent pas à l'attention et à l'analyse du contrôle que l'on exerce ; mais à quoi bon nous embarrasser de ces petits côtés de la question ? Ce que nous voulons savoir, *ce qu'il importe de savoir au point de vue scientifique*, c'est si, oui ou non, Eusapia est douée de faculté de déplacer des objets sans contact, sans action matérielle directe, et par conséquent si les mouvements à distance, sous l'influence d'une force qu'il restera à préciser, sont bien une réalité. Ce que nous voulons encore savoir, — et ceci est bien plus extraordinaire, — c'est si les mains dont on éprouve si souvent le contact et que l'on voit quelquefois, sont aussi une réalité ou rien qu'une supercherie. Tels étaient nos préoccupations, notre objectif.

Nous n'avons pas la prétention de considérer nos expériences comme devant entraîner la conviction de ceux qui n'ont pas vu eux-mêmes, et nous ne cherchons d'ailleurs pas à convaincre ; nous nous bornons à exposer, avec toute la sincérité et l'impartialité qui convient à une contribution scientifique, ce que nous avons vu et ce que nous pensons. Nous apportons des faits et laissons à chacun le soin de les apprécier et de méditer à son gré sur ces problèmes dont l'étude s'impose et qui reposent déjà sur des faits trop souvent et trop exactement constatés pour qu'il soit encore possible de ne les considérer que comme des chimères.

Quant à l'hypothèse d'hallucination, nous la repoussons *catégoriquement*, car il n'est pas admissible que, depuis plus de douze ans, tous ceux qui, soit isolément soit en groupe, ont expérimenté avec Eusapia, aient tous eu les mêmes hallucinations, aient tous vu de la même manière. Ils sont peut-être plus de deux cents, ceux qui ont expérimenté avec Eusapia, — rien qu'en France j'en compterais plus de trente, — et parmi eux figurent des savants de premier ordre ayant une réputation universelle. D'ailleurs la photographie a quelquefois contrôlé et confirmé matériellement la réalité des faits observés ; elle a par conséquent prouvé que l'hallucination était hors de cause.

J'ai dit, plus haut, qu'il y avait dans les phénomènes

produits par Eusapia un mélange de vrai et de faux : elle semble avoir besoin de s'entraîner et surtout de se reposer par des intermèdes, tout au moins suspects, avec lesquels elle occupe les expérimentateurs. Elle me fait un peu l'effet d'un musicien s'entraînant préalablement par des exercices qui précèdent le concert et qui viennent souvent s'intercaler entre les vrais morceaux de musique. On pourrait dire qu'Eusapia a aussi ses gammes et ses exercices, mais comme elle ne prévient pas toujours et que ses exercices sont fort analogues à ses vrais morceaux, il en résulte qu'il faut être attentif et un peu habitué à son jeu pour pouvoir distinguer le vrai du faux. Cela est regrettable et gênant pour l'expérimentation rendue ainsi plus difficile et plus délicate ; mais ce n'est affaire que d'éducation et d'attention. Ne faut-il pas en toute chose faire son apprentissage ? Les expériences avec Eusapia et, d'une manière plus générale, les expériences psychiques ne font pas exception à la règle, cela tombe sous le sens commun. Et pourtant que de gens qui n'ont aucune notion ni aucune pratique des recherches psychiques se permettent de trancher ces questions et d'émettre une opinion formelle !

B. — *Compte rendu de M. Emile Desbeaux.*

1re *séance, 16 septembre 1896.* — Présents : Dr Dariex, Sully-Prudhomme, Marcel Mangin, Mme Boisseaux, Guerronnan, et moi. (Sardou, qui devait être des nôtres, s'est fait excuser pour cause de travail).

Très bonne séance d'ouverture. Contrôleurs : Sully Prudhomme et Mangin. Lourde chaise d'architecte apportée plusieurs fois sur la table. Table soulevée. Boîte à musique jouant à distance et transportée sur la table. Sully-Prudhomme semble en butte aux espiègleries du médium : c'est contre lui que la lourde chaise se presse, c'est sa tête qu'elle franchit ; il reçoit des chocs, qui ne sont pas des caresses, et une formidable claque, au milieu du dos, entendue de nous tous. Il est inquiet, très inquiet, et son inquiétude m'amuse. « Mais ce sont des êtres hostiles ! » s'écrie-t-il à plusieurs reprises. Nous partons à 11 heures et demie, convaincus de la sincérité du médium et de la réalité des phénomènes obtenus. Sully-Prudhomme et Mangin ont contrôlé avec soin.

Impossible d'assister à la 2ᵉ séance.

3° séance, lundi 21 septembre. — Pluie battante, pendant toute la séance. Présents : Sully-Prudhomme, Mangin, Guerronnan et moi. Le Dʳ Dariex est malade.

Je suis l'un des contrôleurs et je prends place à la droite d'Eusapia. M. Mangin contrôle à sa gauche. Guerronnan a préparé ses appareils au magnésium.

Eusapia me fait mettre ma main gauche sur ses deux genoux pour me prouver qu'elle ne se servira pas de ses jambes : elle met son pied droit *sur* mon pied gauche ; elle pose sa main droite *sur* ma main gauche, que, souvent, elle serre avec force. Quelques mouvements de la table se produisent. Nous désirons une lévitation complète et assez longue pour qu'on puisse en prendre une photographie.

On est en demi-lumière et on distingue fort nettement les mains d'Eusapia ; ma main gauche contient toujours ses deux genoux petits et maigres. Sully-Prudhomme, Mangin et moi, nous sommes en ce moment fort bien placés pour voir ; Guerronnan est à ses appareils. Eusapia demande qu'on fasse la chaîne, et voici que la table se soulève des quatre pieds. Guerronnan a le temps d'en prendre une photographie, mais il craint qu'elle ne soit pas bonne. Nous prions Eusapia de recommencer. Elle y consent de bonne grâce. De nouveau la table est soulevée des quatre pieds. Mangin en avertit Guerronnan qui, de son poste, n'avait pas vu, et la table reste ainsi, en l'air, jusqu'à ce que Guerronnan ait eu le temps d'en prendre l'image (de 3 à 4 secondes au maximum (1)). La lumière éclatante du magnésium nous a permis à tous les trois, Sully-Prudhomme, Mangin et moi, de constater la réalité du phénomène.

... Le rideau, établi dans l'angle de la pièce, vient subitement me couvrir la tête, puis je sens successivement trois pressions d'une main sur ma tête, pressions de plus en plus fortes, je sens les doigts qui appuient comme pourraient faire ceux de Sully-Prudhomme, mon voisin de droite, dont je tiens la main gauche en faisant la chaîne.

C'est une main, ce sont des doigts qui viennent de me presser ainsi, mais de qui ? J'ai toujours eu la main droite d'Eusapia sur main gauche, qu'elle a saisie et serrée au moment de la production du phénomène. Son pied droit est sur mon pied gauche. Mangin contrôle soigneusement de son côté. Nous faisions alors la chaîne je n'avais donc plus le contrôle des genoux.

... Je rejette le rideau resté sur ma tête, et nous attendons. « *Meno luce* », demande Eusapia. On baisse en-

---

(1) La figure inférieure de la planche IX montre avec quelle lenteur la table est retombée sur ses pieds puisqu'elle a impressionné la plaque dans ses positions successives.

PL. IX, p. 342   AUTEUIL, 1896

core la lampe et on en cache la lumière derrière un paravent.

En face de moi est une fenêtre aux persiennes closes, mais d'où filtre la clarté de la rue.

Dans le silence, mon attention est surprise par l'apparition d'une main, une petite main de femme, que je vois grâce à la faible clarté venant de la fenêtre. Ce n'est pas l'ombre d'une main c'est une main en chair (je n'ajoute pas « et en os », car j'ai l'impression qu'elle n'en a pas) ; cette main se ferme et se rouvre trois fois, et cela dans un temps suffisamment long pour me permettre de dire : « A qui est cette main ? à vous, monsieur Mangin ? — Non. — Alors, c'est une matérialisation ? — Sans doute, si vous tenez la main droite du médium, je tiens l'autre. »

J'avais alors la *main droite* d'Eusapia sur ma main gauche, et *ses doigts entrelaçaient les miens.*

Or, la main que j'ai vue était une *main droite*, étendue, présentée de profil. Elle est restée un instant immobile, dans l'espace à 60 ou 70 centimètres au-dessus de la table et à 90 centimètres environ d'Eusapia. Comme son immobilité (je suppose) ne me la faisait pas remarquer, elle s'est fermée et rouverte ; ce sont ces mouvements qui ont attiré mes regards.

Ma position favorable par rapport à la fenêtre n'a malheureusement permis qu'à moi seul de voir cette main mystérieuse, mais M. Mangin a vu, à deux reprises, non pas une main, mais l'ombre d'une main se profiler sur la fenêtre opposée.

Puis, toujours contrôlant (Mangin et moi) les mains du médium, nous sommes touchés simultanément, et cela à sept ou huit reprises, et la pression dure assez longtemps pour que nous puissions le constater ensemble. Mangin était touché à la tête ou sur l'épaule, moi dans le dos du côté du médium, avec la sensation de la pression lente d'une main ouverte.

Cette *simultanéité* semble devoir écarter toute idée de fraude. Il serait nécessaire, en effet, pour supposer la fraude, que nous eussions, Mangin et moi, perdu tous les deux et pendant un temps relativement long, le contrôle de l'une et de l'autre main, ce qui n'est guère admissible. On peut prétendre qu'Eusapia s'est servie de ses pieds, les genoux n'étant pas contrôlés. Alors il faut qu'elle soit extraordinairement désarticulée pour que Mangin et moi, placés comme nous l'étions, presque serrés contre elle, nous n'ayons perçu aucune des contorsions qu'elle eût dû s'imposer.

... Le rideau me couvre de nouveau la tête, et la pesée d'une main sur ma nuque m'oblige doucement à m'incliner vers la table. Je me dégage du rideau (la lampe s'est éteinte), je sens sur l'occiput de légères tapes caressantes, et on me tire gentiment, on me caresse l'oreille gauche. Le contrôle est bon.

... La lampe est rallumée, on est en demi-lumière. Eusapia tourne quelques instants la tête dans la direction du rideau derrière lequel se trouve un lourd fauteuil de cuir, et le lourd fauteuil vient, écartant le rideau, s'appuyer contre moi.

Eusapia me prend la main gauche, l'élève au-dessus de la table de toute la longueur de son bras droit et fait le simulacre de frapper trois fois : trois coups retentissent sur la table.

Une sonnette est mise devant Eusapia. Celle-ci étend ses deux mains à droite et à gauche de la sonnette, à une distance de 8 à 10 centimètres, puis elle ramène ses mains vers son corps, et voici la sonnette entraînée, glissant sur la table jusqu'à ce qu'elle butte et se renverse. Eusapia recommence l'expérience plusieurs fois. On croirait que ses mains ont des prolongements invisibles, et cela me semble justifier le nom de « force ecténique », que donna à cette énergie inconnue le professeur Thiry. de Genève, en 1855.

Je me demande si, entre ses doigts, elle ne tient pas quelque fil invisible quand, soudain, une démangeaison irrésistible lui fait porter la main gauche à son nez ; la main droite est restée sur la table auprès de la sonnette, les deux mains sont éloignées en cet instant de 60 centimètres environ. J'observe avec soin. Eusapia repose sa main gauche sur la table à quelques centimètres de la sonnette, et celle-ci est, de nouveau, mise en mouvement. Etant donné le geste d'Eusapia, il lui aurait fallu, pour exécuter ce tour, un merveilleux fil élastique, absolument invisible, car avec la lumière suffisante, nos six yeux étaient pour ainsi dire, sur la sonnette ; les miens en étaient distants de 30 centimètres au plus.

C'est un phénomène sûr, indéniable, et je ramène chez lui Sully-Prudhomme, parfaitement convaincu comme moi.

4ᵉ séance. — Impossible d'y assister.

5ᵉ séance, 26 septembre 1896. — Présents : Dʳ Dariex, Mangin, Guerronnan et de Rochas (qui assiste extraordinairement à la séance).

Le Dʳ Dariex est aujourd'hui le contrôleur de gauche. Je contrôle à la droite d'Eusapia, M. Mangin est à ma droite, M. de Rochas à la gauche de M. Dariex ; Guerronnan, après avoir préparé ses appareils, vient s'asseoir entre MM. Mangin et de Rochas.

Nous sommes en demi-lumière. La séance débute par des mouvements et une lévitation de la table. Puis, Eusapia demande « *Meno luce* », et bientôt le rideau vient me couvrir la tête et le bras gauche. Je suis touché, Dariex aussi. Je dégage ma tête et, *simultanément*, nous sommes touchés, Dariex et moi, de coups successifs assez nombreux pour que nous puissions compter ensemble, à haute voix : 1, 2, 3, 4, 6, 7, 8, 9, 10. C'est au côté gauche que je suis touché, M. Dariex l'est à l'épaule (gauche, je crois) ; puis, sur nous deux, les coups légers se multiplient *simultanément* et se succèdent avec une telle rapidité que nous renonçons à les compter.

« Moins de lumière encore », a demandé le médium. La lampe est placée derrière une tapisserie et baissée au dernier degré. Nous sommes alors dans l'obscurité à peu près complète, mais une certaine clarté vient des fenêtres de la rue.

Derrière Eusapia, dans l'ouverture du rideau un *point lumineux* apparaît (deux autres points lumineux s'étaient montrés pendant que j'avais la tête sous le rideau). C'est un rond de la grandeur d'une pièce d'un franc, le centre est *rouge*, les bords sont auréolés de *bleu*. J'ai bien vu. Puis nous distinguons des formes imprécises, toutes de 25 à 30 centimètres, *bleuâtres*, que nous supposons être des mains qui n'ont pu se former.

Mais voici une main, bien formée et juste au-dessus de la tête d'Eusapia ; elle est ouverte, la paume étant du côté de la tête. Cette main est *blanchâtre*. Comment pouvons-nous la voir ainsi, si elle n'est pas douée d'une certaine luminosité? M. Guerronnan fait cette remarque :

« On dirait une main gantée de blanc. » Oui, un gant blanc empli d'air, c'est un peu cela, mais pas exactement. Le contrôle est bon.

Encore d'autres mains ; puis, le rideau se gonfle de mon côté de façon que Dariex, seul, puisse voir à l'intérieur, et, tout à coup, il dit : « Oh ! qu'est-cela ?... qu'est cela ?... Je vois une forme blanche, une forme indécise... » Et comme il répète : « Qu'est cela ? » Eusapia lui répond *en français*, d'un ton triste : « C'est ta femme ». Puis il sent sur sa main les caresses d'une main mignonne. Le contrôle est bon.

A plusieurs reprises j'ai demandé à pouvoir toucher une de ces mains mystérieuses (et mon intention secrète, depuis longtemps arrêtée, est d'essayer de retenir cette main dans la mienne). M. Mangin se décide à faire part de mon désir au médium.

Eusapia prend ma main gauche (qui contrôlait sa main droite), elle l'élève de la hauteur de son bras, l'approche de l'ouverture du rideau et l'abandonne. Immédiatement, brusquement, une main sort de dessous le rideau, à gauche, SERRE FORTEMENT MES DOIGTS, et s'enfuit du côté d'où elle est venue.

Cette main était une *main gauche (Dariex contrôlait la main gauche du médium)* ; le pouce était en bas, du côté du sol, il était très nettement visible ; les quatre doigts ne se distinguaient pas les uns des autres, et le reste de la main était caché (si ce reste était formé) par le rideau. Cette sorte de pince s'est élancée de derrière le rideau avec la promptitude d'un oiseau fondant sur une proie, donnant un coup de bec et disparaissant.

Elle est arrivée entr'ouverte, s'est fermée sur mes

doigts, s'est rouverte et s'est enfuie, comme si elle devinait mon intention de m'en emparer.

Je n'ai pas eu la sensation de la pression d'une main corporelle. Ce n'était ni chaud ni froid (par suite, ce devait être à la température de ma main). Cela était *blanc* comme le moule de plâtre d'une main que le sculpteur n'aurait qu'ébauchée ; le pouce était mal modelé ; il n'avait pas d'ongle.

La blancheur de cette main dynamique devait être donnée par une luminosité propre puisque ma main, dans cette obscurité, restait invisible.

Quelques instants après, sur l'observation de MM. de Rochas et Guerronnan qui pensaient qu'en entr'ouvrant davantage le rideau on verrait mieux ce qui pourrait se passer là, je retirai ma main gauche de la table, où elle touchait celle d'Eusapia et je la portai au rideau ; ma main était alors à 60 centimètres du sol environ.

Au moment même où je touchai le bord du rideau de gauche du bout de mes doigts, ces doigts furent *violemment* repoussés. Oui, les extrémités de mes quatre doigts furent repoussées par les extrémités d'*autres doigts* (j'ai eu cette sensation), et avec une telle vigueur que je ressentais encore la pression sur le bout de mon index gauche deux ou trois minutes après. Il faut remarquer que je n'ai pas vu ces doigts (en exécutant la manœuvre qu'on me demandait, je ne regardais pas), et que j'avais forcément perdu le contrôle de la main droite d'Eusapia Quel intérêt aurait-elle eu à accomplir elle-même cet acte ? Elle pouvait se faire prendre en fraude aisément et bien inutilement.

Ensuite, toujours en obscurité, nous distinguons au-dessus de la table des mains, ou mieux des ombres de mains ; elles n'ont pas l'éclat blanc ; puis, nous sommes touchés. Je reçois, pour ma part, sur la nuque cinq petites claques amicales, que *tout le monde entend*. Le contrôle est bon

Qu'est-ce que cela ?... Un buste *noir*, qui s'avance sur la table, venant de la direction d'Eusapia ; puis un autre, puis un autre, puis un autre : « On dirait, remarque M. Mangin, des ombres chinoises », avec cette différence que, moi, très favorablement placé à cause de la clarté de la fenêtre, je peux constater les dimensions de ces singulières images, et surtout leur *épaisseur*. Tous ces bustes noirs sont des bustes de femmes, de grandeur nature, mais, quoique imprécis, ne ressemblant pas à Eusapia. Le dernier, mieux formé, est celui d'une femme paraissant jeune et jolie. Ils glissent entre nous, ces bustes qui semblent émaner du médium, et, parvenus au milieu ou au deux tiers de la table, il s'inclinent *tout d'une pièce*, et s'évanouissent. Cette rigidité me fait penser à des ombres de buste, qui se seraient échappées de l'atelier d'un sculpteur, et je murmure : « On croirait voir des bustes moulés en carton ». Eusapia a entendu. « Non ! pas carton (*sic*) ! » dit-elle d'une voix indignée. Elle ne donne pas d'autre explication, mais elle ajoute, cette fois en italien : « Pour montrer que ce n'est pas le corps du médium, vous allez voir un homme avec de la barbe ; attention ! » Je ne vois rien, mais M. Dariex se sent le visage caressé assez longuement par une barbe.

Deux, trois coups violents résonnent sur le milieu de la table. La boîte à musique voltige, en jouant au-dessus de nos têtes.

Eusapia se met debout en demandant qu'on n'interrompe

pas la chaîne, *la catène*, comme elle dit. Nous espérons assister à la lévitation du médium, mais c'est la lévitation de la table qui nous est donnée. Elle se lève si haut et si brusquement que je suis forcé de lâcher la main d'Eusapia (ou est-ce elle-même qui s'est dégagée ?) Je recherche cette main aussitôt, je la retrouve et je la sens qui *appuie fortement sur l'extrémité de l'angle de la table*. La table était alors, d'après la position de mes bras, à 1^m,60 du sol, et elle y est restée quelques secondes.

Ce n'est pas le geste que j'ai surpris, qui a pu élever et soutenir la table (surtout si, comme je l'espère, le Dr Dariex n'a pas perdu, lui, le contrôle de la main gauche); mais il est certain que, par ce geste, Eusapia venait en aide, inconsciemment ou sciemment, à ses mains dynamiques.

Plusieurs faits remarqués au cours de ces séances appuieraient l'hypothèse de la formation et de l'utilisation de ces mains. Aussi, au début de la soirée, avant que le rideau de gauche ait recouvert ma tête, Eusapia non seulement regardait ce rideau, mais encore faisait avec son épaule droite les mêmes mouvements qu'elle eût faits si son bras droit et sa main droite avaient attiré le rideau. Cela me frappa tellement que je tins et serrai avec force sa main droite, — et le rideau vint tout de même sur ma tête.

Il y a dans ces expérience des faits extrêmement probants, et d'autres qui, à la réflexion, laissent un doute. Eusapia « truquerait » volontiers, comme tous les médiums.

Tous debout, après que la table vient de se retourner en l'air et de se reposer sur le parquet, nous faisons la chaîne. *Je tiens bien* la main droite d'Eusapia. M. Dariex tient la gauche, et nous sommes touchés ; on défait le dernier bouton de mon gilet ; en même temps, une main caresse ma main gauche que tient M. Mangin et M. Mangin perçoit cette caresse : voilà donc qui me paraît sûr. Mais Eusapia rompt la chaîne et dit de regarder. Elle souffle et à la faveur de la clarté venant de la fenêtre, nous apercevons, chaque fois qu'elle souffle la silhouette d'une main qui se forme et s'évanouit : cela est moins sûr. Enfin, elle prie M. de Rochas de lui tenir les mains, l'avertissant qu'elle va faire apparaître une main sur son épaule droite, à elle Eusapia. Mais tout à coup, de Rochas s'écrie : « Truc ! » En effet, elle a dégagé une de ses mains que de Rochas a rattrappée au vol. Eusapia se lamente, veut recommencer et n'obtient pas de résultat. Il est vrai qu'il est plus de minuit et qu'elle est tout à fait épuisée.

6ᵉ séance. Lundi 28 septembre 1896. — ..... Nous désirons obtenir l'empreinte d'une main ou d'un visage dans un bloc de terre à modeler.

Avant la séance, M. Mangin avait placé ce bloc, derrière le rideau, sur le lourd fauteuil de cuir, et on ne s'en était plus occupé.

Vers la fin de la soirée, alors que nous faisons la chaîne, les mains sur la table, nous entendons quelque chose tomber sur cette table. L'obscurité est presque complète. Serait-ce un apport ? J'étends la main, et, à tâtons, je trouve un objet de la grosseur d'une noisette. C'est un petit morceau de terre à modeler. Je constate, tout haut, qu'il est TIÈDE. On n'avait pas allumé de feu ce soir-là, mes mains étaient froides, la différence de température était facile à percevoir.

La séance terminée, nous examinons le bloc de terre. Tout au bord, perpendiculairement au dossier de la chaise du médium, nous voyons une trace creusée comme par un doigt. La portion de terre raclée, enlevée, est venue tomber sur la table sous forme d'une espèce de boulette où l'on remarque comme l'empreinte de l'extrémité d'un doigt (j'ai cette boulette chez moi). Aucun de nous n'attache d'importance à ce fait qui n'était pas contrôlable. En effet, dans l'obscurité, alors que la table se levait et que nous étions tous debout dans un désordre momentané, Eusapia aurait pu, de son doigt corporel, imprimer ce sillon dans la terre et cacher la boulette obtenue dans son corsage, près de sa peau, et cela même expliquerait la *température de ladite boulette*. Toutefois, immédiatement après la tombée de l'objet, M. Dariex avait palpé les doigts du médium et n'y avait point senti de traces de terre à modeler. Et il faut admettre aussi que, puisqu'elle a pu — indéniablement — faire baisser, sans contact, le plateau d'une balance (1), elle a bien pu, sans fraude, produire le dernier phénomène. Et, dans ce cas, la *température de la boulette* serait *un fait particulièrement intéressant à noter.* »

Voilà ce que j'écrivais au lendemain de la 6ᵉ séance.

Or, le 15 octobre dernier, en relisant un compte rendu de la séance de l'Ile Roubaud du 4 août 1894, je remarque des apports ou mieux des transports de pièces de 5 francs. Dans les conditions du contrôle le plus rigoureux exercé par MM. Richet et Ochorowicz, seuls en présence d'Eusapia, une troisième pièce de 5

---

(1) Au commencement de cette séance on avait obtenu l'abaissement, *à distance*, du plateau d'une balance dont le plateau correspondant était chargé d'un poids de 30 grammes.

francs est transportée de derrière le rideau, et M. Ochorowicz écrit : « *Cette pièce était chaude* ».

On pourrait, par ces deux constatations rapprochées (les températures anormales de la boulette de terre et de la pièce de métal), supposer que le phénomène dont nous avons été témoins n'a pas été plus entaché de fraude que celui de l'Ile Roubaud ; en tout cas, les expérimentateurs seront avertis d'avoir à constater la température des objets si extraordinairement apportés.

7ᵉ *séance*. — Impossible d'y assister.

Je n'ai pu assister à cette dernière séance, et voilà que disparaît l'occasion rare et difficile à trouver, dans d'aussi bonnes conditions, d'interroger l'Inconnu et d'essayer de voir dans l'Au-delà. Néanmoins, il résulte, pour moi, que nous avons été réellement mis en face d'une Énergie aux lois non définies émanant de l'organisme d'Eusapia; d'une force ecténique, εκτενια (extension), comme l'appelait M. Thury ; mais rien ne m'a prouvé la nécessité, pour la production de ces phénomènes, de l'intervention d'Etres invisibles, âmes de morts, élémentals, élémentaires, esprits supérieurs ou inférieurs. Rien, dans ces séances, ne m'a permis de croire, malgré le vif désir que j'en aie, à la présence de ceux qui vécurent avant nous.

Au point de vue psycho-physiologique, je dirai que je n'ai éprouvé aucune fatigue pendant ni après les séances. Aucun des phénomènes, pas même celui de mes doigts, saisis par la main, ne m'a donné la moindre émotion. J'ai constamment gardé tout mon sang-froid, et si j'ai éprouvé un sentiment quelconque, ce ne fut que celui d'une surprise amusée, d'une joie de voir réussir les expériences.

III. — Expériences de Choisy-Yvrac du 3 au 13 octobre 1896 (1).

A. — Programme des expériences.

A la suite des séances d'Auteuil je partis de Paris, le 1ᵉʳ octobre 1896, pour me rendre au château de Choisy-Yvrac, près de Bordeaux, où M. Maxwell nous attendait et où vinrent nous rejoindre, le lendemain, le comte Arnaud de Gramont et le baron Carlos de Watteville.

Les expériences de l'Agnélas nous avaient pleinement convaincus de la réalité des phénomènes de la production de mouvements sans contact; mais la formation de mains fluidiques était une chose si extraordinaire, si en dehors de tout ce que nous connaissions, que notre esprit avait peine à l'admettre et que nous voulions concentrer toute notre attention sur ce point pour nous faire une opinion définitive.

Nous nous proposions en outre de chercher à définir, dans une certaine mesure, la force qui émanait du médium pour agir sur les objets extérieurs et, à cet effet, nous avions apporté une machine électrique de Wimshurst, des aimants, un spectroscope, des tubes de Crookes, une lanterne au magnésium avec verre argenté pour ne laisser passer que les rayons ultra-violets, et quelques appareils enregistreurs.

Enfin nous tenions à savoir comment Eusapia se comporterait sous l'action du magnétisme animal et de

(1) Compte-rendu par le colonel de Rochas.

l'électricité ; nous espérions, en l'extériorisant par l'un de ces moyens, rendre visible à tous le *double* que perçoivent seulement les sensitifs quand on agit sur des sujets moins bien doués.

B. — EFFET DES ACTIONS MAGNÉTIQUES SUR EUSAPIA

La première de nos séances eut lieu le 3 octobre ; en voici les résultats tels qu'ils ont été consignés dans le procès-verbal de nos expériences dont nous ne donnerons ici que quelques extraits pour ne point répéter indéfiniment les mêmes constatations.

1° Eusapia est suggestible dès qu'on détermine chez elle l'état de crédulité. Des actions, même très faibles, déterminent des hallucinations de la vue, de l'ouïe et de l'odorat ; elle présente alors le phénomène ordinaire de l'insensibilité cutanée.

2° Quelques passes sur l'une de ses mains déterminent l'extériorisation de la sensibilité, à 3 ou 4 centimètres de la peau ; mais, lorsque je prolonge les passes et éloigne ma main pour explorer la sensibilité à de plus grandes distances, cette main est suivie par celle d'Eusapia qui est attirée ; si on empêche la main d'Eusapia de suivre la mienne, on peut constater l'existence d'une deuxième couche sensible à une dizaine de centimètres de la peau. Ainsi on peut dire que, dans le premier cas, la sensation s'est transformée en mouvement (1)....

(1) J'ai retrouvé le même phénomène chez la jeune fille qui en 1896, produisait des déplacements d'objets à Agen.

J'ai magnétisé Eusapia pour voir comment se forme chez elle le corps fluidique dont j'ai constaté l'extériorisation avec d'autres sujets. Après 2 ou 3 minutes de passes sur la tête et sur le tronc, Eusapia endormie déclare voir apparaître sur sa droite une sorte de fantôme et c'est à l'emplacement de ce fantôme que sa sensibilité est localisée. Pareil fait s'était déjà présenté à l'Agnélas : quand j'avais demandé à Eusapia si ce fantôme était John, elle avait répondu que non, mais que c'était ce dont John se servait, et elle n'avait point voulu laisser continuer la magnétisation. Le même refus se produisit à Choisy où nous espérions produire une extériorisation assez complète pour que le fantôme fût visible pour tous. Eusapia déclara que la pièce était trop grande, que le fluide s'y perdait et qu'il fallait construire un cabinet dans lequel elle pourrait condenser ce fluide à l'abri de la lumière et des agitations de l'air produites par les assistants. Elle demanda à être réveillée et on leva la séance.

On reconnut, dans les séances suivantes, que quelques passes longitudinales hâtaient très notablement la transe et je me servis souvent de ce moyen pour éviter des pertes de temps.

C. — MOUVEMENTS SANS CONTACT. — LUEURS. — EFFETS DE L'ÉLECTRICITÉ

Suivant le désir d'Eusapia, on établit un cabinet avec des rideaux dans une autre pièce beaucoup plus petite et c'est là qu'eurent lieu les cinq autres séances que put donner Eusapia jusqu'à l'époque fixée pour son retour en Italie (*Voir le croquis ci-dessous*).

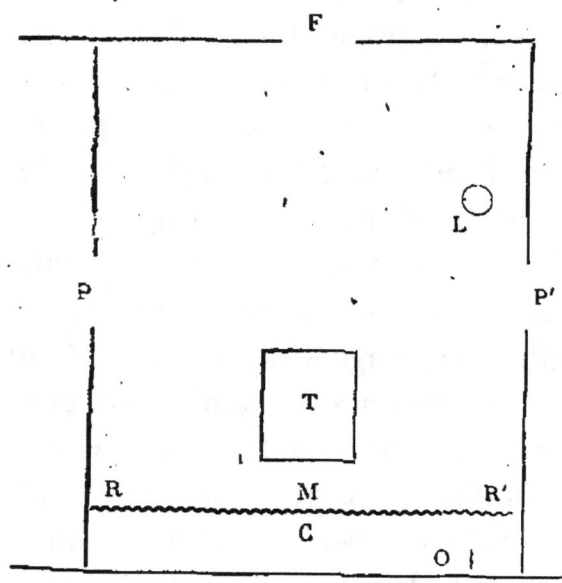

LÉGENDE

C. Cabinet obscur.
F. Fenêtre donnant sur le parc.
L. Lanterne posée sur une étagère.
M. Place du médium.
O. Porte donnant dans un salon.
P. Porte fermée à clef, donnant dans un vestibule.
Q. Tige de fer à laquelle on accrochait le tambourin.
R. R'. Rideaux.
T. Table d'expériences.

Dès la suivante (4 octobre) nous dûmes constater avec regret que nous ne pouvions diriger les phénomènes, qu'il fallait laisser agir Eusapia comme elle en avait l'habitude, sous peine de nous heurter à ses résistances et de n'obtenir que des effets peu marqués ; ce qui nous aurait été désagréable parce que, malgré nos résolutions et le soin que nous avions pris de nous isoler à la campagne, nous avions été conduits à admettre à quelques-unes de nos séances des personnes fort désireuses d'assister à ces manifestations extraordinaires et que des observations, théoriquement plus importantes, auraient peu intéressées, faute d'une connaissance suffisamment approfondie de la question (1).

(1) On ne doit pas oublier qu'Eusapia n'est point un mécanisme inerte ; c'est un être vivant, pensant, ayant des sympathies et

De plus, les phénomènes se produisant à l'improviste et ne se répétant pas à volonté, soit parce que le médium était épuisé par une sorte de décharge électrique, soit parce qu'ils obéissaient à une intelligence capricieuse, nous n'eûmes point l'occasion de faire usage de nos instruments.

C'est ainsi qu'à la fin de la première séance Eusapia, non en transe, posa la main à plat sur une table légère, et l'enleva horizontalement jusqu'à une vingtaine de centimètres du sol ; puis la table se détacha de la main, descendit très lentement jusqu'à trois ou quatre centimètres au-dessous de cette main et enfin s'abattit lourdement sur le parquet. Il eût fallu voir, en plaçant le

des antipathies. Pour qu'elle s'abandonne à des expériences qui l'épuisent et peuvent devenir dangereuses, il faut qu'elle connaisse les expérimentateurs, qu'elle ait confiance en eux et envie de leur faire plaisir. Il est bon, en outre, pour qu'elle jouisse de la plénitude de ses facultés, qu'elle continue à mener, pendant la période des séances, une vie indépendante où elle puisse faire de l'exercice et raconter ses petites affaires à des personnes de son niveau social susceptibles de s'y intéresser.

C'est faute de se rendre compte des conditions toutes spéciales nécessitées par ce genre d'études que beaucoup de savants très distingués, dont nous serions heureux d'avoir le concours, se plaignent des difficultés qu'ils éprouvent à vérifier les résultats obtenus par nous.

Il est bon d'ajouter que le prix des voyages d'Eusapia, l'indemnité qu'on lui donne pour abandonner sa famille et son petit commerce à Naples pendant un temps assez long pour lui permettre de reprendre ses forces entre les séances, les frais de déplacement des expérimentateurs se réunissant en petit nombre et s'isolant pour les motifs que nous avons indiqués plus haut, représentent une dépense assez considérable ; aussi la plupart de ceux qui auraient désiré qu'on leur servit un phénomène comme on rougit un papier de tournesol en le trempant dans un acide, ont-ils reculé quand ils ont connu les sacrifices de temps et d'argent auxquels ils devaient se résoudre.

médium sur une balance, comment se modifiait son poids quand elle soulevait la table, soit en contact direct soit à distance. Mais nous n'avions pas, ce soir-là, de balance.

Le jeudi 8 octobre (4ᵉ séance), en présence du général Thomassin arrivé la veille pour assister à cette unique séance, Eusapia, non encore entransée, se place debout devant le petit côté de la table et présente ses poings fermés, les ongles en l'air, à environ quinze centimètres de la table, *complètement isolée de sa personne*. La table recule en glissant sur le parquet. A ce moment je porte vivement ma main entre la table et les poings d'Eusapia et je pince l'air avec force. Eusapia pousse un cri de douleur et me frappe avec colère en me disant que je lui ai fait mal. Il y avait donc entre elle et l'objet mû un lien invisible qui correspondait avec son cerveau, et la force se décelait à nu, pour ainsi dire, entre son point d'émission et son point d'application. — Si nous avions prévu ce phénomène, qui se produisait pour la première fois, nous aurions pu interposer sur le trajet une plaque photographique pour essayer de l'enregistrer ; malheureusement le médium ne put le répéter.

Le dimanche 4 octobre (2ᵉ séance), on plaça au milieu de la table d'expérience une boîte à cigares en bois, dans le couvercle de laquelle on avait découpé une ouverture rectangulaire fermée ensuite par du canevas à gros trous. Dans cette boîte on avait placé une feuille de carton recouverte de noir de fumée et, après avoir bien constaté, tous, que le noir était intact, on avait ficelé et scellé la boîte. Nous espérions obtenir des empreintes de doigts dans des conditions irréprochables. Les deux mains d'Eusapia étant bien tenues, les assistants fixèrent leurs regards sur la boîte qu'on voyait distinctement. On attendit en vain plusieurs minutes. Eusapia dit que la concentration des regards et de l'attention sur le point où le phénomène devait se produire y déterminait des vibrations qui, comme celles de la lumière, gênaient l'agrégation de fluide (1). On causa alors de choses et d'autres sans cesser de maintenir séparées les deux mains du médium, et, au bout de quelque temps, le rideau *placé derrière Eusapia* fut projeté sur la table de manière à couvrir la boîte. Après avoir entendu celle-ci glisser à plusieurs reprises nous l'ouvrîmes, mais le noir de fumée était intact. Le mardi 13 octobre, à la 6ᵉ séance où se trouvaient trois personnes étrangères au groupe des quatre expérimentateurs permanents, on voulut recommencer l'expérience, mais sans la boîte. M. de Gramont

---

(1) L'obscurité à laquelle on est presque toujours forcé d'avoir recours dans les séances pour avoir des phénomènes intenses est une des choses qui choquent le plus les personnes étrangères à ce genre d'études. Voici ce que leur répond M. Erny dans le *Psychisme expérimental* (p. 125) :

« Quant aux lois qui gouvernent ces phénomènes, elles sont aussi ignorées que celles de la vie. On ne connaît qu'un côté du problème, c'est que l'obscurité est nécessaire à la matérialisation, *comme à toute chose prenant vie.*

« Le germe ou le grain de blé dans la terre, le poussin dans l'œuf, l'enfant dans le sein de sa mère, chacune de ces formations ne peuvent se faire à la lumière.

« De même que la plaque sensible a besoin de la chambre noire du photographe, la forme se matérialisant a besoin de l'obscurité pour se former ; mais, une fois cette condensation terminée, l'image matérialisée peut se montrer à la lumière ou demi lumière comme le cliché après son développement. Il en est de même pour bien des manipulations chimiques.

« Cependant la forme matérialisée n'étant qu'un *simulacre* de corps, la lumière la dissout comme le feu fait fondre une statue de cire ou de glace. »

apporta sur la table deux cartons recouverts de noir de fumée après avoir préalablement reconnu qu'ils étaient intacts. Il les posa sur un guéridon placé derrière le rideau du cabinet en prenant les plus grandes précautions pour ne point y laisser de traces avec ses doigts. Eusapia, dont je tenais la main droite avec ma main gauche, saisit alors ma main droite au poignet avec sa main gauche, me dit d'étendre les doigts et les porta dans la direction des cartons dont ils restaient éloignés de plus d'un mètre Puis elle me serra le poignet et dit ; « *E fatto.* » (C'est fait.) M. de Gramont alla reprendre les cartons avec les mêmes précautions et les porta au jour où on constata les empreintes de cinq bouts de doigts avec les marques des papilles. Un nouvel essai donna le même résultat — Eh bien ! cette double expérience n'a point apporté dans nos esprits une conviction absolue. Nous étions trop nombreux ; sans mettre en doute la bonne foi d'aucune des personnes présentes, nous nous sommes demandé si un mouvement qui nous aurait échappé dans l'obscurité n'aurait pas, par hasard, produit ces traces ; et, de nouveau, nous avons reconnu combien il était nécessaire de restreindre le nombre des spectateurs à quatre ou cinq au plus, de telle sorte que chacun pût voir, sentir et vérifier par soi-même. Quand ces conditions ne sont pas remplies, nous ne sommes pas plus crédules que les gens qui ne veulent pas se fier à nos affirmations (1).

---

(1) Il ne s'agit pas, dans des recherches de cette nature, de savoir si *tout est vrai*. M. Ochorowicz a excellemment montré qu'Eusapia pouvait frauder inconsciemment, soit pour s'éviter la douleur de l'effort, soit même sous l'influence suggestive des spectateurs qui pensent à la fraude. Peu nous chaut du reste de la vertu d'Eusapia, ce qu'il nous importe de constater c'est

C'est avec la même réserve que nous avons accueilli l'empreinte d'un doigt entouré d'un fin tissu, qui, le 11 octobre (5ᵉ séance), s'est produite sur une couche d'argile plastique renfermée dans un plat posé au milieu de la table, et l'apport d'une fleur qui est venue se placer entre les doigts de ma main qui tenait celle d'Eusapia. — Dans le premier cas, l'argile présentait sur les bords quelques marques de doigts produites quand on avait essayé sa plasticité, et nous avons poussé le scrupule jusqu'à supposer que peut-être il fallait classer parmi ces marques celles que nous croyons bien cependant ne pas y être quand on a apporté le plat sur la table. — Dans le second cas nous n'avions pas fouillé Eusapia avant la séance et, comme sa main tenue par moi s'était déplacée sur la table avant le phénomène, on pouvait supposer qu'elle avait profité de ce mouvement pour saisir la fleur dissimulée par elle, nous ne savons où.

Mais il y a d'autres faits qui ne laissent place à aucun doute.

Le mardi 6 octobre (3ᵉ séance), M. de Watteville, placé debout à l'une des extrémités de la table, réclame sa chaise qui, dans le cours d'une expérience précédente, a été placée dans le cabinet derrière Eusapia. Celle-ci, assise, *les deux mains tenues séparément sur la table*, d'un côté par M. Maxwell, de l'autre par moi, répond : « La voilà », et la chaise apparaît sur la tête du médium, dans la fente du rideau, flotte doucement par-dessus la table et va s'offrir à M. de Watteville qui la prend. A la 5ᵉ séance (11 octobre), dans une obscurité à peu près

qu'elle produit quelquefois des phénomènes que notre science actuelle est impuissante à expliquer.

complète, le guéridon, placé derrière le rideau, s'enlève par-dessus la tête du médium dont on tient les deux mains, et se dirige lentement en l'air, vers M. Brincard lieutenant d'artillerie, qui assiste à cette séance, assis devant le côté de la table opposé au médium. M. Brincard, qui craint de recevoir le guéridon sur la tête, veut le prendre pour le poser à terre à côté de lui. Il le saisit, mais il sent parfaitement qu'il ne le dirige pas et que ce meuble est mû par une force assez intense pour le maintenir en l'air pendant une à deux secondes malgré ses efforts pour le faire descendre.

Au cours de la 4ᵉ séances nous avons été témoins des faits suivants dont j'emprunte l'exposé à notre procès-verbal.

Les spectateurs sont disposés ainsi que l'indique le croquis ci-joint.

MM. le général Thomassin et Maxwell à gauche d'Eusapia, MM. de Gramont et de Rochas à droite, M. de Watteville en face. Eusapia tourne le dos au rideau du cabinet.

« Eusapia annonce qu'elle va toucher le tambourin accroché à un clou sur le mur de fond du cabinet ; elle dégage, à cet effet, sa main droite de l'étreinte du colonel, l'enfonce dans le cabinet par l'ouverture du rideau, *touche* le tambourin, puis remet sa main dans celle du colonel qui la saisit et la voit. La main gauche continue à être tenue et vue par le général. Au bout de quelques instants, le tambourin apparaît dans l'ouverture des rideaux, flotte au-dessus de la tête d'Eusapia, puis descend lentement en oscillant sur la table. Tout le monde voit ses mouvements mais on ne voit aucune main le tenant.

« Peu après le tambourin vient se placer sur la tête de M. de Rochas, son cercle de bois posé comme une couronne, et le frappe vigoureusement en cadence avec la peau tendue.

« Sur la demande du médium on diminue la lumière en tournant la face éclairante de la lanterne vers le mur placé derrière M. de Watteville. — La boîte à musique, placée derrière le rideau sur le guéridon, arrive sur la table devant Eusapia. On y voit assez pour reconnaître la nature de l'objet ainsi apporté, en s'approchant de lui ; on demande de la musique et, presque aussitôt, on entend un des airs de la boîte produit par la rotation de la manivelle. La musique dure environ une demi-minute, puis la boîte est portée sous le nez de M. de Rochas et ensuite reposée sur la table.

« Le général Thomassin et le colonel de Rochas sont absolument sûrs d'avoir tenu pendant tout ce temps, l'un la main gauche, l'autre la main droite d'Eusapia. Ces deux mains étaient séparées, mais l'obscurité était trop grande pour les voir distinctement. Personne n'a pu voir non plus ce qui faisait tourner la manivelle...

« Le guéridon exécute de violents mouvements derrière le rideau. M. de Gramont quitte sa place autour de la table et vient se placer debout entre le rideau et Eusapia : il appuie sa main gauche sur l'épaule de celle-ci et constate que ces mouvements coïncident avec des contractions de cette épaule, comme s'ils étaient dus à un troisième bras qui en partirait.

« Eusapia demande la machine électrique « pour se donner de la force ». M. de Watteville l'apporte sur la table ; M. de Gramont enroule une des chaînes autour d'un pied du guéridon placé derrière le rideau près du général qui prend, de sa main droite, la main gauche d'Eusapia. Le colonel prend l'autre main d'Eusapia avec sa main gauche et l'autre chaîne avec sa main droite. M. de Gramont reste debout entre Eusapia et le rideau.

« La lumière est encore un peu diminuée ; les deux contrôleurs n'aperçoivent plus que le profil de la machine se détachant sur le mur opposé qu'éclaire la lanterne.

« Quelques tours mettent la machine en train ; de petites aigrettes l'illuminent sur tout le pourtour des plateaux, et le pied du guéridon frappe cinq ou six fois sur le parquet avec une violence extrême. On entend en même temps, à deux reprises différentes, des bruits analogues à celui d'une grosse main frappant à plat et avec force sur la tablette supérieure du guéridon, suivant le rythme de la batterie « Aux champs ».

« On cesse l'électrisation sur la demande d'Eusapia, qui veut essayer de produire des empreintes sur l'argile. M Maxwell se lève pour aller la chercher dans la chambre voisine. Au moment où il ouvre la porte, un jet de lumière partant de cette chambre tombe brusquement sur la figure d'Eusapia, qui prend une crise de nerfs et appuie sa tête sur le bras de M. de Rochas en sanglotant.

« Elle se calme et demande un peu plus de lumière...

« On entend le guéridon qui essaie de se soulever et M. de Gramont, qui a la main sur l'épaule d'Eusapia, sent les mouvements synchrones de cette épaule. Bientôt le guéridon apparaît sur la tête du médium et se dirige seul, d'un mouvement lent, vers la table.

M. de Gramont le saisit au vol pour l'empêcher de tomber sur la machine électrique qu'on emporte de peur d'accident.

« Eusapia toujours en transe, se lève ; elle dégage ses mains, va au fond du cabinet et frotte vigoureusement le mur avec ses doigts ; on entend le bruit caractéristique de ces frictions. Elle revient se rassied, donne de nouveau ses mains aux contrôleurs, puis elle contracte les épaules ; on entend alors la reproduction du bruit des frictions sur le mur...

« Peu après, la table s'élève lentement en *restant horizontale*. Eusapia et les assistants se dressent pour suivre son mouvement. La table s'arrête à la hauteur de leur menton, puis s'abat lourdement. Pendant toute la durée du phénomène, les deux mains d'Eusapia étaient tenues sur la table par le général et le colonel, qui contrôlaient également avec leurs pieds et leurs jambes la la position de ses pieds et de ses jambes. »

Je ne crois pas nécessaire de donner d'autres exemples de ces mouvements à distance qui se sont reproduits, avec des variantes, plusieurs fois pendant les six séances que nous avons eues avec Eusapia. Mais je relèverai ici quelques points qui me paraissent utiles à noter pour apporter un peu de clarté dans cet ordre de phénomènes.

D'abord on voit, à Choisy comme à l'Agnélas, Eusapia aller souvent toucher l'objet qu'elle veut déplacer, comme pour établir entre elle et lui un lien invisible. — Instruite par l'expérience, elle prévient maintenant toujours de ce qu'elle va faire, mais on comprend que, pour des observateurs novices, ce geste ait pu passer pour une tentative de tromperie.

On pourrait également prendre pour une précaution destinée à faciliter un escamotage la recommandation qu'elle fait de ne point fixer trop assidûment le point où doit s'opérer le phénomène. Cependant, rien ne prouve que son observation sur l'action désagrégeante de l'attention et des regards ne soit pas fondée. Presque partout, les médiums demandent qu'on cause tranquillement ou qu'on fasse de la musique pour faciliter les créations fluidiques.

La crise de nerfs d'Eusapia n'était certes pas simulée ; elle souffrait réellement beaucoup ; et cette souffrance vient confirmer ce que nous savons de l'action désorganisatrice de la lumière.

On a vu, par ce qui précède, que l'électricité semblait augmenter les forces du médium et nous en avons eu deux autres exemples dont le plus intéressant est celui de la cinquième séance (11 octobre) dont on trouvera le récit plus loin (p. 372).

Notons encore que nous n'avons jamais vu s'illuminer les tubes de Geissler que nous avions suspendus au mur de fond du cabinet et que nous avions vérifié avec soin l'absence de toute substance phosphorescente pouvant servir au médium pour produire des lueurs.

D. — LES FORMATIONS DE MAINS FLUIDIQUES

Les mouvements de la table et les lueurs paraissent être aux deux extrémités de l'échelle de fréquence et de facilité de production.

Entre les deux on peut placer toute une série de phénomènes qui se rattachent aux mouvements sans contact, par leur début, mais qui se spécialisent ensuite de matière à former graduellement des mains que l'on peut voir, toucher, et qui présentent toute l'apparence de mains véritables.

Voici généralement comment les choses se passent et comme elles se sont passées huit ou dix fois à Choisy, quand le médium était arrivé à l'état de transe et que la lumière atténuée était cependant suffisante pour distinguer très nettement les mouvements du rideau.

Le rideau commence à s'agiter à plusieurs reprises. — Puis on aperçoit comme une bosse faisant saillie qui s'avance vers l'un des contrôleurs (1), à la hauteur du flanc (2), mais ne parvient pas à toucher la personne visée ; si l'on y porte la main, on constate une résistance élastique comme celle que produirait un ballon en caoutchouc. — Le rideau retombe droit au bout de quelques secondes. — Puis le rideau reprend un nouvel élan en formant une pointe qui vise l'épaule du contrôleur en dehors de l'ombre de la table ; mais souvent il faut deux ou trois essais infructueux avant que celui-ci soit touché. Quand il est touché, il se sent pressé à travers le rideau comme avec une pince. — Ensuite nouveaux efforts de l'agent inconnu qui arrive à former une véritable main qu'on ne voit pas, mais dont on sent distinctement les cinq doigts. Le plus souvent cette main donne, dans les premières manifestations, l'impression

(1) Presque toujours vers celui de gauche, qui est le plus rapproché de la cicatrice que porte Eusapia sur le côté gauche de la tête et par où l'on sent quelquefois s'échapper comme un souffle.

(2) Probablement la matérialisation commence par se faire derrière le rideau dans la partie où pénètre le moins de lumière grâce à l'ombre de la table.

d'une petite main de femme, comme celle du médium : puis elle semble grossir et devenir, dans les suivantes, une forte main d'homme. — Enfin, la main matérialisée acquiert assez de consistance pour se montrer, quelquefois accompagnée d'un bras, à travers une fente du rideau, et toucher le spectateur ou le frapper avec assez de violence pour que tout le monde entende le bruit du coup ; puis elle rentre rapidement dans le cabinet.

Pendant tout ce temps les mains du médium ont été tenues séparées sur la table par les contrôleurs et vues distinctement par tous ; de plus chaque phénomène était accompagné d'un effort plus ou moins violent d'Eusapia, effort que l'on constatait soit par la crispation de ses mains et de ses jambes, soit par les contractions de son épaule.

Dans la sixième séance, où j'étais contrôleur de droite, je fis une plaisanterie sur John ; aussitôt le rideau se gonfla (1) avec violence et vint s'appliquer contre ma joue gauche ; je sentis à travers le rideau un pouce me presser fortement sous le menton et quatre doigts s'enfoncer dans ma joue, près de l'œil, pour me fermer la bouche. Je dis en riant : « C'est bien, John, je comprends la leçon », et deux tapes amicales sur le bras indiquèrent que la paix était faite. A ce moment, je tenais la main droite d'Eusapia, M. Brincard tenait la main gauche, et tout le monde vit le mouvement du rideau. De plus, M. de Gramont était *dans le cabinet*, surveillant les mouvements d'Eusapia, la main appuyée sur son

---

(1) Le rideau était composé de quatre pans d'étoffe, glissant au moyen d'anneaux sur une corde tendue d'un mur à l'autre. Ce jour-là, on avait ramené les rideaux, deux par deux, contre les murs, de façon à laisser le cabinet ouvert.

épaule droite, et constatait une violente contraction de son cou, sans que son bras droit se fût déplacé.

Voici, d'après notre procès-verbal, ce qui se produisit immédiatement après :

« John (par la bouche d'Eusapia) dit que le médium est épuisé, qu'il faut lui donner du cognac, ce qui est fait. Eusapia appuie sa tête contre l'épaule de M. de Gramont debout derrière elle, et le fait regarder dans la direction de la fenêtre située à l'autre extrémité de la pièce, et d'où filtrait la clarté diffuse du jour (1). A trois reprises différentes. M. de Gramont voit l'*ombre noire* (2) d'une main, les cinq doigts écartés, se projetant sur la fenêtre, à hauteur de sa figure et à une distance qui lui paraît être d'environ 30 centimètres. Il la voit pendant plusieurs secondes, annonce le fait à haute voix, et les deux contrôleurs (MM. Brincard et de Rochas) constatent que, pendant ce temps, ils tiennent et voient les mains d'Eusapia.

« M. de Gramont étend le bras vers la gauche d'Eusapia, la main ouverte, l'arrière-bras appuyé sur la tête du médium, et prie John de lui donner une poignée de main. Il sent, à trois reprises, sa main caressée par des doigts tièdes, sans qu'il puisse parvenir ni à les saisir ni à les voir.

« Il ramène sa main sur l'occiput d'Eusapia, et sa main est encore caressée deux fois par des doigts.

---

(1) Il était environ 4 heures; le temps était pluvieux, et les persiennes avaient été fermées.

(2) Cette *ombre noire* semble être due à une matérialisation moins avancée que celle qui a l'apparence d'un corps lumineux par lui-même ou par réflexion. De là probablement l'origine de l'expression *les ombres*, dont les Anciens se servaient pour désigner les morts.

« Eusapia lui dit de nouveau de regarder vers la fenêtre ; il voit alors venir vers lui, au-dessus de la tête du médium, une main noire tenant un objet sombre terminé en pointe, mais il ne peut le distinguer nettement. Une seconde fois, le phénomène se reproduit avec plus d'intensité, et M. de Gramont aperçoit la forme bien caractérisée d'un soufflet. — Il y a lieu de noter qu'aucun soufflet ne se trouvait dans la chambre et que, à ce moment, Eusapia, tournée vers M. de Rochas, soufflait avec la bouche.

« Une autre fois, M. de Gramont ayant sa main gauche sur la nuque d'Eusapia et sa main droite sur son arrière-bras droit, est touché à la figure, à travers le rideau, par une main qui lui prend d'abord le nez, puis vient se poser sur sa tête. Il ne faut pas oublier que M. de Gramont est debout derrière Eusapia, et qu'il ne cesse de surveiller tous les mouvements du médium, dont les contrôleurs tiennent et voient les mains. »

Les mains fluidiques ont été senties et vues par nous, dans les conditions que je viens d'indiquer, un assez grand nombre de fois pour que nous puissions affirmer leur existence.

Nous déclarons donc, de la façon la plus nette, que ce phénomène, ainsi que celui des mouvements sans contact, doit être considéré comme un fait définitivement acquis à la science positive. Le général Thomassin, qui a assisté à une de nos séances (la quatrième, 8 octobre), le baron Brincard, lieutenant d'artillerie et M. Béchade, négociant à Bordeaux, qui ont assisté aux deux dernières (11 et 13 octobre), joignent leur témoignage au nôtre sans aucune espèce de restriction.

Procès-verbal de la 5ᵉ Séance (11 octobre)(1)

La séance commence à 3 heures de l'après-midi.

Aux quatre expérimentateurs habituels (MM. de Rochas, de Gramont, Maxwell et de Watteville) se sont joints pour cette séance, Mᵐᵉ Maxwell, M. Lefranc procureur général à Bordeaux et le baron Brincard.

En outre, sur notre demande, M. Béchade, ami de M. Maxwell, a amené Mᵐᵉ Agullana, *médium voyant* de Bordeaux. Tous deux, à l'ouverture de la séance, se tiennent avec Mᵐᵉ Maxwell et M. Brincard au fond de la pièce, contre la fenêtre dont les volets ont été fermés.

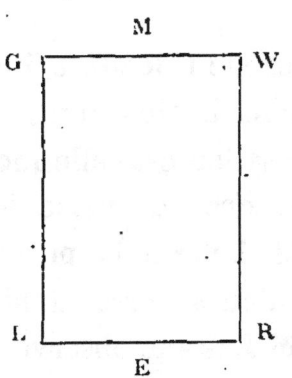

Les autres sont disposés autour de la table comme l'indique le croquis ; M. Lefranc contrôleur de gauche et M. de Rochas contrôleur de droite.

L'éclairage est fourni par la grande lanterne, à verre recouvert de parchemin (2), tournée de manière qu'Eusapia ne reçoive que de la lumière réfléchie par les murs et que cette lumière soit suffisante pour qu'on distingue nettement les mains placées sur la table.

---

(1) Nous reproduisons, *in extenso*, le procès-verbal de cette séance pour montrer notre manière d'opérer et le lecteur le comparera sans doute, non sans curiosité, avec le récit qu'en a fait un médium voyant célèbre à Bordeaux, récit que nous publions en appendice.

(2) M. de Rochas avait pensé que, puisque le fluide nerveux circulait dans l'intérieur du corps humain protégé contre la lumière extérieure par la peau, la lumière qui arriverait au

Au dehors, il pleut; la pièce, qui n'a pas de cheminée est très humide.

Première partie.

Au bout de 7 ou 8 minutes d'imposition des mains, Eusapia soulève les siennes et les place, étendues, à une dizaine de centimètres au-dessus de la table. Celle-ci suit, en s'inclinant, le mouvement des mains d'Eusapia qui fait constater qu'elle ne la touche ni avec ses mains, ni avec ses jambes, ni avec ses pieds. Elle prie M. Lefranc d'appuyer sur la partie soulevée afin de bien se rendre compte de la force considérable nécessaire pour la faire baisser.

On attend une vingtaine de minutes ; le rideau s'agite du côté de M. Lefranc et vient le toucher à plusieurs reprises à la hanche et au bras : La sensation est celle que produirait un gros ballon en caoutchouc repoussant le rideau ; Eusapia prenant la main de M. Lefranc la porte sur le rideau qui, flottant partout ailleurs, présente, à l'endroit touché, une forte résistance. M. Lefranc observe, à plusieurs reprises, que le rideau s'avance en pointe comme pour le toucher à la tête, mais que le contact ne s'effectue que plus bas, comme si l'objet, placé derrière le rideau et qui cherche à donner ce contact, retombait sans avoir la force de se maintenir à hauteur de sa tête à mesure qu'il s'approche de son corps.

médium à travers une peau de parchemin le fatiguerait peut-être moins qu'une autre. En effet, Eusapia a constamment demandé soit cette lumière soit celle qui était donné par un verre jaune.

On demande à Eusapia de produire des lueurs ; elle envoie chercher la machine électrique dont elle saisit une chaîne à chaque main. La machine est mise en mouvement ; au bout de quelques tours, Eusapia lâche les chaînes et une vive lueur de la grosseur d'une noix se produit à environ cinquante centimètres au-dessus de la tête du médium. M. de Gramont attend en vain avec un spectroscope portatif, l'apparition d'une nouvelle lueur pour essayer d'en reconnaître la nature.

L'électrisation semble avoir du reste notablement augmenté ses forces ; car, bientôt après, M. Lefranc est vigoureusement frappé dans le dos comme avec une large main à plat ; tous nous entendons le bruit. Puis M. Lefranc se sent saisi fortement à l'épaule par une grosse main d'homme ; tous, nous voyons les mouvements que lui imprime cette main, mais quelques-uns seulement voient la main.

Des phénomènes analogues se produisent avec M. de Rochas qui est à droite d'Eusapia, puis la séance est interrompue pendant quelques instants.

Remarques. — 1° Pendant toute cette partie Mme Agullana à qui l'on avait recommandé de ne rien dire à haute voix, décrit à son voisin, M. Brincard, ce qui se passe derrière le rideau ; elle prétend voir un esprit, à longue barbe, manipuler le fluide de manière à produire le phénomène qui va avoir lieu et qu'elle prédit à l'avance. C'est ainsi que, quand la table se souleva au début de la séance, elle disait voir une boule lumineuse projetée par l'esprit sous la table et la soulevant.

2° Le contrôle des mains d'Eusapia a toujours été parfait, ses mains étaient non seulement bien tenues, elles étaient constamment vues.

3° A certains moments Eusapia prenait la jambe de M. Lefranc entre les siennes et la serrait fortement ; c'est alors que se produisaient les phénomènes les plus intenses.

Deuxième partie.

Mme Maxwell remplace M. Lefranc à la gauche d'Eusapia. Les autres personnes conservent leur position.

Au bout de 7 à 8 minutes, le rideau se gonfle. Mme Maxwell ressent des contacts ; très rapidement ces contacts arrivent à donner la sensation d'une main à travers le rideau. Puis en dehors du rideau, le chignon de Mme Maxwell est saisi par une main dont l'un des doigts s'enfonce au milieu des cheveux et la tête est fortement secouée. MM. de Gramont, Maxwell et de Watteville voient plus ou moins distinctement cette main, que M. de Rochas ne peut voir à cause de sa position. Mme Maxwell laissant entendre que cela peut être produit par quelqu'un de ses voisins, elle est fortement pincée sur le côté et M. de Rochas reçoit en même temps une tape amicale sur le bras.

Mme Maxwell se retire et est remplacée par M. Brincard. Le rideau continue à s'agiter et à produire des contacts.

Le médium demande à boire en geignant ; aussitôt deux coups énergiques signifiant *non* sont frappés par le pied de la table. La même demande se renouvelle deux ou trois fois, et, à chaque fois, la table répond de même. Alors Eusapia déclare qu'elle est fatiguée, qu'il y a trop de monde; elle prie M. de Rochas de la réveiller par des passes, ce qui est fait.

Troisième partie.

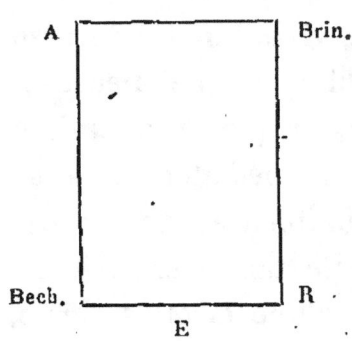

On se préparait à se séparer; il ne restait plus dans la salle que Mesdames Eusapia et Agullana avec MM. de Rochas, Brincard et Béchade qui s'étaient placés autour de la table ainsi que l'indique le croquis.

Mme Agullana déclare voir l'Esprit qui lui fait signe qu'il veut encore agir et qu'il désire voir éteindre la lanterne; ce qui est fait. La pièce n'est plus éclairée que par la lumière très faible d'un jour pluvieux passant à travers les fentes des volets ce qui contribue à laisser planer une certaine incertitude sur quelques-uns des phénomènes observés.

Les mains d'Eusapia sont tenues sur la table par ses deux voisins; mais ceux-ci, désireux surtout de constater les phénomènes qu'ils attendaient, *ne portent point à ce contrôle la même attention que dans les séances précédentes* où tous les spectateurs étaient déjà très au courant des supercheries possibles.

Mme Agullana prie l'Esprit de lui prendre de la force en épargnant le médium, qui, en effet, reste à l'état de veille jusqu'à la fin de la séance, suivant, sans fatigue apparente et avec une vive curiosité, tous les phénomènes dont elle est, paraît-il, pour la première fois le témoin conscient.

Bientôt la table s'agite et des contacts de mains se font

sentir à tous les spectateurs, même les plus éloignés du médium.

On demande, à l'Esprit, par l'intermédiaire de Mme Agullana de nous montrer des lumières. On aperçoit presqu'aussitôt dans l'ouverture des rideaux, au-dessus de la tête d'Eusapia, une vive lumière, grosse comme une grosse noix et semblable à une nébuleuse en spirale (1) ; M. de Rochas insiste pour que cette lumière se montre, plus près, sur la table ; immédiatement, tous voient cinq ou six petites boules lumineuses, de la grosseur d'une noisette, sautiller sur la table, entre leurs mains. A ce moment on constate, d'une façon spéciale, que les deux mains d'Eusapia n'ont point été lâchées par MM. Béchade et de Rochas.

La boîte à musique, placée sur le guéridon derrière le rideau, arrive sur la table; elle joue devant nous, est ensuite transportée sur la tête de M. Brincard, puis se replace sur la table ; enfin on l'entend se renverser.

M. de Rochas se sent toucher à la figure comme par une barbe et voit se détacher en noir sur le fond de la pièce mieux éclairée par la fenêtre une longue mèche ondulée. MM. Brincard et Béchade ont la sensation d'une gaze noire, très légère et transparente, qui envelopperait leur tête et tomberait jusqu'aux épaules; elle se dissipe avant qu'ils aient pû la saisir.

M. de Rochas et Mme Agullana sentent presque simul-

---

(1) Nous avions déjà eu une lueur de même dimension également au-dessus de sa tête, dans la troisième séance (6 octobre); alors Eusapia, au lieu d'avoir recours à la machine, s'était excitée en prenant une des jambes de M. de Rochas entre les siennes, en la serrant fortement et en frottant avec énergie, à plusieurs reprises, ses pieds contre le parquet.

tanément un objet froid qu'on applique contre leur front; ils sentent également le contact de doigts tièdes qui tiennent cet objet. Un instant après, ce même objet froid est placé entre les doigts de M. de Rochas qui le saisit et reconnaît la clef de l'une des deux portes de la chambre avec son anneau brisé.

Le guéridon placé derrière le rideau est transporté au-dessus de la table : M. Brincard qui l'aperçoit en l'air et craint de le recevoir sur la tête veut le prendre pour le poser à terre, à côté de lui ; il le saisit mais sent parfaitement qu'il ne le dirige pas et que ce meuble est mû par une force assez intense pour le maintenir en l'air pendant une ou deux minutes malgré les efforts pour le faire descendre.

MM. de Gramont et Maxwell entrent dans la pièce ; M. de Gramont prend, autour de la table, la place de M. Brincard qui sort de la pièce.

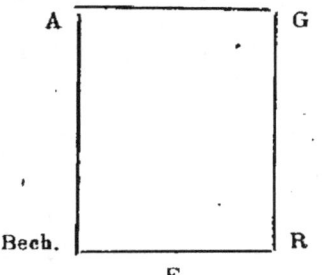

On demande à John s'il veut essayer de produire une empreinte dans la terre glaise. Sur sa réponse affirmative on apporte, au milieu de la table, le plat contenant l'argile plastique. Presqu'immédiatement le plat, qui pèse près de deux kilos, est soulevé et posé en équilibre sur le bras gauche de M. de Rochas dont la main gauche continue à tenir la main droite d'Eusapia. M. de Rochas, sent trois pressions successives et bien nettes du plat sur son avant bras, puis une pression amicale sur son arrière-bras semble le prévenir que le phénomène est accompli. Aussitôt M. de Gramont emporte le plat et on constate, au jour, des empreintes de bout de doigts comme enveloppés d'un tissu fin dont la trame se distingue sur l'argile.

On fait de nouveau la chaîne. M. de Rochas dont la chaise est agitée, sent une main se glisser sous son aisselle droite et le soulèver. Il croit qu'on lui indique de se mettre debout ; il le fait et aussitôt sa chaise remonte le long de son dos et le coiffe complètement de manière que sa tête se trouve entre les quatre pieds de la chaise. Mme Agullana, dit que le colonel a mal compris et a mis trop de précipitation à se dresser sur ses pieds ; elle prétend que John voulait essayer de l'enlever avec sa chaise et, qu'il n'a pas eu le temps de le faire.

Tout le monde se trouvant fatigué on termine la séance à six heures moins un quart bien que Mme Agullana déclare que John se propose de produire encore d'autres phénomènes.

APPENDICE

RÉCIT DE LA 5ᵉ SÉANCE, par Mme Agullana

Au commencement de la séance et avant que la table se soulevât, une lumière comme celle d'une lampe a passé sous la table ; puis, en même temps que la table se soulevait, le guide du médium m'apparût bien distinct du médium lui-même.

Quand le médium fut en transe, le guide me fit signe de m'approcher pour lui donner de mes forces fluidiques. Mais, comme on m'avait recommandé de me tenir au fond de la salle sans rien dire, je n'obéis pas au guide. Alors il me secoua fortement jusqu'au moment où M. de Gramont me fit approcher; Mme Eusapia m'invita alors à prendre part à la chaîne, ce que je fis.

Le Guide ou Esprit me dit alors *mentalement* qu'il allait toucher M. Lefranc placé à la gauche du médium, puis qu'il le pincerait ; ce qui eût lieu.

Il m'appela de nouveau pour le regarder derrière le rideau qui était baissé. Ce rideau se fluidifiait, c'est-à-dire qu'il devenait transparent ainsi que les murs. Je voyais l'Esprit comme dans le vide, manipulant le fluide pour produire ce qu'il désirait ; il me dit alors : « Dites leur que je vais toucher à la tête de M. Lefranc » : ce qui fut fait.

L'Esprit, qui m'a dit s'appeler John, attirait à lui le fluide du médium qui s'échappait sous forme de rayons de sa nuque et de son estomac. Il agglomérait ainsi le fluide, non pour le matérialiser davantage puisque je le voyais aussi bien que je voyais les autres personnes présentes, mais pour donner à celles-ci des secousses à travers le rideau. Il m'apparaissait noir et transparent au milieu du fluide gris-clair.

On le pria de produire des lueurs ; il demanda alors la machine électrique et le médium saisit une chaîne de chaque main. Quand la machine commença à agir, je vis l'Esprit qui frottait les fluides gris-clair pour en faire jaillir du feu, ce qui eut lieu presqu'aussitôt, à un pied environ au-dessus de la tête du médium dans la fente du milieu des rideaux.

Comme le médium, qui avait déjà produit beaucoup de phénomènes dont je ne parle pas ici, paraissait fatigué, on le réveilla, puis on demanda à John s'il ne pourrait pas se servir de nos fluides réunis, sans en prendre à Mme Eusapia. — Il me fit signe que oui, en inclinant la tête ; ensuite il se baissa comme pour ramasser quelque chose et me montra une pierre noire qu'il portait entre ses mains en se rapprochant de nous.

A ce moment je voyais tous les assistants également saturés d'un fluide qui scintillait dans toute la pièce, et, jusqu'à la fin de la séance, je ne vis plus de rayon fluidique sortir du médium qui resta parfaitement conscient, ressentant les attouchements et voyant, comme nous, les ombres, sans aucune fatigue.

On me dit de demander à l'Esprit de produire encore des lumières ; aussitôt il nous en montra une grosse sur la tête du médium, puis cinq autres petites qui se mirent à sautiller sur la table entre nos mains.

John paraissait si content qu'il prit, sur le guéridon, derrière le rideau, une boîte à musique, la fit passer sur la tête du médium et la disposa sur la table où il la fit jouer ; puis il l'enleva et la fit jouer en l'air ; enfin il la posa sur nos mains pour s'en débarrasser.

Quelqu'un ayant dit qu'il n'y avait que le diable pour faire des tours pareils, il me fit, avec son doigt, un signe de croix sur le front et me fit baiser le dos de sa main. Mme Eusapia ajouta qu'il n'y avait d'autres diables que les hommes méchants.

Très peu après, M. de Rochas dit qu'il sentait une main qui le soulevait, et il nous annonça que sa chaise était venue se placer sur sa tête.

Enfin l'Esprit souleva le guéridon qui était derrière le rideau, le fit passer, par-dessus la tête du médium, la grande table et la tête de M. Brincard, pour la déposer dans la salle.

Je répète que tout cela s'est fait sans que l'Esprit se servît des rayons fluidiques de Mme Eusapia comme au début. Comme je lui en demandais mentalement l'explication, étonnée que le médium assistât à tout cela, sans fatigue et en amateur comme nous, il me répondit : « C'est parce que vous tous, ici présents, vous avez un fluide ami. Toi, tu me donnes beaucoup de force en me regardant ; tes rayons sont bons. Si le colonel s'était un peu moins pressé de se dresser sur ses pieds, je l'aurais enlevé avec sa chaise pour les placer tous deux sur la table, et j'aurais essayé de me faire voir de vous tous, en entier. Quand il y a des fluides amis, l'humidité et le mauvais temps n'ont pas d'inconvénient, sauf quand il tonne, parce que le tonnerre remue trop les « élémentals ».

Je n'ai pas compris ce que ce dernier mot voulait dire.

Pendant presque toute la séance, John qui est bien reconnaissable avec sa barbe et son linge autour de la tête, s'est tenu derrière M. de Rochas ; il y avait encore un autre esprit sans barbe qui était à côté de M. Maxwell.

A la fin quand il me dit qu'il voulait continuer la séance, on lui fit observer qu'il n'y avait plus derrière le rideau aucun objet à transporter ; il répondit qu'il saurait bien en faire un.

CHAPITRE XII

EXPÉRIENCES DE 1897 A NAPLES, A PARIS, A MONTFORT ET A BORDEAUX

I. — Expériences d'avril 1897 à Naples par MM. Ernest Mayer et Léon Boulloche.

Compte-rendu de M. Meyer

Mon cher colonel,

Sur votre recommandation Eusapia Paladino nous offrit de nous donner une séance dans un lieu quelconque, choisi par nous. Elle acceptait notre hôtel ou tout autre endroit. Eprouvant quelque difficulté à trouver ce lieu de réunion, nous l'avons priée de nous mener chez une de ses amies, nous réservant de faire une vérification sérieuse du local.

Nous nous sommes donc réunis, le 12 avril 1897, à 9 heures 1/4 du soir : Eusapia, Boulloche et moi. La propriétaire de la chambre assistait à la séance. Avant de commencer, nous avons visité minutieusement tout l'appartement, regardé sous les meubles, ouvert les armoires etc. Puis nous avons fermé à clef la pièce où nous nous trouvions.

La table qui nous a servi était une table de cuisine rectangulaire, achetée dans la journée. Eusapia se trouvait à l'un des bouts, tournant le dos à la fenêtre. Nous avions mis les volets en bois, et les rideaux étaient fermés, formant ainsi, grâce à l'enfoncement de la fenêtre, une sorte de cabinet. Les rideaux n'allaient pas jusqu'à terre : ils se terminaient à environ 15 centimètres du sol. A la gauche d'Eusapia était Boulloche, j'étais à sa droite En face d'elle la propriétaire de la chambre.

Nous avons mis chacun un pied sur les pieds d'Eusapia et lui avons solidement tenu les mains. Nous sommes certains qu'elle n'a pas pu se dégager. Là, pendant la séance, elle a eu des mouvements convulsifs, nous avons constamment suivi ses mains, et avons vérifié que Boulloche tenait bien sa main gauche, et moi sa main droite.

Nous avons immobilisé de la même façon notre autre voisine, qui d'ailleurs n'a tenté aucun mouvement.

1) *La lampe à pétrole éclaire la pièce : lumière douce et nette, ne nous cachant aucun objet.*

Nous faisons la chaîne. Les mains d'Eusapia reposent sur la table sans se toucher. Immédiatement des coups dans la table, qui se soulève d'abord sur deux pieds, puis sur les quatre pieds à 10 centimètres du sol. Aucun des pieds ne touche le sol. La table retombe de suite, et nous entraîne vers le milieu de la pièce.

Là elle se soulève encore des quatre pieds, et retombe lourdement.

Pendant la durée de ce phénomène nous observions les mains et les pieds du médium. Ses mains reposaient sur la table, à quelque distance des bords. Elle était, comme nous, debout.

La table retombe lourdement après 3 ou 4 secondes. Puis 5 coups, ce qui signifie, nous dit Eusapia : « moins de lumière ».

2) *La lampe est baissée : le globe est couvert d'une étoffe rouge. Néanmoins on distingue les objets.*

Eusapia aurait désiré une étoffe violette, que nous n'avions pas.

La chaîne est reformée; nous sommes assis autour de la table. Boulloche se sent touché à la hanche droite (côté où se trouve Eusapia), puis à la poitrine, puis à la hanche à plusieurs reprises. Le rideau s'agite du côté de Boulloche et frémit. Tout à coup la table se soulève à plus d'un mètre de haut.

De nouveau, 5 coups, c'est-à-dire demande de moins de lumière.

3) *La lampe est portée par nous dans la pièce voisine dont nous laissons la porte ouverte.*

L'obscurité est presque complète, mais on aperçoit les objets.

Un violent courant d'air se produit du côté de Boulloche; le rideau se bombe, se soulève et est projeté sur la table. Une main touche Boulloche à travers le rideau.

Je me sens également touché légèrement à plusieurs reprises du côté d'Eusapia, à la hanche gauche et au côté gauche de la poitrine. Le rideau est projeté de mon côté et m'effleure.

Je sens des coups dans ma chaise; celle-ci est saisie et tirée. Je suis forcé de me lever, et alors ma chaise est soulevée contre moi et portée sur la table. Je la reprends et je me rassieds.

Le rideau se soulève de nouveau, est projeté entre Eusapia et Boulloche, contre moi ; une main me saisit le visage pendant une ou deux secondes à travers le rideau.

De nouveau 5 coups :

4). *L'obscurité est absolue.*

Ma chaise est encore saisie et portée sur la table. Une main prend, derrière moi, le bas de mon veston et me tire en arrière. J'essaie en vain de la saisir.

A ce moment un objet tombe sur la table. (Nous avons reconnu plus tard que c'était une soucoupe, dont la place ordinaire était, nous dit la propriétaire, sur la cheminée).

Cette soucoupe est enlevée et je sens qu'on la porte sur ma tête : on la promène sur mes cheveux, et on la reporte sur la table.

Une main saisit une mèche de cheveux de Boulloche et la tire sur son front, puis saisit son binocle, l'enlève et le remue.

Nous ne savions ce qu'était devenue la soucoupe, lorsque Boulloche la sent, comme moi précédemment, sur la tête. Puis elle revient sur la table.

Il faut remarquer que l'objet dont le transport avait été demandé, était un clef que j'avais disposée derrière moi sur un fauteuil. Elle n'a pas été, comme nous le demandions apportée sur la table. Mais, après la séance, nous l'avons retrouvée sur un autre fauteuil.

Nous demandons à John King (ainsi désigné par Eusapia) de se manifester d'une façon visible. Il répond « oui », mais nous *n'avons rien vu* quoique Eusapia ait prétendu avoir vu une tête.

Nous essayons de correspondre avec John King, trois

coups signifiant *oui*, deux coups signifiant *non*, quatre coups signifiant : *je veux parler*. Après avoir tenté en vain d'user de diverses sortes d'alphabets, je propose de prononcer les lettres ; John King m'arrêtera à la lettre requise, par un coup dans la table ou par un attouchement de main.

Nous obtenons les lettres suivantes :

h b o g i o r

John King nous confirme l'exactitude de ce résultat en répondant « oui ». Après plusieurs questions infructueuses il répond « oui » lorsque nous lui demandons si, par hasard, ces lettres ne commenceraient pas chacune les mots d'une phrase ; il ajoute que c'est du français. Nous ne comprenons pas.

Il secoue la table vigoureusement manifestant par quatre coups qu'il veut parler. Nous essayons en vain d'autres modes de communication. Il semble s'impatienter, secoue derrière nous des vases et des assiettes qui étaient sur une table, et donne enfin un coup très violent au milieu de notre table.

La séance est levée, sans que nous ayons pu autrement communiquer.

Eusapia nous confirme que John King aurait voulu le faire, sans que nous en ayons trouvé le moyen.

Au cours de la seconde séance, quelques jours après, les mêmes phénomènes se sont reproduits, sauf les différences suivantes :

La 2ᵉ séance a eu lieu chez Eusapia, dans une pièce soigneusement close et minutieusement visitée. Nous n'étions que trois : Eusapia, Boulloche et moi.

Un harmonica que nous avons placé derrière les rideaux s'est soulevé, traîné à terre en jouant et est venu sur la table. Je l'ai perçu en l'air, au moment où, dans l'obscurité il passait entre mes yeux et la lampe baissée. Il m'a heurté l'œil, et, comme je m'en plaignais en riant, une main m'a donné quelques légers coups dans le dos comme pour me dire amicalement : « ce n'est rien ».

Au cours de cette séance, j'ai demandé en vain deux choses ; 1° que des coups fussent frappés à l'extrémité de la table opposée à la place d'Eusapia ; 2° que l'un de nous fut touché du côté opposé à Eusapia. Nous n'avons pu l'obtenir ; mais, pendant que ma main droite était levée à environ 80 centimètres d'Eusapia, une main douce et chaude s'est posée sur elle.

Il faut ajouter que pendant cette seconde séance, nos mains ont senti en l'air un objet soyeux, qu'Eusapia a prétendu être la barbe de John King.

II. — Expériences de Rome en juin 1897.

Rome, le 12 Juin 97,

Cher Colonel,

Eusapia me charge de vous dire qu'elle viendra à Paris le 25 du mois ; elle doit prolonger son séjour à Rome à cause de certaines affaires de famille ; vous savez probablement qu'elle a adopté deux orphelins et qu'elle les entoure de soins vraiment maternels (1) ; c'est

---

(1) Un de ces orphelins est aujourd'hui élève astronome auprès de M. François Porro professeur de l'Université de Gênes.

donc le placement et l'éducation de ces enfants qui l'absorbent pour le moment. Un cœur d'or.

Elle a donné plusieurs séances dont une chez moi, très réussies. J'ai invité à y assister M. Bodio directeur général de la statistique du Royaume, correspondant de l'Institut de France, mon grand ami ; il est absolument sceptique. Après la séance, il avoua qu'il n'avait jamais rêvé la possibilité des choses dont il a été témoin et dont la réalité est pour lui, désormais hors de doute. Les lévitations de la table, le transport d'objets (chaises, tambour de basque, hérophon, etc.), le clavier du piano touché en même temps que le tambourin était puissamment agité par-dessus nos têtes, attouchements très distincts, constituèrent le programme de John. Puis une particularité très remarquable : complet changement de personnalité d'Eusapia ; John parlait par sa bouche. Il était intarissable et très gai : « Es-tu bien sûr des mains et des pieds du médium ? » disait-il à M. Bodio et, après avoir reçu une réponse affirmative : « Eh bien, c'est avec sa main qu'il saisira tel et tel objet ». Le tambourin partait, le guéridon dansait, le piano résonnait et John partait en éclats de rire ! D'autre fois Eusapia, appuyant sa tête contre l'épaule du pauvre Bodio, proclamait, pouffant de rire, que c'est avec ses dents qu'elle saisissait le tambourin placé derrière elle sur le guéridon. Toutes ces plaisanteries ne parvenaient pas à dérider M. Bodio qui n'en revenait pas de sa surprise.

Je vous serre bien cordialement la main, cher colonel.

Votre tout dévoué

Henri de Siemiradski.

III. — Expériences de Paris en juillet 1897.

En quittant Rome, Eusapia vint à Paris sur l'invitation d'un groupe dont faisaient partie la comtesse Jean de Ganay et la comtesse Greffulhe; elle y séjourna plusieurs semaines. Ce groupe tint la plupart de ses séances, à Paris, chez M. Lemerle ancien élève de l'Ecole polytechnique. Les résultats furent excellents et on obtint la plupart des phénomènes déjà décrits, mais on ne fit aucun procès-verbal. Je me bornerai à signaler deux faits dont j'ai été témoin. Voici le premier.

Les séances duraient de une heure et demie à deux heures, dans une obscurité plus ou moins grande. Lorsqu'on voyait le médium par trop fatigué, on cessait de faire la chaîne et on rétablissait peu à peu la lumière normale.

Eusapia reprenait ainsi, peu à peu, ses sens, se levait de sa chaise, marchait et causait, mais elle restait encore *chargée* pendant plus d'un quart d'heure.

Elle s'amusait souvent alors, en pleine lumière, à vous dire de poser la main à plat sur le dos d'une chaise ou sur une table, pendant qu'elle se tenait à une certaine distance; puis elle s'approchait, posait sa propre main sur la vôtre et la levait. Votre main et le meuble qui était au-dessous étaient entraînés par le mouvement et le meuble restait ainsi suspendu à votre propre main pendant 40 à 50 secondes jusqu'à ce qu'il tombât brusquement pendant qu'Eusapia poussait un soupir de soulagement comme si elle venait de cesser un violent effort.

— Elle recommençait l'opération plusieurs fois de suite, si on le lui demandait, et elle recommandait en riant qu'on prit bien ses précautions pour ne pas être trompé. Un soir, cela se passa avec M. Friedel, membre de l'Académie des sciences, qui fut obligé d'avouer qu'il ne voyait pas le truc, mais que le phénomène étant impossible il ne croyait pas à sa réalité.

Le second fait s'est passé chez la comtesse de Ganay qui avait invité, ce jour là, entre autres personnes le comte de Fitz-James ancien capitaine de vaisseau, et le Dr B. On avait fait, comme d'habitude, la chaîne autour de la table, le Dr B. tenant la main droite d'Eusapia et le comte de Fitz-James, la main gauche. Il fallut attendre longtemps avant que rien ne se produisit. Eusapia paraissait agitée, mécontente ; enfin quelques mouvements de la table s'étant produits, le Dr B. glissa sa main vers le montant qu'il contrôlait et déclara que le phénomène était certainement truqué parce qu'il avait senti le contact d'une main ; or, comme il n'avait pas abandonné celle qu'il tenait sur la table, ce devait être l'autre. Le comte de Fitz-James affirma, de la façon la plus formelle, qu'il ne l'avait pas quittée un instant. L'attitude du Dr B. amena une certaine gêne parmi les assistants et la séance ne tarda pas à être levée.

Le lendemain j'endormis Eusapia et lui demandai pourquoi elle avait donné si peu chez Mme de Ganay ; elle me répondit que toute sa force avait été employée à résister aux suggestions d'un petit monsieur qui se trouvait à sa droite, et qui mentalement l'excitait à tricher.

III. — Les séances de Montfort L'Amaury
25 — 28 juillet.

Pendant son séjour à Paris Eusapia voulut aller revoir à Montfort L'Amaury où elle était en villégiature, la famille Blech qui l'avait si bien reçue l'année précédente à Tremezzo. Elle y passa 3 jours, du 25 au 28 juillet, pendant lesquels on obtint des phénomènes fort intéressants, qui ont été décrits en détail par M. G. de Fontenay dans un excellent livre intitulé : *A propos d'Eusapia Paladino* (1) auquel nous empruntons les clichés ci-joints qui ont été obtenus par lui-même.

La séance la plus remarquable eût lieu le 27 juillet, en plein jour, et nous en reproduisons ici la relation qu'en a publiée Flammarion dans les *Annales politiques et littéraires*, de préférence à celle de M. de Fontenay que chacun pourra facilement trouver dans son ouvrage.

Eusapia Paladino m'est présentée. C'est une femme d'aspect fort ordinaire, brune, de taille un peu au-dessous de la moyenne, âgée d'une quarantaine d'années, pas névrosée du tout, plutôt un peu lourde de chair. Elle habite Naples, tient un petit négoce, est illettrée, ne sait ni lire ni écrire, comprend à peine le français. Je cause avec elle et ne tarde pas à m'apercevoir qu'elle n'a pas d'opinion et ne se charge pas d'expliquer les phénomènes produits sous son influence.

Le salon dans lequel nous allons expérimenter est une pièce au rez-de-chaussée, rectangulaire, mesurant $6^m,85$ de long sur 6 mètres de large ; 4 fenêtres, une porte d'entrée sur le dehors et une autre sur le vestibule.

Avant la séance, je m'assure que la grande porte et les

---

(1) Paris, *Société d'éditions scientifiques*, 4 rue Antoine Dubois, 1898, in-8° de 280 pages.

fenêtres sont hermétiquement fermées par des persiennes à rochet et par des volets en bois plein à l'intérieur. La porte du vestibule est simplement fermée à clé.

A un angle du salon, à gauche de la grande porte d'entrée, on a tendu par une tringle deux rideaux de couleur claire, se rejoignant au milieu et formant ainsi un petit cabinet. Dans ce cabinet, un canapé contre lequel on a posé une guitare ; à côté, une chaise sur laquelle on a placé une boîte à musique et une sonnette... Dans l'embrasure de la fenêtre, comprise dans le cabinet, il y a un casier à musique sur lequel on a placé une assiette contenant un gâteau bien lissé de mastic de vitrier, et sous lequel on a posé, à terre, un grand plateau contenant un large gâteau lissé du même mastic.

Pourquoi ce cabinet sombre ? Le médium le déclare nécessaire à la production des phénomènes.

J'aimerais mieux rien. Mais il faut accepter les conditions, sauf à s'en rendre exactement compte. Derrière ce rideau, la tranquillité des ondes aériennes est à son maximum, la lumière à son minimum. Il est bizarre, étrange et infiniment regrettable que la lumière interdise certains effets. Sans doute, il ne serait ni philosophique ni scientifique de nous opposer à cette condition. Il est possible que les radiations, les forces qui agissent, soient des rayons invisibles. Celui qui prétendrait faire de la photographie sans chambre noire voilerait sa plaque et n'obtiendrait rien. Celui qui nierait l'électricité parce qu'il n'aurait pu obtenir une étincelle dans une atmosphère humide serait dans l'erreur. Celui qui ne croirait pas aux étoiles parce qu'on ne les voit que la nuit ne serait pas très sage. Les progrès modernes de la physique nous ont appris que les radiations qui frappent notre rétine ne représentent qu'une fraction minime de l'universalité. Nous pouvons donc admettre l'existence de forces n'agissant pas en pleine lumière. Mais, en acceptant ces conditions, le point essentiel est de n'en être pas dupe.

J'ai donc examiné avec soin, avant la séance, le petit angle du salon devant lequel le rideau était tendu, et n'y ai rien trouvé que les objets cités plus haut. Nulle part, dans le salon, aucune trace d'arrangements quelconques, fils électriques, piles, quoi que ce soit, ni au plancher ni aux murs. Du reste, la parfaite sincérité de M. et Mmes Blech est hors de toute suspicion.

La séance a été commencée en pleine lumière et j'ai constamment insisté pour obtenir le plus de phénomènes possibles en clarté suffisante. Ce n'est que graduellement, à mesure que « l'esprit » le réclama, que l'on atténua la lumière. Mais j'ai obtenu que l'obscurité ne fût jamais complète. A la dernière limite, lorsque la lampe a dû être entièrement éteinte, elle a été remplacée par une lanterne rouge de photographie.

Le médium s'assied *devant* le rideau, lui tournant le dos. Une table est placée devant lui, table de cuisine, en sapin, pesant 7 kilogr. 300, que j'ai examinée et qui n'a rien de suspect.

Je me suis placé, d'abord, au côté gauche d'Eusapia, puis à son côté droit. Je m'assure, du mieux possible, par un contrôle personnel, de ses mains, de ses jambes et de ses pieds. Ainsi, par exemple, pour commencer, afin d'être sûr qu'elle ne lèvera la table ni par les mains, ni par les jambes, ni par les pieds, je lui prends sa main gauche de ma main gauche, je pose ma main droite étendue sur ses deux genoux et je pose mon pied droit sur son pied gauche. En face de moi, M. G. de Fontenay, pas plus disposé que moi à être dupe, se charge de la main droite et du pied droit.

Avant la séance, Eusapia s'était dévêtue et revêtue devant Mme Zelma Blech. Rien de caché.

Pleine lumière, grande lampe à pétrole à gros bec, abat-jour jaune clair, plus deux bougies allumées.

Au bout de trois minutes, la table se meut en se balançant et se soulevant tantôt à droite, tantôt à gauche. Une minute après, elle est enlevée entièrement du sol à la hauteur de quinze centimètres environ et y reste deux secondes.

Dans une deuxième expérience, je prends les deux mains d'Eusapia dans les miennes. Un grand soulèvement se produit à peu près dans les mêmes conditions.

La même expérience est encore répétée trois fois, de sorte qu'il y a eu, en un quart d'heure, cinq lévitations de la table, dont les quatre pieds étaient complètement détachés du sol, à la hauteur de quinze centimètres environ et durant plusieurs secondes. Pendant une lévitation, les assistants ont cessé de toucher la table, formant la chaîne en l'air et au-dessus, et Eusapia a agi de même.

M. de Fontenay a pris deux photographies au magnésium. Pendant ce temps, je tenais les deux mains du médium. La table est photographiée, d'abord pendant qu'elle est en l'air, ensuite à terre. Superposant par transparence les deux clichés, on constate avec évidence la différence des deux niveaux.

Toujours en pleine lumière, un guéridon, placé à ma droite, s'avance sans contact vers la table et tombe. Personne ne s'étant dérangé ni approché du rideau, aucune explication apparente ne peut être donnée de ce mouvement.

Le médium n'est pas encore entré en transe et continue à prendre part à la conversation.

Cinq coups frappés dans la table indiquent, selon l'habitude, que la cause inconnue demande *moins de lumière*. Les bougies sont éteintes, la lampe baissée, mais la clarté reste suffisante et l'on peut voir très distinctement tout ce qui se passe dans le salon. Le guéridon, que j'avais relevé et écarté, se rapproche de la table et cherche, à plusieurs reprises, à monter sur celle-ci. Je pèse sur lui pour l'abaisser, mais j'éprouve une résistance élastique telle que je n'y parviens pas. Le bord libre du guéridon se superpose au bord de la table, mais, retenu par son pied triangulaire, il n'arrive pas à s'en écarter assez pour passer par-dessus.

Le rideau se gonfle et s'approche de ma figure. C'est vers ce moment que le médium tombe en transe. Elle pousse des soupirs, se lamente et ne parle plus qu'à la troisième personne, se disant être John, personnalité psychique qui aurait été son père dans une autre vie et qui l'appelle *mia figlia*.

Cinq nouveaux coups demandant encore *moins de lumière*, la lampe est baissée presque complètement, mais non éteinte. Les yeux s'accoutumant au clair obscur distinguent encore assez bien ce qui se passe.

Le rideau se gonfle de nouveau et je me sens touché à l'épaule à travers le rideau comme par un poing fermé. La chaise, dans le cabinet, sur laquelle se trouvent placées la boîte à musique et la sonnette, s'agite violemment et ces objets tombent à terre.

Le médium demandant encore *moins de lumière*, on place sur le piano, une lanterne rouge photographique et on éteint la lampe.

Le contrôle est rigoureusement fait ; et, d'ailleurs, le médium s'y prête avec la plus grande docilité.

La boîte à musique joue quelques airs derrière le rideau comme si elle était tournée par une main, par intermittences, pendant environ une minute.

Le rideau s'avance de nouveau vers moi et une main assez forte me saisit le bras. J'avance immédiatement le bras pour saisir la main, mais ne trouve que le vide. Je prends alors les deux jambes du médium entre les miennes et je serre sa main gauche dans ma main droite. Le médium a sa main droite prise dans la main gauche de M. de Fontenay. Alors, Eusapia amène la main de M. de Fontenay vers ma joue et simule sur cette joue, avec le doigt de M. de Fontenay, le jeu d'une petite manivelle que l'on tourne. La boîte à musique, qui est à manivelle, joue en même temps, derrière le rideau, et avec un synchronisme parfait. Quand la main d'Eusapia s'arrête, la musique s'arrête ; tous les mouvements correspondent, ainsi que dans le télégraphe Morse. Ce fait a été expérimenté pendant cinq minutes et, chaque fois, le mouvement du doigt correspondait au jeu de la boîte.

Je sens plusieurs attouchements dans le dos et sur le côté. M. de Fontenay reçoit, dans le dos, une forte tape que tout le monde entend. Une main passe dans mes cheveux. La chaise de M. de Fontenay est violemment tirée et, quelques instants après, il s'écrie : « Je vois la silhouette de John passer entre M. Flammarion et moi au-dessus de la table, en éclipsant la lumière rouge. »

Ce fait se répète plusieurs fois. Pour moi, je ne parviens pas à voir cette silhouette. Je propose alors à M. de Fontenay de prendre sa place, car, dans ce cas, je devrai la voir aussi. Alors j'aperçois distinctement moi-même une silhouette vague passant devant la lanterne rouge, mais je ne parviens à distinguer aucune forme. Ce n'est qu'une ombre opaque qui avance jusqu'à la lumière et recule.

On met une rame de papier sur la table avec un crayon dans l'espoir d'avoir de l'écriture. Ce crayon est lancé à une grande distance dans le salon. Je prends alors la rame de papier, mais elle m'est arrachée violemment malgré mes efforts pour la retenir. A ce moment, M. de Fontenay, orienté le dos à la lumière, voit une main (blanche et non une ombre) avec le bras jusqu'au coude tenant la rame de papier, mais tous les autres déclarent qu'ils ne voient que le papier secoué en l'air.

Je subis plusieurs attouchements au côté, sur la tête et j'ai l'oreille fortement pincée ; je déclare, à plusieurs reprises, cette expérience suffisante, mais, pendant toute la séance, je n'ai cessé d'être touché en dépit de mes protestations.

Le guéridon, placé en dehors du cabinet à la gauche du médium, s'approche de la table, l'escalade entièrement et s'y couche transversalement. On entend la guitare, qui est dans le cabinet, remuer et donner quelques sons. Le rideau gonfle et la guitare est apportée sur la table, appuyée sur l'épaule de M. de Fontenay ; elle est ensuite couchée sur la table, le gros bout vers le médium, puis elle s'élève et se promène au-dessus de la tête des assistants sans les toucher ; elle donne plusieurs sons. Le phénomène dure une quinzaine de secondes. On voit fort bien la guitare flotter et le reflet de la lampe rouge glisser sur son bois luisant.

On voit une lueur assez vive en forme de poire au plafond, à l'autre coin du salon.

Le médium, fatigué, demande du repos. On allume les bougies. Mme Z. Blech remet les objets en place, constate que les gâteaux de mastic sont intacts, pose le plus petit sur le guéridon, et le grand sur une chaise dans le cabinet en arrière du médium. On recommence la séance à la faible lueur de la lanterne rouge.

John demande par quatre coups qu'on parle et ajoute que les ondes de la parole lui donnent des forces. Le médium, dont les mains et les pieds sont contrôlés avec soin par M. de Fontenay et moi, souffle fortement. On entend, au-dessus de sa tête, des claquements de doigts. Le médium souffle encore, gémit, et enfonce ses doigts dans ma main. Trois coups sont frappés. Le médium dit : « *È fatto* ». M. de Fontenay porte le petit plat sur le guéridon sous la lumière de la lanterne rouge et constate l'empreinte de cinq doigts sur le mastic, dans la position qu'ils avaient pris en s'enfonçant dans ma main (Pl. X, fig. 1).

On se rassied, le médium demande du repos et on fait un peu de lumière. Le médium sort de sa transe de lui-même et redevient Eusapia jusqu'à la fin de la séance.

La séance est reprise, ainsi que précédemment.

Au bout d'un moment, Eusapia dit qu'il y a une personne derrière le rideau. Au bout d'un autre moment, elle dit : « Il y a un homme à côté de moi, à droite ; il a une

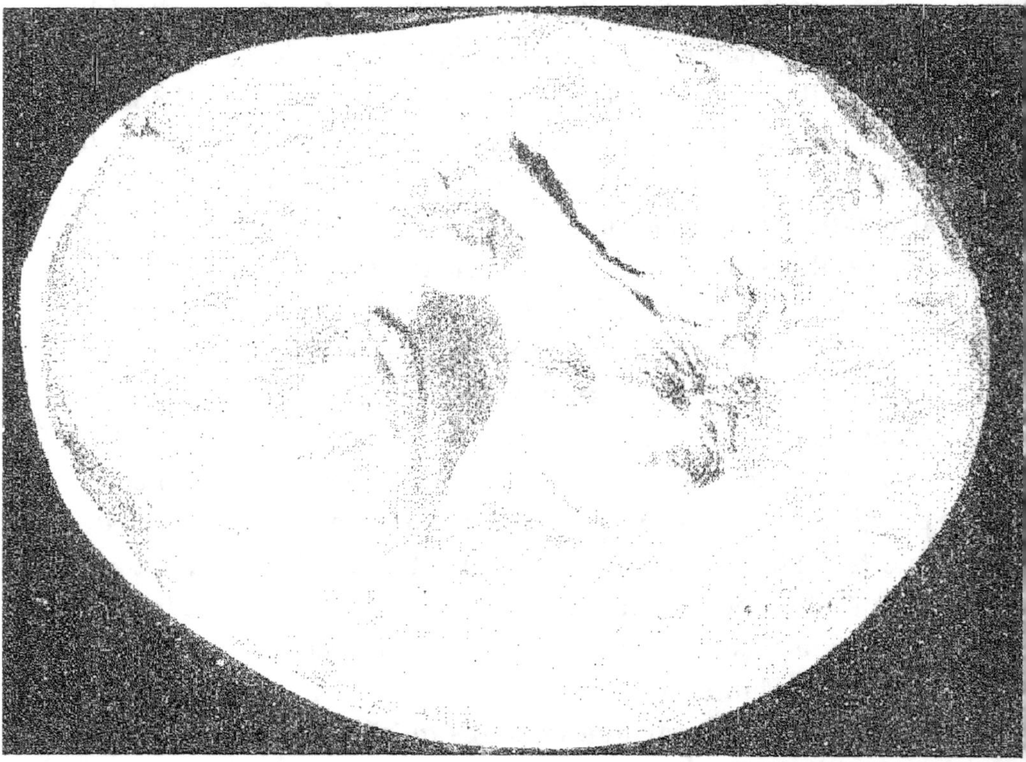

Fig. 1. — MOULAGE D'UNE EMPREINTE DE DOIGTS
PRODUITE A DISTANCE PAR EUSAPIA

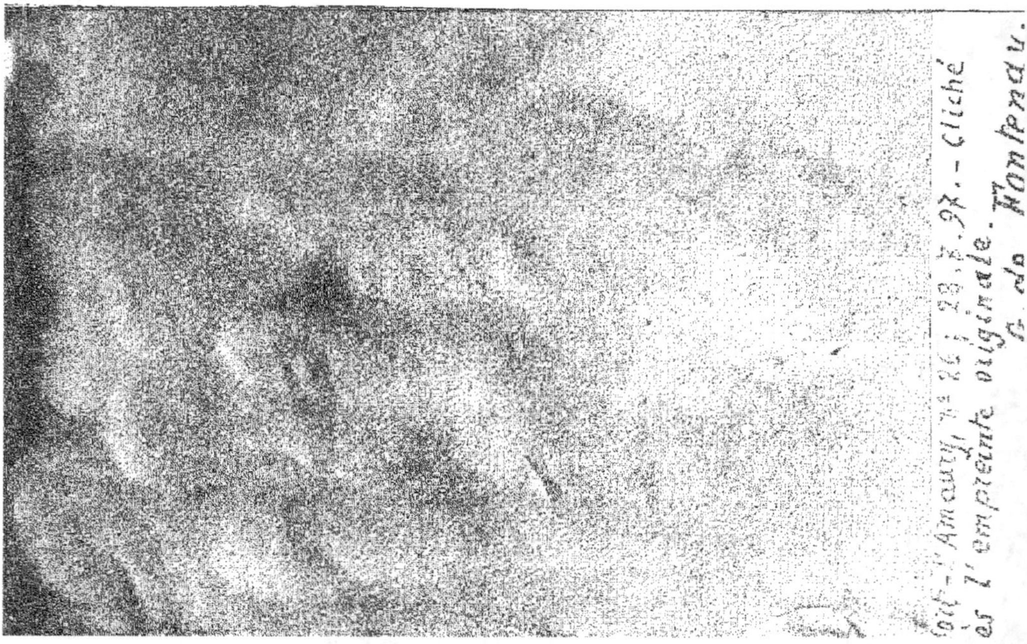

grande barbe lisse et séparée en deux. » Je demande à toucher cette barbe. En effet, en élevant la main, je la sens qui la frôle.

Tout le monde réclame (comme à plusieurs reprises déjà) l'empreinte d'un profil dans le mastic. Eusapia répond que c'est difficile et demande de n'y pas penser un moment. Quatre coups demandent que l'on parle. Le médium souffle, gémit, se tord. On entend remuer, dans le cabinet, la chaise sur laquelle se trouve le mastic ; cette chaise vient se placer à côté du médium, puis elle est soulevée et placée sur la tête de Mme Z. Blech, tandis que le plat est posé légèrement sur les mains de M. Blech, à l'autre bout de la table. Eusapia s'écrie qu'elle voit, devant elle, une tête et un buste, et dit : « *E fatto* » (c'est fait). On n'y croit pas, parce que personne n'a senti de pression sur le plat. Trois coups de maillet violents sont appliqués sur la table. On fait de la lumière et on trouve un profil humain imprimé sur le mastic (Pl. X, fig. 2).

En couvrant les yeux du médium avant de faire de la lumière, Mme Z. Blech l'avait embrassée sur les deux joues, dans le but de s'assurer si son visage n'aurait pas quelque odeur de mastic (le mastic de vitrier ayant une forte odeur). Le contrôle avait été soigneusement fait, la tête d'Eusapia reposant sur l'épaule de M. de Fontenay.

Après quoi, on essaie d'obtenir une photographie spirite, en braquant l'objectif, à la lueur de la lanterne rouge, sur le médium et la fente du rideau derrière lui, tout le monde faisant la chaîne. Cette photographie n'a rien donné.

On désire, ensuite, faire la photographie d'une main matérialisée en pleine lumière, main qui s'est montrée deux fois la veille, telle qu'une main vivante, dans la fente du rideau, au-dessus de la tête d'Eusapia, le salon étant éclairé. On fait la chaîne, la main donne le signal en claquant trois fois des doigts, au-dessus de la tête d'Eusapia. On fait un éclair au magnésium ; mais la main ne paraît ni à la vue, ni sur la plaque.

La séance est levée ; mais, comme je désirais revoir encore une lévitation de table en pleine lumière, on fait la chaîne *debout*, les mains légèrement posées sur la table. Celle-ci se met à osciller, puis elle s'élève à cinquante centimètres du sol, y reste cinq secondes, tous les assistants étant debout, et retombe lourdement.

M. de Fontenay, cherchant une explication de la manière dont se font les lévitations de table avec Eusapia, suppose *qu'il se forme une main fluidique* qui soulève l'un des pieds de la table les plus rapprochés du médium, celui précisément qui est toujours plus ou moins dans l'ombre et il ajoute :

« Mais, pensera-t-on, comment admettre la matérialisation d'une main si loin de celles du médium ? Je répondrai en deux mots que le voisinage des mains charnelles d'Eusapia n'a rien à voir avec la formation des mains fluidiques : ces dernières donnent parfois des attouchements dans le cabinet, tandis que les mains du médium sont maintenues sur la table, — fort loin par conséquent.

« Ce n'est pas la proximité des mains charnelles du sujet qui paraît nécessaire à la formation des mains fluidiques, c'est le voisinage d'une partie quelconque de son corps. Dans la troisième séance, lorsque nous avons vu, en bonne lumière, la petite main complètement formée, *cette main semblait avoir poussé comme une greffe, de la tête d'Eusapia*, dont les vraies mains, dûment vues et contrôlées, reposaient sur la table à un mètre environ du phénomène. Il n'est pas plus surprenant qu'une pareille manifestation se produise vers

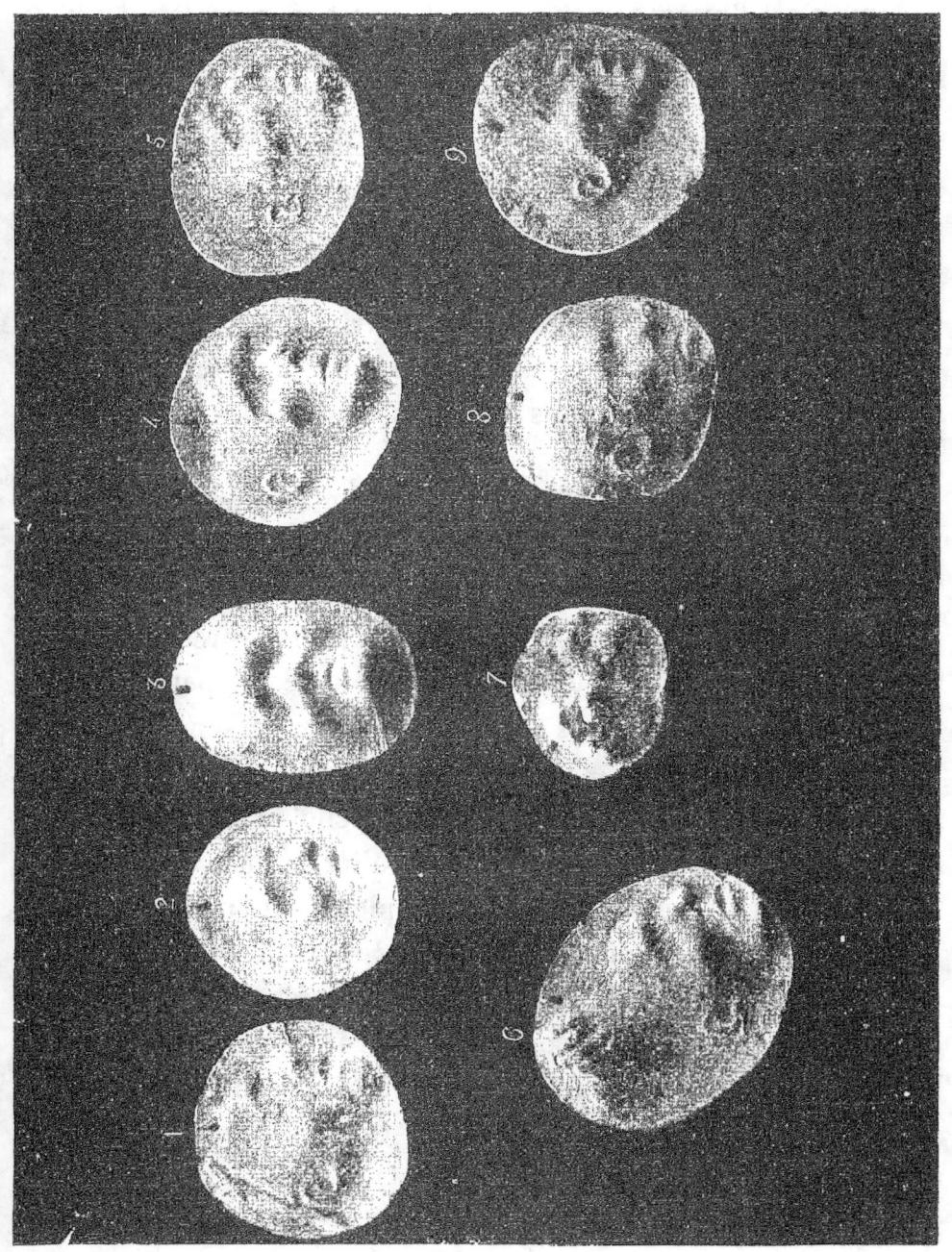

MOULAGES D'EMPREINTES PRODUITES A DISTANCE
PAR EUSAPIA, CHEZ LE CHEVALIER CHIAÏA, A DIVERSES ÉPOQUES

toute autre région du corps, et quant à moi, je trouve que c'est l'hypothèse qui jusqu'à présent rend le mieux compte de ces lévitations dans leur mécanisme et leur physionomie ordinaire (p. 18). »

Cette théorie doit être vraie, car elle a été donnée par différentes personnes qui ne se connaissaient pas et qui sont loin de penser de même sur d'autres points. Elle explique la sensation éprouvée par le Dr B. chez la comtesse de Ganay et est du reste comfirmée, non seulement par les empreintes de doigts produites à distance dont nous avons parlé mais par des empreintes de mains sortant de la tête.

On a déjà vu (p. 197) celle qui a été obtenue par le Dr Visani-Scozzi. On retrouva également la main greffée sur la tête dans la figure 6 de la planche XI. Je rappelle à ce propos que la tête d'Eusapia présente les traces d'une ancienne blessure par où s'échappent même à l'état de veille, des effluves que l'on ressent comme un souffle froid (1).

Les diverses figures de cette planche m'ont été communiquées par le regretté chevalier Chiaïa qui les a obtenues à diverses époques à Naples et qui a bien voulu joindre à cet envoi les explications suivantes.

« J'ai obtenu ces moulages dans l'argile des sculpteurs en en mettant une couche d'environ 8 centimètres de hauteur pour une largeur de 30 à 40 centimètres, dans un grand plateau dont le poids total se trouvait ainsi porté à 25 et à 30 kilos.

(1) Cette coexistence d'une tête et d'une main sur la même empreinte peut tenir à une autre cause ainsi qu'on le verra plus loin (p. 406) dans la lettre que m'a adressée le Dr Ochorowics.

« Je vous fais remarquer le poids pour vous faire comprendre l'impossibilité qu'il y a de soulever et de transporter *avec une seule main* (en admettant qu'Eusapia puisse, à notre insu, libérer une de ses mains, comme le prétendent nos adversaires) un plateau aussi lourd. Presque dans tous les cas, en effet, ce plateau, placé sur une chaise *à un mètre derrière le médium*, a été transporté et posé tout doucement sur la table autour de laquelle nous étions assis. Le transport se faisait avec une telle délicatesse que les personnes qui faisaient la chaîne et tenaient fortement les mains d'Eusapia n'entendaient pas le moindre bruit, ne percevaient pas le moindre frôlement. Comme nous opérions dans l'obscurité, nous n'étions prévenus de l'arrivée du plateau sur la table que par sept coups que, suivant notre convention, John frappait dans le mur pour nous dire que nous pouvions donner de la lumière. Je le faisais immédiatement, en tournant le robinet de la lampe à gaz, placée au-dessus de la table, que nous n'éteignions jamais complètement. Nous trouvions alors le plateau sur la table et, sur l'argile, l'empreinte que nous supposons devoir être faite avant transport, derrière Eusapia, dans le cabinet où John se matérialise et se manifeste ordinairement.

« Lorsque le phénomène allait se produire, Eusapia commençait à se lamenter et même à crier, en disant qu'elle sentait une forte douleur comme si on lui arrachait les entrailles.

« Vous pouvez remarquer que les têtes, bien qu'obtenues en diverses séances, se ressemblent presque toutes; il n'en est qu'une, celle du milieu de la rangée supérieure, qui donne une empreinte de face avec le type

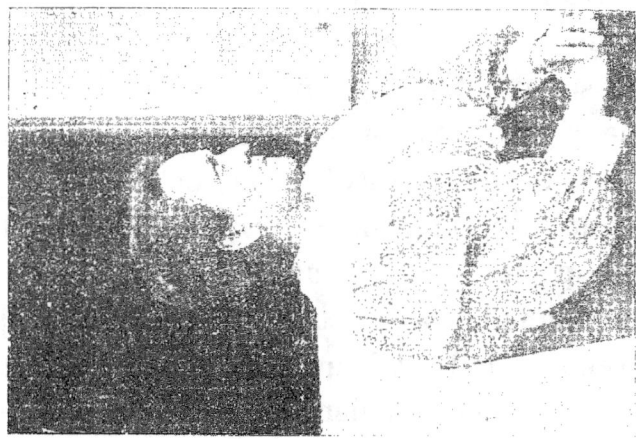

Fig. 1. — PHOTOGRAPHIE D'EUSAPIA EN 1897

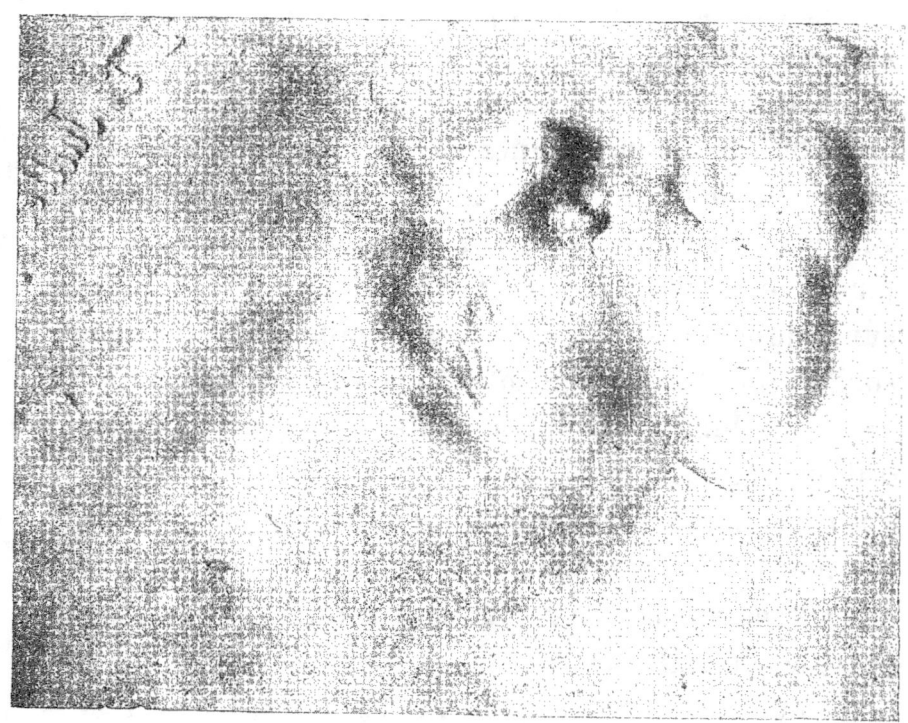

Fig. 2. — MOULAGE DANS L'EMPREINTE DE LA FIGURE D'EUSAPIA
OBTENUE EN 1897, A MONTFORT

d'une femme. Ayant demandé à John pourquoi cette tête différait des autres qui, selon lui, était *sa* figure pendant les derniers temps de sa vie, il nous dit que cette empreinte n'était pas celle de sa figure, mais bien celle de la mère d'Eusapia, morte depuis longtemps. En effet, elle présente quelque ressemblance avec la figure du médium (1).

« Après avoir obtenu les empreintes dans l'argile, j'en tirai le moulage en plâtre. La première fois, je n'étais pas très expert dans cette besogne ; j'ai mis, sans m'en apercevoir, le doigt dans le plateau et justement sur le menton ; c'est ce qui explique la déformation de cette partie du visage dans la figure 1 de la planche. Depuis, je me suis fait aider dans cette opération par un des meilleurs sculpteurs de notre ville, M. Giuseppe Ronda qui, ayant constaté l'impossibilité du truc dans un phénomène si merveilleux, est devenu spirite convaincu. Selon lui et selon d'autres artistes connus, il serait impossible de faire, en dix ou quinze minutes, un pareil ouvrage, qui demanderait un temps fort long et une grande habileté pour être ainsi modelé, — surtout dans l'obscurité !

« On remarquera spécialement le numéro 6 qui présente une main sur la tête, et le numéro 7, dont le creux original donne l'empreinte laissée par la dernière phalange et l'ongle de l'index et du médius, *en arrière du pouce replié au-dessus d'eux.*

« Le numéro 4 et le numéro 9 sont aussi intéressants parce que, dans le premier, on voit distinctement *l'œil ouvert* et dans l'autre la *langue*, ce qui serait impossible à obtenir avec une personne vivante.

(1) Et avec l'empreinte de la planche XII.

« Je crois nécessaire, pour donner plus d'autorité à mes affirmations, de vous donner les noms de quelques personnes respectables à tous égards qui ont pris part à ces séances : M. Thommaso DE AMICIS, professeur à l'Université de Naples ; M. Fédérico VERDINOIS, écrivain publiciste très connu ; le D' Michel CAPUANO ; les ingénieurs Giuseppe PALAZZI et Fabrizio AGRI ; le duc de VOJA, ex-maire de notre ville ; M. Otéro ACÉVÉDO, de Madrid, le prince de MÉLITERNO, sénateur ; le prince de TÉLESIO ; le comte Alberto AMMAN de Milan, etc.

« Les expériences ont été faites dans une petite chambre avec alcôve, de 3^m de longueur sur 2^m de largeur, avec une seule porte dans l'alcôve ; il n'y avait qu'une table avec un petit canapé et des chaises. Inutile de vous dire que nous prenions toutes les précautions nécessaires pour être surs que le médium ne pouvait ni dégager ses mains pour prendre le plat d'argile, ni porter sa tête sur ce plat qui était toujours déposé au moins à un mètre d'elle. Enfin, avant chaque séance, Eusapia était minutieusement visitée par Mme Chiaïa qui ne lui permettait pas de remettre ses robes et ses jupons, mais lui en faisait mettre d'autres qu'elle lui fournissait. Dans ces conditions, l'hypothèse d'un masque apporté par le médium, dissimulé et appliqué sur l'argile, on ne sait comment, tombe d'elle-même ».

La figure 1 de la planche X, qui représente le moulage obtenu dans l'empreinte produite par Eusapia le 27 juillet ne donne pas une idée assez nette de la trace d'une sorte de coulée fluidique qui, partant du bord supérieur du moulage s'arrête sur le bas du front, il est à supposer que c'est la trace du lien qui reliait le mé-

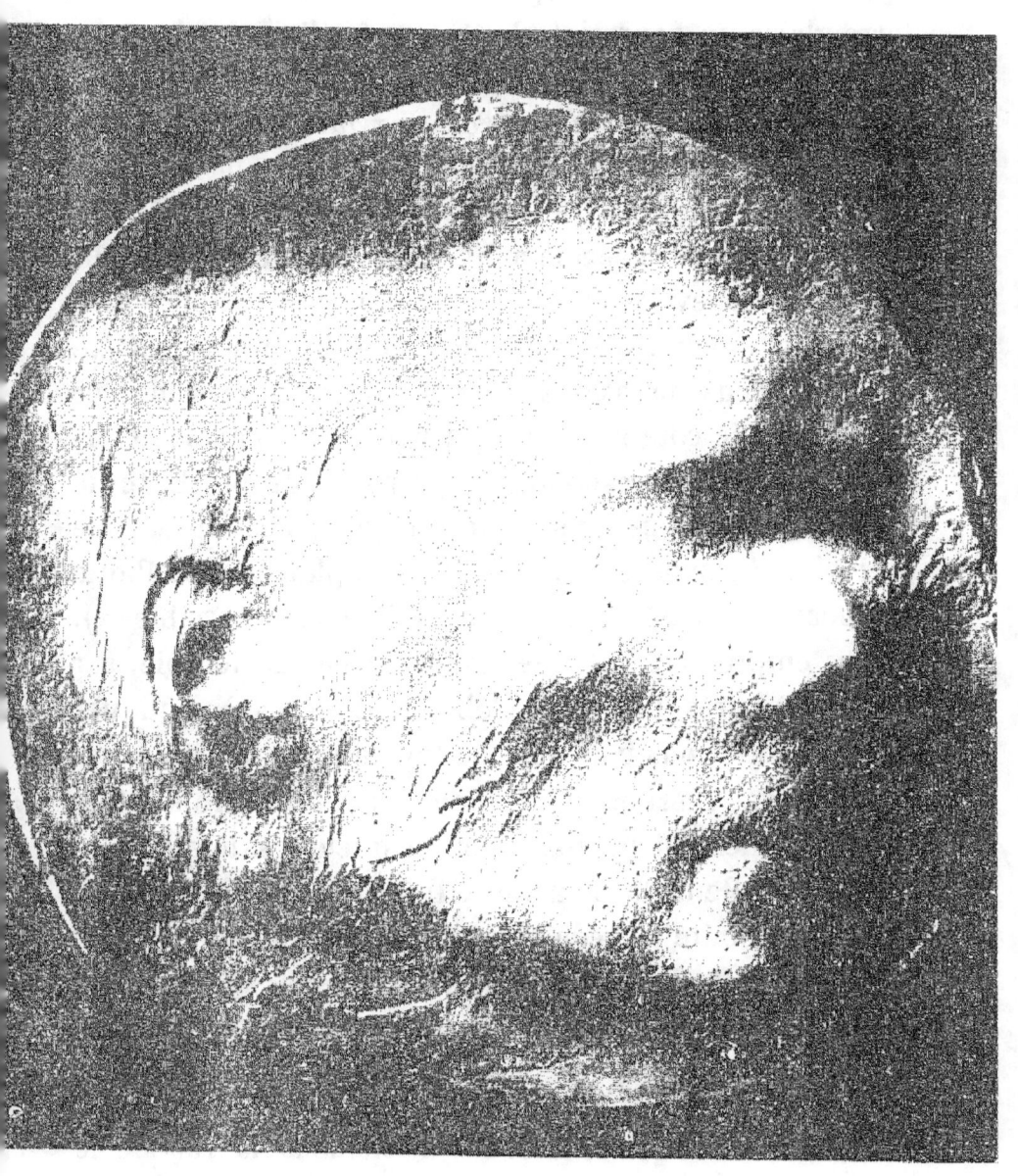

MOULAGE D'UNE EMPREINTE PRODUITE PAR EUSAPIA
DEVANT LE COMITÉ DE RÉDACTION DU JOURNAL *Lux*

dium à sa *projection*. Le docteur Visani-Scozzi avait, en 1895, fait une observation qui semble confirmer cette hypothèse. Il avait ménagé autour de la face plane de la terre glaise un bourrelet destiné à faciliter le coulage du plâtre dans l'empreinte qu'on espérait obtenir ; mais cette empreinte *n'a pu se produire que lorsque*, sur la demande de John, *on a supprimé* le bourrelet du côté du sujet.

On remarquera également dans cette empreinte la finesse des cheveux, et la forme de l'œil qui semble avoir été moulé ouvert. Il semble ainsi que l'empreinte ait été faite par deux pressions successives, de façon à mouler légèrement le côté gauche de la figure après avoir déterminé le creux correspondant à la partie droite. Enfin la torsion du nez tient sans doute à ce que le nez du masque projeté est venu buter contre le fond du plateau métallique contenant le mastic, fond qui était incompressible (1).

Ces empreintes ont une importance considérable, car des esprits très distingués s'obstinent encore à expliquer nos constatations par une hallucination collective des spectateurs. Aussi en mentionnerai-je encore trois autres sur lesquelles j'ai pu me procurer quelques détails.

L'une, celle de la planche XIII, a été obtenue à Rome devant le comité de rédaction du journal spirite *Lux*.

L'autre est due à M. de Siemiradski, elle est fort médiocre ; elle ne vaut pas la peine d'être reproduite

(1) M. Urbain Basset, directeur de l'école de sculpture de Grenoble, suppose que c'est la pression exercée par le nez, quand il a rencontré le fond du plateau, qui a déterminé la rupture de l'équilibre éphémère constitué par la figure fantomale, comme quand on rompt la queue d'une larme batavique. La trace de la coulée fluidique dont il a été question plus haut serait due à cette sorte explosion : elle se présente en effet sous forme d'éventail divergeant à partir du nez.

quoiqu'elle puisse prouver que les phénomènes ne se produisent pas d'une façon aussi régulière que s'ils étaient truqués !

L'empreinte envoyée par le Dr Ochorowicz est encore plus mauvaise, mais la lettre qui l'accompagnait donne des détails intéressants sur son exécution.

« L'empreinte de cette figure a été obtenue dans l'obscurité, mais au moment où je tenais les deux mains d'Eusapia en l'embrassant tout entière. Ou plutôt c'est elle qui se cramponnait à moi de telle façon que je me rendais parfaitement compte de la position de tous ses membres. Sa tête s'appuyait contre la mienne, et même avec violence, au moment de la production du phénomène ; un tremblement convulsif agitait tout son corps et la pression de son crâne sur ma tempe était tellement intense qu'elle me faisait mal.

« Au moment où eut lieu la plus forte convulsion elle s'écria : *Ah che dura !* Nous allumâmes aussitôt une bougie et nous trouvâmes l'empreinte ci-jointe, qui est bien médiocre en comparaison de celles que d'autres expérimentateurs ont obtenues, et cela tient à la mauvaise qualité de l'argile dont je me suis servi. Cette argile se trouvait à environ 50 centimètres à la droite du médium, tandis que sa tête était penchée à gauche ; sa figure n'a été nullement souillée par l'argile qui laissait cependant des traces sur les doigts quand on la touchait ; du reste le contact de sa tête me faisait trop souffrir pour ne pas être absolument sûr qu'il n'a pas cessé un seul instant. Eusapia était toute joyeuse de voir une épreuve dans des conditions où il n'était pas possible de douter de sa bonne foi.

« Je pris alors le plat d'argile et nous passâmes dans

la salle à manger pour mieux examiner l'empreinte que je plaçai sur une grande table, près d'une grosse lampe à pétrole. Eusapia, retombée en transe, resta quelques instants debout, les deux mains appuyées sur la table, immobile et comme inconsciente. Je ne la perdais pas de vue, et elle me regardait sans rien voir. Ensuite, d'un pas incertain, elle se dirigea à reculons vers la porte et passa lentement dans la chambre que nous venions de quitter. Nous la suivîmes tous en l'observant et laissant l'argile sur la table. Nous étions déjà arrivés en cette chambre lorsque, s'appuyant contre le battant de la porte, elle fixa les yeux sur l'argile qui était resté sur la table. Le médium était bien éclairé ; on était à 2 ou 3 mètres et nous apercevions nettement tous ces détails. Tout à coup Eusapia tendit brusquement la main vers l'argile, puis s'affaissa en poussant un gémissement ; nous nous précipitâmes vers la table et nous vîmes, à côté de l'empreinte de la tête, une nouvelle empreinte très forte d'une main qui s'était produite ainsi sous la lumière même de la lampe, et qui ressemblait fort à la main d'Eusapia. J'ai du reste obtenu des empreintes de tête une douzaine de fois, mais toujours assez mal venues à cause de la qualité de l'argile, et souvent brisées pendant la durée de l'expérience ».

Parmi les phénomènes obtenus le 27 juillet je citerai encore le suivant qui, comme celui de la chaise ou de la table soulevée à travers la main d'un des assistants s'est produit, à la suite de la séance, lorsque Eusapia était réveillée et encore *chargée*.

« On passe, dit M. de Fontenay, dans la salle à manger, on s'assoit autour de la grande table. On prend du thé et des gâteaux. Il y a devant Eusapia un plateau chargé de tasses avec leurs soucoupes et leurs petites cuillers, un sucrier, une théière et divers menus objets, parmi lesquels une cuiller à entremets pesant 40 grammes : celle-ci est posée à même le plateau, appuyée sur le rebord qu'elle dépasse de 6 ou 7 centimètres. Eusapia, qui attend sa tasse de bouillon, montre la cuiller à ses voisins, et, comme pour s'amuser, la fait sauter en passant les deux mains de bas en haut à quelques centimètres à gauche et à droite de l'objet. Aussitôt on nous appelle, M. Flammarion et moi, et Eusapia recommence. Nous sommes sous la pleine lumière d'une lampe et de plusieurs bougies. Tout le monde regarde. Eusapia renouvelle deux ou trois fois le geste de soulever quelque chose entre ses deux mains, qui passent chaque fois à 3 ou 4 centimètres *au minimum* de l'extrémité de la cuiller. Le premier mouvement n'amène aucun résultat ; au deuxième ou au troisième, la cuiller sursaute et retombe dans la même position. Nous prions le médium de recommencer une fois encore. Elle répète le même geste deux ou trois fois, mais sans succès, et frotte ses mains contre sa jupe comme pour les essuyer et les débarrasser de quelque impureté qui s'opposerait au passage de je ne sais quelle force. Puis elle renouvelle sa tentative. Les deux premières passes ne produisent rien ; la troisième amène un léger mouvement de la cuiller ; à la quatrième elle saute en l'air complètement et se renverse bout pour bout, sur le plateau. On applaudit, et Eusapia se met à rire et à plaisanter ; elle est, je le répète, complètement éveillée (p. 116). »

IV. — Séances de Bordeaux en août 1897.

Eusapia regagna Naples en passant par Bordeaux où elle s'arrêta pendant quelques jours chez M. Maxwell. On constata alors de nouveau la plupart des phénomènes que nous avons déjà décrits, et nous nous bornerons à signaler ici encore l'expérience du pèse-lettre qui nous avait beaucoup frappés à L'Agnélas.

M. Maxwell parvint à la reproduire et voici le procès-verbal qu'il rédigea à cette occasion.

Séance du 4 août 1895.

« Présents : Eusapia, *médium* ; Mme Agullana ; M. Maxwell, magistrat ; M. de M..., avocat ; M. D..., docteur en médecine ; M. Pr...

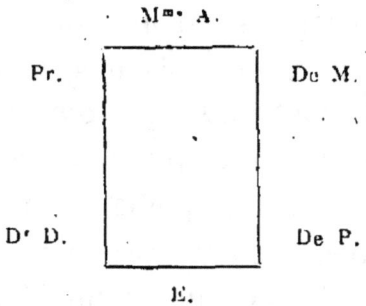

« Lumière vert clair donnée par une lampe électrique placée dans une lanterne photographique. On distingue les moindres détails de l'appartement, sauf le dessous de la table à cause de l'ombre portée par le tableau.

« Eusapia est en corsage clair, celui qu'elle avait pendant le dîner.

« J'ai acheté dans la journée un pèse-lettre que j'apporte. E... nous fait rester deux ou trois minutes les mains sur la table, puis approche ses mains du pèse-lettre, en faisant placer la main droite du Dr D... sous la main gauche du médium.

« Le Dr D... accuse une sensation de souffle froid qui s'arrête au bout d'un instant, puis recommence.

« Les mains d'Eusapia sont à environ 15 centimètres du pèse-lettre, de chaque côté et dans le prolongement d'un diamètre du plateau.

« Eusapia fait deux ou trois fois un mouvement de haut en bas avec ses mains, face palmaire en dessous. Or, la deuxième fois, le pèse-lettre est poussé à fond de course, ce qui exige une force de plus de 170 grammes.

« Eusapia prend la main gauche de M. de P..., la place sous sa main droite et tente l'expérience avec lui. Elle demande s'il sent le souffle froid ; M. de P... répond que non. Après quelques instants M. de P... sent un souffle froid à l'annulaire et au petit doigt (les deux doigts de sa main les plus rapprochés du corps du médium). Le plateau s'abaisse et l'aiguille s'arrête à la division 20.

« Eusapia reprend la main droite du Dr D... elle ne place plus ses mains dans le prolongement des diamètres du plateau, mais dans deux directions faisant un angle de 120°, dont le sommet serait au centre du plateau.

« Le Dr D... a toujours sa main droite dans la main gauche d'Eusapia. Les extrémités des mains de celle-ci sont à environ 10 centimètres du bord du plateau et à environ 15 centimètres l'une de l'autre. Le plateau s'abaisse à 90 grammes et revient lentement à 0.

« Dans les deux expériences précédentes il était revenu brusquement à 0.

« Eusapia essaye de faire lever le plateau. Les mains sont dans le prolongement d'un diamètre du plateau. La face palmaire est, cette fois en haut. Le plateau se relève. Dans cette position la course du plateau est faible : il est bloqué au bout d'un demi-centimètre.

« M. Pr... place son portefeuille en maroquin noir, pesant 70 grammes, sur le plateau. Eusapia recommence l'expérience dans les mêmes conditions de position des mains et de distance comptée à partir des bords du portefeuille. Après deux ou trois mouvements de ses mains de bas en haut, le plateau est relevé à bloc.

« Avant qu'on enlève le pèse-lettre, Eusapia fait remarquer que ces expériences sont celles qui lui plaisent le plus. Elle n'est pas endormie et se rend compte de tout ce qui se passe. Elle dit éprouver une sensation de froid dans le dos le long de l'épine dorsale, puis dans les bras, et un fourmillement dans le bout des doigts au moment où le plateau s'abaisse (1) ».

---

(1) Il résulte de nombreuses expériences, faites par différentes personnes et notamment par M. Maxwell, que dans certains cas, on peut voir le lien fluidique qui unit les doigts d'Eusapia quand elle les oppose bout à bout à petite distance. C'est ce lien que des observations superficielles ont pris pour un fil servant à truquer le phénomène.

CHAPITRE XIII

EXPÉRIENCES DE GÈNES ET DE PALERME EN 1901 ET 1902

En 1901, Eusapia fut appelée à Gênes pour donner, au *Circolo scientifico Minerva* de cette ville une série de dix séances, devant dix des membres considérés comme les plus aptes à observer et à juger les phénomènes attribués au célèbre médium. Ces séances eurent lieu en mai et juin.

Les comptes rendus furent rédigés et publiés dans le *Secolo XIX*, principal journal de la ville, par M. Francesco Porro professeur d'astronomie à l'Université de Gênes (1) ; ils eurent un énorme retentissement et furent reproduits presqu'en entier dans la plupart des revues qui s'occupent des sciences psychiques aussi bien dans l'ancien que dans le nouveau monde, notamment dans la *Revue scientifique et morale du Spiritisme* (N°˙ de septembre, octobre, novembre, décembre, 1901).

A la suite de ces séances officielles plusieurs membres

---

(1) Aujourd'hui directeur de l'Observatoire national argentin à La Plata.

du *circolo Minerva* **eurent** des séances particulières ; le compte rendu de l'une d'elles **par M.** Ernesto Bozzano a paru dans la même revue (n° de février 1902).

Au mois de décembre de la même année Eusapia fut rappelée de nouveau à Gênes par le *Circolo Minerva* afin de donner une nouvelle série de séances à cinq ou six groupes de personnes, dont chacune représentait une individualité donnant les meilleures garanties d'examen sérieux et critique, et parmi lesquels se trouvaient les professeurs Lombroso et Morselli. M. Vassalo, président du cercle, assista à cinq séances, sous la direction du professeur Porro, et on publia un compte rendu reproduit également dans la Revue scientifique et morale du spiritisme (n° de mai 1902).

Comme ces comptes rendus peuvent être facilement consultés par le lecteur français, je ne les reproduirai pas ici. Ils contiennent du reste, toujours l'affirmation des mêmes faits. Je me bornerai à donner *in extenso*, les conclusions tirées par le professeur Porro des séances de mai-juin 1901, conclusions répondant aux objections cent fois répétées par les gens qui n'ont vu, ni cherché à voir.

**
* **

Conclusions du professeur Porro.

Sans entrer encore dans le cadre général des manifestations médianimiques et en nous tenant strictement aux résultats obtenus dans les séances données à Gênes avec Eusapia Paladino, nous voyons que ces résultats peuvent être interprétés de diverses manières qu'on peut grouper en quatre classes.

1° Les interprétations basées sur l'hypothèse de la fraude ;

2° Les interprétations basées sur l'hypothèse de l'hallucination.... ;

3° Les interprétations psychologiques ou animiques qui font dépendre les phénomènes exclusivement de la psyché du médium et des assistants ;

4° Les interprétations spirites qui admettent l'intervention d'autres intelligences normalement inaccessibles à nos sens.

Sur la première hypothèse je n'ai point à discourir longuement. J'ai dit et répété maintes fois de quel contrôle minutieux et incessant nous avons entouré la Paladino durant nos séances et combien elle-même a insisté pour que toutes les précautions nécessaires fussent prises, qu'en concédant qu'elle ait eu l'habileté et la mauvaise foi de simuler 90 % des phénomènes, il est absurde d'admettre que le restant soit son œuvre.

J'exclus de même toute supposition relative à l'éventuelle complicité de l'un ou de l'autre des assistants. Tout soupçon de participation volontaire à une tromperie serait une injure ; et ici, à Gènes où nous sommes tous connus, une pareille idée ne peut venir qu'à un insensé ou à un grossier personnage. Je veux bien admettre encore que quelqu'un, dans un but louable, ne sachant ni qui je suis, ni qui sont les personnes composant le cercle, vienne à soupçonner que l'un de nous se soit prêté, par esprit de propagande, à aider Eusapia à reproduire certains phénomènes ; mais, même alors, cette hypothèse serait insuffisante pour expliquer des faits qui exigent la coopération synchronique des divers agents ; comme par exemple le phénomène étrange du 2 juin (6ᵉ séance) dans lequel pas moins de 7 à 8 mains concoururent à produire des effets de son et de mouvement simultanément constatés. Nous arrivons ainsi inexorablement à la conclusion que, s'il y avait des compères, il devait y en avoir plus d'un ; et alors cela complique beaucoup les solutions et il est permis d'écarter, pour des raisons plus sérieuses encore, la supposition, si répugnante pour des considérations morales, que l'un de nous se soit rendu complice de la Paladino.

L'hypothèse de la fraude ne pouvant être admise, passons à l'hypothèse de l'hallucination.

L'hallucination, véridique ou non, voudra toujours dire une sensation dont l'objet déterminant fait défaut ou est différent de celui qui se présente à nous. Toute la question se réduit donc à établir jusqu'à quel point la représentation du monde extérieur, sur lequel nous basons toutes les impressions reçues par les organes des sens, correspond fidèlement à la forme et à la substance des objets perçus.

Nous n'avons d'autres moyens de communication avec le monde extérieur que nos cinq sens, et ces organes sont eux-mêmes trompeurs ou tout au moins conduisent à une représentation de ce monde abandonnée à la conformation et à la nature des organes correspondants. Qui peut dire comment nous apparaîtrait le monde si nous avions la vue absolument daltonique aux couleurs comme les plaques photographiques ; si nous avions des organes capables de percevoir les vibrations électriques et les ultra-violettes, en plus ou à la place de ceux qui nous font percevoir comme son et comme lumière les vibrations acoustiques et lumineuses ; si la courbure et les indices de réfraction des différentes substances qui composent notre œil étaient différents ? Les instruments et les méthodes de recherche que la physique a inventés pour venir en aide à nos organes, depuis la lunette jusqu'au télescope, depuis le microscope jusqu'aux appareils de Herz, n'ont-ils pas tous coopéré à nous révéler l'existence d'êtres et de phénomènes normalement inaccessibles à nos sens ?

Tout est donc hallucination ; ou, pour mieux dire, chacune de nos sensations renferme en elle des éléments hallucinatoires par lesquels l'image des objets extérieurs ne peut se projeter en nous autrement que défigurée. Et, puisque les degrés de la déformation sont innombrables et qu'on passe de l'un à l'autre par des variations insensibles, qui osera dire où l'hallucination commence à dépasser la réalité et où elle domine toujours ?

Ici l'unique critérium est le relatif. Quand Hamlet *seul*, au milieu de son groupe de familiers *voit* le spectre de son père assassiné et en *entend* la voix implorant vengeance, nous disons qu'il est la proie d'une *hallucination* ; et la comparaison de ce fait avec d'autres faits analogues, qu'on ne saurait expliquer par la seule action de la psyché, nous fait classer cette hallucination parmi les *véridiques*.

Quand Bernadette ou Marie Alacoque, dans leurs extases religieuses, voient distinctement la vierge, et que leur vision est suffisante pour faire croire à une foule enthousiaste que la vierge a réellement apparu en ce lieu, nous reconnaissons là un cas indiscutable d'*hallucination collective*.

Mais quand des hommes sérieux, intègres, sceptiques

même, se réunissent pour contrôler la production de certains phénomènes, qu'ils épient, observent et enrégistrent, et qu'ils se souviennent de ces phénomènes ; quand les mêmes faits sont successivement observés par des groupes de diverses personnes dont la plupart sont opposées à en admettre la réalité ; quand l'intervention d'hommes instruits, cités pour leur aversion ancienne et manifeste pour cet ordre d'investigation, ne fait qu'augmenter le nombre de ceux qui reconnaissent l'évidence des faits ; quand enfin l'hypothèse de l'hallucination ne provient que de ceux qui ne connaissent pas les conditions des expériences ; alors l'hypothèse de l'hallucination ne peut se soutenir sans une définition qui étende et modifie la signification de ce mot...

En tous cas aucun de ceux qui ont observé les phénomènes médianimiques n'admet cette hypothèse pour ce qu'il a vu.

Une objection sérieuse a été soulevée par un homme aussi intelligent qu'instruit. Comme j'avais dit que l'hallucination ne s'accorde pas avec l'état de veille parfaite, consciente, dans lequel nous sommes tous comparativement avec l'état hypnotique plus ou moins intense du médium, il m'a fait remarquer que, même dans le sommeil, des impressions purement hallucinatoires présentent souvent la vivacité et l'efficacité de la réalité objective. Tenant compte ensuite de la grande ressemblance de certains rêves avec les manifestations médianimiques, on pourrait être amené à en déduire qu'il s'agit de phénomènes exclusivement internes et de même ordre ; et que les états de l'homme (ici est le point vraiment original de la doctrine) pourraient affecter une série de degrés entre la veille et le sommeil, plus étendue et plus variée que celle qu'on connaît.

Les investigations scientifiques sur l'hypnotisme conduisant à une classification systématique des états hypnotiques, ont donné un certain fonds à cette théorie d'après laquelle un homme pourrait se trouver dans des conditions diverses, différentes de celles du sommeil ou de la veille parfaits.

L'état de transe, le somnambulisme, l'ébriété, l'extase, le ravissement, la défaillance, la fascination, l'enthousiasme, ne représentent-ils pas autant de conditions spéciales dans lesquelles l'homme peut se trouver sous l'influence d'excitations physiques et morales, comme la suggestion, l'alcoolisme, la passion, la fièvre, les créations mentales artistiques et scientifiques?...

Ceci posé — et jusqu'ici je ne vois vraiment pas pourquoi cela ne pourrait se produire — rien n'empêche de croire que l'appareil des séances médianimiques et peut-être aussi une action encore inexpliquée qui émane du médium, suffisent à déterminer des conditions physiologiques spéciales grâce auxquelles l'observateur, tout en restant parfaitement éveillé et conscient, possède une plus grande réceptivité pour les impressions de caractère hallucinatoire d'où dépendraient les phénomènes les plus singuliers.

Contre cette théorie qui ramène à la deuxième classe les interprétations de la plus grande partie des faits médianimiques on peut faire beaucoup d'objections quand on a, de la phénomènologie des séances, une connaissance approfondie que ne peut donner la lecture d'aucune relation, quelque détaillée et quelque fidèle qu'elle soit.

Il est certain, en effet, qu'une étude superficielle des

manifestations médianimiques porte invinciblement notre pensée à les assimiler aux créations subjectives du monde des songes. Entre les images qui se présentent à nous dans le sommeil et celles qui se forment dans les séances médianimiques, l'analogie est, sans contredit, vraie et profonde. Les images des songes et les apparitions médianimiques sont, sans doute, des incidents également vifs et également éphémères... Mais qui peut dire que la singulière puissance représentative des premières n'est pas inhérente à l'état de désagrégation dans lequel se trouve l'esprit durant le sommeil?

Afin de faire une critique plus sure, comparons les impressions que nous laissent les rêves et celles que nous laissent les séances médianimiques.

Dans le premier cas, nous avouons à nous-mêmes, quand nous nous les rappelons au réveil, l'incrédibilité des choses vues et l'absurdité des conditions; nous comprenons que, pour croire à la réalité de ces choses, il fallait que nous fussions dans un état où notre faculté de raisonnement était annulée.

Dans le second cas, les mêmes objections sont soulevées *à postériori* : non par nous qui avons vu, mais par ceux à qui il répugne de croire que nous avons vu juste.

Nous ne nous offensons pas si l'on nous démontre que notre rêve était absurde (nous en sommes nous-mêmes convaincus); mais nous ne pouvons, à bon droit, tolérer qu'on vienne nous contredire sur des faits que nous avons observés en état de veille parfaite et de conscience présente.

Mais ici ne s'arrêtent pas les différences entre les songes et les impressions médianimiques.

Pour continuer le parallèle, il est nécessaire d'entrer résolument dans le champ des interprétations que nous avons groupées dans la troisième classe.

Les phénomènes sont réels ; ils ne peuvent s'expliquer ni par la fraude ni par l'hallucination. Trouveront-ils, leur explication dans certaines couches de l'inconscient, dans quelque faculté latente de l'âme humaine, ou bien révéleront-ils, l'existence d'autres entités vivant dans des conditions toutes différentes des notres et normalement inaccessibles à sos sens ?

En d'autres termes, l'hypothèse *animique* suffit-elle, pour résoudre le problème et pour écarter l'hypothèse *spirite*? ou plutôt, les phénomènes qui sont incontestablement d'origine animique ne servent-ils pas ici, comme dans l'hypothèse et la psychologie des songes, à compliquer le problème en masquant la solution spirite ? C'est à ce formidable point d'interrogation que je vais essayer de répondre.

Lorsque, il y a onze ans, Alexandre Aksakow posait le dilemme entre l'*Animisme* ou le *Spiritisme*, et démontrait clairement dans un livre magistral que les manifestations purement animiques étaient inséparables de celles qui nous font penser et croire à l'existence d'entités autonomes, intelligentes et actives, personne n'aurait pu s'attendre à ce que le premier terme du dilemme serait controversé et critiqué de mille manières, sous mille transformations diverses, par ceux qui s'effraient du second.

Que sont en effet toutes les hypothèses (ou les théories comme on se plait à les appeler) imaginées depuis dix ans pour ramener les phénomènes médianimiques à la simple manifestation de qualités latentes de la psyché humaine, sinon des formes diverses de l'hypothèse animique si raillée quand elle a paru dans l'ouvrage d'Aksakow ?

De l'action musculaire inconsciente des assistants (mise en avant depuis un demi-siècle par Faraday) jusqu'à la projection de l'activité protoplasmique ou à l'émanation temporaire du corps du médium imaginée par Lodge ; de la doctrine *psychiatrique* de Lombroso, jusqu'à la *psychophysiologie* d'Ochorowics ; de *l'extériorisation* qu'admet Rochas à *l'esopsychisme* de Morselli ; de *l'automatisme* de Pierre Janet au *dédoublement de la personnalité* d'Alfred Binet ; ce fut un débordement d'explications ayant pour but l'élimination d'une personnalité extérieure.

Le procédé était logique et conforme aux sains principes de la philosophie scientifique laquelle, comme l'a dit Lodge, nous apprend à épuiser les possibilités de tout ce qui est déjà connu avant de recourir à l'ordre de l'inconnu.

Mais ce principe, inattaquable en théorie, peut conduire à des résultats erronés quand on l'étend trop loin, et avec obstination dans un champ donné de recherches. Vallati a cité à ce propos une curieuse apostille de Galilée publiée récemment dans le troisième volume de l'édition nationale de ses œuvres : « — l'ambra, il diamante e l'altro matérie molto dense riscaldate attragono i corpuscoli leggieri, e ció perchè attragono l'aria nel raffredarsi e l'aria fa vento al corpuscoli ». — Ainsi la volonté de faire rentrer de force un fait physique, non encore expliqué dans les lois physiques connues de son temps, a fait formuler une proposition fausse à un observateur et à un penseur aussi prudent et aussi positif que l'était Galilée. Si quelqu'un lui avait dit que, dans cette attraction exercée par l'ambre, il y avait le germe d'une nouvelle branche de science et la manifestation la plus rudimentaire d'une énergie, « l'électricité », alors inconnue, il eût probablement répondu qu'il était inutile de « recourir à l'aide de l'inconnu ».

Mais l'analogie entre l'erreur commise par le grand physicien et celle que commettent les savants modernes peut se pousser encore plus loin.

Galilée connaissait une forme de l'énergie que la physique moderne étudie en même temps que l'énergie électrique avec laquelle elle présente des relations étroites que confirment toutes les découvertes nouvelles. S'il s'était aperçu que l'explication qu'il donnait pour le phénomène de l'ambre n'avait aucun fondement, il aurait pu porter son attention sur les analogies que l'attraction exercée par l'ambre frotté sur les corps légers présente avec l'attraction exercée par l'aimant sur la limaille de fer. Arrivé à ce point, il eût très probablement écarté sa première hypothèse et aurait admis que l'attraction de l'ambre est un *phénomène magnétique*. — Et il se serait trompé, parce qu'elle est au contraire un *phénomène électrique*.

De même ceux-là ne pourraient-ils pas se tromper qui, pour éviter à tout prix la nécessité de nouvelles entités, insisteraient avec une trop constante prédilection sur l'hypothèse animique, alors même que celle-ci se trouverait insuffisante pour expliquer toutes les manifestations médianimiques ? Ne pourrait-il pas arriver que, comme les phénomènes électriques et magnétiques qui sont entre eux en connexion étroite, et souvent nous paraissent inséparables, les phénomènes animiques et les phénomènes spirites présentent une liaison semblable ? Et remarquons bien qu'un seul fait inexplicable par l'hypothèse animique et explicable par l'hypothèse spirite suffit à conférer à cette dernière le degré de valeur scientifique qui jusqu'à présent lui a été dénié avec tant d'énergie : absolument comme la découverte d'un phénomène tout à fait secondaire, celui de la polarisation de la lumière suffit à Fresnel pour rejeter la théorie newtonienne de l'émission et admettre celle de l'ondulation.

Avons-nous obtenu, au cours de nos dix séances avec la Paladino, le fait qui suffit à rendre nécessaire l'hypothèse spirite de préférence à toutes les autres énumérées jusqu'ici ?

Il est impossible de répondre d'une façon catégorique à cette question parce qu'il n'est pas et il ne sera jamais possible d'avoir une preuve scientifique d'idénté de la part des êtres qui se manifestent.

Que j'entende, que je voie, que je touche un fantôme, que je reconnaisse en lui la forme et l'attitude de personnes que j'ai connues et que le médium n'a pas connues ni même entendu nommer, que j'aie de cette apparition éphémère les plus vifs et les plus émouvants témoignages, rien de tout cela ne pourra suffire à constituer le fait scientifique irréfutable pour tous, destiné à rester dans la science avec les expériences de Toricelli, d'Archimède ou de Galvani — Il sera toujours possible d'imaginer un mécanisme inconnu à l'aide duquel la matière et la force sont tirées du médium et des assistants et combinées de façon à produire les effets indiqués. — Il sera toujours possible de trouver dans les aptitudes spéciales du médium, dans la pensée des assistants et dans l'attention expectante elle-même, la preuve de l'origine *humaine* des faits. — Il sera toujours possible de déterrer, dans l'arsenal des attaques produites contre ces études pendant les cinquante dernières années, quelque argument générique ou spécifique, *ad rem* ou *ad hominem*, en ignorant ou feignant d'ignorer la réfutation qui a été déjà faite de ce même argument.

La question se réduit donc d'abord à une étude individuelle des faits vus directement, ou connus de source certaine, afin, d'une part, de se créer une conviction personnelle capable de résister aux railleries féroces des sceptiques, et, d'autre part, à préparer l'opinion publique à admettre sans trop de suspicion la vérité des faits qu'on dit observés par des personnes dignes de foi.

Sur le premier point, un expérimentateur illustre, Sidwick, a déjà dit qu'il n'existait pas de fait capable de convaincre tout le monde mais que chacun pouvait, en observant avec calme et patience, arriver au fait qui suffit pour établir sa conviction personnelle. — Je puis dire que, *pour moi* ce fait existe ; il suffit de me reporter aux phénomènes qui m'ont touché personnellement dans les deux dernières séances.

Sur le second point, j'aurais beaucoup à dire, mais cela m'entraînerait hors du thème et des limites de cette étude.

D'un côté, nous avons l'universelle croyance en l'existence objective d'un monde normalement inconnu pour nous ; la confiance, base de toutes les religions, en une vie future où les injustices de celles-ci seront réparées et où on retrouvera le bien ou le mal qu'on aura fait ; la tradition ininterrompue de pratiques spontanées ou méthodiques grâce auxquelles l'homme est constamment tenu en relation plus ou moins directe avec ce monde.

Du côté opposé nous avons la négation sceptique et désespérante des systèmes de la philosophie pessimiste et de l'athéisme, négation qui nait de l'absence de preuves positives en faveur de la survie de l'âme ; le mouvement toujours plus accentué de la science vers une interprétation monistique de l'énigme humaine ; le rattachement de tous les phénomènes connus de la vie à des organes spéciaux.

Pour décider dans une matière aussi abstruse, les expériences médianimiques ne suffisent pas ; chacun pourra tirer de celles-ci autant de foi ou d'incrédulité qu'il lui en faudra pour résoudre ses doutes dans l'un ou dans l'autre sens ; mais il gardera toujours le substratum des dispositions que l'éducation plus ou moins positive de son esprit ou ses tendances plus ou moins mystiques auront développées en lui.

Un mot encore et j'ai fini.

En admettant comme l'hypothèse la plus probable que les entités intelligentes à qui l'on doit les phénomènes sont autonomes, préexistantes et qu'elles ne tirent de nous que les conditions nécessaires pour leur manifestation dans un plan physique accessible à nos sens, devons-nous admettre aussi qu'elles soient vraiment les *esprits des défunts* ?

A cette question je répondrai que je ne me sens pas encore capable de faire une réponse décisive ; du moins les indices que j'ai pu trouver dans notre dernière séance avec la Paladino ne me semblent pas suffisantes pour formuler une conclusion affirmative en un aussi grave sujet.

Cependant, cette conclusion affirmative me paraît, de toutes façons, moins incertaine que toutes les autres, malgré les objections sérieuses qu'on peut lui faire. j'inclinerais donc à l'admettre, si je ne voyais la possibilité, que ces phénomènes puissent rentrer dans un autre cadre encore plus vaste. Rien en effet ne nous empêche de croire à l'existence des formes de vie tout à fait différentes de celles que nous connaissons, et dont la vie des esprits humains avant la naissance et après la mort n'est qu'un cas spécial comme la vie organique de l'homme est un cas spécial de la vie animale.

Mais je sors du terrain solide des faits pour m'aventurer dans celui des hypothèses les plus risquées, j'ai déjà parlé trop longuement ; je demande pardon au lecteur et je m'arrête.

.*.

Je ne dirai rien des expériences qui eurent lieu à Palerme en juillet et août 1902. Elles n'ont fait que confirmer la réalité des faits déjà si souvent exposés dans ce livre. On en trouvera la relation rédigée par le Dr Carmelo Samona dans les *Annales des sciences psychiques*. Année 1903, p. 72-82.

CHAPITRE XLV

LES EXPÉRIENCES EN 1905 A ROME ET A PARIS

En février 1905 M. Henrico Carreras a eu avec Eusapia, à Rome, deux séances dont il a publié le compte-rendu dans la *Revue scientifique et morale du spiritisme* (année 1904-1905, pp. 585-591). On y trouvera le récit de matérialisations incomplètes qui ont pu néanmoins se faire entendre, comme cela avait eu lieu dans les séances de Gênes que nous n'avons pas décrites mais auxquelles le professeur Porro a fait allusion dans ses conclusions.

Au moment où j'écris ces lignes (juillet 1905) Eusapia est à Paris où, sous la protection du comte Arnaud de Gramont en qui elle a pleine confiance, elle s'est soumise aux investigations d'un groupe de savants dont la plupart sont membres de l'Académie des sciences.

Bien que je sache que les résultats déjà obtenus par eux confirment entièrement ceux qui ont été obtenus par leurs prédécesseurs, je crois devoir leur laisser le soin et l'honneur d'exposer eux-mêmes les précautions qu'ils ont prises pour s'assurer de la réalité des faits et les faire entrer définitivement dans la science sous le couvert de leur juste renommée.

Il est à peu près certain, qu'ils se borneront à enregistrer les phénomènes qui peuvent s'expliquer par *l'animisme* sans avoir recours au *spiritisme*. Il faut, en effet habituer peu à peu les esprits à des manifestations qu'ils se refuseraient à admettre si elles ne leur étaient pas présentées progressivement.

C'est du reste la méthode que nous avons suivie dans ce livre où, tenant à rester dans le domaine de la physique physiologique, j'ai, presque toujours, volontairement négligé les faits transcendants qui ne pouvaient s'expliquer que par l'intervention d'intelligences (1) distinctes de celle du méduim et des spectateurs.

Nous ferons de même dans les récits qui vont suivre et où l'on retrouvera, chez d'autres sujets qu'Eusapia, des manifestations physiques sinon identiques du moins tout à fait analogues consignées depuis près d'un demi-siècle par des observateurs dont l'accord ne saurait laisser subsister des doutes sur la réalité de ce que nous avons appelé *l'extériorisation de la motricité*.

---

(1) Le lecteur verra un certain nombre de ces faits décrits dans la relation d'une séance qui eût lieu à Rome, le 5 janvier 1893, chez le prince Ruspoli, et où se trouvaient seulement trois spectateurs : le maître de maison, Enrico Carreras directeur de la revue *La Medianita* et le major F. O. Cette relation fort bien faite, a été publiée d'abord par M. Carreras dans sa revue ; puis traduite en français par le Dr Dusart et publiée dans la *Revue scientifique et Morale du spiritisme* (N° de mai 1903).

FIN DE LA PREMIÈRE PARTIE

DEUXIÈME PARTIE

CHAPITRE PREMIER

LES TABLES TOURNANTES

I

Dès l'antiquité où on a constaté des mouvements d'objets inanimés paraissant dus à une force émanant du corps humain, mais on les attribuait à des démons (1).

« S'il est donné dit Tertullien (2) à des magiciens de faire paraître des fantômes, d'évoquer les âmes des morts de forcer la bouche des enfants à rendre des oracles ; si ces charlatans imitent un grand nombre de miracles qui semblent dus aux cercles ou aux chaînes que des personnes forment entre elles ; s'ils envoient des songes, s'ils font des conjurations, s'ils ont à leurs ordres des esprits messagers et des démons par la vertu desquels les chèvres et les *tables* qui prophétisent sont un fait

---

(1) Parmi les prodiges effectués par les fakirs de l'Inde on cite souvent des mouvements produits à distance, telle que la danse des feuilles, le bouillonnement de l'eau.

(2) *Apologétique*, chap. xxiii.

vulgaire, avec quel redoublement de zèle, ces esprits puissants ne s'efforceraient-ils pas de faire pour leur propre compte ce qu'ils font pour le service d'autrui »?

La *baguette divinatoire* et le *pendule explorateur*, basés sur les mêmes principes ont également été employés de tout temps.

Depuis le xvii° siècle cette question a été étudiée par de nombreux savants parmi lesquels l'abbé de Vallemont, le père Lebrun, le D' Thouvenel, le D' Gerboin, le comte de Tristan, Chevreul, Reichenbach, Carl du Prel et un certain nombre d'autres dont j'ai analysé les travaux soit dans mon livre sur les *Effluves odiques* (1) soit dans une *Etude sur les propriétés physiques de la force psychique* qui fait partie de la première série des FRONTIÈRES DE LA SCIENCE (2).

Le lecteur qui s'intéresse spécialement à la production de mouvement par l'intermédiaire de la baguette trouvera un traité complet sur la matière (280 pages avec figures) publié par le professeur W. F. BARETT dans les *Proceeding of the Society psychical Research* (livraison de juillet 1897) (3).

Les *maisons hantées* rentreraient aussi dans le cadre de l'extériorisation de la motricité puisque l'on a constaté que les mouvements spontanés d'objets, qu'on y observe sont presque toujours occasionnés par la présence d'un médium, le plus souvent d'une jeune fille de 12 à 16 ans, c'est-à-dire à l'époque de sa première menstruation. Dans les premières éditions de ce livre j'y avais

---

(1) Paris, Flammarion, 1897.
(2) Paris, librairie *des Sciences psychologiques*, 1902.
(3) J'ai publié plusieurs articles sur ce sujet dans le *Cosmos*.

consacré un chapitre, mais je l'ai supprimé parce que M. Maxwell prépare un livre sur ce sujet.

Enfin on signale, parmi les prodiges opérés soit par les saints, soit par les sorciers, l'augmentation ou la diminution du poids d'objets matériels extérieurs du corps même du médium jusqu'au point de les faire flotter en l'air. J'ai réuni un grand nombre de cas de ce genre dans un volume intitulé : *Recueil de documents relatifs à la lévitation du corps humain* (Paris, Leymarie 1897) et dans un supplément publié 1904 dans la 2ᵉ série des Frontières de la science — Je ne reviendrai donc pas ici sur ce mode anormal d'action d'une force paraissant prendre naissance dans l'organisme humain.

Cette force est émise en plus ou moins grande quantité par tous les hommes. Le Dʳ Baraduc et le Dʳ Joire l'ont prouvé chacun de leur côté, par des observations très précises à l'aide de deux instruments analogues qu'ils ont appelés l'un le *biomètre*, l'autre le *sthénomètre* ; ils ont montré que cette force variait d'intensité suivant l'état de santé du sujet observé et même suivant la nature de sa maladie. Leurs ouvrages se trouvent dans toutes les librairies spéciales et je dois me borner ici à reproduire surtout les documents difficiles à se procurer (1).

(1) M. F.-W. Myers a publié dans les *Annales des sciences psychiques* de 1892 et 1893 une série d'articles sur *les mouvements d'objets sans contact*. La même revue a publié sous le même titre en 1893 et 1894, une autre série d'articles du Dʳ Coues.

II. — Expériences de Séguin en 1853.

Le lundi 23 mars 1853, M. Arago, secrétaire perpétuel de l'Académie des sciences, lut à la docte compagnie, présidée par M. de Jussieu, la note suivante :

PHYSIQUE. — *Expériences relatives à la faculté attribuée aux êtres animés de développer dans des corps inertes une électricité d'une nature particulière par M. Séguin aîné, correspondant de l'Académie.*

« Les nouveaux faits qui, depuis quelque temps, ont été signalés de toutes parts, relatifs à la faculté que posséderaient les corps animés de développer dans des corps inertes une électricité d'une nature particulière, m'ont paru au premier abord si extraordinaires et si inconcevables, que je n'ai pas hésité à les repousser ; mais ayant été forcé de me laisser convaincre par l'évidence, j'ai cru devoir vous faire part des expériences que j'ai faites à plusieurs reprises, et de celles dont j'ai été le témoin, persuadé qu'il était nécessaire, pour fixer l'opinion de l'Académie sur une aussi grave question, que tous [ceux qui avaient des résultats positifs à lui soumettre et surtout, comme moi, lorsqu'ils avaient l'honneur de lui appartenir, devaient se faire un devoir de lui en faire part avec la plus grande exactitude.

« Le premier essai que j'ai vu tenter et auquel j'ai pris une part active a complètement échoué, et m'avait grandement confirmé dans mes idées qu'il y avait une espèce d'hallucination et peut-être un peu de charlatanisme chez les personnes qui me disaient avoir été témoins de ces étranges faits. Nous sommes restés soixante et dix minutes autour d'une table, à la vérité assez lourde, en variant de toutes les manières les manœuvres qui nous étaient indiquées, sans obtenir le plus léger résultat.

« Dégoûté de ces essais fatigants, je regardai la question comme résolue négativement, et consentis cependant, par déférence pour les assistants qui eux-mêmes étaient convaincus, de faire l'essai sur un chapeau. A mon extrême étonnement, je le vis se soulever du côté qui lui était indiqué et tourner sur lui-même, lorsque les intentions réunies de ceux qui avaient les mains posées au-dessus de ses bords, pendant que le fond reposait sur une table, étaient exprimées à haute voix et d'une manière très ferme et très forte. Mais je ne tardai pas à revenir de ce premier mouvement de crédulité, que j'attribuai à une espèce d'hallucination, et il ne me resta que le désir de renouveler l'expérience dans de meilleures conditions ; ce qui fut exécuté le soir même, dimanche passé.

« Nous choisîmes une petite table en noyer très ancienne, de 40 à 50 centimètres de long, 30 de large, 70 de hauteur, pouvant peser 2 à 3 kilogrammes. Nous étions douze à quinze personnes. M. Eugène de Montgolfier, âgé de trente-cinq à quarante ans, et moi fûmes les principaux acteurs des expériences ; nous formâmes une chaîne animale avec nos mains, en superposant chacun de nos petits doigts de la main droite sur celui de la main gauche de nos voisins, et au bout de dix minutes environ, la table commença à se soulever du côté qui lui était indiqué à haute voix, tourna sur elle-même, se tranporta d'un bout de l'appartement à l'autre sur un plancher inégal et raboteux, qui à chaque instant l'arrêtait dans son mouvement et occasionnait des soubresauts que nous aurions eu de la peine à obtenir en employant nos forces ; et cependant nous ne faisions que la toucher légèrement du bout du doigt. Ces mouvements s'exécutaient au bout de deux heures d'exercice avec tant de facilité, que nous fîmes retirer les deux autres personnes qui étaient avec nous, et restâmes seuls avec M. de Montgolfier, sans toucher nos mains ; la table exécuta alors ses mouvements avec autant de force et de promptitude qu'auparavant ; et l'ayant abandonnée à M. de Montgolfier seul, il put la diriger également ; mais tous les essais que je fis, ainsi que les autres personnes de la compagnie, furent inutiles, et à lui seul put appartenir cette faculté. Dans la plus grande violence de son mouvement j'essayai de retenir l'un de ses pieds, soit avec le bout du pied, soit avec sa main en essayant de le faire briser ; il plia fortement, mais pas assez pour déterminer sa fracture et cependant M. de Montgolfier la touchait seulement légèrement du bout des doigts. Enfin, battre la mesure au son du piano, indiquer l'âge, le nombre des personnes et des choses que connaissaient la personne ou les personnes qui étaient en communication avec elle, furent des expériences répétées de mille manières et toujours avec le même succès. Pour mettre le fait dans sa plus grande évidence, nous voulûmes essayer de soustraire un chapeau à l'empire de la gravité, en cherchant à le détacher d'une table sur laquelle il était placé ; mais nous ne pûmes y parvenir malgré que nous eussions attaché au chapeau, soit un ruban de laine, soit un mouchoir de poche pour le mettre en communication avec le sol ; le chapeau s'est quelquefois soulevé tout autour et jusqu'à ce que quelques poils de la partie convexe de la calotte fussent ses seuls soutiens : on voyait, en plaçant une bougie en face, une ligne éclairée et continue entre la table et le chapeau, mais le détachement n'a jamais été ni tranché ni complet.

« Le lendemain, nous avons renouvelé les expériences chez moi avec la même table et obtenu les mêmes résultats. La table, soutenue sur deux de ses pieds, les deux autres étant en porte-à-faux, a fait le tour d'une autre table de marbre ronde, près de laquelle elle était placée ; elle a fait la même chose sur un seul pied, s'est abaissée jusqu'à terre ; ensuite, au commandement qui lui en a été fait, elle s'est relevée de manière à reprendre sa position première : toutes choses qui m'ont convaincu que les lois de la gravitation se trouvaient, dans cette circonstance, complètement interverties et dominées par une cause, qui leur était momentanément supérieure.

« On me mande de Fontenay que des expériences analogues y ont été faites et que l'on y a obtenu les mêmes résultats, qui sont exactement les mêmes que ceux que nous avons expérimentés, et l'un de mes enfants me dit à ce sujet :

« Nous avons tous senti un effet bien marqué de froid
« aux extrémités des mains et une chaleur aux deux
« doigts extrêmes de la main qui sont en communica-
« tion avec celle des voisins ; tu pourras nous expliquer,
« mon bon père, ce qu'il peut y avoir de vrai et d'exagéré
« dans tous ces faits : on peut, il me semble, dans le
« domaine de la science, difficilement prononcer qu'une

« chose est totalement absurde ou impossible, mais il
« est permis de croire que, le plus souvent, l'esprit de
« l'homme exagère ou dénature la vérité. Un fait qu'un
« observateur aura constaté d'une manière fortuite pa-
« raîtra impossible, parce que l'esprit se trouve trans-
« porté d'un seul bond dans des régions inexplorées qui,
« jusque-là, lui étaient restées inconnues ; mais plus
« tard, et lorsqu'il y aura été amené par degrés et en
« suivant, pour ainsi dire, le chemin de la science
« d'étapes en étapes, la chose lui paraîtra rationnelle et
« conséquente avec les faits précédents... »

Cette communication provoqua naturellement des protestations, dont on retrouve la trace dans les comptes rendus.

La note de M. Séguin y est en effet suivie de *Remarques de M. Arago* qui attribuent les phénomènes observés aux impulsions infiniment petites imprimées à la table par les mouvements inconscients de l'opérateur et citent comme exemple analogue la mise en mouvement d'un pendule au repos par un pendule voisin suspendu à la même tringle et marchant.

Arago fait observer, en commençant que « son devoir était de communiquer la note de M. Séguin » ; c'est son excuse pour avoir osé porter cette question devant l'Académie ; et il conclut « qu'il existait déjà dans la science des exemples de communication de mouvements analogues à ceux que la table a présentés récemment et *l'explication n'exige aucune des influences mystérieuses auxquelles on a eu recours pour en rendre compte.*

D'autres observateurs émirent, dès le début, l'hypothèse (encore défendue aujourd'hui quoique indéfendable devant la multiplicité des témoignages) d'une hallucination collective.

Voici, entr'autres un passage que j'emprunte textuellement aux *Etudes philosophiques* que le Général Noizet n'a osé publier qu'en 1864 lorsqu'il eut pris sa retraite comme général de division du Génie, mais qui étaient basées sur des expériences poursuivies pendant plus de cinquante ans avec l'esprit minutieux qui l'a rendu célèbre comme fortificateur. (Il raconte, dans un de ses ouvrages, qu'il avait commencé les études qu'on appelle aujourd'hui psychiques, en 1808, à l'Ecole polytechnique et il envoya, en 1820, un mémoire à l'Académie de Berlin, qui avait ouvert un concours sur la question du Magnétisme).

« Je tiens ce fait d'un jeune médecin étranger, auteur lui-même dans la scène que je vais rapporter, et qui osait à peine m'en faire la confidence.

« Il se trouvait dans un salon avec le magicien et deux autres personnes seulement. Après avoir vu diverses expériences dans lesquelles les lois de la pesanteur paraissaient être violées, on proposa à l'esprit de soulever une lourde table; et, pour qu'elle fut plus pesante, les trois assistants montèrent dessus. L'opérateur se tenait dans un coin éloigné. A peine furent-ils installés sur le meuble que celui-ci, s'ébranlant, monta lentement avec sa charge jusqu'à ce que les trois têtes vinssent à toucher le plafond et fussent obligées de s'incliner pour éviter un choc ou une pression; puis la table, par un mouvement aussi lent, redescendit jusqu'à son assiette ordinaire.

« Après avoir entendu ce récit, je me bornai à cette

question : « Croyez-vous à la réalité de ce fait ? — Non, me répondit sans hésiter le jeune docteur ; je l'ai vu, je l'ai éprouvé, mais je n'y crois pas. — Eh bien, lui dis-je à mon tour nous sommes parfaitement d'accord, ce n'est là que l'effet d'une hallucination collective. » (Tome I. p. 477).

III. — — Expériences du comte de Gasparin. en 1854

En 1854, le comte Agénor de Gasparin publia (1) le résultat des expériences auxquelles il s'était livré pendant cinq mois, en Suisse, avec une douzaine de personnes habitant dans son voisinage, au sujet des mouvements que l'on pouvait imprimer aux objets inanimés par le procédé connu de la chaîne des mains.

Il est inutile de rapporter ce qui a trait au mouvement produit par le contact puisque les expérimentateurs obtinrent le mouvement, même à distance.

Voici, dit M. de Gasparin, comment nous y sommes parvenus une première fois :

Au moment où la table était emportée par une rotation énergique et véritablement entraînante, nous avons tous soulevé nos doigts à un signal donné, puis, maintenant nos mains unies au moyen des petits doigts, et continuant à former la chaîne à quelques lignes au-dessus de la table, nous avons poursuivi notre course, et à notre grande surprise, la table a poursuivi également la sienne ; elle a fait ainsi trois ou quatre tours !... Et ce qui n'était pas moins

(1) *Des tables tournantes*, Paris, 1854 ; 2 vol.; une 3e édition a été publiée en 1888 par sa veuve.

remarquable que la rotation sans contact, c'était la manière dont elle s'était opérée. Une ou deux fois la table avait cessé de nous suivre, parce que les accidents de la marche avaient écarté nos doigts de leur position régulière au-dessus des bords ; une ou deux fois la table avait repris vie, si je puis m'exprimer ainsi, dès que la chaîne tournante s'était retrouvée dans un rapport convenable avec elle. Nous avions tous le sentiment que chaque main avait emporté, par une sorte d'attraction, la portion de la table placée au-dessus d'elle (*Séance du 26 décembre*). . . . .

Nous étions naturellement impatients de soumettre à une nouvelle épreuve la rotation sans contact. Dans le trouble du premier succès, nous n'avions songé ni à renouveler ni à varier cette expérience décisive... Nous avons senti qu'il importait de refaire la chose avec plus de soin et en présence de témoins nouveaux : qu'il importait surtout de produire le mouvement au lieu de le continuer. . . . . .

On pouvait dire que la table étant déjà lancée, elle conservait une certaine impulsion à laquelle elle obéissait mécaniquement, tandis que nous nous imaginions qu'elle obéissait à notre puissance fluidique. Il fallait donc arriver à produire la rotation en partant du complet repos. C'est ce que nous avons fait. La table étant immobile ainsi que nous, la chaîne des mains s'en est séparée et a commencé à tourner lentement à quelques lignes au-dessus de ses bords. Au bout d'un moment, la table a fait un léger mouvement, et, chacun s'attachant à attirer par sa volonté la portion placée sous ses doigts, nous avons entraîné le plateau à notre suite. Les choses se passaient ensuite comme dans le cas précédent ; il y a une telle difficulté à maintenir la chaîne en l'air sans la rompre, sans l'écarter des bords de la table, sans aller trop vite et supprimer ainsi le rapport établi, qu'il arrive souvent que la rotation s'arrête après un tour ou un demi-tour. Néanmoins, elle s'est prolongée pendant trois tours et même quatre (*Séance du 29 septembre*). . .

Nous sommes parvenus à opérer sans contact la continuation de la rotation et sa production à partir d'un état de repos. Ce qu'il y a même eu de remarquable, c'est qu'une petite rotation d'un quart de tour a été produite par nos commandements, quoique nous restassions entièrement immobiles. La table fuyait ainsi sous nos doigts (*Séance du 6 octobre*). . . . .

Une seule expérience nouvelle a réussi. Un plateau tournant sur un pivot soutenait un baquet. Après l'avoir rempli d'eau, j'y plongeai mes mains ainsi que les deux autres opérateurs. Nous y avons formé la chaîne, nous nous sommes mis à tourner, en évitant de toucher le baquet ; et celui-ci n'a pas tardé à se mettre aussi en mouvement. La même chose a été faite plusieurs fois de suite. . . . .

Comme on aurait pu supposer que l'impulsion donnée à l'eau suffisait pour entraîner un baquet aussi mobile, nous avons procédé immédiatement à la contre-épreuve. L'eau a été agitée circulairement et cela avec beaucoup plus de rapidité que lorsque nous formions la chaîne ; mais le baquet n'a pas bougé. . . . .

Revenons à la démonstration par excellence, au soulèvement sans contact. Nous avons commencé par l'opérer trois fois. Puis, comme on a pensé que la surveillance des témoins s'exercerait d'une manière plus certaine sur une petite table que sur une grande et sur cinq opérateurs que sur dix, nous avons fait venir un guéridon en sapin que la chaîne réduite de moitié a suffi pour mettre en rotation. Alors les mains ont été levées, et tout contact ayant cessé, le guéridon s'est dressé sept fois à notre commandement. (*Séance du 7 octobre*). . . . .

Parmi les tentatives nouvelles qui ont été faites, je citerai celle qui avait pour but de soulever entièrement en l'air une table suspendue à une poulie et équilibrée par un contrepoids. Un seul de ses pieds touchait encore à terre et le poids à attirer était réduit à peu de chose. La chaîne ayant été formée, le pied qui touchait le sol l'a quitté, et la table a accompli ainsi des vibrations dans lesquels elle ne rencontrait plus le parquet.

L'ouvrage de M. de Gasparin, écrit il y a cinquante ans, n'a point vieilli et j'en conseille la lecture à tous ceux qui aiment à voir le bon sens, servi par une plume alerte et élégante, flageller les préjugés des pédants et des sots.

Au moment, dit-il (1), où l'orgueil des sciences exactes éclate comme jamais il n'avait éclaté, au moment où elles multiplient leurs découvertes et pensent avoir pénétré tous les secrets de la création, survient une petite observation, fâcheuse, imprévue, qui ne se laisse classer dans aucune des catégories officielles. Ira-t-on refaire les catégories pour si peu de chose ? Les savants renonceront-ils à leur infaillibilité ? Confesseront-ils leur ignorance et leurs limites ? Non, il est plus simple de contester d'avance au fait nouveau le droit d'exister. Il ne doit pas exister, donc il n'existe pas ; il n'y a pas de place pour lui, dans ce monde. Les académies qui savent tout et qui comprennent tout ne sauraient qu'en faire. Jugez s'il est difficile de crier haro sur lui, d'ameuter la masse des ignorants qui affichent la prétention d'être les *gens sensés* par excellence ; gens dont la profession ici-bas consiste à se tenir « au gros de l'arbre » selon l'expression de Bassompierre, ne s'écartant jamais des opinions orthodoxes, affirmant d'autant plus qu'ils pensent moins et manifestant leur supériorité par un rigorisme hautain à l'égard des idées suspectes !

(1) 3ᵉ édit., p. 262.

IV. — Les commentaires de M. Thury.

M. Thury professeur à l'Université de Genève, qui prit part aux expériences de M. de Gasparin à Valleyres, publia de son côté, en 1855, une brochure de 64 pages in-8° sous le titre : *Les Tables tournantes, considérées au point de vue de la question de physique générale qui s'y rattache.*

Cette brochure est devenue très rare ; je n'ai pu me la procurer, mais M. Thury en a résumé les points principaux dans une annexe à la troisième édition de l'ouvrage de Gasparin imprimée en 1888.

Les trente trois années, dit-il, qui nous séparent du temps de l'épidémie des tables tournantes et de la première publication du livre sérieux de M. Agénor de Gasparin, n'ont amené aucun progrès dans la connaissance des phénomènes sur lesquels l'auteur du livre s'était efforcé d'attirer l'attention des physiciens. Cependant la question n'est pas morte, nous en avons la certitude. Son heure n'est pas venue, parce qu'il n'existe pas encore, dans la science actuelle des faits qui l'appellent, l'éclairent, et lui donnent sa valeur propre. Le temps viendra, où son édifice sera construit avec les pierres d'attente posées en 1854. Trente années sont un court espace : bien d'autres découvertes ont attendu davantage, depuis le moment où le fait capital sur lequel elles reposent est venu à la lumière, jusqu'au jour où il a reçu de quelqu'homme de génie l'impulsion et le développement.

Thury passe ensuite à la description d'un grand nombre d'expériences ; je ne reproduis ici que celles où il est question des mouvements sans contact.

M. Figuier se croit autorisé à nier *à priori* la possibilité du résultat principal des expériences de Valleyres. Le mouvement des corps inertes sans le contact des mains est, selon lui, une impossibilité manifeste, dont il se débarrasse préalablement, ce qui facilite beaucoup l'application de ses propres théories.

Quand l'impossibilité d'une chose est démontrée, on peut, il est vrai, se débarrasser de cette chose, sans se donner la peine d'examiner les preuves à l'aide desquelles des hommes ignorants peuvent l'établir. Les preuves, dans ce cas, ne peuvent être qu'illusoires.

Mais comment M. Figuier, qui s'est beaucoup occupé de l'histoire des sciences, peut-il oublier que les faits réellement nouveaux, c'est-à-dire sans connexion évidente avec ce qui était connu auparavant, se montrent toujours avec le caractère d'impossibilité apparente, manifeste? On se demande alors quel est le vrai critère à l'aide duquel on peut reconnaître qu'une chose est impossible. Il ne saurait y en avoir d'autres que l'existence d'une démonstration d'impossibilité. Quand cette démonstration n'existe pas, l'impossibilité est un simple préjugé.

Dans le cas actuel, où serait la simple démonstration de l'impossibilité des mouvements sans contact? Il y a des forces qui meuvent les corps à distance (ce qui ne veut pas dire sans intermédiaires); telles sont l'électricité et le magnétisme. La volonté, qui est *une force de détermination*, agit sur quelques parties du système nerveux, suivant un mode qui est parfaitement inconnu.

Il résulte de l'ignorance où nous sommes de ce mode que personne ne peut affirmer l'impossibilité d'une action de la volonté sur la matière en général, dans certaines conditions spéciales. On peut seulement objecter que cela ne s'est jamais vu ou du moins n'a jamais été constaté d'une manière certaine. Sommes-nous donc requis de nier la *possibilité* de tout fait qui n'a pas encore été sûrement observé ? Ce serait la fin de tout progrès scientifique.

Un semblant de démonstration de l'impossibilité des mouvements sans contact, consisterait à présenter ces mouvements comme un effet sans cause, en affirmant qu'il n'y a pas de force dépensée. Mais il est facile de répondre que la fatigue des opérateurs, pour un même effet produit, est bien plus grande dans le mouvement sans contact que par une action musculaire produisant le même résultat. Il y a donc plus de force dépensée dans le premier cas, et il s'agit simplement d'un emploi différent de la force. Les *nerfs et les muscles*, qui d'ailleurs n'existent pas chez les animaux très inférieurs, *représentent simplement la matière spécialisée en vue de la meilleure utilisation possible de la force*.

J'admets pleinement que les faits nouveaux, sortant des analogies connues, doivent être établis de la manière la plus claire et sans équivoque possible. Admettez que cette condition ne fût qu'à peu près remplie dans le cas actuel ; encore cela serait-il suffisant pour justifier un examen attentif, plus scientifique et plus intelligent qu'un sommaire dédain.

La recherche scientifique est, d'ailleurs, toujours progressive ; ce n'est jamais du premier saut que l'on atteint à la connaissance parfaite. Les conditions dans lesquelles se produit un phénomène, les conditions précises, nécessaires et suffisantes pour qu'il se montre, souvent complexes, peuvent n'être que le dernier résultat des investigations. Il n'est donc pas raisonnable d'exiger, sous prétexte de déterminisme, que tout fait nouveau puisse être constamment amené à volonté par l'expérimentateur. Quand le fait se produit, on le constate et on l'étudie. S'il fallait ne tenir aucun compte des premières observations, toute recherche ultérieure deviendrait impossible et les sciences d'observation n'existeraient pas.

C'est donc une exigence injustifiée que formule M. Figuier, lorsqu'il reproche à M. de Gasparin de n'avoir pu, dans quelques circonstances, reproduire le phénomène du mouvement des corps inertes sans le contact des mains. Deux facteurs pouvaient manquer : la connaissance exacte des conditions du phénomène et la force nécessaire pour le produire. Mais ces résultats négatifs laissent intacts les faits positifs antérieurement constatés.

Ceux-ci existent-ils réellement ?

... Il me sera permis de rappeler seulement ici trois expériences, qui me semblent être parfaitement suffisantes pour établir le fait du mouvement des corps inertes sans le contact des mains.

J'ai été témoin des deux premières, et la troisième, que j'avais suggérée, a été faite sous les yeux d'hommes de science bien connus.

Les expériences où l'action des mains s'exerce à distance et celle du soulèvement sont les plus difficiles à réussir. Elles doivent toujours être précédées de celles avec contact, servant comme exercice préparatoire à développer puissamment chez les expérimentateurs cet état particulier qui est une des conditions de l'apparition des phénomènes. *Il est du reste indifférent que la préparation se fasse sur une autre table.* Quand elle avait lieu sur le même meuble, la période de préparation était séparée de l'action finale par un moment d'arrêt, pour éviter l'objection fondée sur l'existence d'un mouvement acquis.

Première expérience. — Table ronde de 82 centimètres de diamètre, à trépied, sans roulettes. Plancher très peu lisse ; un effort de 2 à 3 kilogrammes, appliqué tangentiellement sur le bord du plateau, est nécessaire pour donner au meuble un mouvement de rotation.

Action de 8 à 10 personnes réunies. Je place mon œil et je le maintiens dans le prolongement du plateau, pour m'assurer de l'absence de contact des doigts, qui se tiennent à deux ou trois centimètres de la surface du meuble. En même temps, M. Edmond Boissier surveille le trépied et la surface inférieure du plateau. — Puis nous répétons l'expérience en changeant les rôles. — On ne surprend aucun contact des opérateurs avec la table qui tantôt se balance, tantôt tourne autour d'elle-même, d'un demi-tour à un tour ou deux. Cependant la surveillance est un peu difficile à cause du grand nombre des opérateurs. Cet inconvénient n'existe plus dans l'expérience suivante.

Deuxième expérience. — Deux personnes seulement, Mme de Gasparin et Mme Doxat, entraînent, sans le toucher, un guéridon qui tourne et se balance sous leurs mains tenues à deux ou trois centimètres de distance du plateau. Ayant réussi à voir constamment l'espace libre entre les mains et la surface du guéridon, je suis sûr qu'il n'y a pas eu de contact, pendant quatre ou cinq révolutions du meuble.

Cette expérience m'a si vivement frappé, qu'aujourd'hui encore, à trente-trois ans de distance, je la revois comme au jour où j'en fus le témoin. Aucun doute n'était plus possible ; le mouvement des corps inertes par l'effet de la volonté humaine, et sans action mécanique directe, était donc bien un fait réel. Et puisque ce fait existe *il est possible*, malgré toutes les objections que l'on peut faire *à priori*.

Troisième expérience. — Une couche très légère de farine a été répandue sur la table en repos, presque instantanément, à l'aide d'un soufflet à soufrer la vigne. L'action des mains placées à distance a entraîné le meuble. Puis on a fait l'inspection de la couche de farine qui était demeurée vierge de tout contact. On s'était assuré que le moindre attouchement laissait des traces apparentes sur la couche de farine, et que les ébranlements et les secousses ne suffisaient pas pour faire disparaître ces traces. Cette troisième expérience a eu pour témoin et pour contrôleur scientifique, le comte de Gasparin, membre de l'Académie des sciences de Paris, et ancien ministre. Répétée à plusieurs reprises et dans des jours différents, elle a toujours donné les mêmes résultats.

. . . .

M. Frédéric de Rougemont, en mai ou juin 1853, obtenait des effets semblables. Au Valentin, près d'Yverdon, cinq personnes assises autour d'une table légère tenaient leurs mains à trois quarts de pouce au-dessus du plateau: La table tourna, *les opérateurs restant immobiles*. L'épreuve fut répétée à plusieurs reprises avec le même succès ; on s'assurait avec la lumière si aucun doigt ne reposait sur le plateau et l'on surveillait aussi les pieds.

M. de Rougemont était un homme d'une grande valeur intellectuelle et morale, et l'une des meilleures gloires de notre Suisse romande.

L'auteur de ces lignes, qui d'ailleurs, ne s'est jamais exploité lui-même au profit de sa réputation comme ses amis le savent, avait tout à perdre pour sa carrière comme témoin d'un phénomène aussi étrange que le mouvement sans contact. Il l'a fait parce que le premier devoir d'un homme de science est de rendre témoignage à la vérité.

CHAPITRE II.

DE 1855 A 1869.
RAPPORT DE LA SOCIÉTÉ DIALECTIQUE DE LONDRES

Au mois d'août 1855, le Dr Hare, professeur émérite de Chimie à l'Université de Pensylvanie, montrait, au Congrès de l'Association américaine pour l'avancement des sciences, comment il s'était servi d'une balance à ressort pour manifester une augmentation de 18 livres dans le poids d'un objet avec lequel un médium ne communiquait qu'au travers de l'eau. La description et le dessin de cet appareil se trouvent dans l'ouvrage que le Dr Hare publia, l'année suivante à New-York, sous le titre : *Expérimental investigation*. Je me borne à le citer ici, parce que dans le chapitre III on le retrouvera perfectionné par M. Crookes. Le savant professeur indique, de la page 98 à la page 105, les recherches qu'il a vainement faites pour tâcher d'établir les rapports pouvant exister entre le magnétisme ou l'électricité et cette force encore non définie.

En 1868, M. Home étant à Londres, plusieurs personnages considérables, notamment M. Cromwell Fleewod

Varley, ingénieur en chef des compagnies de télégraphie internationale et transatlantique, aujourd'hui membre de la Société royale de Londres, avaient étudié les phénomènes qui se produisaient sous son influence. M. Varley écrivit à ce sujet au professeur Tyndall une longue lettre ouverte dont j'extrais les passages suivants :

Selon votre désir je m'efforcerai de vous décrire brièvement les phénomènes physiques que j'ai reconnus dans deux occasions, en présence de M. Home, ainsi que les précautions que j'ai prises pour éviter toute supercherie.

J'avais appris à plusieurs reprises, par des personnes bien informées, qu'en présence de M. Home, qui n'a pas toujours été apprécié à sa juste valeur, se passaient des manifestations tout à fait extraordinaires et j'étais très désireux d'en explorer la nature par moi-même...

Sa seconde séance eût lieu dans ma propre maison où jamais M. Home n'était venu.

Un grand nombre de phénomènes, semblables à ceux déjà décrits, se produisirent. Pourtant quelques-uns différèrent de ceux que j'avais vus chez lui.

Dans le courant de la soirée, M. Home parut devenir nerveux. Il me pria de lui tenir les mains, puis il s'écria : « — Oh ! regardez derrière vous » ! — et il parut en proie à une certaine agitation. Il plaça ensuite ses deux jambes sur mon genou gauche ; sur sa prière, je les tins entre mes propres jambes, et je saisis ses deux mains dans les miennes. Après cela, chacun de nous porta ses regards vers la direction indiquée.

Il y avait, à une distance de sept pieds derrière M. Home, une petite table placée contre une fenêtre, et dont nous étions tous les deux les plus rapprochés. Quelques instants après, cette petite table commença à se remuer. Elle était montée sur des roulettes, et fut poussée vers moi par une force invisible, tandis que personne n'était près d'elle, et que je tenais fortement les mains et les pieds de M. Home.

Un grand canapé, sur lequel huit personnes pouvaient prendre place, fut poussé à travers toute la chambre et nous força de reculer jusqu'au piano.

Une tromperie était impossible...

Vous me demanderez sans doute pourquoi je n'ai pas publié cela plutôt. La réponse est simple. Vous savez bien, vous-même, de quelle manière sont accueillies, dans ce monde de discorde, toutes les découvertes nouvelles.

Je me suis efforcé, autant que l'ont permis les occasions, ma santé et mes affaires, de rechercher la nature de la force qui produit ces phénomènes ; mais, jusqu'à présent, je n'ai pu découvrir autre chose que la source d'où émane cette force *physique*, c'est-à-dire des systèmes vitaux des assistants et surtout du médium. Cette partie du sujet n'est, par conséquent, pas mûre pour la publicité...

Le 6 janvier 1869, la *Société dialectique de Londres*, fondée depuis deux ans sous la présidence de sir John Lubbock et composée des principaux savants anglais, décidait que :

« Conformément à l'article VII, le Conseil serait prié de nommer un comité pour examiner les phénomènes prétendus spirites et faire un rapport sur la question. »

Voici quel fut le rapport du Comité :

Messieurs,

Le Comité que vous avez nommé pour examiner les prétendus phénomènes spirites vous rend compte de ses travaux comme il suit :

Cinquante séances ont été tenues, pendant lesquelles votre

Comité a reçu les constatations de trente-trois personnes qui ont décrit les phénomènes produits en leur présence.

Votre Comité a reçu de trente-et-une personnes des rapports écrits relatifs aux phénomènes.

Votre Comité a recherché la coopération et les avis de savants qui ont exprimé leurs opinions favorables ou contraires à la réalité des phénomènes.

Votre Comité a fait particulièrement appel aux personnes qui avaient publiquement attribué les phénomènes à l'imposture ou à l'illusion.

Votre Comité, cependant, tandis qu'il a réussi à obtenir des affirmations de ceux qui croyaient aux phénomènes et à leur origine surnaturelle, n'a presque pas réussi à en obtenir de ceux qui attribuent les faits à la fraude ou à l'illusion.

Comme il a paru, à votre Comité, de la plus grande importance d'observer par soi-même les phénomènes et leurs preuves, il a cru devoir se diviser en six sous-comités.

Tous ces sous-comités ont envoyé des rapports d'où il ressort qu'une grande majorité des membres de votre Comité a été témoin de plusieurs sortes de phénomènes, en l'absence de tout médium professionnel, bien que la plupart eussent commencé leurs recherches dans un esprit de scepticisme bien déclaré.

Les rapports que nous donnons plus loin sont essentiellement concordants et paraissent établir les propositions suivantes :

1º Que des sons de caractère varié, paraissant venir des meubles, des parquets et des murs de la chambre — souvent accompagnés de vibrations sensibles au toucher, — se produisent sans action musculaire ou mécanique.

2º Que des mouvements de corps pesants se produisent sans action mécanique d'aucune sorte, ou sans déploiement de force musculaire venant d'une personne présente, et souvent sans contact ni connexion avec personne.

3° Que ces sons et ces mouvements ont souvent lieu au moment et de la manière demandés par les personnes présentes, et au moyen d'un code de signaux répondant aux questions et donnant des communications cohérentes.

4° Que les réponses et communications ainsi obtenues sont, pour la plupart, d'un caractère banal, mais donnent parfois des renseignements connus d'une seule personne présente.

5° Que les circonstances dans lesquelles les phénomènes se produisent sont variables, mais qu'on remarque pourtant surtout que la présence de certaines personnes semble nécessaire et celle d'autres personnes généralement nuisible ; toutefois cette différence ne parait pas venir de la croyance ou de l'incrédulité relative aux phénomènes.

6° Que cependant la production des phénomènes n'est pas assurée par la présence ou l'absence de certaines personnes. Les témoignages oraux ou écrits, reçus par votre comité, ne se rapportent pas seulement à des faits semblables à ceux constatés par les sous-comités, mais à d'autres faits d'une espèce plus variée et plus extraordinaire, dont nous pouvons donner l'aperçu sommaire suivant.

1° Treize témoins affirment avoir vu des corps lourds — quelquefois des hommes — s'élever lentement dans l'air et rester ainsi quelque temps sans support visible ou palpable.

2° Quatorze témoins certifient avoir vu des mains ou des figures n'appartenant pas à des êtres humains, mais qui semblaient vivantes et mobiles et qu'ils ont quelquefois touchées ou même serrées, ce qui les a convaincus qu'ils n'étaient pas les jouets d'une illusion ou d'une imposture.

3° Cinq témoins disent avoir été touchés par quelque être invisible, en différents endroits du corps et souvent à l'endroit demandé, alors que les mains de toutes les personnes présentes étaient visibles.

4° Treize témoins déclarent avoir entendu des morceaux

de musique bien joués sur des instruments sur lesquels n'agissait aucune influence déterminable.

5° Cinq témoins affirment avoir vu des charbons rouges appliqués sur les mains ou les têtes de plusieurs personnes sans produire ni souffrance, ni plaie ; et trois témoins disent que la même expérience a été faite sur eux-mêmes avec le même résultat.

6° Huit témoins déclarent avoir eu, par le moyen de frappements, d'écritures ou d'autres procédés, des renseignements précis dont eux ou toute autre personne ignoraient alors l'exactitude et qui ont été vérifiés par des recherches postérieures.

7° Un témoin déclare avoir eu une information précise et détaillée qui cependant fut trouvée ensuite entièrement erronée.

8° Trois témoins disent avoir été présents lorsque des dessins, faits au crayon et colorés, ont été produits en si peu de temps et dans de telles conditions qu'ils ne pouvaient être les œuvres d'êtres humains.

9° Six témoins déclarent qu'ils ont été informés d'événements futurs et que, dans quelques cas, l'heure et la minute de leur réalisation avaient été indiquées exactement, plusieurs jours ou même plusieurs mois à l'avance.

Enfin il a été donné des preuves de médiumnité parlante, de la faculté de guérir, de l'écriture automatique, d'introduction de fleurs et de fruits dans des chambres fermées, de la production de voix dans l'air, de vision (au moyen d'objets en cristal ou de verres) et d'allongement de corps humain.

Plusieurs témoins ont exposé leurs idées sur les causes de ces phénomènes. Quelques-uns les attribuent à l'influence d'êtres humains désincarnés, quelques-uns à une influence satanique, quelques-uns à des causes psychologiques, et d'autres à l'imposture ou à l'illusion.

Votre Comité s'est aussi occupé de savoir ce qui a déjà été

écrit sur le sujet et de dresser une liste de ces ouvrages pour aider ceux qui voudraient pousser leurs recherches plus loin.

En vous présentant ces divers rapports, votre Comité, — considérant le caractère élevé et la grande intelligence de beaucoup des personnes témoins des faits les plus extraordinaires, considérant l'appui qu'apportent à ces témoignages les rapports des sous-comités, et l'absence d'aucune preuve d'imposture ou d'illusion relativement à une grande partie des phénomènes ; considérant aussi le caractère exceptionnel des phénomènes et dans toutes les classes de la société, dans les différents pays civilisés, le nombre considérable de personnes plus ou moins persuadées de l'origine surnaturelle de ces faits ; considérant enfin le fait qu'aucune explication philosophique n'en a encore été donnée, — croit devoir exprimer la conviction que le sujet est digne d'être plus sérieusement étudié, plus soigneusement approfondi qu'il ne l'a été jusqu'à présent.

Votre Comité exprime le désir que le présent rapport et ceux des sous-comités, ainsi que les témoignages et la correspondance qui s'y rattachent soient imprimés et publiés.

RAPPORT DU PREMIER SOUS-COMITÉ

Depuis sa création, c'est-à-dire depuis le 11 février 1869, votre Sous-Comité a tenu quarante séances, dans le but de faire des expériences et des épreuves rigoureuses.

Toutes ces réunions ont eu lieu dans les demeures privées des membres du Comité, afin d'exclure toute possibilité de mécanisme disposé d'avance ou d'artifice quelconque.

L'ameublement des pièces dans lesquelles on a fait l'expérience a été, dans chaque circonstance, leur ameublement ordinaire.

Les tables dont on s'est servi ont toujours été des tables à manger pesantes, qui demandaient un effort considérable pour être mises en mouvement. La plus petite avait cinq pieds neuf pouces de long sur quatre pieds de large, et la plus grande neuf pieds trois pouces de long sur quatre pieds et demi de large : la pesanteur était en proportion.

Les chambres, les tables et tous les meubles en général, ont été soigneusement examinés à plusieurs reprises, avant, pendant et après les expériences, pour obtenir la certitude qu'il n'existait aucun truc, instrument ou appareil quelconque, à l'aide duquel les mouvements ci-après mentionnés eussent pu être produits.

Les expériences ont été faites à la lumière du gaz, excepté dans un petit nombre d'expériences spécialement notées dans les Minutes.

Votre Comité a évité de se servir de médiums de profession ou médiums payés, le médium étant l'un des membres de votre Sous-Comité, personne placée dans une bonne position sociale et d'une intégrité parfaite, qui n'a aucun objectif pécuniaire en vue et ne pourrait tirer aucun profit d'une supercherie.

Votre Comité a tenu quelques réunions sans la présence d'aucun médium (il est bien entendu que, dans ce rapport, le mot *médium* est simplement employé pour désigner un individu sans la présence duquel les phénomènes décrits, ou n'ont pas lieu, ou se produisent avec moins d'intensité et de fréquence), pour essayer d'obtenir par quelque moyen, des effets semblables à ceux que l'on observe lorsqu'un médium est présent. Aucun effort ne fut capable de produire quelque chose d'entièrement semblable aux manifestations qui ont lieu en présence du médium.

Chacune des épreuves que l'intelligence combinée des membres de votre Comité pouvait imaginer, a été faite avec patience et persévérance. Les expériences ont été dirigées avec une grande variété de conditions, et toute l'ingéniosité possible a été mise en essai pour inventer les moyens qui permissent à votre Comité de vérifier ses observations et d'écarter toute possibilité d'imposture ou l'illusion.

Votre Comité a restreint son rapport aux faits dont ses membres ont été collectivement témoins, faits qui ont été palpables aux sens et dont la réalité est susceptible d'une preuve démonstrative.

Environ les quatre cinquièmes des membres de votre Sous-Comité ont débuté dans la voie des investigations par le scepticisme le plus complet touchant la réalité des phénomènes annoncés, avec la ferme croyance qu'ils étaient le résultat, soit de l'imposture, soit de l'illusion, soit d'une action involontaire des muscles. Ce fut seulement après une irrésistible évidence, dans des conditions qui excluaient l'une ou l'autre de ces hypothèses et après des expériences et des épreuves rigoureuses, souvent répétées, que les membres les plus sceptiques de votre Sous-Comité furent, à la longue et malgré eux, convaincus que les phénomènes qui s'étaient manifestés pendant cette enquête prolongée étaient de véritables faits.

Le résultat de leurs expériences longtemps poursuivies et dirigées avec soin, a été, après des épreuves contrôlées sous toute forme, d'établir les conclusions suivantes :

Premièrement. — Dans certaines dispositions de corps ou d'esprit, où se trouvent une ou plusieurs personnes présentes, il se produit une force suffisante pour mettre en mouvement des objets pesants, sans l'emploi d'aucun effort musculaire, sans contact ou connexion matérielle d'aucune nature entre ces objets et le corps de quelques personnes présentes.

Deuxièmement. — Cette force peut faire rendre des sons, que chacun peut entendre distinctement, à des objets matériels qui n'ont aucun contact ni aucune connexion visible ou matérielle avec le corps de quelque personne présente ; et il est prouvé que ces sons proviennent de ces objets par des vibrations qui sont parfaitement distinctes au toucher.

Troisièmement. — Cette force est fréquemment dirigée avec intelligence ; quelques-uns de ces phénomènes se sont produits dans trente-quatre séances, sur quarante que votre Comité a tenues. La description d'une de ces expériences, et la manière dont elle a été conduite, montreront mieux le soin et la circonspection avec lesquels votre Comité a poursuivi ses investigations.

Tant qu'il y avait contact ou simplement possibilité de contact par les mains ou par les pieds, ou même par les vêtements de l'une des personnes qui étaient dans la chambre, avec l'objet mis en mouvement ou émettant des sons, on ne pouvait être assuré que ces mouvements ou ces sons n'étaient pas produits par la personne ainsi mise en contact. L'expérience suivante a donc été tentée.

Dans une circonstance où onze membres de votre Sous-Comité étaient assis depuis quarante minutes autour de l'une des tables de la salle à manger, décrites précédemment, et lorsque déjà des mouvements et des sons variés s'étaient produits, ils tournèrent (dans un but d'expérimentation plus rigoureuse), les dossiers des chaises vers la table, à neuf pouces environ de celle-ci ; puis ils s'agenouillèrent sur les chaises, en plaçant leurs bras sur les dossiers.

Dans cette position leurs pieds étaient nécessairement tournés en arrière, loin de la table, et par conséquent ne pouvaient être placés dessous, ni toucher le parquet. Les mains de chaque personne étaient étendues au-dessus de la table à environ quatre pouces de sa surface. Aucun contact avec une partie quelconque de la table ne pouvait donc avoir lieu sans qu'on s'en aperçut.

En moins d'une minute, la table, sans avoir été touchée, se déplaça quatre fois ; la première fois d'environ cinq pouces d'un côté ; puis de douze pouces du côté opposé ; ensuite de la même manière et respectivement de quatre et de six pouces.

Les mains de toutes les personnes présentes furent ensuite placées sur les dossiers des chaises, à un pied environ de la table qui fut mise en mouvement cinq fois, avec un déplacement variant entre cinq et six pouces.

Enfin, toutes les chaises furent écartées de la table à la distance de douze pouces, et chaque personne s'agenouilla sur sa chaise comme précédemment, mais cette fois en tenant les mains derrière le dos, et, par suite, le corps placé à peu près à dix-huit pouces de la table, le dossier de la chaise se trouvant ainsi entre l'expérimentateur et la table. Celle-ci se déplaça quatre fois dans des directions variées.

Pendant cette expérience décisive, et en moins d'une demi-heure, la table se mût ainsi treize fois, sans contact ou possibilité de contact avec une personne présente, les mouvements ayant lieu dans des directions différentes et quelques-uns de ceux-ci répondant à la demande de divers membres de votre Comité.

La table a été examinée avec soin, tournée sens dessus dessous, et scrutée pièce par pièce, mais on n'a rien découvert qui pût rendre compte des phénomènes. L'expérimentation a été faite partout en pleine lumière du gaz placé au-dessus de la table.

En résumé, votre Sous-Comité a été *plus de cinquante fois* témoin de semblables mouvements sans contact, en huit soirées différentes, dans des maisons de membres de votre Sous-Comité, et chaque fois les épreuves les plus rigoureuses ont été mises en œuvre.

Dans toutes ces expériences, l'hypothèse d'un moyen mécanique ou autre a été complètement écartée par le fait que les mouvements ont eu lieu dans plusieurs directions, tantôt d'un côté, tantôt de l'autre, mouvements qui auraient exigé la coopération d'un grand nombre de mains et de pieds et qui, en raison du volume considérable et de la pesanteur des tables, n'auraient pu se produire sans l'emploi visible d'un effort musculaire.

Chaque main et chaque pied étaient parfaitement en vue, et aucun d'eux n'aurait pu bouger, sans qu'on s'en aperçut immédiatement.

L'illusion a été mise hors de question. Les mouvements ont eu lieu en différentes directions, et devant toutes les personnes présentes. C'est là une affaire de mesurage et non d'opinion ou d'imagination.

Ces mouvements se sont reproduits tant de foi , dans des conditions si nombreuses et si diverses, avec tant de garanties contre l'erreur ou la supercherie et avec des résultats si invariables, que les membres de votre Sous-Comité, qui avaient tenté ces expériences après avoir été, pour la plupart, entièrement sceptiques au début de leur investigation, ont été convaincus qu'*il existe une force capable de mouvoir des corps pesants sans contact matériel, force qui dépend, d'une manière inconnue, de la présence d'êtres humains.*

Votre Sous-Comité n'a pu collectivement obtenir aucune certitude relativement à la nature et à la source de cette force, mais il a simplement acquis *la preuve du fait de son existence*. Il pense qu'il n'y a aucun fondement à la croyance populaire qui prétend que la présence de personnes sceptiques contrarie la production ou l'action de cette force.

En résumé, votre Sous-Comité exprime unanimement l'opinion que l'existence d'un fait physique important se trouve ainsi démontrée, à savoir : que des mouvements peuvent se produire dans des corps solides, sans contact matériel, par une force inconnue jusqu'à présent, agissant à une distance indéterminée de l'organisme humain, et tout à fait indépendante de l'action musculaire, force qui doit être soumise à un examen scientifique plus approfondi, dans le but de découvrir sa véritable source, sa nature, sa puissance.

RAPPORT DU DEUXIÈME SOUS-COMITÉ

Ce rapport comprenait 41 paragraphes dont nous ne reproduirons que les principaux.

Les séances ont lieu chez MM. A... et B... membres de la société dialectique. Les seules personnes qu'ils s'adjoignirent furent leurs femmes et un frère d'un membre du Sous-Comité.

La lumière du gaz resta toujours suffisante pour permettre de lire et d'écrire facilement. On obtint des coups, des mouvements de la table et des coups dans la table, dès la première séance et dans beaucoup d'autres séances suivantes. La table oscillait, se soulevait ou frappait du pied, et souvent elle se mouvait dans le sens indiqué. Pendant ces mouvements, les mains furent quelquefois écartées toutes ensemble de la table, sans arrêter pour cela le phénomène.

Les mouvements cessèrent au bout de quelques séances, sans doute pour faire place aux phénomènes des coups frappés. Ceux-ci ne paraissaient pas venir toujours de la table, mais quelquefois du parquet, des murs et du plafond, souvent d'endroits désignés par un de nous, mais pas toujours. Ils avaient un son distinct et spécial, semblant se produire dans l'intérieur de la matière plutôt qu'à la surface; quelquefois on eût dit des détonations dans l'air.

Une fois, dit le rapport, nous essayâmes de frapper suivant un rythme sur la table et demandâmes qu'on nous imitât, ce qui fut fait avec exactitude. Ce que nous avons constaté semble généralement corroborer ce qu'ont constaté les témoins que vous avez interrogés avec cette différence que les phénomènes nous ont paru avoir pour base une intelligence. Nous avons eu surtout des réponses plus ou moins pertinentes, quelquefois très inattendues, et aussi des communications originales. L'alphabet était épelé lettre par lettre : trois coups signifiaient « oui », deux « douteux », un « non ». Nous changeâmes quelquefois exprès ces conventions, mais sans nuire aux réponses. Nous avons, semble-t-il, pu établir ainsi une communication avec plusieurs esprits ou intelligences, dont plusieurs se donnaient comme en relations diverses de parenté avec certains membres de votre société. Chaque soi-disant esprit montrait une individualité distincte, avait sa manière de frapper délicatement, ou fortement, ou avec décision, comme s'il eût exprimé ainsi son caractère ou son humeur.

Quand nous essayions, pour abréger, de finir les mots ou les phrases, souvent on rejetait carrément nos explications pour les remplacer par des mots ou des expressions plus appropriés ou d'une toute autre signification. L'introduction d'une personne étrangère, pendant les phénomènes, ne nuisit en rien aux manifestations ; et cette personne non influencée voyait ce que nous voyions. Des manifestations eurent lieu, alors que nous n'étions pas réunis pour une séance, ni assis autour d'une table. C'est ainsi qu'une fois, on causait d'une séance où Mme Marshall assistait, et où des coups s'étaient produits dans le piano ; les cordes du piano de M. A.... chez qui nous étions, se mirent à vibrer soudainement et simultanément, bien que personne ne se trouvât près de l'instrument. Les sons se répétèrent deux ou trois fois, ils étaient trop forts pour être attribués à quelque vibration de la maison ou de la chambre. L'instrument fut aussitôt examiné intérieurement et extérieurement avec le plus grand soin, sans qu'on put rien découvrir et, même après cet examen, il y eut encore, à intervalles, pendant la la soirée, d'autres coups dans l'instrument. Ajoutons que cette occasion fut unique et que rien de semblable n'arriva plus chez M. A...

Une autre fois nous avions fini la séance et prenions des

rafraîchissements, quand de tous côtés, dans la chambre, de vigoureux frappements retentirent. Interrogées, les intelligences « supposées » répondirent qu'elles étaient les esprits avec qui nous venions de communiquer, qu'elles étaient de très bonne humeur et n'avaient pas envie de nous quitter. Un de nous but en riant à leur santé et leur demanda de répondre, ce qu'ils firent par des volées de frappements indiquant bien en effet leur gaieté et leur désir de fraterniser. Enfin chacun nous dit adieu par une successsion de coups gradués, d'abord forts et rapides, puis devenant graduellement faibles et plus espacés, jusqu'à n'être plus perceptibles. Ces coups semblaient plutôt des détonations que le résultat d'une percussion sur quelque chose de dur.

Nous n'avons pu découvrir les conditions favorables à la production des phénomènes ; tout ce que nous pourrions dire qu'il nous a semblé que les manifestations étaient favorisées : *a*) par la régularité dans la façon de conduire les séances ; *b*) par une tenue et une conservation tranquilles, mais non pas particulièrement passive ; *c*) par la tranquillité de la maison où a lieu la séance (ainsi nous n'obtenions rien au commencement de la soirée et il n'en était plus de même plus tard, quand les domestiques s'étaient retirés et que les bruits qu'ils pouvaient faire avaient cessé) ; *d*) par une lumière faible.

Il faut ajouter qu'il y eut aussi de puissantes manifestations pendant l'absence complète de l'une quelconque de ces conditions.

Quelquefois rien ne se produisait plus, sans aucun changement sensible dans les conditions ; d'autrefois aussi, sans aucun souci de notre part de ces conditions, les manifestations continuaient fortes et vigoureuses, et il nous fallait lever la séance qui ne durait jamais plus de deux heures et demie.

Nous avons remarqué que jamais l'obscurité ne nous a

réussi seule, pas plus que la lumière du jour ; qu'il a toujours fallu la présence de deux dames, et que, quand nous nous conformions aux indications des soi-disant esprits, les manifestations devenaient plus intenses.

Nous n'avons rien vu d'analogue aux conditions qui favorisent la production des phénomènes électrobiologiques ou mesmériques. Ainsi l'attente ou le désir d'un phénomène le faisait plutôt manquer que se produire, et les meilleures séances étaient celles qui débutaient par des phénomènes immédiats ou presque immédiats.

Notre faculté d'observer ou de juger n'était pas troublée, puisque nos souvenirs concordaient tous et étaient corroborés par les notes prises au moment et aussi par des témoins étrangers.

Quelle que fût la force manifestée ou quelles que fussent les conditions, nous remarquâmes souvent qu'il semblait qu'on eût envie d'économiser cette force. Ainsi :

a) Il était rare de pouvoir obtenir une deuxième reprise, même en retournant la question :

b) Les communications étaient faites en termes concis, les mots inutiles n'étaient jamais employés ;

c) Rarement nous eûmes des coups inutiles ou dépourvus de sens : ils nous donnaient des communications originales ou des réponses à nos questions.

Nous n'avons remarqué aucune influence venant de la santé, du temps ou de la température.

RAPPORT DU TROISIÈME SOUS-COMITÉ (1)

Les personnes qui s'adjoignirent à nous, sauf dans un seul cas, sont bien connues de vous ou d'au moins un de

(1) Ce Sous-Comité ne pût avoir que dix séances à cause de la difficulté des rendez-vous ; aussi les résultats furent-ils moins importants que les précédents. Cependant certaines circonstances

vous; nous ne pouvons donc douter de la probité, de l'entière bonne foi des assistants... Nous nous sommes attachés à faire, avec le plus grand soin, des expériences établissant bien la comparaison entre la force, d'origine inconnue, nécessaire pour produire les mouvements, et la force musculaire consciente nécessaire pour produire les mêmes mouvements...

A la suite d'expériences faites avec grand soin, nous avons trouvé que pour la plus petite des tables (3 pieds 9 pouces et demi de long, sur 2 pieds de large pour la surface du dessus; elle est en chêne, pèse 50 à 60 livres et repose sur quatre pieds sans roulettes) la force nécessaire pour la faire pencher, appliquée suivant la direction la plus favorable, c'est-à-dire suivant un angle de 90° avec les pieds, est d'environ 21 livres et demie. Encore faut-il que quelque chose arrête les pieds, autrement elle glissera et ne se penchera pas du tout.

Même si l'angle est de 45° il y aura tendance à glisser plutôt qu'à pencher ou se renverser, et il faudrait pour produire ce dernier effet ne pas dépasser 30° et alors exercer une pression de 43 livres et demie.

Un homme d'une force ordinaire se tenant à un côté de la table, avec les mains adhérant suffisamment au dessus lisse de la table, n'aura pas de peine à la pousser sur le parquet. La tirer vers lui n'est pas si aisé, et il trouvera une grande difficulté à la faire se mouvoir de droite à gauche dans le sens de sa longueur. Si ses mains sont placées de la même manière à un bout de la table, il ne peut, sur un parquet glissant, faire lever le bout opposé. Deux hommes peuvent le faire, mais la pression légère de la main d'une dame à ce bout opposé, paralysera leur action. Et si trois personnes occupent les trois côtés, comme cela avait lieu dans nos séances, ces légères augmentations de poids suffiront pour

ont été étudiées avec soin. Nous nous bornons à donner un extrait du rapport de ce Sous-Comité.

empêcher entièrement le premier expérimentateur d'agir, à moins d'un effort considérable et visible.

Cependant, durant nos séances, la table remue dans toutes les directions, d'un côté à l'autre, d'un bout vers l'autre, et en cercle, dans une grande pièce, avec une grande aisance, d'un mouvement doux et régulier, aussi bien qu'avec une sorte de hâte précipitée, s'arrêtant brusquement et repartant brusquement. Souvent les mouvements se faisaient avec tant d'aise et de facilité qu'ils semblaient indiquer une grande provision de force latente. D'autres fois, au contraire, ils étaient si faibles qu'ils devenaient à peine perceptibles.

Quelquefois la table, qui est sans roulettes, faisait en se remuant un bruit comme si ses pieds touchaient et quittaient rapidement le parquet; on exprima l'opinion que c'était peut-être par suite d'une pression inconsciente des *médiums*, mais nous constatâmes plus tard que lorsqu'on appuyait de haut en bas avec les mains, la table glissait sans bruit; quand, au contraire, nous les soulevions assez fortement tout en la traînant, le bruit en question se reproduisait exactement, ce qui nous montra que les forces en action devaient être appliquées pour soulever, en même temps que pousser la table en avant, tandis que les forces qui auraient pu venir des muscles des *médiums* n'auraient pu être dirigées que de haut en bas et en avant.

La plus grande peut-être des manifestations de force qui se produisit par le moyen de cette table (voir la grandeur et le poids plus haut) eût lieu un soir où trois personnes seulement étaient assises ainsi que le montre la figure ci-dessous :

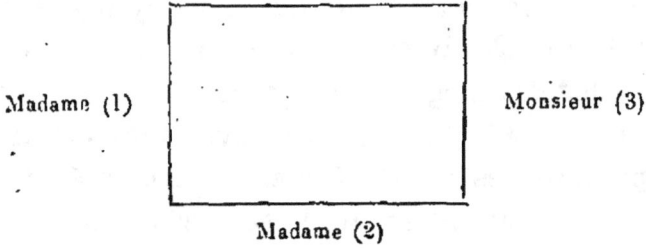

Une dame en (1), une dame en (2), un monsieur en (3), tandis que M. Myers, qui n'avait pas les mains sur la table, se tenait assis en face de Mme (2) pour observer ce qui se passerait. Quelques-uns des mouvements de bascule furent si violents qu'on eût dit que, lorsqu'un côté avait été soulevé à une certaine hauteur, un puissant ressort se détendait, et la chute était si rude, si soudaine, que le parquet, pourtant solide, en était ébranlé et le bruit retentissait dans toute la maison et même dehors.

La séance du 8 avril fut remarquable. La table était une table à jeu, pesant plus de 90 livres. Il ne serait pas facile d'évaluer exactement l'effort nécessaire pour produire le rapide mouvement de rotation dont elle fut animée. Pour renverser cette table jusqu'à ce que le dessus touche le parquet, et qu'elle reste ainsi posée en partie sur le bord et sur la base à pied triangulaire, il faut un effort considérable; mais pour aller plus loin encore et la poser en équilibre sur le bord seulement, comme cela arriva deux fois ce soir-là — pour l'empêcher de glisser sur un parquet glissant, — il faut bien une force d'envison 85 livres.

A angle droit et avec des précautions pour empêcher le glissement une force de 42 livres suffirait.

Dans notre expérience d'imitation du phénomène, nous trouvâmes qu'en outre de la force pour soulever, il fallait encore une force considérable et une grande attention pour garder l'équilibre sur un point du bord, et empêcher le renversement ou le roulement pendant le mouvement de relèvement. Pendant la séance, au contraire, nous n'avons eu aucune oscillation, aucune tendance à perdre l'équilibre.

Pour faire glisser cette table, qui a des roulettes, il faut une force de 15 à 20 livres, vu le fonctionnement des roulettes et les légères inégalités du parquet.

Aucun de nous n'eut conscience d'avoir tant soit peu contribué à produire ces forces. Toutes les mains étant seulement posées légèrement sur le dessus de la table.

Nous croyons aussi avoir eu la preuve que la force en action dans ces expériences était dirigée par une intelligence, des mouvements ayant eu lieu à notre demande, ainsi que des soulèvements en nombre demandé, et des soulèvements ou frappements ayant épelé des mots ou des phrases adressées aux personnes présentes.

La présence de certaines personnes était nécessaire, celle particulièrement de deux de nos amis : un clergyman et la femme d'un autre clergyman.

Les rapports des 4ᵉ, 5ᵉ et 6ᵉ comités ne présentent rien d'intéressant. M. Home commençait à être malade et les phénomènes ne se produisaient que faiblement ou même pas du tout.

A la suite de la publication de ces rapports, il parut plusieurs écrits où les personnes qui avaient pris part aux expériences firent connaître soit leurs impressions, soit des faits nouveaux.

Ainsi M. Auguste de Morgan, président de la Société mathématique de Londres et secrétaire de la Société Royale astronomique dit dans un de ses livres :

« Je suis parfaitement convaincu de ce que j'ai vu et entendu, d'une manière qui rend le doute impossible. Les spiritualistes sont certainement sur la trace qui mène à l'avancement des sciences physiques ; LES OPPOSANTS SONT LES REPRÉSENTANTS DE CEUX QUI ONT ENTRAVÉ TOUT PROGRÈS. »

CHAPITRE III

LES EXPÉRIENCES DE SIR CROOKES

Les expériences de Sir Crookes sur ce qu'il a appelé la *Force psychique* sont aujourd'hui tellement connues que je me serais borné à en faire une simple mention si je n'écrivais ce livre surtout pour les physiciens qui semblent encore les ignorer.

Je vais donc en faire une analyse succincte, renvoyant le lecteur désireux de le connaître en détail à l'ouvrage où elles ont été exposées (1).

I. — Altération du poids du corps.

A plusieurs reprises, l'illustre chimiste avait été vivement sollicité de soumettre au contrôle de sa science d'expérimentateur les phénomènes attribués à des personnes habitant alors Londres. En juillet 1870, il répondit à ces demandes par un article inséré dans le

---

(1) *Recherches sur les phénomènes du spiritualisme* par WILLIAM CROOKES, F. R. S., membre de la Société Royale de Londres. — A la librairie des Sciences psychologiques.

Quaterly journal of science (1), d'où j'extrais le passage suivant qui montre avec quelle défiance il abordait ce genre d'études :

J'ai lu la relation d'une quantité innombrable d'observations, et il me semble qu'il y a bien peu d'exemples de réunions tenues avec l'intention expresse de placer les phénomènes sous des conditions expérimentales, en présence de personnes dûment reconnues aptes, par la direction de leurs études, à peser et à apprécier la valeur des preuves qui pourraient se présenter (2). Les seules bonnes séries d'expériences probantes dont j'ai connaissance ont été tentées par le comte de Gasparin, qui, en admettant la réalité des phénomènes, arrivait à la conclusion qu'ils n'étaient pas dus à des causes surnaturelles...

Le spiritualiste parle de corps pesant 50 ou 100 livres, qui sont enlevés en l'air sans l'intervention de force connue; mais le savant chimiste est accoutumé à faire usage d'une balance sensible à un poids si petit qu'il en faudrait dix mille comme lui pour faire un grain. Il est donc fondé à demander que ce pouvoir, qui se dit guidé par une intelligence, qui élève jusqu'au plafond un corps pesant, fasse mouvoir sous des conditions déterminées sa balance si délicatement équilibrée.

Le spiritualiste parle de coups frappés qui se produisent dans les différentes parties d'une chambre, lorsque deux personnes ou plus sont tranquillement assises autour d'une table. L'expérimentateur scientifique a le droit de demander que ces coups se produisent sur la membrane tendue de son phonautographe.

Le spiritualiste parle de chambres et de maisons secouées

---

(1) Vol. 7, p. 316, — juillet, 1870.
(2) Les expériences de la *Société dialectique* de Londres n'étaient point encore publiées.

même jusqu'à en être endommagées, par un pouvoir surhumain. L'homme de science demande simplement qu'un pendule placé sous une cloche de verre et reposant sur une solide maçonnerie soit mis en vibration.

Le spiritualiste parle de lourds objets d'ameublement se mouvant d'une chambre à l'autre sous l'action de l'homme. Mais le savant a construit les instruments qui diviseraient un pouce en un million de parties et il est fondé à douter de l'exactitude des observations effectuées, si la même force est impuissante à faire mouvoir d'un simple degré l'indicateur de son instrument.

Le spiritualiste parle de fleurs mouillées, de fraîche rosée, de fruits et même d'êtres vivants apportés à travers les croisées fermées, et même à travers de solides murailles en briques. L'investigateur scientifique demande naturellement qu'un poids additionnel, ne fût-il que la millième partie d'un grain, soit déposé dans un des plateaux de sa balance, quand la boîte est fermée à clef ; et le chimiste demande qu'on introduise la millième partie d'un grain d'arsenic à travers les parois d'un tube de verre, dans lequel de l'eau pure est hermétiquement scellée.

Le spiritualiste parle de manifestations d'une puissance équivalente à des millions de livres, et qui se produit sans cause connue. L'homme de science, qui croit fermement à la conservation de la force et qui pense qu'elle ne se produit jamais sans épuisement correspondant de quelque chose pour le remplacer, demande que lesdites manifestations se produisent dans son laboratoire, où il pourra les peser, les mesurer, et les soumettre à ses propres essais.

C'est pour ces raisons et avec ces sentiments que je commence l'enquête dont l'idée m'a été suggérée par des hommes éminents qui exercent une grande influence sur le mouvement intellectuel du pays.

Avant de chercher à construire des instruments spéciaux, M. Crookes voulut se mettre en rapport avec un certain nombre de sujets et s'assurer, par les procédés usuels, de la nature et de la réalité des phénomènes qu'il avait à étudier.

Je vis, dit-il (1), en cinq occasions différentes, des objets dont le poids variait de 25 à 100 livres, être momentanément influencés de telle manière que moi et d'autres personnes présentes, nous ne pouvions qu'avec difficulté les enlever au-dessus du plancher. Désirant établir d'une matière certaine si cela était dû à un fait physique, ou si c'était simplement l'influence de l'imagination qui faisait varier la puissance de notre propre force, je mis à l'épreuve les phénomènes avec une machine à peser, dans deux circonstances différentes où j'eus l'occasion de me rencontrer avec M. Home chez un ami. Dans le premier cas, l'accroissement de poids fut généralement de 8 livres pour des poids de 36 livres, 48 livres et 46 livres ; expériences qui furent faites successivement et sous le plus rigoureux contrôle. Dans le second cas, qui eut lieu quinze jours plus tard et en présence d'autres observateurs, je trouvai que, dans trois expériences successives dont les conditions furent variées, l'augmentation de poids fut de 8 livres pour des poids de 23 livres, 43 livres et 27 livres. Comme j'avais l'entière direction des essais sus-mentionnés, que j'employais un instrument d'une grande exactitude et que je prenais tous les soins voulus pour calculer la possibilité de résultats obtenus par fraude, je n'étais pas sans m'attendre à un résultat satisfaisant, lorsque le fait fut convenablement expérimenté dans mon propre laboratoire.

Pendant les deux ans que le savant anglais a consacrés à ces recherches, il a trouvé neuf ou dix personnes

(1) *Recherches sur les phénomènes du spiritualisme*, p. 37.

possédant ce qu'il appelle le *pouvoir psychique* à un degré plus ou moins grand, mais cette faculté était si puissante chez M. Home et chez Mme X., que c'est avec ces deux personnes qu'il a, par raison de commodité, exécuté les trois séries d'expériences que je vais analyser et qui, nous le rappelons, ont toutes eu lieu dans le laboratoire de M. Crookes.

PREMIÈRE DISPOSITION

L'appareil destiné à expérimenter l'altération de poids d'un corps consistait (fig. 1) en une planche d'acajou

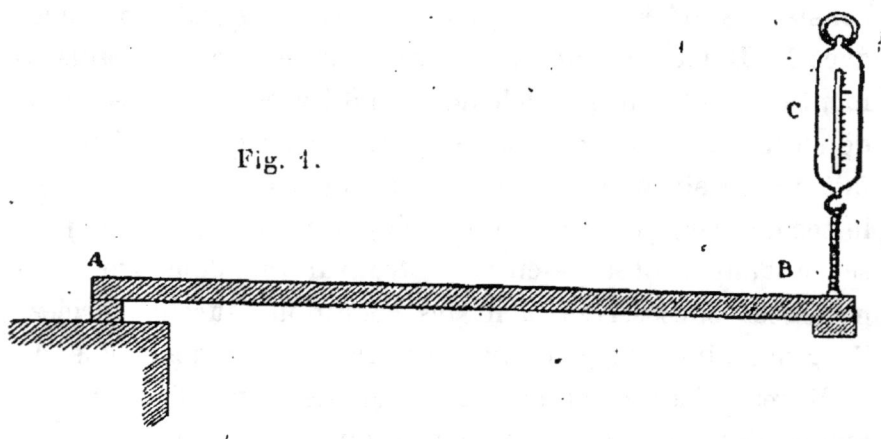

Fig. 1.

de 0^m90 de long sur 0^m24 de large et deux centimètres et demi d'épaisseur. A chaque bout, une bande d'acajou large de 4 centimètres était vissée et formait pied. L'un des bouts de la planche reposait sur une table solide, tandis que l'autre était supporté par une balance à ressort où *peson* suspendu à un fort trépied ; le peson était muni d'un index enregistreur automoteur de manière à indiquer le maximum de poids marqué par l'aiguille (fig. 2). L'appareil était ajusté de telle sorte que, la planche d'acajou étant horizontale et son pied reposant à plat sur le support, l'index de la balance indiquait trois livres anglaises comme fraction du poids supporté.

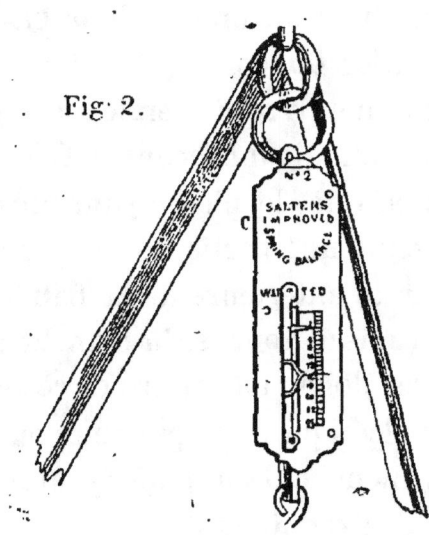

Fig. 2.

En présence de M. Crookes, de son frère, de son aide de chimie, du Dr William Huggins, membre de la Société Royale de Londres, et de M. Sergeant Cox, docteur en droit, le sujet assis sur une chaise posa légèrement la pointe de ses doigts en A sur l'extrême bout de la planche d'acajou dans une position qui fut constatée par des traits au crayon ; presqu'aussitôt les observateurs virent descendre l'aiguille de la balance qui remonta au bout de quelques secondes. Ce mouvement se répéta plusieurs fois, comme sous des émissions successives de la force psychique et l'on percevait distinctement le mouvement d'oscillation de l'extrémité B de la planche. Le sujet prit alors deux objets qui se trouvaient à sa portée, une petite sonnette et une boîte d'allumettes ordinaire en carton qu'il plaça en A sous ses doigts pour montrer qu'il n'exerçait aucune pression : on ne tarda pas à voir le mouvement se reproduire avec plus d'intensité encore et l'enregistreur automatique montra que l'index était descendu jusqu'à neuf livres ; c'est-à-dire qu'il avait indiqué une augmentation de six livres dans la fraction du poids supporté par le peson.

Afin de voir s'il était possible de produire un effet

notable sur cet instrument en exerçant une pression à l'endroit où le sujet avait mis ses doigts. M. Crookes monta sur la table et se tint sur un pied à l'extrémité de la planche ; le D·Huggins qui observait l'index de la balance constata que le poids entier du corps (140 livres) ne faisait fléchir l'index que d'une livre et demie ou de deux livres quand M. Crookes donnait une secousse. Cette flexion tenait évidemment à ce que, le pied ayant plus de quatre centimètres de largeur, une partie du poids du corps agissait en avant de l'arête antérieure de la bande d'acajou autour de laquelle il faisait tourner la planche ; tandis que, le sujet plaçant ses doigts en arrière de cette même arête, une pression quelconque de sa part ne pouvait produire aucun effet et même eût eu pour résultat d'entraver l'abaissement de l'extrémité. B.

DEUXIÈME DISPOSITION

M. Crookes voulut toutefois écarter jusqu'à l'idée de cette objection par le dispositif suivant.

Il prit une planche d'acajou A B semblable à celle de l'appareil précédent mais sans les deux bandes formant pieds ; près de l'extrémité A il en fixa une autre F taillée de manière à faire l'office du couteau d'une balance reposant sur un solide bâti H G (fig. 3.)

L'extrémité B fut encore suspendue à un peson, mais l'index mobile de cet instrument se terminait par une fine pointe faisant saillie et pouvant marquer sa trace sur une plaque de verre enfumée disposée de manière à se déplacer horizontalement devant lui sous l'action d'un mouvement d'horlogerie.

Si le peson est au repos et que le mouvement d'horlogerie vienne à marcher, il en résultera sur la plaque une trace blanche horizontale parfaitement droite. Si le mouvement est arrêté et qu'on place des poids sur l'extrémité de la planche, il en résultera une ligne verticale dont la longueur dépendra du poids appliqué. Si, pendant que le mouvement d'horlogerie entraîne la plaque, le poids de la planche et par suite la tension de la balance vient à varier, il en résultera une ligne courbe d'après laquelle on pourra calculer la tension en grammes à n'importe quel moment de la durée des expériences.

Fig. 3.

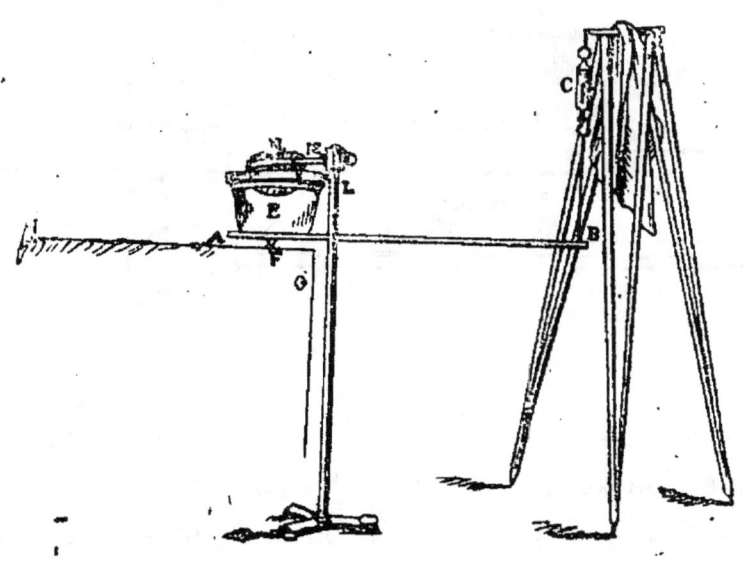

A l'extrémité A on plaça (fig. 4) un large vase de verre plein d'eau E de telle manière que son centre de gravité fut précisément dans le plan vertical passant par l'arête du couteau F. Dans ce vase on introduisit un vase de cuivre N hémisphérique percé de plusieurs trous à sa partie inférieure et relié par un bras rigide M à un support immobile L de telle manière qu'il y avait un intervalle d'au moins cinq centimètres entre lui et le vase de verre.

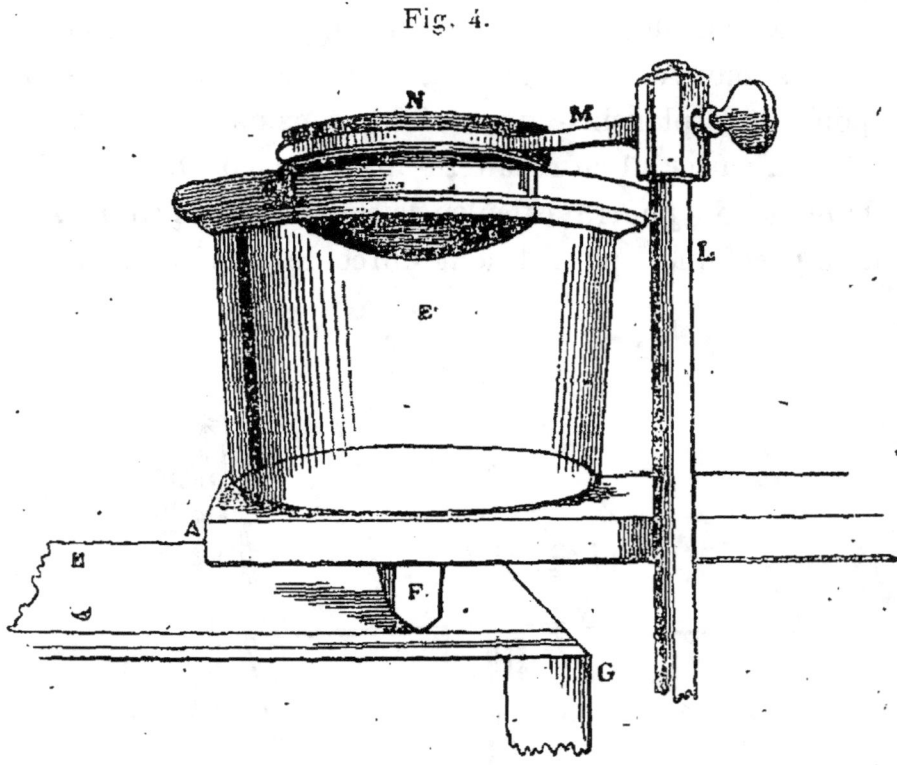

Fig. 4.

Ces dispositions avaient pour but d'empêcher que l'immersion de la main du sujet dans l'eau du vase de cuivre pût produire un effet sensible sur le peson, soit par suite de la force de réaction développée par l'effort même de l'immersion, soit par un choc quelconque imprimé aux parois du vase de verre. En effet la main entière de l'un des témoins, plongée dans le vase de cuivre, ne provoqua aucun mouvement de l'aiguille du peson.

L'appareil étant ainsi disposé, M. Home fut introduit dans la chambre et prié de mettre ses doigts dans l'eau du vase N, ce qu'il fit pendant qu'on lui tenait son autre main et les pieds. Lorsqu'il dit qu'il sentait une influence s'échapper de sa main. M. Crookes fit marcher le mouvement d'horlogerie et presqu'aussitôt on vit osciller l'extrémité de la planche et l'index du peson tracer sur la plaque de verre la courbe de la fig. 5.

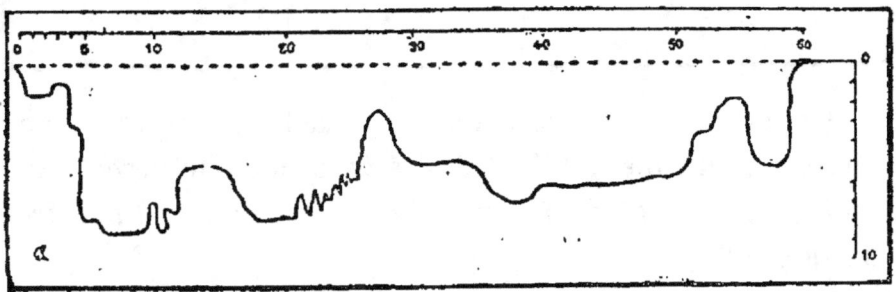

Fig. 5.

TROISIÈME DISPOSITION

Le contact par l'eau ayant été démontré aussi efficace que le contact direct, M. Crookes voulut éprouver si la force en question pourrait impressionner le poids, soit en touchant simplement un objet fixe en contact avec l'appareil, soit encore en se tenant simplement à côté.

On conserva donc le dispositif précédent en supprimant les vases comme inutiles ; M. Home plaça ses mains sur le support fixe à une dizaine de centimètres de l'appareil mobile, un témoin mit ses mains sur les mains de M. Home et son pied sur ses pieds ; puis on opéra comme précédemment et on obtint sur la plaque la courbe de la figure 6.

Un autre jour que M. Home sentait ses dispositions meilleures que d'habitude il fut placé à *trois pieds* de l'appareil ; ses mains et ses pieds étaient solidement tenus.

Fig. 6.

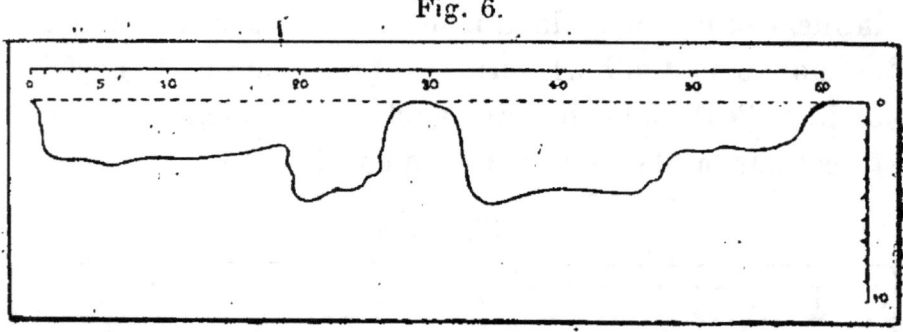

Quand il donna le signal, la machine fut mise en mouvement ; bientôt l'extrémité de la planche descendit, puis remonta d'une façon irrégulière, comme le montre la figure 7.

Fig. 7.

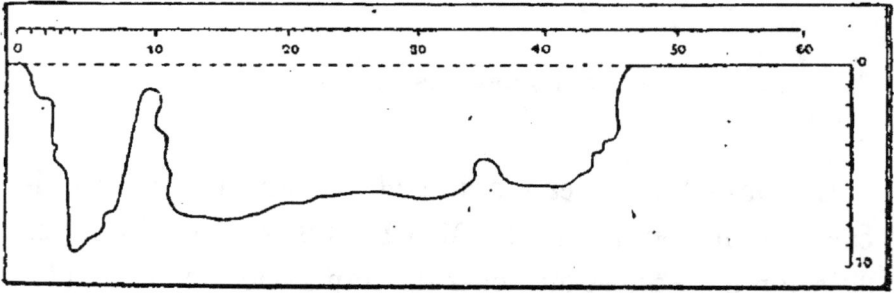

Les courbes des figures 5, 6 et 7 sont très légèrement réduites : l'échelle verticale qui les accompagne représente la tension en grains (1) et l'échelle horizontale le temps en secondes.

On voit que les tensions maxima ont été respectivement dans chaque expérience de 5,500 grains (33 grammes) 9,000 grains (58 grammes) et 10,000 grains (64 grammes).

(1) Chaque division correspond a mille grains, c'est-à-dire à 6 grammes 4 décigrammes.

DEUXIÈME PARTIE

QUATRIÈME DISPOSITION

M. Crookes, convaincu que la force psychique existe plus ou moins développée chez tous les sujets, imagina un appareil beaucoup plus sensible pour en constater les manifestations.

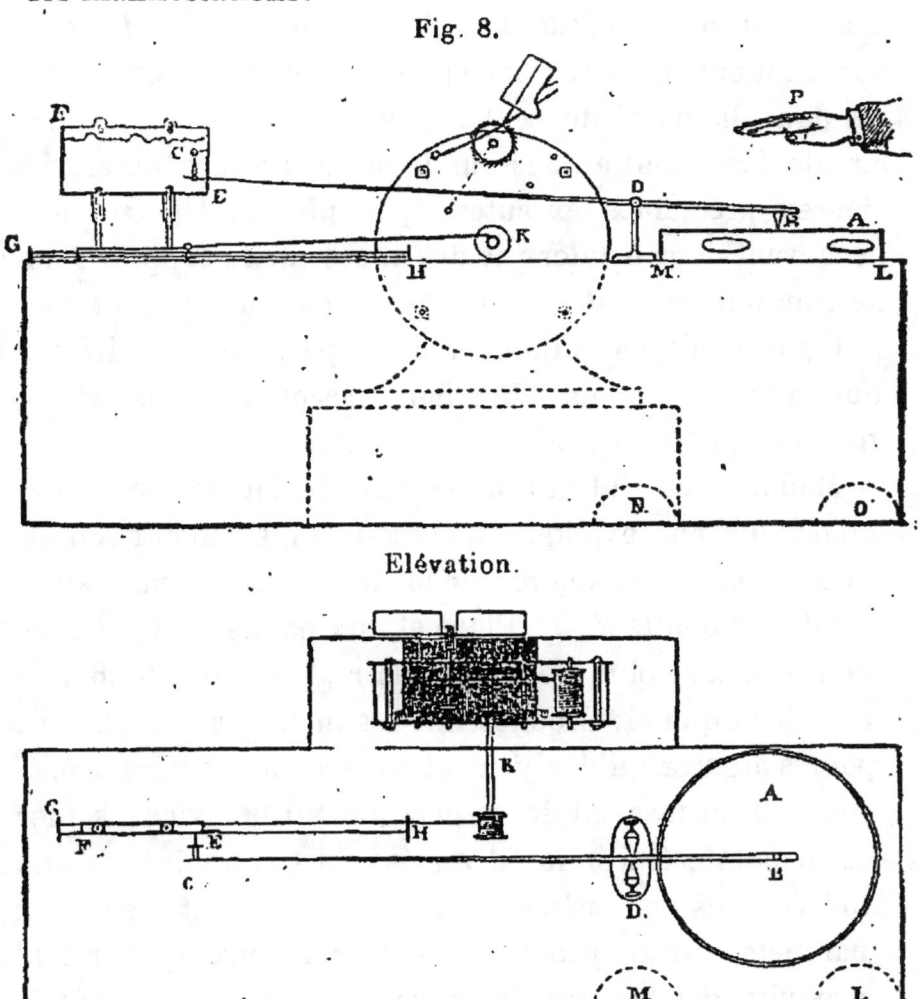

Fig. 8.

Élévation.

Plan.

Un morceau de parchemin mince A (fig. 8) est fortement tendu sur un cercle de bois de manière à former une sorte de tambour de basque. B C est un léger levier parfaitement équilibré pivotant en D autour d'un axe horizontal. A l'extrémité B se trouve une pointe d'aiguille verticale touchant la membrane A ; au point C une autre pointe d'aiguille, faisant saillie horizontalement et touchant une lame de verre noircie à la fumée ; cette lame verticale peut être entraînée parallèlement au plan vertical dans lequel se meut le levier, par un mouvement d'horlogerie K ; des trous sont percés dans la paroi du cercle pour permettre à l air de circuler librement au-dessous de la membrane. Des expériences préalables exécutées par plusieurs personnes permirent de constater que des chocs sur le support fixe ne communiquaient aucun mouvement au levier et que la ligne tracée par l'index restait parfaitement droite, quand bien même on cherchait à secouer le support et qu'on frappait du pied sur le plancher.

Madame X... fut introduite dans le laboratoire. Sans qu'on lui eût expliqué le but de l'instrument, on la pria de placer ses mains sur le support fixe successivement aux points M. L (Plan) et aux points N, O (Élévation) qui sont plus éloignés de la règle mobile ; à chaque fois, bien que M. Crookes tint ses mains sur les siennes pour s'assurer qu'il n'y avait aucun mouvement conscient ou inconscient de sa part, on vit le levier osciller et la pointe tracer les diverses courbes analogues aux précédentes ; en même temps, on entendait venir du parchemin des bruits semblables à ceux qu'auraient produits des grains de sable projetés à sa surface. Quelquefois les sons se succédaient aussi rapidement que ceux d'une machine d'induction, tandis que, d'autre fois, il y avait plus d'une seconde d'intervalle.

Un fragment de graphite placé sur le parchemin était projeté, à chaque coup, à la hauteur d'un demi-millimètre environ.

Quelques jours après, M. Home essaya à son tour l'appareil; il étendit la main droite au-dessus et à 20 centimètres environ de la membrane; M. Crookes lui tenait fortement le bras droit et un autre témoin le bras gauche. Après être demeuré dans cette position une demi-minute, M. Home dit qu'il sentait le fluide passer ; on fit alors marcher le mouvement d'horlogerie et l'on vit l'index osciller ; les mouvements étaient beaucoup plus lents que dans le cas précédent et n'étaient point du tout accompagnés des coups vibrants dont il a été fait mention. Trois expériences différentes produisirent trois courbes toujours du même genre.

M. Crookes fait observer que les phénomènes de cette nature sont généralement précédés par un refroidissement de l'air tout particulier.

Sous son influence, dit-il, j'ai vu des feuilles de papier s'enlever et le thermomètre baisser de plusieurs degrés. Dans d'autres occasions, je n'ai remarqué aucun mouvement réel de l'air, mais le froid a été si intense que je ne puis le comparer qu'à celui qu'on ressent lorsqu'on tend la main à quelques pouces du mercure gelé (1)…..

Après avoir été témoin de l'état pénible de prostration nerveuse dans lequel quelques-unes de ces expériences ont laissé M. Home, après l'avoir vu dans un état de défaillance presque complète, étendu sur le plancher, pâle et sans voix, je puis à peine douter que l'émission de la force psychique

---

(1) *Rech. sur le spirit.*, p. 151.

ne soit accompagnée d'un épuisement correspondant de la force vitale (1).

Il semble qu'une enquête aussi précise ne doive rien laisser à désirer ; cependant, un certain nombre de lecteurs demanderont peut-être pourquoi d'autres savants n'ont point fait d'expériences analogues et avec d'autres sujets.

Je répondrai d'abord que, outre celles que j'ai signalées précédemment, il y a eu encore celles de M. Boutlerow, professeur de chimie de l'Université de Saint-Pétersbourg, pendant l'hiver de 1871 (2). La tension normale du dynanomètre étant de 100 livres, elle fut portée jusqu'à 150 livres, les mains de M. Home étant mises en contact avec l'appareil d'une manière telle que tout effort de sa part aurait diminué la tension au lieu de l'accroître.

Je ferai observer ensuite que la faculté dont nous nous occupons est tout à fait anormale, du moins à un degré qui permette de l'observer facilement ; que rien n'est plus variable, plus irrégulier que leurs effets ; et qu'il est difficile, non seulement de trouver des sujets, mais encore de saisir l'occasion d'expérimenter sur eux avec des appareils préparés à l'avance et dans certaines conditions qui, ici comme pour l'électricité, sont nécessaires pour la production bien nette des phénomènes ; qu'enfin ceux qui possèdent, grâce à la munificence de l'État, des laboratoires suffisamment outillés pour des recherches aussi délicates n'osent les entreprendre ou sont forcés de les interrompre quand ils l'ont osé.

(1) L. c. p. 67.
(2) Crookes. *Rech. sur le spirit.*, p. 39.

Et cependant, comme l'a dit encore Crookes, « cette force est probablement possédée par tous les êtres humains, quoique les individus qui en sont doués avec une énergie extraordinaire soient sans doute rares ; pendant l'année qui vient de s'écouler, j'ai rencontré dans l'intimité de quelques familles cinq ou six personnes qui possèdent cette force, d'une manière assez puissante pour m'inspirer pleinement la confiance que, par leur moyen, on aurait pu obtenir des résultats semblables à ceux qui viennent d'être décrits, pourvu que les expérimentateurs opérassent avec des appareils plus délicats et susceptibles de marquer une fraction de grain au lieu d'indiquer seulement des livres et des onces (1). »

II. — Phénomènes divers.

M. Crookes relate, dans le livre précité (2), les observations qu'il a faites de divers autres phénomènes ; je rapporterai seulement ici celles qui ont trait à des phénomènes également observés avec Eusapia par la Commission de l'Agnélas.

a) MOUVEMENTS D'OBJETS PESANTS PLACÉS A UNE CERTAINE DISTANCE DU MÉDIUM

Les exemples où des corps lourds, tels que des tables, des chaises, des canapés, etc... ont été mis en mouvement, sans

---

(1) Voir, au sujet de ces petits mouvements, l'ouvrage de REICHENBACH intitulé : *Les effluves odiques,* Paris, Flammarion.
(2) *Recherches.* pp. 150 à 173.

le contact du médium, sont très nombreux. J'en indiquerai brièvement quelques-uns des plus frappants. Ma propre chaise a en partie décrit un cercle, mes pieds ne reposant pas sur le parquet. Sous les yeux de tous les assistants, une chaise est venue lentement, d'un coin éloigné de la chambre, et toutes les personnes présentes l'ont constaté ; dans une autre circonstance, un fauteuil vint jusqu'à l'endroit où nous étions assis, et, sur ma demande, il s'en retourna lentement à la distance d'environ trois pieds (1).

Pendant trois soirées consécutives, une petite table se mût lentement à travers la chambre, dans les conditions que j'avais tout exprès préparées à l'avance, afin de répondre à toute objection qu'on aurait pu élever contre ce fait. J'ai obtenu plusieurs fois la répétition d'une expérience que le Comité de la Société de Dialectique a considérée comme concluante, savoir : le mouvement d'une lourde table en pleine lumière, le dos des chaises étant tourné vers la table, et chaque personne étant agenouillée sur sa chaise, les mains appuyées sur le dossier, mais ne touchant pas la table. Une fois, ce fait se produisit pendant que j'allais et venais, cherchant à voir comment chacun était placé.

b) TABLES ET CHAISES ENLEVÉES DE TERRE SANS L'ATTOUCHEMENT DE PERSONNE

Quand des manifestations de ce genre sont exposées, on fait généralement cette remarque : « Pourquoi n'y a-t-il que

(1) Ce passage rappelle ces vers d'Homère (*Iliade*, chant XVIII).
« Cependant Thétis aux pieds d'argent arrive au palais de Vulcain, demeure d'airain, impérissable, étincelante, superbe parmi celles des immortels, œuvre du Dieu difforme. Thétis le trouve actif, couvert de sueur, tournant autour de ses soufflets ; car il a fabriqué vingt trépieds posés autour du mur de son solide palais ; il en a mis le fond sur des roues d'or afin que

les tables et les chaises qui produisent ces effets ? Pourquoi cette propriété est-elle particulière aux meubles ? »

Je pourrais répondre que je ne fais qu'observer et rapporter les faits et que je n'ai pas à entrer dans les pourquoi et les parce que ; mais cependant il est clair que si, dans une salle à manger ordinaire, un corps pesant, inanimé, doit s'élever au-dessus du plancher, ce ne peut être autre chose qu'une table ou une chaise. J'ai de nombreuses preuves que cette propriété n'est pas particulière aux meubles seuls ; mais, comme pour les autres démonstrations expérimentales, l'intelligence ou la force (quelle qu'elle soit) qui produit ces phénomènes ne peut se servir que des objets qu'elle trouve appropriés à son but.

En cinq occasions différentes, une lourde table de salle à manger s'éleva de quelques pouces à un pied et demi au-dessus du parquet et dans des conditions spéciales qui rendaient la fraude impossible.

Dans une autre circonstance, une table pesante s'éleva au-dessus du plancher, en pleine lumière, pendant que je tenais les pieds et les mains du médium.

Une autre fois la table s'éleva du sol, non seulement sans que personne la touchât, mais encore dans des conditions que j'avais arrangées à l'avance, de manière à mettre hors de doute la preuve de ce fait (1).

d'eux-mêmes, chose merveilleuse, *ils se rendent à l'Assemblée des Dieux et reviennent eux-mêmes à leur place.* »

(1) Le baron de Guldenstubbé (*Pneumatologie positive*, p. 83) raconte qu'il a fait beaucoup d'expériences de tables avec son amphitryon le comte d'Ourches. « Nous sommes parvenus, dit-il, à mettre les tables *en mouvement sans attouchement quelconque*. M. le comte d'Ourches les a *fait soulever même sans attouchement*. L'auteur (M. de Guldenstubbé) a fait courir les tables avec une grande vitesse, également sans attouchement et sans le secours d'un cercle magnétique. Il en est de même des vibrations des cordes d'un piano, phénomènes obtenus déjà le 20 janvier 1856, en présence des comtes de Szapary et d'Ourches. »

c) MOUVEMENTS DE DIVERS PETITS OBJETS SANS LE CONTACT DE PERSONNE

Je ne puis guère indiquer ici que quelques-uns des faits les plus saillants, qui tous, qu'on veuille bien s'en souvenir, ont eu lieu dans des conditions telles que toute supercherie était rendue impossible.

Attribuer ces résultats à la fraude est absurde, car je rappellerai encore à mes lecteurs que ce que je rapporte ici ne s'est pas accompli dans la maison d'un médium, mais dans ma propre maison, où il a été tout à fait impossible de rien préparer à l'avance. Un médium circulant dans la salle à manger ne pouvait pas, quand j'étais assis dans une autre partie de la chambre avec plusieurs personnes qui l'observaient attentivement, faire jouer par fraude un accordéon que je tenais dans ma propre main, les touches en bas, ou faire flotter le même accordéon çà et là dans la chambre, jouant pendant tout le temps. Il ne pouvait pas apporter avec lui un appareil pour *agiter les rideaux des fenêtres* ou élever des jalousies vénitiennes jusqu'à huit pieds de hauteur ; faire un nœud à un mouchoir et le mettre dans un coin éloigné de la chambre ; *faire résonner des notes à distance sur un piano :* faire voler un porte-cartes par l'appartement ; soulever une carafe et un verre à pied au-dessus de la table ; faire dresser sur un de ses bouts un collier de corail ; faire mouvoir un éventail et éventer la campagnie, ou bien *mettre en mouvement un pendule enfermé dans une vitrine solidement scellée au mur*.

M. Crookes a décrit ailleurs (1) en détail, une expérience du même genre faite avec M. Home, le soir, dans sa propre salle à manger éclairée au gaz, devant lui, son

(1) *Recherches*, pp. 15 et suiv.

aide de chimie, un docteur en droit bien connu à Londres et un éminent physicien membre de la Société Royale. On y trouve une tentative d'étude sur les actions réciproques qui peuvent s'exercer entre la force psychique et les courants électriques.

Deux cercles de bois, l'un de 0^m55, l'autre de 0^m60 de diamètre, furent réunis ensemble par douze lattes étroites, ayant chacune 0^m55 de longueur, de manière à former la charpente d'une espèce de tambour ouvert en haut et en bas. Tout autour cinquante mètres de fil de cuivre isolés et pouvant communiquer avec une pile placée dans une autre pièce, furent enroulés en vingt-quatre tours, chacun de ces tours se trouvant à environ deux centimètres de son voisin. Ces fils de cuivre horizontaux furent alors solidement reliés ensemble avec de la ficelle, de manière à former des mailles de 4 à 5 centimètres de large sur 2 centimètres de haut. La hauteur de cette cage (fig. 9) était telle qu'elle pouvait glisser sous la table de la salle à manger, mais elle en était trop près par le haut pour permettre à un bras de s'y introduire dans l'intérieur, ou à un pied de s'y glisser par-dessous.

M. Home prit, avec le bout des doigts, par le fond opposé aux touches, un accordéon que M. Crookes avait acheté dans la journée et que lui, Home, n'avait jamais vu, ni touché avant ce moment-là. Il l'introduisit dans la cage que l'on repoussa ensuite sous la table de telle manière que la main qui tenait l'instrument fut pressée entre le bord inférieur de la table et le bord supérieur de la cage; son autre main fut posée sur la table.

Au bout de très peu de temps, les spectateurs virent

l'accordéon, dont la clef de basse avait été préalablement ouverte, se balancer de lui-même, faire entendre d'abord des sons isolés, puis jouer des airs. M. Home abandonna alors l'instrument et plaça la main qui le tenait sur celle d'un spectateur; l'accordéon flotta tout seul dans la cage et continua à jouer.

Fig. 9

Home ayant repris l'instrument, de la manière qui a été indiquée plus haut, c'est-à-dire par le bout opposé aux touches, et le soutenant ainsi dans la cage, on fit passer un courant électrique dans les fils; aussitôt l'accordéon résonna et s'agita d'un côté et de l'autre avec vigueur, mais il n'a pas été possible de savoir nettement si ce courant était venu en aide à la force qui se manifestait à l'intérieur..

d) Enlèvement de corps humains

Ces faits se sont produits quatre fois en ma présence dans l'obscurité. Le contrôle sous lequel ils eurent lieu fut tout à fait satisfaisant, autant du moins qu'on en peut juger ; mais la démonstration par les yeux d'un pareil fait est si nécessaire pour détruire nos idées préconçues *sur ce qui est naturellement possible et sur ce qui ne l'est pas* que je ne mentionnerai ici que les cas où les déductions de la raison furent confirmées par le sens de la vue.

En une occasion, je vis une chaise sur laquelle une dame était assise, s'élever à plusieurs pouces du sol. Une autre fois, pour écarter tout soupçon que cet enlèvement était produit par elle, cette dame s'agenouilla sur sa chaise, de telle façon que les quatre pieds en étaient visibles pour nous, alors elle s'éleva à environ trois pouces, demeura suspendue pendant dix secondes à peu près et ensuite descendit lentement. Une autre fois encore, deux enfants, en deux occasions différentes, s'élevèrent du sol avec leurs chaises, en plein jour et dans les conditions les plus satisfaisantes pour moi, car j'étais à genoux et je ne perdais pas de vue les pieds de la chaise, remarquant bien que personne ne pouvait y toucher.

Les cas d'enlèvements les plus frappants dont j'ai été témoin ont eu lieu avec M. Home. En trois circonstances différentes, je l'ai vu s'élever complètement au-dessus du plancher de la chambre. La première fois, il était assis sur une chaise longue ; la seconde, il était à genoux sur sa chaise, et la troisième, il était debout. A chaque occasion, j'eus toute la latitude possible d'observer le fait au moment où il se produisait.

Il y a au moins cent cas bien constatés de l'enlèvement de M. Home qui se sont produits en présence de beaucoup de personnes différentes ; et j'ai entendu de la bouche même de trois témoins, le comte de Dunraven, lord Lindsay et le capitaine C. Wynne, le récit des faits de ce genre les plus frappants, accompagné des moindres détails de ce qui se passa. Rejeter l'évidence de ces manifestations équivaut à rejeter tout témoignage humain, quel qu'il soit, car il n'est pas de fait, dans l'histoire sacrée ou dans l'histoire profane, qui s'appuie sur des preuves plus imposantes.

L'accumulation des témoignages qui établissent les enlèvements de M. Home est énorme. Il serait bien à souhaiter que quelqu'un dont le témoignage soit reconnu comme concluant par le monde scientifique (si toutefois il existe une personne dont le témoignage en faveur de pareils phénomènes puisse être admis) voulût sérieusement et patiemment étudier ce genre de faits. Beaucoup de témoins oculaires de ces enlèvements vivent encore et ne refuseraient certainement pas d'en donner le témoignage.

Voici comment Dunglas Home décrit lui-même ses impressions (1).

Durant ces élévations ou lévitations, je n'éprouve rien de particulier en moi, excepté cette sensation ordinaire dont je renvoie la cause à une grande abondance d'électricité dans mes pieds ; je ne sens aucune main me supporter, et, depuis ma première ascension citée plus haut (2), je n'ai plus

(1) *Révélations sur ma vie surnaturelle*. Paris, 1864, p. 52-53.

(2) Elle eut lieu en Amérique, pays de D. Home, dans l'obscurité, à la fin de la soirée du 8 août 1852 (Home avait alors

éprouvé de craintes, quoique, si je fusse tombé de certains plafonds où j'avais été élevé, je n'eusse pu éviter des blessures sérieuses.

Je suis en général soulevé perpendiculairement, mes bras raides et relevés par-dessus ma tête, comme s'ils voulaient saisir l'être invisible qui me lève doucement du sol. Quand j'atteins le plafond, mes pieds sont amenés au niveau de ma tête et je me trouve comme dans une position de repos. J'ai demeuré souvent ainsi suspendu pendant quatre ou cinq minutes ; on en trouvera un exemple dans un compte-rendu de séances qui eurent lieu en 1857 dans un château près de Bordeaux. Une seule fois mon ascension se fit en plein jour ; c'était en Amérique. J'ai été soulevé dans un appartement à Londres, Stoane street, où brillaient quatre becs de gaz et en présence de cinq Messieurs qui sont prêts à témoigner de ce qu'ils ont vu, sans compter une foule de témoignages que je peux ensuite produire. En quelques occasions la rigidité de mes bras se relâche et j'ai fait avec un crayon des lettres et des signes sur le plafond, qui existent encore, pour la plupart à Londres.

M. Stainton Moses (1) rapporte également les impressions qu'il a éprouvées dans le premier des cas de lévita-

dix-neuf ans), où s'étaient produits des mouvements de tables et autres manifestations spirites ; voici comment la raconte un des témoins : « Tout à coup, à la grande surprise de l'assemblée, M. Home fut élevé en l'air ! J'avais alors sa main dans la mienne, et je sentis, ainsi que d'autres, ses pieds suspendus à douze pouces du sol. Il tressaillait de la tête aux pieds, en proie évidemment aux émotions contraires de joie et de crainte qui étouffaient sa voix. Deux fois encore son pied quitta le parquet ; à la dernière, il atteignit le haut plafond de l'appartement, où sa main et sa tête allèrent frapper doucement. » (*Révél.*, p. 52.).

(1) M. William Stainton Moses, né dans le Lincolnshire, le 5 novembre 1839 et mort le 5 septembre 1892, est un clergyman

tion dont il a été le sujet au cours des séances tenues avec quelques amis.

Un jour (le 30 août 1870)... Je sentis ma chaise éloignée de la table et tournée dans le coin où j'étais assis, de sorte que je tournais le dos au cercle et faisais face à l'angle du mur. Ensuite, la chaise fut élevée de terre à une hauteur qui, d'après ce que j'ai pu juger, devait être de 30 à 40 centimètres. Mes pieds touchaient la plinthe qui pouvait avoir 30 centimètres de haut. La chaise resta suspendue quelques instants et alors je me sentis la quitter et monter toujours plus haut, toujours plus haut, dans un mouvement très doux et très lent. Je n'avais aucune appréhension et je ne me sentais pas mal à l'aise. J'avais parfaitement conscience de ce qui se passait et décrivais la marche du phénomène à ceux qui se trouvaient assis à la table. Un mouvement était très régulier et il nous parût assez long avant d'être complet. J'étais tout près du mur, si près même que j'ai pu, avec un crayon solidement posé contre ma poitrine, marquer le coin opposé sur le papier du mur. Cette marque, mesurée après, se trouvait à un peu plus 1^{m}80 du parquet et, d'après ma position, ma tête devait être dans l'angle de la chambre, à peu de distance du plafond. Je ne pense pas avoir été le moins du monde endormi. Mon esprit était parfaitement net et je me rendais parfaitement compte de ce

---

qui professa à l'*University Collège School*. Il était allé étudier pendant six mois la théologie dans un monastère du Mont-Athos. A partir de 1870, il fut l'objet de phénomènes extraordinaires dont un résumé, fait par M. Fr. Myers (de Cambridge) membre de la Société des Recherches psychiques de Londres, a été publié dans les *Annales des sciences psychiques*. M. Myers fut pendant 17 ans son ami intime et il rend le témoignage le plus éclatant à son honorabilité. M. Moses a publié la plupart de ses livres sous le pseudonyme d'*Oxon* qui signifie agrégé de l'Université d'Oxford.

curieux phénomène. Je n'ai senti sur le corps aucune pression, j'avais la sensation d'être dans un ascenseur et de voir les objets passer loin de moi, je me rappelle seulement une légère difficulté à respirer, avec sa sensation d'avoir la poitrine remplie et d'être plus léger que l'atmosphère. Je fus descendu très doucement et placé sur la chaise qui avait repris son ancienne position. Les mesures furent immédiatement prises, et les marques que j'avais faites au crayon, enregistrées. Ma voix, m'a-t-on dit, résonnait comme si elle venait de l'angle du plafond.

Cette expérience fut répétée avec plus ou moins de succès neuf autres fois (1).

e) Apparitions lumineuses

Ces manifestations étant un peu faibles exigent, en général, que la chambre ne soit pas éclairée. J'ai à peine besoin de rappeler à mes lecteurs que, dans de pareilles conditions, j'ai pris toutes les précautions convenables pour éviter qu'on ne m'en imposât par de l'huile phosphorée ou par d'autres moyens. Bien plus, beaucoup de ces lumières étaient d'une nature telle que je n'ai pu arriver à les imiter par des moyens artificiels.

Sous les conditions du contrôle le plus rigoureux, j'ai vu un *corps solide, lumineux par lui-même, à peu près de la grosseur et de la forme d'un œuf de dinde,* flotter sans bruit à travers la chambre, s'élever par moments plus haut que n'aurait pu le faire aucun des assistants en se tenant sur la pointe des pieds, et ensuite descendre doucement sur le par-

(1) J'ai publié sur le phénomène de la *Lévitation* une brochure portant ce titre et un long article avec gravures dans la 2e série de mes études sur les *Frontières de la Science*. Ces deux ouvrages se trouvent à la librairie des Sciences psychologiques.

quet. Cet objet fut visible pendant plus de dix minutes, et avant de s'évanouir, il frappa trois fois sur la table avec un bruit semblable à celui d'un corps dur et solide. Pendant ce temps le médium était étendu sur une chaise longue et paraissait tout à fait insensible.

J'ai vu des points lumineux jaillir de côté et d'autre et se reposer sur la tête de différentes personnes ; j'ai eu des réponses, à des questions que j'avais faites, par des éclats de lumière brillante qui se sont produits devant mon visage et le nombre de fois que j'avais fixé. J'ai vu des étincelles de lumière s'élancer de la table au plafond et ensuite retomber sur la table avec un bruit très distinct. J'ai obtenu une communication alphabétique au moyen d'éclairs lumineux, se produisant dans l'air, devant moi et au milieu desquels je promenais ma main. J'ai vu un nuage lumineux flotter au-dessus d'un tableau. Toujours sous les conditions du contrôle le plus rigoureux, il m'est arrivé plus d'une fois qu'un corps solide, phosphorescent, cristallin, a été mis dans ma main par une main qui n'appartenait à aucune des personnes présentes. En pleine lumière, j'ai vu un nuage lumineux passer sur un héliotrope placé sur une table à côté de nous, en casser une branche, et l'apporter à une dame ; et, dans quelques circonstances, j'ai vu un nuage se condenser sous nos yeux, en prenant la forme d'une main et transporter de petits objets. Mais cela appartient plutôt à la classe des phénomènes qui suivent.

f) APPARITIONS DE MAINS LUMINEUSES PAR ELLES-MÊMES OU VISIBLES A LA LUMIÈRE ORDINAIRE

On sent souvent des attouchements de mains pendant les séances obscures ou dans des conditions où l'on ne peut les voir. Plus rarement j'ai vu ces mains. Je ne donnerai pas ici des exemples où les phénomènes se sont produits dans l'obscurité, mais je choisirai simplement quelques-uns des cas nombreux où j'ai vu ces mains en pleine lumière.

Une petite main, d'une forme très belle, s'éleva d'une table de salle à manger et me donna une fleur ; elle apparut, puis disparut à trois reprises différentes, en me donnant toute facilité pour me convaincre que cette apparition était aussi réelle que ma propre main ; cela se passa à la lumière, dans sa propre chambre, les mains et les pieds du médium étant tenus par moi pendant ce temps.

Dans une autre circonstance, une petite main et un petit bras, semblables à ceux d'un enfant, apparurent en jouant sur une dame qui était assise près de moi. Puis l'apparition vint à moi, me frappa sur le bras et tira plusieurs fois mon habit.

Une autre fois, un doigt et un pouce furent vus arrachant les pétales d'une fleur qui était à la boutonnière de M. Home, et les déposant devant plusieurs personnes assises auprès de lui.

Nombre de fois, moi-même et d'autres personnes avons vu une main pressant les touches d'un accordéon, pendant qu'au même moment nous voyions les deux mains du médium, qui quelquefois étaient tenues par ceux qui étaient près de lui.

Les mains et des doigts ne m'ont pas toujours paru être solides et comme vivants. Quelquefois, il faut le dire, ils offraient plutôt l'apparence d'un nuage vaporeux condensé en partie sous forme de main. Tous ceux qui étaient présents ne voyaient pas également bien. Par exemple, on voit se mouvoir une fleur ou quelqu'autre petit objet ; un des assistants verra une vapeur lumineuse planer au-dessus : un autre découvrira une main d'apparence nébuleuse, tandis que d'autres ne voient rien autre chose que la fleur en mouvement. J'ai vu plus d'une fois d'abord un objet se mouvoir, puis un nuage lumineux qui semblait se former autour de lui, et enfin le nuage se condenser, prendre une forme, et se changer en une main parfaitement faite. A ce moment, toutes les personnes présentes pouvaient voir cette main. Cette main n'est pas toujours une simple forme, quelquefois elle semble parfaitement animée et très gacieuse ; les doigts se meuvent et la chair semble être aussi humaine que celle de toutes les personnes présentes. Au poignet ou au bras, elle devient vaporeuse et se perd dans un nuage lumineux.

Au toucher, ces mains paraissent quelquefois froides comme de la glace et mortes ; d'autres fois elles m'ont semblé chaudes et vivantes, et ont serré la mienne avec la ferme étreinte d'un vieil ami.

J'ai retenu une de ces mains dans la mienne, bien résolu à ne pas la laisser échapper. Aucune tentative ni aucun effort ne furent faits pour me faire lâcher prise, mais, peu à peu, cette main semblait se résoudre en vapeur, et ce fut ainsi qu'elle se dégagea de mon étreinte.

g) FORMES ET FIGURES DE FANTOMES

Ces phénomènes sont les plus rares de tous ceux dont j'ai été témoin. Les conditions nécessaires pour leur apparition semblent être si délicates, et il faut si peu de chose pour contrarier leur manifestation, que je n'ai eu que de très rares occasions de les voir dans des conditions de contrôle satisfaisantes. Je mentionnerai deux de ces cas.

Au déclin du jour, pendant une séance de M. Home chez moi, je vis s'agiter les rideaux d'une fenêtre, qui était environ à huit pieds de distance de M. Home. Une forme sombre, obscure, demi-transparente, semblable à une forme humaine, fut aperçue par tous les assistants, debout, près de la croisée, et cette forme agitait le rideau avec sa main.

Pendant que nous la regardions, elle s'évanouit et les rideaux cessèrent de se mouvoir.

Le cas qui suit est encore plus frappant ; comme dans le cas précédent M. Home était le médium. Une forme de fantôme, s'avança d'un coin de la chambre, alla prendre un accordéon et ensuite glissa dans l'appartement en jouant de cet instrument. Cette forme fut visible pendant plusieurs minutes pour toutes les personnes présentes, et en même temps on voyait aussi M. Home. Le fantôme s'approcha d'une dame qui était assise à une certaine distance du reste des assistants ; cette dame poussa un petit cri, à la suite duquel l'ombre disparut.

III. — Quelques différences entre les phénomènes produits par la médiumnité de Daniel D. Home, et par celle d'Eusapia Paladino (1)

En premier lieu, presque tous, sinon tous les phénomènes obtenus avec Eusapia, semblent s'être produits pendant qu'elle était en somnambulisme et avoir été d'autant plus surprenants que l'état somnambulique était plus profond. — Ce n'était pas toujours le cas avec Home et, bien que les deux faits les plus étranges qu'on ait obtenus avec lui, l'épreuve du feu et les formes d'esprits, n'aient été observés que lorsqu'il était en transe, il n'était pas toujours facile de dire quand il se trouvait dans cet état ; les seules différences avec l'état de veille étaient une plus grande décision, et des expressions plus solennelles ; de plus, il parlait toujours de lui à la troisième personne.

Lorsqu'il n'était pas en transe, on observait souvent des mouvements d'objets dans les diverses parties de la

---

(1) Article de M. Crookes, paru dans *Lux* en 1890 et traduit par M. Descombes.

chambre ; des mains portant des fleurs devenaient visibles.

Un jour il m'invita à regarder l'accordéon, pendant que cet instrument jouait seul, sous la table; dans une demi-obscurité. Je vis une main d'aspect délicat, féminine, qui soulevait l'instrument, et je vis à la partie inférieure, les touches s'élever et s'abaisser, comme s'il y avait eu des doigts pour les mouvoir. La main était si semblable à une main vivante, qu'en premier lieu, il me sembla que c'était la main d'une de mes parentes qui assistait à la séance ; mais je m'assurai ensuite que ses mains étaient bien *sur* la table.

Les meilleurs cas de lévitation de Home eurent lieu chez moi. Une fois, entre autres, il se plaça dans la partie la plus visible de la salle, et après une minute, il dit qu'il se sentait enlever. Je le vis s'élever lentement, d'un mouvement continu et oblique, et rester pendant quelques secondes, environ à 6 pouces du sol ; ensuite, il redescendit, lentement. Aucun des assistants n'avait bougé de sa place. Le pouvoir de s'enlever ne s'est presque jamais communiqué aux voisins du médium ; cependant, une fois, ma femme fut enlevée avec sa chaise, sur laquelle elle était assise.

Home avait une grande aversion pour l'obscurité ; en général, nous avions un fort éclairage. J'essayai quelques expériences avec des lumières spéciales. Des tubes de Geissler réussirent mal ; la flamme de l'alcool, rendue jaune avec de la soude, permit des phénomènes très intenses ; mais la meilleure séance eut lieu avec la clarté de la lune (1).

---

(1) M. Crookes avait déjà parlé de cette question fort intéressante de l'éclairage dans ses *Recherches* (p. 149).

« J'ai dit que l'obscurité n'est pas essentielle. Cependant c'est un fait bien reconnu que lorsque la force est faible, une lumière vive exerce une action qui contrarie quelques-uns des phénomènes.

« La puissance de M. Home est assez forte pour surmonter

Une des choses les plus surprenantes que j'ai jamais vues, en fait de mouvement d'objets légers, fut l'enlèvement d'une bouteille de verre pleine d'eau, et d'un verre. La chambre était éclairée très fortement, par deux grandes flammes d'alcool sodé, et les mains de Home étaient très loin. Ces objets restaient suspendus au-dessus de la table. Je demandai s'il était possible d'obtenir une réponse à une question, par leur battement l'un contre l'autre : immédiatement ils frappèrent trois fois, ce qui signifiait oui. Ils demeurèrent ainsi, suspendus, à environ 6 ou 8 pouces de hauteur, allant devant chaque personne et répondant aux questions.

Ce phénomène dura cinq minutes et nous eûmes tout le temps nécessaire pour nous assurer que Home était absolument passif, et que, ni fils métalliques, ni petites cordes, n'étaient employés. Du reste, Home n'avait pas pénétré dans la chambre avant la séance.

Je n'ai jamais remarqué, comme le professeur Lodge l'a constaté pour Eusapia, un mouvement correspondant de la main ou du corps de Home, au moment où des objets étaient enlevés à distance.

Je suis certain que dans la plupart des cas, quand Home n'était pas en transe, il ne savait pas plus que les autres ce qui allait se produire.

Très souvent, lorsque les premiers mouvements d'objets

cette influence contraire ; aussi n'admet-il pas l'obscurité pour ses séances. J'affirme qu'excepté en deux occasions où, pour quelques expériences que je faisais, la lumière a été supprimée, tout ce dont j'ai été témoin a été produit par lui en pleine clarté.

« J'ai eu maintes occasions d'essayer l'action de la lumière provenant de diverses sources et de couleurs variées : lumière du soleil, lumière diffuse, clair de lune, gaz, lampe, bougie, lumière électrique, lumière jaune homogène, etc... Les rayons qui contrarient les manifestations semblent être ceux de l'extrémité du spectre ».

commençaient, il était livré à une conversation animée, avec un voisin, et ne regardait pas dans la direction des objets. Il déclarait ne posséder aucun pouvoir chez les phénomènes.

Je suis complètement de l'avis du professeur Lodge, en ce qui concerne les étrangers. Plusieurs bonnes séances ont été perdues par les évidentes et futiles tentatives de tromperie des personnes étrangères qui avaient sollicité une invitation. Un homme vraiment remarquable assistait à une des séances qui promettait d'être bonne ; au bout d'une heure, rien ne s'était encore produit, excepté divers mouvements et bruits causés évidemment par mon hôte. Enfin il s'en alla et nous eûmes immédiatement une communication, disant qu'ils attendaient (les agents) *que M. X... eut fini de faire le sot*. La suite de la séance fut excellente.

Le peu de lumière qu'on a été obligé d'avoir avec Eusapia, semble avoir été la cause qui a rendu l'observation des phénomènes très difficile. En effet, des précautions spéciales ont dû être prises contre toute tromperie éventuelle. Si la lumière avait été meilleure, le contrôle minutieux des mains et des pieds du médium n'aurait pas été nécessaire, et l'inévitable soupçon qu'un des surveillants ait laissé les mains libres aurait été impossible. — Home, au contraire, refusait toujours de faire des séances obscures. Il disait qu'avec de la fermeté et de la persévérance, les phénomènes peuvent être obtenus aussi bien à la lumière, et que si quelques-uns ne réussissent pas avec autant d'intensité qu'avec peu de lumière, la possibilité de les observer dans de meilleures conditions, compensait bien cet inconvénient.

Dans presque toutes les séances que j'eus avec Home, il y avait une forte lumière, de telle sorte que je pouvais voir tout ce qui se produisait, et non seulement écrire des notes, mais encore lire ce que j'écrivais, sans aucune difficulté. Home tenait tellement à ce que chacun des assistants pût se convaincre qu'il ne produisait pas artificiellement les phénomènes, qu'il insistait souvent, pour que l'un ou l'autre des incrédules lui tint les pieds ou les mains, *ce qui souvent, nuisait au développement des phénomènes.*

Durant mes relations avec Home, qui durèrent plusieurs années, je ne vis jamais le moindre fait qui put me faire soupçonner une tromperie ; il était consciencieux jusqu'au scrupule et ne s'offensait jamais des précautions prises. Dans les derniers jours, j'avais l'habitude de lui dire, par plaisanterie : « Asseyons-nous près du feu, pour causer tranquillement et voir si *nos amis* sont là et veulent faire quelque chose pour nous. N'exigeons aucune preuve, ne prenons aucune précaution. »

Dans ces occasions, si j'étais seul, avec lui et ma famille, les phénomènes les plus convaincants se produisaient.

Il est réellement pénible qu'un homme tel que D. D. Home, doué de facultés extraordinaires et toujours désireux de se mettre à la disposition des hommes de science, ait vécu tant d'années à Londres, sans que, sauf une ou deux exceptions, une notabilité du monde scientifique ait pensé que vraiment cela valait bien la peine de démontrer la fausseté ou la vérité de ces faits dont on parlait partout. Pour ceux qui le connaissaient, Home était un homme d'une exquise politesse, et d'une loyauté au-dessus de tout soupçon. Mais pour ceux qui ne le connaissaient pas, c'était un charlatan. Quant à ceux qui croyaient en lui, ils étaient traités de fous ou peu s'en faut.

CHAPITRE IV

EXPÉRIENCES AVEC HENRI SLADE

Slade, mort tout récemment, était né en 1836 dans l'Amérique du Nord. Dès l'enfance, il fut le sujet de manifestations anormales, tels que des craquements des meubles autour de lui. En 1860, il obtint pour la première fois le phénomène de l'écriture directe entre deux ardoises, par lequel il est surtout connu et que je n'ai abordé qu'incidemment dans ce livre. Depuis cette époque, il parcourut l'Amérique, l'Angleterre et la Russie, faisant montre de ses facultés extraordinaires dont on trouvera plus loin l'exposé.

En 1877 il était à Berlin où le prestidigitateur de la cour de Prusse lui délivra le certificat suivant :

Fait à Berlin, le 6 décembre 1877, inscrit dans les registres de l'Etude sous le n° 482 de ladite année, signé et officiellement estampillé par Gustave Hargen, conseiller et notaire.

Après avoir, sur les instances de plusieurs gentilshommes hautement estimés par leur rang et leur position, étudié la médiumnité physique de M. Slade dans une série de séances, en plein jour, aussi bien que le soir, je dois, dans l'intérêt de la vérité, certifier hautement que les circonstances phénoménales avec M. Slade ont été soigneusement examinées par moi, avec les plus minutieuses observations et investigations de tous les objets qui l'entouraient, y compris la table ; que je n'ai rien trouvé, dans le plus petit cas, qui pût être produit par le moyen de la prestidigitation et avec des appareils mécaniques, et qu'aucune explication de ces expériences, dans les circonstances et les conditions ainsi obtenues, ne peut trouver place dans les choses de la prestidigitation ; que c'est chose impossible.

Je déclare en outre que les opinions publiées par des *laïques* et tous les *comment* sur ce sujet sont prématurés, et, selon ma façon de penser et mon expérience, faux et penchant du même côté.

Voici ma déclaration écrite et signée devant un notaire et des témoins, le 6 décembre 1877.

Samuel Bellachini.

De Berlin, Slade alla à Leipzig où il fut étudié par M. Zœllner, professeur d'astronomie physique à l'Université de cette ville, qui publia le récit de ses expériences dans le second volume de ses *Wissenschaftliche Abhandlungen* dont voici quelques extraits, d'après la traduction de M. E. Nus (1).

Le 15 novembre 1877, Slade vint pour la première fois à Leipzig ; après Crookes et Wallace, je ne pouvais refuser une occasion aussi favorable que celle-ci, et j'accompagnai deux amis chez le médium, sans avoir l'intention de préparer une séance.

L'impression personnelle que me fit Slade était favorable. Son maintien était modeste mais réservé, et sa conversation

---

(1) *Choses de l'autre monde*, pp. 335 et suiv.

(il parlait seulement l'anglais) calme et discrète... Je lui demandai s'il avait jamais essayé d'influencer une aiguille aimantée, me rappelant que le professeur Fechner avait observé un phénomène similaire avec Erdmann, professeur de chimie (fait que je considère comme étant du plus haut intérêt pour tout véritable homme de science). Slade me répondit négativement.

Le jour d'une réunion ordinaire et hebdomadaire d'amis, j'invitai Slade à prendre le thé avec nous ; je lui expliquai que nous serions complètement satisfaits, s'il pouvait seulement produire la divergence d'une aiguille aimantée dans des conditions qui pussent exclure toute idée de suspicion.

J'apportai un globe céleste qui était muni d'une boussole et le plaçai sur la table. A notre demande, Slade promena sa main, horizontalement, sur le verre convenablement serré de la boîte aimantée. L'aiguille demeura immobile, et j'en conclus que Slade n'avait pas d'aimant caché sous sa peau. A un second essai, l'aiguille fut violemment agitée comme étant sous l'action d'un grand pouvoir magnétique. J'avais ainsi un fait qui confirmait l'investigation de Fechner, bien digne d'investigation ultérieure.

La soirée suivante (vendredi 16 novembre 1877), je plaçai une table à jeu, avec quatre chaises, dans une chambre où Slade n'était pas encore entré. Après que Fechner, le professeur Braune, Slade et moi, nous eûmes placé nos mains entrelacées sur la table, il y eut des coups frappés dans ce meuble.

J'avais acheté une ardoise que nous avions marquée ; un fragment de crayon fut déposé sur l'ardoise, que Slade plaça partiellement sous le bord de la table ; mon couteau fut subitement projeté à la hauteur d'un pied, et retomba sur la table... En répétant l'expérience, on trouva que le fragment de crayon, dont la position fut assurée par une marque, restait à la même place sur l'ardoise. La double ardoise, après avoir été bien nettoyée et munie intérieurement d'un morceau de crayon, fut tenue alors par Slade sur la tête du professeur Braune. Le grattement fut entendu, et lorsque l'ardoise fut ouverte, on y trouva plusieurs lignes d'écriture.

Inopinément, un lit placé dans la chambre derrière un écran se transporta à deux pieds du mur, poussant l'écran au dehors. Slade était éloigné du lit, auquel il tournait le dos, ses jambes étaient croisées ; ceci était visible pour tous.

Une seconde séance s'organisa chez moi immédiatement, avec les professeurs Weber, Scheibner, et moi ; un craquement violent, tel que la décharge d'une forte batterie de bouteille de Leyde, fut entendu. En nous tournant, assez alarmés, l'écran mentionné ci-dessus se sépara en deux pièces ; les porte-vis en bois, épais d'un demi-pouce, étaient déchirés du haut en bas, sans aucun contact visible de Slade avec l'écran. Les morceaux cassés se trouvaient à cinq pieds du médium qui tournait le dos à l'écran.

Nous fûmes tous étonnés de cette manifestation d'une force mécanique énorme, et je demandai à Slade ce que cela voulait dire. Il répondit que ce phénomène arrivait parfois en sa présence.

Comme il parlait en restant debout, il plaça un morceau de crayon sur la surface polie de la table, le couvrit avec une ardoise achetée et justement nettoyée par moi, puis en pressa la surface avec les cinq doigts ouverts de la main droite, pendant que sa main gauche restait au centre de la table. L'écriture commença sur la surface inférieure et, lorsque Slade la retourna, la phrase suivante s'y trouvait écrite en Anglais : « Ce n'était point notre intention de faire le mal ; pardonnez ce qui est arrivé ». La production de l'écriture dans ces conditions se faisait pendant que les deux mains de Slade étaient immobiles.

Les phénomènes mentionnés nous parurent si extraordinaires et tellement en dehors de nos idées, que William

Weber et moi, nous résolûmes de donner à quelques-uns de nos collègues l'occasion de les attester. En conséquence, nous nous rendîmes, le jour suivant, chez le professeur C. Ludwig et nous l'informâmes des faits. L'intérêt qu'il prit à notre récit m'engagea à inviter deux autres amis. Je proposai nos collègues M. Fiersh, chirurgien, et M. Wundt, professeur de philosophie.

Le dimanche, 18 novembre, nous étions réunis à trois heures de l'après-midi. J'avais acheté une nouvelle table à jeu en bois de noyer. Les ardoises mises à la disposition de Slade étaient achetées par moi et mes amis et marquées par nous. Entre les deux ardoises que Slade tenait dans sa main, *au-dessus* de la table, bien en vue, trois phrases furent écrites, en anglais, en français, en allemand, chacune avec une écriture différente.

Voici encore le récit abrégé de quelques expériences faites par M. Zœllner.

Une boule de métal fut suspendue par un cordon de soie, à l'intérieur d'un globe de verre ; celui-ci étant placé sous la table, une lumière fut projetée dessus au moyen de bougies arrangées à cet effet, et, pendant que les professeurs Weber et Scheibner aussi bien que le professeur Zœllner observaient attentivement, la boule commença à osciller et à frapper, à intervalles réguliers, contre la surface intérieure du globe de verre.

Deux aiguilles aimantées, une grande et une petite, chacune renfermée sous verre, furent placées devant M. Weber. Les mains de Slade, entrelacées avec celles des professeurs, étant posées sur la terre à environ un pied de distance des aiguilles, la petite commença subitement à se balancer et finit par prendre un mouvement constant, tandis que la grande n'eut que quelques oscillations.

M. Zœllner demanda alors à Slade d'essayer s'il ne pourrait pas agir sur une aiguille non aimantée. Il apporta plusieurs aiguilles à tricoter, parmi lesquelles lui et M. Weber en choisirent une qu'ils éprouvèrent à la boussole. Elle était dans les conditions voulues. Slade déposa l'aiguille sur son ardoise et la tint contre la partie inférieure de la table comme pour l'écriture; quatre minutes après, il la plaça de nouveau sur la table ; alors un bout de l'aiguille fut trouvé suffisamment aimanté pour attirer de la limaille d'acier, des aiguilles à coudre, de la soie et même pour faire tourner l'aiguille de la boussole. Le bout aimanté était un pôle sud.

Dans un vase plein de fleur de farine, l'impression d'une main fut trouvée, avec toutes les sinuosités de l'épiderme parfaitement visibles. En même temps, une portion de la farine, donnant aussi les marques d'une grande et puissante main, fut laissée sur le pantalon de M. Zœllner, au genou où il s'était senti empoigné une minute auparavant. Les mains de Slade étaient restées constamment sur la table et, en les examinant, on n'y trouva aucune trace de farine. L'impression était celle d'une main plus grande que celle de Slade.

On obtint une impression plus durable avec du papier, noirci à la lumière d'une lampe à pétrole, fixé sur une planchette et sur lequel apparut la marque d'un pied nu ; à la demande des assistants, Slade se leva, ôta ses souliers, montra ses pieds, mais aucune trace de noir de fumée n'y fut constatée. Son pied, qui fut mesuré, avait quatre centimètres de moins que l'empreinte de Slade.

Une autre fois M. Zœllner mit des feuilles de papier, préparées avec du noir de fumée, à l'intérieur d'une ardoise pliante et plaça l'ardoise sur ses genoux, afin de la tenir sous ses yeux, dans une chambre bien éclairée. Cinq minutes après M. Zœllner remarqua qu'il avait senti, à deux reprises, une pression sur l'ardoise déposée sur ses genoux. Trois coups dans la table ayant annoncé que tout était fini, on ouvrit l'ardoise et deux empreintes, l'une du pied droit, l'autre du pied gauche, furent trouvées sur le papier disposé sur chaque face intérieure de l'ardoise.

Je passerai sous silence les phénomènes encore plus incompréhensibles de nœuds faits dans une corde scellée aux deux bouts auxquels M. Lodge a fait allusion dans son rapport sur les séances de Carqueiranne et je me borne à rappeler que des réactions acides ont été données à des substances neutres ; mais je vais reproduire les expériences qui ont trait à la lumière polarisée, telles que Zœllner, les a décrites dans le 2° des volumes *Wissenchaftiche Abhandlungen*.

... J'étais suffisamment encouragé pour pouvoir instituer les expériences préparées en vue de mes recherches sur la théorie d'un espace à quatre dimensions. Les expériences magnétiques avaient démontré que, sous l'action des influences invisibles dont Slade était entouré, les courants moléculaires existant dans l'intérieur des corps pouvaient être renversés, c'est-à-dire changés de sens (c'est là-dessus que repose la théorie de l'aimantation d'après Ampère et Weber) ; j'avais donc l'espoir de voir réussir l'expérience indiquée dans le premier volume de mes mémoires scientifiques, c'est-à-dire que l'acide tartrique, qui fait tourner à droite le plan de polarisation de la lumière, pourrait, par un renversement moléculaire opéré dans la quatrième dimension de l'Espace, devenir de l'acide paratartrique lévogyre (déviant à gauche la lumière polarisée). Dans ce but j'avais préparé un petit saccharimètre polarisateur de Mitscherlich dont le tube contenait une solution concentrée d'acide tartrique dextrogyre. La rotation du plan de polarisation était d'environ 5 degrés. J'avais l'intention (procédant comme pour l'aimantation des aiguilles) de placer le tube de verre contenant la solution concentrée, — tube de 200 millimètres de long sur 15 millimètres de diamètre, — sur une ardoise et de le faire tenir par Slade sous la table ; j'espérais voir l'acide tartrique dextrogyre changé après l'expérience en acide paratartrique lévogyre. Je voulus, avant de faire l'expérience, en expliquer à M. Slade la signification ; je lui montrai d'abord, avec l'appareil même après avoir enlevé le tube de verre contenant la solution, l'action des deux prismes de Nicol croisés. Je l'invitai, tandis qu'il était assis sur une chaise, à placer son œil devant le nicol antérieur et à regarder à travers l'instrument le ciel fortement éclairé. L'expérience avait lieu chez moi, le 14 décembre 1877 à 11 heures 3/4 du matin. Je fis lentement tourner le nicol antérieur. Je demandai alors à Slade, les deux nicols étant certainement dans des plans perpendiculaires, s'il remarquait l'obscurcissement graduel du champ visuel. A mon grand étonnement sa réponse fut négative. Je crus qu'il était trompé par la lumière qui venait de côté : je mis à angle droit les deux prismes de manière que ni mes amis ni moi ne pouvions rien voir. Slade prétendit encore n'observer aucune diminution dans l'éclat du ciel pour nous le prouver il se ferma l'œil gauche avec la main gauche fortement appuyée en apparence et lut au travers des deux nicols croisés un ouvrage en anglais qui était devant lui. Ce fait ne me parut pas suffisamment constaté de cette manière pour me satisfaire. Le lendemain, comme nous devions nous réunir de nouveau chez moi dans la matinée, je préparai deux gros prismes de Nicol, afin d'avoir un champ visuel plus grand ; *ils étaient très rapprochés l'un de l'autre et pouvaient tourner l'un sur l'autre.* Je les entourai d'un écran circulaire, couvrant entièrement le visage de l'observateur. L'écran était étroitement relié aux prismes de manière que l'observateur ne pouvait voir les objets extérieurs qu'au travers de ces prismes. Je pris ensuite un livre anglais, « Faraday as a Discorerer » par Tyndall et je soulignai, en l'absence de Slade, les mots suivants à la page 81 :

« The burst of power utrich hab filled the four preceding years with an amount of experimental work unparalleled in the history of science... »

Je fis d'abord regarder à Slade le ciel à travers les prismes croisés ; comme la veille il ne crut remarquer pendant la rotation des prismes aucune diminution de clarté. Je l'invitai alors à s'asseoir sur une chaise et à lire les lignes soulignées par moi dans le livre que je tins à environ deux pieds de son visage. A notre grande surprise, il lut parfaitement les mots ci-dessus indiqués. Je fis alors remarquer à mes amis avec joie que l'on avait trouvé un réactif optique bien simple pour les médiums ; ce qui, dans le cas où les médiums seraient accusés de fraude, fournirait un moyen de justification appréciable.

Environ dix minutes après, Slade essaya encore de regarder à travers les deux prismes croisés, mais il ne put rien voir ; de même, dans la soirée, l'expérience ne fut pas possible avec la lumière d'une bougie. Il m'expliqua que dans la matinée, lorsque l'expérience projetée se préparait, il s'était senti sous l'empire d'une « influence » à laquelle il attribuait le changement qui s'était produit dans son état. Jointe aux observations du professeur Fechner sur la variabilité de l'état magnétique d'un sensitif, cette modification des facultés optiques de Slade, est une preuve du caractère transitoire de ces fonctions organiques anormales.

Les observations extraordinaires que j'ai résumées nous firent abandonner l'expérience projetée avec l'acide tartrique : je me propose de la faire lorsque j'aurai l'occasion de reprendre mes recherches sur les propriétés de Slade.

En quittant l'Allemagne, Slade se rendit en Australie, puis il vint en France où il fut examiné par la docteur Gibier, qui avait eu à le soigner, et avec lequel il eut 33 séances.

Plus de la moitié de ces séances ont donné des résultats nuls ; dans d'autres, les phénomènes étaient très faibles : un petit nombre ont été brillantes et j'ai eu la chance d'assister à l'une de ces dernières (1).

Elles ont eu lieu presque toutes dans un appartement meublé occupé par Slade, en plein jour, devant une large fenêtre donnant sur une avenue près de l'Arc de triomphe ; trois seulement eurent lieu chez le Dr Gibier.

Slade, qui présente à l'état de veille une hyperesthésie cutanée très marquée, devient insensible quand il entre en transe. Le Dr Gibier a constaté que dans ses mains le dynanomètre marquait alors :

à droite, 63 kilos ;

à gauche, 50 kilos.

au lieu de

à droite, 27 kilos ;

à gauche, 35 kilos.

que donne le même instrument à l'état normal.

---

(1) Dans cette séance, tenue chez Slade en pleine lumière, à 11 heures du matin, j'ai été témoin de l'écriture entre deux ardoises ; j'ai vu très vaguement, mais j'ai senti d'une façon distincte, une main douce qui est venue caresser le dos de la mienne : j'ai vu un fauteuil qui était à 1^m,50 du médium se déplacer seul et venir se heurter contre ma chaise, quelques instants après que j'eus manifesté le désir de voir le mouvement spontané d'un meuble ; enfin j'ai reçu une ardoise par-dessous la table dans les conditions qui sont indiquées plus loin dans le § C.

A. R.

Slade n'entre du reste en transe que pour les phénomènes très intenses.

Je laisserai encore ici de côté les phénomènes d'écriture directe qui ont rempli la plus grande partie des séances, pour ne m'attacher qu'aux phénomènes purement physiques. Voici les descriptions qu'en donne le Dr Gibier lui-même (1).

A) Phénomènes de percussion — coups frappés — sons divers

Dans la plupart des expériences que nous avons faites avec différents médiums, nous avons entendu, dans le meuble même sur lequel on apposait les mains, de légers craquements ou de petits coups secs obtenus parfois sur notre demande ; mais, avec Slade, ces phénomènes de percussion s'entendaient très distinctement et étaient, dans quelques cas, très forts. Aujourd'hui, il serait enfantin de dire que les muscles péroniers de Slade ne sont pour rien dans ces bruits ; passons.

Lorsque nos mains étaient placées sur la table, on entendait, en même temps qu'on sentait, des coups sourds dans cette table. Ces coups s'entendaient dans la chaise de Slade, et nous les avons sentis maintes fois dans notre propre siège, comme si quelqu'un avait donné des coups de poing sur le dossier ; nous nous sommes assuré, à chaque fois, qu'aucun contact n'existait entre nous et le médium ni aucune autre personne. Ces coups ont été obtenus souvent sur notre demande. Ainsi, dans la séance du 11 mai 1886, à 10 heures et demie du matin, chez Slade, un coup violent fut ainsi frappé sur le milieu de la table, comme si on eût frappé à l'aide d'un marteau avec l'intention de briser le meuble. Pendant ce temps, les mains et les pieds du médium

---

(1) *Le spiritisme*. Paris, 1882, p. 313 et suiv.

étaient en vue et nous n'avons perçu aucun mouvement de sa part.

Le même jour, sur notre demande encore, on entendit imiter le bruit d'un crayon écrivant sous la table.

Le 27 mai, dans notre salle à manger, où Slade entrait pour la première fois, les phénomènes de percussion furent des plus curieux. On eût dit qu'autour du médium, assis et isolé en pleine clarté de deux porte-lampe à lumière intensive, se trouvait un groupe de poules « picotant » sur le plancher. Des coups furent sentis par les personnes de notre famille et par nous-même sous la semelle de nos souliers ; l'effet ressenti n'était pas des plus agréables.

B) Mouvement de corps avec contact du médium

Le plus curieux effet, dans ce sens, obtenu devant nous par Slade et à plusieurs reprises, a été la lévitation complète de la table qui sert à ces expériences (1) (sans mécanisme bien entendu). Par la simple apposition des mains, la table se soulevait, *se retournait et allait toucher le plafond de ses quatre pieds au-dessus de nos têtes*; cela en moins de temps qu'il n'en faut pour le dire. Sans faire parade de force ni adresse, nous pouvons dire que, supérieur au médium sous ces deux rapports, il nous a été impossible d'imiter le même phénomène.

C) Mouvements de corps plus ou moins lourds sans contact avec le médium

Nous avons assisté souvent à ce phénomène bien remarquable ; citons quelques exemples.

Le 29 avril 1886, dans une séance de jour, Slade était

---

(1) Cette table en sapin noirci avait 0^m,74 de hauteur, et 1^m,08 sur 1^m,02 de superficie.

assis en face de la fenêtre, ses pieds tournés de notre côté (quand il faisait face à la table, nous étions à sa droite). Tout à coup, une chaise placée à 1ᵐ 20 (nous avons mesuré exactement à l'aide d'un mètre double en ruban), fit un demi-tour sur elle-même et vint se jeter contre la table, comme attiré par un aimant.

Le 11 mai 1886, Slade, étant dans la position ordinaire, (comme ci-dessus), en plein jour, à 3 heures et demie de l'après-midi, un bahut, placé à 75 centimètres de sa chaise, se mit en mouvement assez lentement d'abord (en quittant le mur où il était appuyé), pour qu'on pût s'assurer qu'aucun contact n'existait entre ce meuble et les objets qui l'entouraient. Puis il vint frapper violemment contre la table que nous entourions. Slade tournait le dos au bahut, M. A. et nous-même lui faisions face. Nous ne pouvons dire l'effet produit par ce meuble massif, semblant s'animer pour un instant d'une vie propre.

Le même jour, une chaise placée à côté du meuble en question fut renversée, quelques instants plus tard, à près de deux mètres du médium.

Le 12 mai, sur notre demande, une chaise fut comme mue par un ressort et s'élança à 1ᵐ 50 de hauteur.

Aussitôt, après chaque mouvement semblable aux précédents, nous nous sommes assuré, par l'examen du plancher, des murs et des meubles qu'aucune hypothèse physique ou mécanique ne pouvait expliquer, d'une manière satisfaisante, les projections auxquelles nous venions d'assister.

Dans plusieurs séances, une ardoise sur laquelle reposait un crayon étant tenue par Slade sous la table, nous avons vu le crayon décrire une ligne courbe demi-circulaire pour venir de *dessous* le milieu de la table et tomber sur le milieu de cette table.

Plusieurs fois également, nous avons vu une ardoise encadrée (modèle Faber, n° 7) quitter la main de Slade, passer sous la table, la traverser dans toute sa largeur (1ᵐ,08), pour se placer doucement dans notre main, et, lorsque nous la prenions, nous avions la sensation d'une résistance produite par une autre main qui aurait tenu l'ardoise. Pendant ce temps, nous n'avions pas perdu de vue les mains du médium et nous apercevions ses deux genoux qu'il tenait en dehors de la table...

Dans plusieurs circonstances nous avons vu l'ardoise, avant d'aller se placer directement dans la main de la personne qui faisait face à Slade, se montrer d'abord à l'extrémité de la table *à laquelle Slade tournait le dos*, frapper le bord de la table de plusieurs coups comme pour appeler l'attention, et avec son bout inférieur, de telle sorte qu'on eût dit qu'une main invisible la tenait par en haut. Elle repassait ensuite se placer dans la main d'un des assistants ou de Slade lui-même.

Dans ces différentes expériences, nous n'avons saisi aucun mouvement suspect de Slade, qui cherchait, au contraire, en notre présence, à réprimer les mouvements réflexes auxquels il est sujet au moindre bruit. Nous avons toujours regardé sous la table aussitôt après le passage de l'ardoise, mais nous n'avons rien vu d'insolite.

Dans le genre de phénomènes auxquels nous consacrons cet article, on peut classer le fait suivant que nous avons observé avec toutes sortes de précautions. Après avoir passé une fois la main au-dessus d'une aiguille aimantée enfermée dans un boîtier vitré de la grandeur d'une montre, sans la faire sortir de l'immobilité, Slade fit mouvoir une deuxième fois sa main droite de la même manière; l'aiguille fut violemment agitée et fit plusieurs tours sur son pivot quand le médium prononça ces paroles en Anglais : « Voulez-vous, je vous prie, faire tourner cette aiguille ».

Nous avions nos jambes sous la table au niveau du point où se trouvait la boussole et les yeux fixés sur celles de Slade. La pièce de l'entresol où se faisait l'expérience, est située à l'entresol et juste au-dessus du vestibule; nous n'y avons vu aucune installation de machine électrique. Nous savons en outre que les appartements situés au-dessus de celui où se faisait l'expérience ne sont pas loués par le médium. Enfin *Slade ne s'attendait pas ce jour-là, à ce que nous lui demandions cette épreuve*. La même expérience fut tentée deux autres fois, mais sans succès.

D) Objets brisés par simple contact du médium

Nous avons vu, à six reprises différentes, l'ardoise présentée sous la table où Slade l'appliquait pour obtenir de l'écriture, brisée en plusieurs morceaux, comme si une machine l'avait broyée. Ce phénomène était précédé d'un sentiment de douleur dans le bras correspondant à la main qui tenait l'ardoise ; il s'est produit sous notre propre table avec une ardoise solidement encadrée de bois dur.

Nous avons en ce moment sous les yeux quatre de ces ardoises broyées ainsi que leurs cadres. Nous avons essayé plusieurs fois de briser des ardoises semblables, en les tordant ou en les frappant sous la table, mais nous n'avons pas même réussi à les fendre ou à les fêler.

E) Matérialisations. Apparences de mains visibles a la lumière naturelle. Contacts

Le 12 mai 1886, à 11 heures du matin, nous avions une séance chez Slade ; pendant qu'il avait ses deux mains sur la table, en même temps que nous, nous avons distinctement vu, ainsi que M. N. qui assistait à la même séance, une main, dont les doigts et la partie antérieure seuls étaient visibles, s'avancer à deux reprises contre notre poitrine. Nous n'éprouvions à ce moment pas plus d'émotion que dans les expériences de pathologie expérimentale auxquelles nous sommes habitué depuis longtemps ; par conséquent, nous ne croyons pas avoir été victime d'une hallucination. Pas plus que M. N., nous ne nous attendions à voir cette main ou plutôt cette partie de main.

Slade nous invita alors à placer notre main sur la table pour obtenir un contact, mais nous ne sentîmes rien.

Il prit alors une ardoise par l'une de ses extrémités et nous invita à la tenir par l'autre bout. Nous maintenions l'ardoise sous la table depuis un instant, et mollement pour notre part, de sorte qu'elle serait tombée à terre si Slade ne l'avait tenue solidement ; tout à coup nous nous sommes senti saisir le poignet par une main froide qui promena ses doigts pendant un instant sur la partie antérieure de notre avant-bras droit. Nous laissâmes aller l'ardoise qui ne tomba pas et nous saisîmes à notre tour la main de Slade : nous pûmes constater qu'elle était d'une température normale et non pas froide comme celle que nous venions de sentir ; en même temps nous regardions sous la table et nous ne vîmes rien qui pût expliquer la sensation que nous avions reçue...

CHAPITRE V

EXPERIENCES DE DONALD MAC-NAB A PARIS EN 1888

(*Extrait du Lotus rouge.* — *Oct. et Nov. 1888.*)

I. — Conditions d'expérimentation.

Mes observations embrassent une période de trois mois pendant lesquels j'ai eu à peu près une séance chaque semaine (1). J'ai toujours opéré dans le même local en présence d'un très petit nombre de personnes toujours les mêmes, sauf un ou deux étrangers changeant chaque fois. Une séance hors de chez moi avec une quinzaine d'assistants fut rigoureusement nulle ; une autre chez moi avec quatorze assistants fut également nulle et une troisième au dehors avec cinq ou six assistants seulement fût très faible ; mais chez moi, avec 5 ou 6 assistants au plus, j'ai toujours obtenu quelque chose, sauf une seule fois. J'attribue cet insuccès à un temps froid et pluvieux.

... Je me suis toujours servi du même médium, sauf dans deux séances où j'ai dû le remplacer par un autre parce qu'il était en voyage, et j'ai obtenu les mêmes effets avec l'un comme avec l'autre.

(1) M. Donald Mac-Nab, mort aujourd'hui, était un ancien élève de l'École Centrale des Arts et Manufactures et il fut ingénieur d'une Compagnie de cables sous-marins.

On appelle *médium* une personne dont la présence est nécessaire à la production des phénomènes. Son rôle est simplement de fournir de la force neurique ou psychique : c'est un instrument le plus souvent passif. Celui que j'ai employé (M. F.) n'est pas passif ; sa volonté est en jeu et il tombe rarement en catalepsie. Comme j'arrête l'expérience dès que cela arrive, les phénomènes ont toujours été obtenus pendant qu'il était ou paraissait en état de veille : il cause avec nous, nous fait part de ce qu'il voit, de ce qu'il entend, de ce qu'il sent, se comporte en un mot comme l'un quelconque des assistants. C'est un hystérique bien caractérisé et il est profondément névrosé ; il s'endort spontanément quand il le veut, et, après une courte léthargie, atteint très rapidement l'état que les psychologistes appellent état de perception transcendante et que M. de Rochas appelle état de rapport. Quelquefois, mais rarement en dehors des séances, il subit des incarnations ; j'évite autant qu'il est possible cet état fort dangereux. Il est musicien et a un excellent tempérament artistique. Presque tous les médiums que je connais sont des artistes. Il a fait beaucoup de spiritisme phénoménal ; mais il y avait un an qu'il n'en avait fait quand je l'ai connu, ce qui explique le faible résultat des premières séances ; il ne croit pas cependant au spiritisme et il est persuadé que la cause des phénomènes est quelque chose qui sort de lui, qu'il appelle des fluides ou des essences et qu'un théosophe appellerait son corps astral. Néanmoins il est certainement la proie d'entités vampiriques qui vivent de lui en absorbant à leur profit la force vitale évoluée par son organisme et lui suggèrent constamment des idées de suicide ; aussi a-t-il une très mauvaise santé physique et morale. Il est très nerveux, surtout quand il fait de la musique. J'ai vu fréquemment des étincelles sortir de ses doigts quand il joue du piano dans l'obscurité, et les touches se couvrir de taches lumineuses. Cependant je n'ai pas observé que ce phénomène fût dû à un dégagement d'électricité, ce qui serait possible.

J'ai observé les phénomènes dont je vais parler un très grand nombre de fois, tant avec lui seul qu'en présence d'autres personnes ; je n'ai jamais surpris de fraude de sa part ; il n'a d'ailleurs aucun intérêt à me tromper et opère autant pour se rendre compte lui-même que pour m'être agréable. Il est mon ami ; je vis intimement avec lui depuis quelques mois et je suis absolument sûr de sa bonne foi. J'ai, d'autre part, expérimenté dans des conditions de contrôle suffisantes sans avoir jamais rien remarqué qui pût ressembler à une tricherie même inconsciente de sa part (1), et enfin j'ai obtenu les mêmes phénomènes en son absence avec un autre de mes amis (M. C.,) qui assistait pour la première fois à une séance et ignorait les phénomènes que je me proposais d'obtenir.

On remarquera que beaucoup de phénomènes ressemblent à des tours de prestidigitation, ce qui n'est pas étonnant si l'on songe que les prestidigitateurs cherchent à imiter les phénomènes réels ; mais il suffit d'avoir assisté à une de mes séances pour être convaincu que les procédés de la prestidigitation ne sont pas en jeu ; il faudrait une préparation qui n'a pas lieu et la complicité des assistants. Toutes les personnes qui ont assisté à mes séances se sont retirées persuadées qu'il n'y avait aucune fraude dans la production du fait sensible ; toutefois les moyens m'ont manqué pour expérimenter dans les conditions rigoureuses qu'exige la

---

(1) Depuis que Mac-Nab a écrit cet article, il a trouvé dans sa chambre, après une séance, une figure de carton découpée qui ne pouvait avoir été apportée que par le médium, (bien que celui-ci eût paru très surpris quand on la lui a ensuite montrée), et qui pouvait être utilisée pour des apparitions. Y a-t-il eu là un de ces essais de fraude plus ou moins consciente, dont la plupart des médiums fournissent des exemples ?

A. R.

science moderne. J'ai surtout cherché à me rendre compte moi-même. Je raconte simplement les faits tels qu'ils se sont passés, espérant qu'à la suite de cette ébauche l'attention des savants, portée sur ce sujet, pourra postérieurement donner lieu à une expérimentation plus scientifique et pour ainsi dire définitive.

Il ne faut pas s'attendre à ce que ces recherches aient des résultats commerciaux ou industriels : c'est à la science positive qu'ils doivent profiter, en faisant connaître de nouvelles lois et en lui donnant des bases plus larges ; en montrant surtout que des faits, considérés à tort comme surnaturels, sont purement du domaine de la nature.

Les phénomènes rentrent tous dans l'une des catégories suivantes :

1° Mouvements spontanés d'objets sans contact, lévitation, écriture directe ;

2° Bruits frappés ;

3° Phénomènes lumineux ;

4° Transports d'objets ;

5° Apports d'objets par désintégration ;

6° Matérialisations de fantômes ;

7° Communications de pensées à l'état de veille.

II. — Mouvements spontanés d'objets sans contact.

Je considère d'abord le phénomène de la canne qui est des plus curieux, facile à contrôler, obtenu en pleine lumière, et qui donne la clef de tous les mouvements d'objets sans contact.

Le médium s'assit tenant une canne debout entre les jambes, la frotta avec ses mains ; puis, les écartant lentement, les tint immobiles. La canne resta debout, non point tout à fait verticalement, mais un peu inclinée vers la poitrine du médium, en tremblant un peu à la façon des aiguilles qu'on fait tenir debout sur un pôle d'aimant, le long d'une ligne de force.

Il restait parfaitement immobile et la canne s'inclinait, à sa volonté, à droite, à gauche, en avant, en arrière. La partie supérieure vint jusqu'à toucher sa poitrine ; la canne faisait alors avec le sol un angle d'environ 60° ; à sa volonté, elle se redressa lentement jusqu'à la position verticale.

Je le fis recommencer plusieurs fois avec trois cannes différentes, l'une très légère, l'autre contenant un noyau en acier, la dernière en jonc un peu lourde. Cette dernière donna les meilleurs résultats.

Est-il besoin de dire que je sais parfaitement qu'on peut imiter ce phénomène à l'aide d'un cheveu ou d'un fil très fin et que mon premier soin fut de m'assurer qu'il n'y avait rien de pareil.

Ayant placé une seconde canne très légère en bambou à côté de la première pendant qu'elle était en équilibre, et à une distance de dix centimètres, elle ne resta pas immobile, mais tourna sur elle-même en roulant sur le plancher et finit par se coller contre l'autre, comme si elle subissait une attraction.

Le médium pendant cette expérience, restait parfaitement immobile et la canne suivait toutes les impulsions de sa volonté sans aucun lien visible avec ses muscles de sorte qu'elle paraissait douée de mouvement spontané.

Je crois pouvoir conclure légitimement de là, que la canne pendant son mouvement était en équilibre instantané sous l'influence de forces suivantes.

1° L'action de la pesanteur ;

2° Les forces magnétiques du champ neurique du médium projeté hors de son corps.

3° La volonté consciente.

En d'autres termes, les lignes de force du champ neurique agissaient comme un mécanisme de liaison entre la canne et la volonté localisée dans le cerveau.

J'ai fait répéter cette expérience par le médium dans d'autres séances ; elle réussit plusieurs fois, mais plusieurs fois aussi elle ne réussit pas. Les personnes qui peuvent témoigner de ces résultats importants sont : MM. Montorgueil, rédacteur du journal *Paris* ; de Rochas, commandant du Génie ; Gaboriau, directeur du *Lotus* ; Froment, secrétaire de l'ancienne *Isis*, et plusieurs autres personnes de moindre notoriété. Cette expérience est rigoureusement scientifique parce qu'elle réussit toutes les fois que les conditions sont remplies, ce qui n'arrive pas toujours. Ces conditions sont la projection d'un champ neurique hors du médium et un certain effort de volonté de sa part ; cela le fatigue énormément.

Remarquons qu'il en est de même dans toute expérience de physique. Par exemple, une machine électrique à frottement ne donne pas toujours de l'électricité ; il faut que le plateau tourne, que les frotteurs soient à la terre, que les surfaces réceptrices soient isolées, que l'air ne soit pas humide. Si l'une de ses conditions n'est pas remplie, la machine ne donne pas ; néanmoins il n'est personne qui ne considère comme scientifique le fait que le frottement produit de l'électricité.

L'équilibre de la canne ressemble énormément à l'équilibre d'une poupée en moelle de sureau dans un champ électrique, et si elle se tenait simplement en équilibre, on pourrait voir là un phénomène purement électrique ; mais il y a le mouvement dont la direction et le sens dépendent de la volonté. Ainsi l'opérateur fait lui-même partie de l'appareil.

Généralisant ces considérations, on peut dire que la volonté est une force magnétique agissant spontanément dans trois directions de l'espace tandis que les centres de force électrique n'agissent que dans une direction. Ce n'est qu'en considérant les centres de force moléculaire comme des spontanéités du degré 1 et les volontés libres comme des spon-

'tancités du degré 3, que la physique et la chimie pourront sortir de l'impasse où les a acculées la routine des sciences modernes.

Généralisons encore ; nous avons vu une canne se mouvoir spontanément dans un champ psychique sous l'influence d'une volonté. Il paraît évident que le même effet doit se produire avec un tout autre objet, une table par exemple, et sous l'influence d'une volonté autre que celle du médium. Celui-ci n'est plus alors partie intégrante du champ de l'appareil, il ne sert qu'à fournir le champ neurique (1).

Quelles sont les autres volontés qui peuvent agir ? Il paraît prouvé par les expériences de MM. Janet, de Rochas,

---

(1) Voici comment s'exprimait sur ce sujet, six ans après, dans le sommeil magnétique, une dame de mes amies qui n'avait jamais vu ni lu Mac-Nab.

« Un animal se compose de trois parties : le corps matériel, l'esprit, et le fluide nerveux qui met en relation le corps et l'esprit. Pour que l'animal puisse se mouvoir, il faut que la matière soit imprégnée d'une quantité suffisante de fluide pour triompher de son inertie.

« Quand un médium s'extériorise et charge de son fluide un objet extérieur, une table par exemple, il constitue dans cette table un prolongement artificiel de son corps qui obéira à son esprit quand elle sera suffisamment vivifiée ; tant qu'elle n'a pas reçu assez de fluide, elle n'obéit pas mieux qu'un bras plus ou moins paralysé. »

La table ne pourra naturellement exécuter que les mouvements compatibles avec sa structure, c'est-à-dire qu'elle ne pourra que se lever, retomber, glisser, etc. ; mais si au lieu d'une table le médium charge par exemple une poupée articulée, il pourra faire exécuter à cette poupée tous les mouvements que comportent ses articulations. S'il agit sur un cadavre, il pourra le faire mouvoir comme un homme vivant. L'expérience a du reste été faite par M. Horace Pelletier sur un insecte mort.

Enfin il peut arriver qu'à l'esprit du médium se substitue une autre entité intelligente invisible.

A. R.

etc., sur l'état second, qu'il y a au moins deux *moi* dans l'homme (1). Si l'on cherchait bien on en trouverait un plus grand nombre. Il suffit du reste d'interroger le sens intime pour s'assurer que nous sommes une collection de volontés différentes souvent en lutte les unes avec les autres. Chaque désir que nous réprimons est une volonté dont nous avons connaissance ; quelquefois elle fait partie de l'inconscient. Chacune de ces volontés peut, si on lui laisse le champ libre, se développer momentanément d'une façon anormale et agir à notre place ; cela arrive chez les somnambules et dans l'état second. Il peut en résulter que les mouvements spontanés de l'objet soient guidés par une volonté qui nous paraît extérieure et qui acquiert momentanément un haut degré de conscience. C'est en un mot, une partie de nous-même que nous projetons hors de nous.

Tout le monde sait qu'un courant électrique peut être produit sans aucun organisme *ad hoc*, tel qu'une pile ou une machine dynamo. On appelle cela un courant induit et ce n'est en somme qu'un mouvement induit par un autre mouvement dans un milieu approprié. C'est ainsi qu'on peut entendre une conversation téléphonique dans un fil à l'extrémité duquel on ne trouve aucun téléphone.

Si la pensée est un mouvement, ce qu'on ne fera aucune difficulté à admettre, on ne sera pas surpris que partout où se produit un pareil mouvement, même en dehors de l'organisme, il y ait là de la pensée et de la conscience. La condition pour qu'il y ait une conscience induite est qu'une conscience inductive, évoluée par un être vivant, mette en mouvement dans un milieu spécial qui est le champ

(1) De mes expériences j'ai simplement conclu qu'on pouvait créer chez un sujet diverses personnalités factices en supprimant momentanément certains de ses souvenirs et en en exaltant d'autres.

A. R.

neurique, des centres d'énergie potentielle. Si le mouvement inducteur est très intense, comme dans ce milieu, les pertes d'énergie par inertie et résistances passives sont presque nulles, il ne sera pas surprenant que le mouvement induit subsiste plus longtemps que la cause inductrice. Comme celle-ci est d'ailleurs une volonté libre, ce qui est induit est aussi une volonté libre. Les centres d'énergie sur lesquels agit l'induction, le théosophe les appelle des *élémentaux*.

Il y a encore d'autres centres d'énergie que nous pouvons rendre conscients et intelligents momentanément ; ce sont les résidus vitaux des hommes décédés, dont la puissance vive n'est pas encore annulée. Ces derniers portent le nom d'*élémentaires* et apportent dans la conscience que nous leur donnons momentanément des éléments, des tendances, des instincts propres à ceux à qui ils ont appartenu, fait dont l'interprétation irréfléchie a donné lieu à la formidable erreur des spirites.

On ne s'étonnera plus maintenant si je dis qu'un objet, une table en état de mouvement en apparence spontané, donne lieu à des manifestations intellectuelles extérieures aux assistants sans toutefois leur être tout à fait étrangères.

J'ai observé ces mouvements un grand nombre de fois et je cite seulement les cas les plus frappants.

Dans la première séance, étant très sceptique, je plaçai le médium assis entre M. R. et moi : dans l'obscurité, le guéridon placé devant nous hors de notre portée se mit à s'agiter, à glisser sur le parquet et répondit en frappant à plusieurs de nos questions.

Une autre fois, en présence de M. Labro, ingénieur, nous constatâmes les mêmes mouvements dans l'obscurité. Il y eut même quelque chose de plus ; à un certain moment tous les meubles furent agités en même temps ; le guéridon tomba, le lit fut traîné sur le parquet, les chaises placées dans les coins et hors de notre portée furent renversées, traînées à travers la chambre. Tout cela eut lieu en même temps avec un vacarme épouvantable. J'allumai et tout cessa. Les chaises, le guéridon, le tabouret du piano étaient renversés, et une chaise qui se trouvait primitivement dans un coin était renversée à côté de moi. Je fis de nouveau l'obscurité quelques instants, demandant que cette chaise fût redressée, et ayant rallumé, je la trouvai debout devant moi sans que nous eussions entendu le moindre bruit. Le médium était assis sur le canapé entre M. R. et moi et je ne le sentis pas bouger. Puis, encore dans l'obscurité et les mêmes conditions d'immobilité de notre fait, nous entendîmes comme des coups de marteau frappés dans le piano ; le couvercle se leva avec fracas et nous entendîmes les doigts courir sur les touches en jouant une courte mélodie.

De pareils mouvements eurent lieu dans toutes nos séances, et même malgré nous, car nous cherchions plutôt à les empêcher parce que cela nous gênait dans l'observation d'autres phénomènes plus intéressants.

L'obscurité est certes une condition favorable à la production des phénomènes, mais elle supprime le témoignage d'un sens ; aussi avais-je le plus grand désir d'obtenir de ces mouvements en pleine lumière. Voici seulement ce que je pus observer en dehors des expériences de la canne.

Un soir, à la fin d'une séance, nous étions M. R..., le médium et moi, debout à côté de la fenêtre et causant, avant de nous séparer, quand notre attention fut attirée par des coups frappés dans le piano, sur la tablette supérieure duquel était un chandelier contenant une bougie éteinte à moitié consumée. Nous étant tournés de ce côté, nous vîmes tous trois la bougie sauter hors du chandelier comme mue par un ressort, et tomber derrière le piano d'où nous la retirâmes.

L'expérience suivante eut lieu à la lueur d'une lampe de photographie à verre rouge qui permettait fort bien de distinguer les objets. Je la fis une première fois en présence et avec la coopération de MM. Labro et Geffroy, ingénieurs des arts et manufactures, et une seconde fois avec MM. Labro, M...., Th..., ingénieurs également. Nous nous mîmes debout autour du guéridon, nous touchant mutuellement les pieds, la main gauche sur l'épaule de notre voisin et les mains droites réunies en paquet autour de la table ; à un signal donné, nous enlevâmes nos mains en même temps d'une hauteur d'environ 40 centimètres et le guéridon se souleva de terre en restant en contact avec nos mains, puis retomba à terre. Nous mîmes ensuite nos mains droites en paquet à 40 centimètres environ au-dessus du guéridon, et, sur notre demande, il se souleva de terre, vint toucher nos mains, redescendit lentement et toucha terre sans bruit.

J'observai encore de nombreux mouvements et déplacements d'objets, mais dans l'obscurité. Toutefois, comme nous avons l'habitude de nous toucher mutuellement, que nous sommes attentifs au moindre bruit, que le plus petit mouvement d'un de nous s'entend, que j'allume quand il me plait, sans prévenir personne, je crois devoir en faire mention.

Un jour, un sabre de cavalerie fut sorti de son fourreau empaqueté dans un coin de la chambre et se trouva par terre à mes pieds ; une autre fois ce fut une sonnette... Dans une séance, le lit sur lequel j'étais assis avec le médium se souleva d'au moins 50 centimètres d'un côté à trois reprises différentes et resta dans cette position inclinée pendant une demi-minute.

Dans presque toutes les séances, le guéridon se soulève au plafond et reste suspendu en l'air, quelquefois assez longtemps. Il est construit assez sommairement, de sorte qu'au moindre mouvement, il craque au-dessus de nos têtes. Une fois il s'enleva et nous entendions rouler dessus un crayon que nous y avions mis ; il est garni d'une petite galerie, ce qui empêchait le crayon de tomber. Etant arrivé au plafond, juste au-dessus de ma tête, il y resta plusieurs minutes et le crayon commença à écrire au plafond ces deux mots que nous lûmes après avoir allumé : *la mort*. Ils y sont encore.

... Je n'avais jamais voulu allumer pendant que nous entendions le guéridon se promener au plafond, car il aurait pu tomber sur la tête de quelqu'un ; pourtant, j'aurais eu, en enflammant une allumette à l'improviste, une preuve *de visu*. Il ne me restait comme contrôle que le toucher et je résolus d'en user.

J'avais manifesté cette intention avant la séance. Or, dans l'obscurité, le guéridon vint se placer devant moi. J'étais debout, et les pieds du meuble étaient à la hauteur de ma poitrine. Je le palpai sur tous les points et dans tous les sens, du haut jusqu'en bas, sans rencontrer aucune main. Je m'y suspendis pour juger de la force, et je l'entraînai vers moi en éprouvant une forte résistance. La force n'était pas appliquée dans l'axe, mais, sur le bord supérieur qui m'était opposé.

Un soir, en pleine lumière, voyant le médium bien disposé, je lui fis poser la main sur le guéridon ; j'y mis aussi la mienne et presqu'immédiatement il se souleva de terre et resta, quelques secondes, suspendu à une hauteur de 20 ou 30 centimètres. Je m'assurai que le médium ne poussait pas avec son pied. Je cite le cas, bien qu'il y ait eu contact des mains parce que la lévitation était complète.

III. — Les lueurs.

Dans toutes les expériences un peu réussies, quel que fût le médium, j'ai toujours observé la formation des points lumineux ressemblant à des feux follets.

On les voit naître un peu partout, en l'air, par terre, généralement près du médium, souvent hors de sa portée.

Ils sont quelquefois doués d'un vif éclat et d'une teinte blanche qui les fait ressembler à la lumière du magnésium, mais ils n'éclairent pas autour d'eux. Ils se déplacent comme de petites comètes, courent les uns après les autres comme des papillons, tantôt se rassemblant, tantôt se dédoublant.

J'ai eu une fois l'occasion d'en observer un attentivement et de très près.

Le 8 juillet (1888), en présence de MM. Gaboriau, Labro, Picard et R., j'avais placé dans l'obscurité trois plaques au gélatino-bromure sur la table à côté de moi. A ma demande, une de ces lueurs vint d'un mouvement saccadé se poser sur une plaque.

J'étais debout penché sur la table et la lueur était à la distance de la vue distincte. Elle était très vive, très blanche, surmontée d'un petit tourbillon de fumée blanchâtre formant panache, avec la grosseur d'une amande et la forme d'une petite langue dont la pointe serait en bas. Elle était isolée sur la plaque qu'elle éclairait un peu et, à la naissance du panache, présentait un remous de matière lumineuse.

Elle s'avança avec le mouvement d'un pinceau qui tracerait un pointillé, décrivit un zig-zag en forme d'M et se retira encore très vive.

Une autre flamme beaucoup moins brillante se posa un instant sur les deux autres plaques.

Au développement que je fis seul, après la séance, à l'aide de l'oxalate de fer, ces clichés présentèrent des particularités curieuses. Ils se couvrirent d'effluves analogues à ceux qu'on obtient avec les décharges obscures d'électricité (Expériences du Dr Boudet, de Paris), mais ces empreintes étaient d'un brun violet, alors qu'une simple impression lumineuse aurait du laisser une trace noire.

Comme j'ai retrouvé ces traces violettes sur toutes les

plaques que j'ai impressionnées depuis, je suis amené à penser qu'il y a là, indépendamment de l'action lumineuse, une altération anormale du sel d'argent due à l'action chimique de cette substance lumineuse, quelle qu'elle soit.

Du reste, pour m'assurer que ces effluves n'étaient pas dus à une mauvaise composition du bain révélateur, je développai en même temps une plaque neuve qui vint absolument transparente au fixage.

La mieux réussie de ces trois plaques s'est cassée accidentellement. J'ai conservé les deux autres ; sur l'une d'elles on voit le zig-zag tracé par le pinceau lumineux.

J'ai fait venir une de ces lumières jusque sous mon nez et alors j'ai senti une forte odeur d'ozone.

Mes observations très nombreuses me permettent de les diviser en deux catégories.

Les unes sont un peu jaunâtres et présentent une fumée phosphorescente et les différences d'état caractéristiques des lueurs émises par le phosphore dans son oxydation lente.

La substance de ces lueurs n'est plus du phosphore et n'est pas encore de l'acide phosphorique. C'est ce qu'on appelle en chimie un *état naissant*.

Les autres sont blanches, et n'émettent pas de fumée et ont des contours bien arrêtés.

Il est impossible d'imiter ces lueurs dans les conditions où je les ai observées, car elles se produisent simultanément en grand nombre dans des points de l'espace éloignés l'un de l'autre, se déplacent spontanément, *changent de forme*, s'étalent et viennent à quelques centimètres des yeux des assistants.

Les formes que je pus voir bien nettement furent : un œil lumineux surmonté d'un panache ; une moitié de visage et des doigts lumineux.

Plusieurs indices me donnèrent à penser que ces lueurs servent à rendre visibles les formes qui se matérialisent dans l'obscurité, et j'en eus bientôt des preuves.

Un soir, étant hors de la portée du médium, je vis devant moi deux doigts, un index et un pouce, pétrissant un cylindre lumineux qui les éclairait.

Dans la séance du 20 juillet, à laquelle assistaient MM. Labro, Th... et Ma..., et dans les séances postérieures, j'impressionnai d'autres plaques en ayant soin de les placer hors de la portée du médium.

Ce jour-là, nous étions assis tous trois sur le canapé et le médium (M.F...) au piano, le guéridon en face de nous contre le lit, la plaque sur le guéridon. Les lueurs vinrent se poser dessus au milieu du plus grand silence, se retirèrent, puis le guéridon se renversa et nous entendîmes la plaque de verre tomber sur le parquet ; je la croyais cassée. Un peu plus tard, comme nous observions les lueurs qui voltigeaient autour de nous, j'exprimai mon regret que le cliché fut cassé. Au même instant, une main pressa fortement mon épaule droite (Il n'y avait personne à ma droite ni derrière moi, car j'étais assis à l'extrémité droite du canapé) et le guéridon se trouva à côté de moi : la plaque était dessus, intacte. Il me semble impossible que quelqu'un ait pu, dans l'obscurité et sans faire le moindre bruit, ramasser cette plaque, la poser sur le guéridon et placer celui-ci à côté de moi.

La plaque présenta au développement, au centre des effluves violacés, des empreintes noires dues évidemment à des doigts lumineux. Les saillies de la peau, appelées lignes de la main, sont très nettement tracées et l'on voit non seulement l'empreinte des doigts, mais encore celle de la paume de la main.

Toutes les fois que j'ai cherché à toucher ces lueurs, j'ai rencontré des doigts. Comme j'ai vu plusieurs fois de ces taches lumineuses sur les doigts du médium, je ne puis attacher de l'importance qu'à celles qui étaient incontestablement hors de sa portée, ce qui arriva dans un grand nombre de cas. Très souvent j'ai vu des taches phosphorescentes sur le parquet ; elles persistaient même dans une demi-obscurité et quand je cherchais à les toucher, elles fuyaient devant mes doigts.

Sur les clichés que j'ai conservés, il y a, autour des empreintes des doigts, une auréole qui n'existerait pas si c'étaient simplement des traces de doigts sales. D'ailleurs j'ai toujours trouvé mes plaques parfaitement nettes avant le développement.

Je sais qu'on pourrait imiter ces lueurs en se frottant les doigts de phosphore, mais on ne pourrait pas imiter leurs changements de forme et d'éclat, ni les produire artificiellement en aussi grand nombre. J'en ai observé avec quatre médiums différents et dans des circonstances où nous ne les cherchions pas, occupés que nous étions à des phénomènes autrement intéressants. Ce n'est pas une hallucination, car je ne suis pas seul à les avoir vues et mes plaques sont un témoignage permanent.

IV. — La lévitation du médium.

Le médium est fréquemment enlevé en l'air pendant les séances ; mais cela arrive plus souvent à un de mes amis, M. C., sculpteur, qui est aussi médium. Une fois, celui-ci nous dit qu'il était enlevé avec sa chaise. Nous entendions en effet le son de sa voix qui changeait de place. Notez qu'il avait de gros souliers et qu'on n'entendait pas le moindre bruit de pas ; enfin ayant allumé, il se trouva assis sur sa chaise et celle-ci sur le lit. Une autre fois, ayant maladroitement allumé pendant qu'il était lévité sur le tabouret du piano, il tomba lourdement d'une hauteur de 50 à 60 centimètres, si lourdement que le pied du meuble fut cassé. Trois ingénieurs, MM. Labro, Th. et M. en furent témoins.

Il me semblait important d'avoir des preuves plus palpables de cette lévitation et voici ce que j'imaginai. J'étendis par terre un carré d'une étoffe très peu solide qu'on appelle andrinople ; c'est une espèce de calicot teint en rouge. Au milieu nous mîmes une chaise et nous fîmes asseoir M. C. dessus. L'autre médium, M. F., n'était pas là. Nous tînmes chacun un coin de l'étoffe et, comme nous étions cinq, un des coins était tenu par deux personnes. J'éteignis et presqu'aussitôt nous sentîmes la chaise s'enlever, rester quelque temps en l'air, puis redescendre doucement. L'étoffe n'était pas même tendue et, au moindre effort, elle aurait été déchirée. Cette expérience remplissait M. C. de frayeur. Les personnes présentes étaient M. R., M. C., deux dames et moi.

Je ne crois pas qu'on puisse rien objecter à cette expérience de la lévitation du médium constatée au moyen d'une étoffe tendue sous la chaise. Il était déjà installé sur sa chaise quand nous avons éteint ; le soulèvement a eu lieu presqu'immédiatement : nous étions cinq autour de lui et il lui était impossible de descendre puis de remonter sans que nous nous en apercevions.

La lévitation n'est pas une force nécessairement verticale comme beaucoup de personnes le croient. Par exemple, en présence de M. de Rochas, se produisit le fait suivant que j'observe à presque toutes les séances.

« M. C. était assis à côté de moi contre la fenêtre dans l'obscurité ; tout d'un coup il fut enlevé et posé contre le piano avec sa chaise tout près de M. Gaboriau (1). Cela se

---

(1) M. Gaboriau dit à ce propos dans une note. — « M. Mac-Nab ayant allumé brusquement, comme toujours, j'ai vu le médium qui était très *essoufflé* et en sueur, comme s'il venait de monter un fardeau ; il fut quelque temps à se remettre. Autant que je me le rappelle, il a dû passer par-dessus la table pour venir tomber à côté de moi sur sa chaise. Je me rappelle parfaitement l'air ému et effrayé de M. C. et je suis persuadé qu'il

fit si rapidement que nous entendîmes presque simultanément le bruit que fit la chaise en s'enlevant et celui qu'elle fit en se posant; et pendant le transport elle avait tourné de 180° car M. C. avait le dos tourné contre le piano, tandis qu'un instant auparavant il l'avait contre la fenêtre.

Dans une séance M. Montorgueil, et dans un autre M. de Rochas passèrent leur main sous les pieds du médium pendant son ascension et purent s'assurer qu'il n'employait aucun des procédés ordinaires de la gymnastique.

V. — Matérialisations de formes humaines.

Très souvent les médiums ont reçu en pleine lumière de violents soufflets. On entend le bruit; on voit la marque des doigts, une égratignure ou un bleu sur leur visage, mais c'est tout...

Dans l'obscurité, il est bien difficile de dire à qui appartiennent les mains qui viennent vous toucher. Bien souvent étant seul avec le médium et assis à côté de lui, j'ai senti des têtes voilées, touché des mains, des cheveux, des voiles de gaz qui, étant donnée leur position, ne pouvaient pas lui appartenir.

Dans les conditions de médiumnité faible où j'ai opéré le plus souvent, il est à remarquer que ces mains, ces étoffes ne peuvent supporter longtemps le contact; elles vous touchent comme nous touchons un objet que nous avons grand désir de saisir mais qui nous brûle, par contacts légers et de courte durée. Quand il y a interposition d'étoffe

avait passé sur la table avec sa chaise, car la chambre où nous étions étant fort petite, nous la remplissions presque complètement avec la table et nos sièges disposés tout autour; il n'aurait pu passer derrière nous sans nous frôler, surtout dans l'obscurité.

le contact est plus prolongé. Dès qu'on allume, ces formes incomplètes disparaissent, soit que la lumière les dissolve instantanément, soit plutôt que la matière qui les forme soit incomplète et ne projette pas d'éléments visibles...

Dans une demi-obscurité, la salle ayant été explorée et fermée à clef, les assistants sont assis en demi-cercle et le médium, en face, a les mains apparentes sur ses genoux. *Une main se forme sur son épaule et est vue de tout le monde.*
— On baisse encore le gaz, et une main se présente ; je la vois et la touche, en même temps qu'une étoffe blanche s'agite devant moi. Deux assistants placés comme moi près du bec de gaz voient et touchent aussi. Cette main est très petite, très potelée, chaude et humide et ne ressemble en rien aux mains des assistants qui sont tous des hommes. Le bras est nu jusqu'au coude. J'avance les mains pendant que la forme se retire et saisis un instant un peu d'étoffe de gaze fine (1)...

(1) L'article de Mac-Nab contient encore de nombreuses expériences sur les matérialisations complètes, les apports, et l'écriture directe, ainsi qu'un essai très intéressant de théorie.

A. R.

CHAPITRE VI

EXPÉRIENCES DE M. PELLETIER
EN 1891

(*Extrait du rapport de M. Lemerle ingénieur, ancien élève de l'Ecole Polytechnique.* — L'INITIATION, *juillet 1891*).

... C'est dans le calme de la pleine campagne, dans un joli hameau des bords de la Loire, que M. Pelletier se livre à ses patientes études avec, pour sujets, de braves gens de son entourage, de simples cultivateurs...

Trois seulement de ses sensitifs avaient répondu à son appel, les autres étaient retenus par leurs occupations ; mais, malgré ce faible nombre et la forte chaleur (la séance avait lieu à midi), malgré aussi l'intimidation résultant de la présence d'une personne étrangère, nous avons pu enregistrer des résultats indéniables.

C'est d'abord l'action sur l'eau contenue dans un bol placé sur une table devant laquelle se tient un sensitif, puis plusieurs, agissant par leur simple proximité, ou en étendant les mains à 5 ou 10 centimètres au-dessus de la surface ; celle-ci éprouve de temps en temps des secousses d'où naissent, comme d'ordinaire, des ondes circulaires, à peu près comme quand un petit poisson saute hors de l'eau. Tout le monde est parfaitement immobile. Nous nous sommes assurés qu'il faudrait frapper assez fort sur le sol avec le talon pour que l'ébranlement se communiquant par la table produisît quelque chose d'analogue. L'ébranlement par le souffle produit, d'autre part, des rides continues qui n'ont pas ce caractère d'impulsion brusque. Ces faits se produisent quelquefois au commandement de M. Pelletier, mais nous aurons à faire plus loin une remarque générale à ce sujet. Quelquefois aussi ils ont lieu dans le silence le plus complet. A plusieurs reprises nous avons constaté, en approchant la tête pour voir de plus près, une sensation très nette de vent frais qui paraissait passer entre la surface de l'eau et le réseau des mains étendues au-dessus. A ce moment les sensitifs accusaient spontanément la sensation de froid, bien connue et souvent signalée, que rendait plus remarquable la température élevée qui régnait dans la pièce dont les fenêtres et les portes étaient fermées pour éviter qu'un souffle d'air vint influer sur le phénomène. Dans ces conditions, *il n'y a pas de doute pour nous* et nous sommes persuadé qu'avec un plus grand nombre de sensitifs, l'effet pourrait être considérable. Nous avons essayé en plaçant les sujets les uns derrière les autres en isonôme, les trois mains droites étendues ensemble et les trois gauches de l'autre côté au lieu de les croiser au hasard. Nous espérions augmenter l'intensité du phénomène et c'est le contraire qui eut lieu.

L'opérateur prit ensuite une aiguille aimantée d'une douzaine de centimètres de long placée sur un pivot vertical. Les sensitifs étendant leurs mains ensemble ou isolément au-dessus ou à côté, après qu'elle eût pris sa position dans le méridien magnétique, il y eut quelques mouvements qui ne nous paraissaient pas bien nets et qui pouvaient provenir de l'agitation de l'air causée par les mouvements des mains qui venaient prendre position.

Nous avons pris alors un petit fil à plomb monté sur poteau métallique et, ayant mis ce fil dans le méridien magnétique, il déterminait exactement le plan de ce méridien avec le pivot de l'aiguille. Les mains étant alors parfaitement immobiles, nous avons pu constater des déviations très nettes en déclinaison, mais non des déviations constantes ; ici encore, comme pour l'eau, comme pour ce qui va suivre, il y a des *impulsions*, à la suite desquelles l'équilibre est repris pour des oscillations ordinaires. En l'absence de dispositif pour mesurer la valeur de ces impulsions, nous estimons à 20° au moins l'amplitude de l'écartement hors de la position d'équilibre. Il n'est pas inutile de dire que le phénomène se produit aussi bien avec la main dans le méridien que perpendiculaire à ce plan. Nous avons remarqué que pendant l'expérience, les oscillations de l'aiguille reprenant son équilibre étaient comme amorties ; il semblait qu'elle se mouvait dans un milieu plus résistant, c'est-à-dire que, pour un écart donné, elle revenait plus vite à sa position qu'en l'absence des sensitifs...

Ce qui précède ne regarde que les mouvements en déclinaison.

L'aiguille pouvait, de par son mode de suspension, prendre aussi quelques mouvements en inclinaison ; mais ceux-ci ne nous ont pas paru assez nets pour nous y arrêter, la mobilité dans le plan vertical étant beaucoup trop grande et pouvant être attribuée au simple mouvement respiratoire d'un assistant assez rapproché...

Avec la pendule en balle de sureau, rien de bien caractérisé.

Nous arrivons maintenant aux corps pesants ordinaires. On mit sur le guéridon deux porte-mines ; l'un en argent, assez lourd ; l'autre en aluminium, léger. Les sujets se tenaient assis de face à la table qu'aucun ne touchait par aucune partie du corps ni des vêtements. Après quelques minutes d'attente, le plus léger de ces objets tourna sur lui-même une dizaine de fois, dans un sens et dans l'autre, avec ou sans commandement. On ajouta sur la table un porte-plume en bois ordinaire et une petite boîte ronde de trois centimètres environ ; ces deux objets furent, à plusieurs reprises, poussés en avant ou en arrière d'un bord de la table à l'autre. Des bouchons qui leur succédèrent présentèrent aussi les divers mouvements mentionnés dans les communications de M. Pelletier, sauf celui de sauter hors du guéridon, et celui de se séparer après s'être joints.

Ces mouvements avaient encore été obtenus la veille, paraît-il ; mais il ne faut guère s'étonner de ne pas avoir reproduit toute la série, si l'on songe que la séance durait déjà depuis plusieurs heures et que la chaleur était étouffante.

C'est ici le lieu de faire quelques remarques générales. La manière d'être de ces phénomènes conduit à leur assigner une cause, quelle qu'elle soit, de nature intermittente, procédant par émissions séparées. Aucun fait n'a manifesté une force continue, si faible soit-elle. Tout se passe comme par chocs. Ceci est en outre corroboré par cette action du commandement, dont nous avons déjà dit un mot. Ayant remarqué que M. Pelletier a la voix forte et le commandement brusque, et ayant cru voir que ses sujets sursautaient à sa voix, nous eûmes l'idée que ce commandement pouvait agir, non par l'ébranlement physique de l'air, mais par la commotion ressentie par le sujet, commotion qui pouvait déterminer l'émission d'un flux de force psychique. Pour vérifier cette opinion, nous priâmes l'expérimentateur, à voix très basse à son oreille, de faire un commandement négatif en quelque sorte. Au commandement négatif : « Ne bouge pas » fait à la façon ordinaire, un des sujets eut un soubresaut et l'objet bougea.

En ce qui regarde ces mouvements d'objets très légers, nous nous permettrons de formuler non pas une critique mais un désir, celui de rendre les expériences absolument concluantes en prenant de très grandes précautions contre l'action du souffle ou même de la simple respiration des sujets. C'est certainement la première idée qui vient à toute personne témoin de ces mouvements, que de se dire que les sensitifs doivent souffler, exprès ou non, sur les objets. Nous nous sommes assurés que la plupart des phénomènes dont nous venons de parler étaient sûrement indépendants de cette cause ; mais plusieurs autres, que nous avons passés sous silence, pouvaient à la rigueur s'y rattacher. Dans l'intérêt même de la vérité, il faut absolument éliminer cette source d'erreur ; qui nous semble d'ailleurs être la seule et être en somme bien petite.

En tous cas elle est tout à fait hors de cause dans ce qui a suivi, nous voulons dire le déplacement de la table elle-même, sans contact.

La séance ayant été reprise après un repos bien gagné, les sujets se sont placés autour du guéridon, les mains appuyées dessus, pour le charger. Ce guéridon est à trois pieds, en chêne massif et pèse peut-être une dizaine de kilogrammes. Après quelques minutes d'imposition des mains, celles-ci quittèrent la table, restant environ à 10 centimètres au-dessus, et nous eûmes le soin de vérifier que rien absolument n'y touchait plus jusqu'au sol qui est formé d'un carrelage fruste opposant aux pieds de bois une grande résistance de frottement. Dans cet état, au bout de peu de temps, la table se souleva de quelques centimètres et retomba sur ses pieds (1).

L'expérience fut renouvelée 4 ou 5 fois, toujours de la

---

(1) Dans un article de l'*Initiation* (mars 1893), M. Lemerle revient sur cette expérience à propos de celles que MM. Aksakof et Richet venaient de faire à Milan avec Eusapia, et il fait remarquer qu'elle remplit toutes les conditions que ces expérimentateurs jugeaient nécessaires pour établir la certitude du phénomène.

En effet, le phénomène s'est produit en juin à trois heures de l'après-midi (c'est ce qu'on peut appeler de la pleine lumière) ; le guéridon pesant une dizaine de kilogrammes s'est non pas

même façon, c'est-à-dire en la rechargeant à chaque fois par le contact, M. Pelletier estimant que chaque mouvement obtenu amenait une sorte de décharge. Sur notre demande pourtant, les mains restèrent en l'air après le mouvement obtenu et il se reproduisit deux fois sans nouveau contact. Il est impossible de voir rien de plus net et de plus certain.

soulevé, mais projeté en l'air à plusieurs reprises à 7 ou 8 centimètres du sol.

« Les sujets debout et moi placé à 2^m,50 du groupe de façon à tenir à la fois dans mon champ visuel les pieds de la table et les personnes entières des sensitifs. Personne autre n'était à proximité ; je me trouvais face à la fenêtre, sur laquelle le groupe entier se détachait en silhouette, de sorte que j'étais parfaitement sûr qu'il n'y avait aucun contact d'aucune sorte, ni des mains qui étaient toutes dans le même plan horizontal à 10 centimètres de la table, ni des corps des sujets qui avaient tous trois le bras tendu de toute sa longueur — ce qui rejetait les corps à 20 centimètres au moins du bord de la table — ni des jambes ni des pieds qui, par suite de la forme du guéridon, se trouvaient encore plus loin de ceux de la table. D'ailleurs, parmi les trois sujets, il y avait deux hommes dont les pantalons ne pouvaient se gonfler et une femme dont la jupe était soigneusement rejetée en arrière. Ces sujets n'étaient aucunement en transe ; ils ne présentaient pas le tremblement accusé par Eusapia et ils sont restés absolument immobiles pendant toute la durée de l'expérience. »

CHAPITRE VII

LE MÉDIUM POLITI

Auguste Politi est né à Rome où il a, pendant quelques années, exercé la profession d'horloger qu'il a dû abandonner à cause de la faiblesse de ses yeux.

Il a maintenant environ 47 ans : il est parfaitement constitué et très sensible aux influences magnétiques.

Il est célèbre en Italie par la propriété qu'il possède depuis fort longtemps de produire les matérialisations (1). C'est dans l'espoir d'étudier ce phénomène qu'un groupe, composé en grande partie d'anciens élèves de l'Ecole Polytechnique (2), le fit venir à Paris, en 1902, et eut avec lui une douzaine de séances en juillet et août, soit à Paris chez moi, soit à Joinville-le-Pont dans une villa appartenant à M. d'Albertis, qui avait eu l'amabilité de l'accompagner depuis Rome.

---

(1) Voir dans la Revue italienne *Luce e Ombra*, de mars 1902, un article de M. Carreras sur Politi. Cet article a été traduit et publié dans la Revue *sc. et mor. du spiritisme* (n° de juin 1902).

(2) Ce groupe était composé de MM. Taton, Lemerle, Baclé, de Rochas, de Fontenay et Dariex.

Blasés sur la production des mouvements à distance, nous ne laissâmes pas le médium s'attarder à ces phénomènes, voulant réserver toutes ses forces pour la matérialisation, mais le déplacement et la présence d'un nouveau milieu avaient sans doute diminué ses facultés, car nous n'obtînmes rien de bien net. En revanche, nous eûmes plusieurs lévitations de table remarquables, dont l'une a pu être saisie par la photographie (planche XIV). La photographie reproduite dans la planche XV est, sans contredit, un beau cas de lévitation ; elle a été obtenue à Rome et publiée par M. d'Albertis dans un article de revue italienne (*Il Secolo*, XX mars 1903), consacré aux expériences que j'ai faites avec Politi sur la production des contractions à grandes distances à l'aide d'un corps conducteur de l'électricité.

Pl. XIV, p. 548   Paris, 1902

LÉVITATION DE TABLE

Mme du Teilloy   Politi   M. Taton
M Lemerle   Dr Dariex

LÉVITATION DE TABLE

avec Politi

CHAPITRE VIII

LES FEMMES ÉLECTRIQES

L'étude approfondie de l'électricité animale et la comparaison de ses effets avec un certain nombre de phénomènes encore inexpliqués de l'électricité atmosphérique permettra certainement, un jour ou l'autre, de se rendre compte d'une partie des faits extraordinaires exposés dans les chapitres précédents.

J'ai fait, à ce sujet, beaucoup de recherches et quelques expériences qui ne m'ont encore rien donné de bien précis ; mais souhaitant que d'autres s'engagent dans la même voie, je vais rapporter ici le résultat de mes lectures.

Faute de place je dois me borner à rappeler que la *Voyante de Prévort* dont la vie a été écrite par le Dr Kerner présentait réunies en elle à un degré très élevé la plupart des facultés anormales dont nous allons parler (1).

(1) L'ouvrage du Dr Kerner a été traduit en français par le Dr Dusart. — On trouvera la description de curieux phénomènes électriques dans la première livraison de mes études sur

Le *Journal économique* de juillet 1753 parle d'une servante qui pendant tout le temps des derniers froids voyait sortir de ses jupons des quantités d'étincelles comme celles qui sortent des charbons allumés et qui, outre cela, y faisait voir une traînée de lumière semblable à une grande flamme qui s'étendait.

L'abbé Bertholon, dans son *Electricité animale*, rapporte l'observation d'un prêtre de Florence qui sentit une commotion électrique spontanée, étant aussitôt environné d'une flamme qui brûla ses habits et laissa des traces sur la peau. Ses parents et ses domestiques témoins de ces phénomènes accoururent pour l'éteindre, mais, ses forces diminuant progressivement, il mourut au bout de trois jours.

« Une dame de Milan dormant tranquillement pendant la nuit, sentit tout d'un coup une douleur au poignet qui la réveilla : ouvrant les yeux, elle aperçut une flamme sur son lit et sur son corps ; les cris qu'elle fit éveillèrent son mari, qui vit aussi cette flamme, laquelle, par sa lueur, faisait distinguer tout ce qui était dans la chambre. Dans le trouble où il était, il porta la main vers cette flamme qui recula et qui s'approcha suivant les mouvements de sa main. Il répéta ces mouvements pendant six ou sept minutes au bout desquelles le feu disparut. » (*Act. Phys. med. germ.* vol. III, obs. 3.)

On trouve dans les *Expériences sur le Galvanisme* de Humboldt (1) le nom de plusieurs individus dont le corps dégageait du feu en marchant.

---

les *Frontières de la Science* et dans le livre de Flammarion sur les *Caprices de la Foudre*.

(1) Paris, 1799, p. 428.

Mussey (1) rapporte le fait d'une femme de 30 ans, d'un tempérament nerveux, qui, pendant une aurore boréale, fut chargée subitement d'électricité dont la présence se manifesta par des étincelles lorsque cette femme passa, par hasard, le doigt sur la figure de son frère. Ce phénomène persista pendant environ deux mois et demi avec une intensité variable. Dans les conditions les plus favorables, elle envoyait du bout de son doigt à une boule de cuivre, par minute, quatre étincelles longues de 3 centimètres.

On trouve dans les *Mémoires de l'Académie des Sciences de Paris* (Année 1777, p. 538) une note de Cassini au sujet d'un seigneur russe qu'il avait rencontré à Florence et qui, pendant plusieurs années, « a eu une vertu électrique *semblable à celle de la torpille.* »

Un fait divers paru dans le *Libéral du Nord* à la date du 4 avril 1837, est ainsi conçu :

Une jeune femme vient d'accoucher hier d'un enfant qui, semblable à la torpille, a donné une commotion au médecin qui l'a mis au monde. Cet enfant électrique appartient au sexe masculin et est d'une constitution robuste. Il a été placé aussitôt après sa naissance dans un berceau d'osier, supporté par un isoloir à pied de verre et a donné des signes non équivoques d'électricité. Il a conservé, l'espace de 24 heures, cette propriété remarquable, à tel point que le médecin put charger une bouteille de Leyde, tirer des étincelles et faire une foule d'expériences diverses.

---

(1) *Extraordinary case of animal electricety* (American journ. of med. Sc., 1837, t. XXI, p. 377.

Le *Petit Moniteur universel du soir*, du 8 mars 1869, relate un fait analogue d'après le *Mémorial de la Loire* :

Il s'agit d un enfant né dans le village de Saint-Urbain, sur les limites de la Loire et de l'Ardèche, qui paraissait environné d'une lueur blanchâtre ; des objets de mince volume, tels qu'une cuiller, un couteau, se mettaient à vibrer quand ils étaient près des pieds ou des mains de l'enfant. qui mourut à 9 mois, en dégageant des effluves lumineux (1),

En 1839, deux jeunes filles âgées de 18 à 20 ans, jouissant d'ailleurs d'une bonne santé, produisaient à Smyrne des phénomènes extraordinaires dont l'*Echo de l'Orient* du 9 mars rend compte en (termes qui dénotent un écrivain peu familier avec le langage scientifique :

Placées en même temps autour de la table recouverte d'une toile cirée, on entend immédiatement celle-ci éprouver des craquements successifs qu'on pourrait comparer à un mouvement de dislocation ; bientôt après, de vives commotions, accompagnées de détonations assez sensibles, se font entendre dans l'appartement quand les portes sont fermées. On a vu la table en question, dégagée du point d'appui contre le mur, se mouvoir seule et comme poussée par une force répulsive, reculer et parcourir progressivement par petites secousses, l'espace d'environ un pas. L'une des jeunes

(1) Cornélius Agrippa. (*Epist.* XLIX, livre II) rapporte une observation faite par un de ses amis, Jehan Rougier, curé de Sainte-Croix à Metz, sur un enfant, son neveu, qui parut tout à coup dans son berceau environné de flammes pendant que le sein de sa mère qui l'allaitait semblait aussi s'auréoler de feu, sans qu'aucune des deux personnes en souffrit.

personnes changeant de place, le mouvement de la table prend une direction analogue. La toile cirée qui recouvre la table étant enlevée, le mouvement se ralentit sensiblement.

Tout cela s'est passé sous les yeux de plusieurs médecins respectables et de personnes recommandables par leur instruction et par leurs connaissances. Cherchant à l'expliquer, elles ont cru reconnaître, jusqu'à un degré voisin de la certitude, que les deux jeunes personnes dont il s'agit sont douées de la propriété d'un fluide électrique spontané à un degré inconnu jusqu'à nos jours et qui ne pourrait se comparer qu'à la dose de la bouteille de Leyde. Chez l'une, le fluide électrique serait positif, et chez l'autre négatif au même degré, ce qui constituerait un véritable phénomène.

Le célèbre magnétiseur Ch. Lafontaine raconte (1) qu'en 1833 ou 1834 un de ses amis se rendit dans un village situé à deux lieues de Carcassonne, avec M. Berthe, professeur de physique au petit séminaire de cette ville, pour voir une jeune fille de huit ou neuf ans, qui, à certains moments, par sa seule présence dans une cuisine, faisait danser toutes les casseroles, les pelles et les pincettes. Il y avait déjà six ou huit heures qu'ils étaient là, sans qu'il se passât rien. Ils partirent croyant à une mystification, mais ils n'avaient pas fait cent pas qu'on les rappela. Ils revinrent en toute hâte et virent la jeune fille au milieu de la cuisine et toutes les casseroles sauter, danser; les chenets, les pelles, les pincettes tout ce qui était en métal était en mouvement; même le feu, les tisons, les bûches furent lancés au milieu de la cuisine.

(1) L'*Art de magnétiser*. Paris, 1886, p. 270.

Le 15 janvier 1846, dans le village de Bouvigny, près de la Perrière (Orne), une jeune fille de 13 ans, nommée Angélique Cottin, petite, robuste, mais extrêmement apathique au physique et au moral, présenta tout à coup des phénomènes étranges : les objets touchés par elle ou ses vêtements étaient violemment repoussés : parfois même, à sa seule approche, des commotions étaient ressenties par les personnes et on voyait s'agiter les meubles et ustensiles. Cette propriété subsista avec des variations dans son intensité et des intermittences parfois de 2 ou 3 jours, pendant un mois à peu près, puis elle s'en alla inopinément comme elle était venue. Elle fut constatée par un très grand nombre de personnes dont quelques-unes soumirent la jeune fille à de véritables expériences et consignèrent leurs observations dans des procès-verbaux qui ont été recueillis et publiés par Dr Tanchou (1).

Le Dr Tanchou vit Angélique Cottin pour la première fois le 12 février à Paris, où on l'avait amenée pour l'exhiber ; les manifestations dont l'énergie avait décru du jour où l'on avait dérangé le sujet de ses habitudes, étaient sur le point de disparaître ; toutefois elles étaient encore assez nettes pour permettre à l'expérimentateur de rédiger la note suivante. Cette note fut lue le 17 février, à l'Académie des sciences, par Arago qui avait été lui-même témoin oculaire des faits.

J'ai vu deux fois, dit le docteur Tanchou, la jeune fille électrique.

(1) *Enquête sur l'authenticité des phénomènes électriques d'Angélique Cottin.* Paris, Germer Baillière, 1845. — Brochure de 54 pages.

Une chaise, que je tenais le plus fortement possible avec le pied et les deux mains, a été chassée au moment où elle s'y est assise.

Une petite bande de papier, que j'avais placée en équilibre sur mon doigt, a été emportée plusieurs fois comme un coup de vent.

Une table à manger, d'une moyenne grandeur et assez lourde, a été plusieurs fois poussée et déplacée par le seul fait du contact de ses vêtements.

Une petite roue en papier, placée verticalement ou horizontalement sur son axe, reçoit un mouvement rapide par les émanations qui sortent du poignet et du pli du bras de cette enfant (1).

Un canapé fort grand et fort lourd, sur lequel j'étais assis, a été poussé violemment jusqu'au mur, au moment où cette jeune fille est venue se mettre à côté de moi.

Une chaise fixée sur le sol par des personnes fortes, sur laquelle j'étais assis de manière à n'en occuper que la moitié, a été violemment arrachée de dessous moi, aussitôt que la jeune personne s'est assise sur l'autre moitié.

Chose singulière, chaque fois que la chaise est enlevée, elle semble tenir aux vêtements de la jeune personne ; elle la suit un instant et ne s'en détache qu'après.

Deux petites boules de sureau ou de plume suspendues

---

(1) Lafontaine, qui fut aussi l'un des observateurs, dit que « lorsqu'on approchait son poignet gauche d'une bougie allumée, la lumière, de verticale devenait horizontale, comme si elle eût été soufflée continuellement. » (*L'art de magnétiser*, p. 273).

M. Pelletier a observé le même phénomène avec quelques-uns de ses sujets quand ils approchaient la paume de la main de la flamme d'une bougie.

Ces points sont généralement chez les sujets des points hypnogènes d'où se dégagent, même à l'état de veille, des jets de fluide que l'on peut constater à l'aide de la sensibilité extériorisée.

par un fil de soie, sont agitées, attirées, et parfois s'éloignent l'une de l'autre.

Les émanations de cette jeune fille ne sont pas permanentes dans la journée ; elles se montrent surtout le soir de sept à neuf heures : ce qui me fait penser que son dernier repas, qu'elle fait à six heures, n'y est pas étranger.

Elles ont lieu par la face antérieure du corps seulement, particulièrement au poignet et au pli de la saignée.

Elles n'ont lieu que du côté gauche ; le bras de ce côté est plus chaud que l'autre ; il s'en dégage une chaleur douce, halitueuse, comme d'une partie où il se fait une vive réaction. Ce membre est tremblant et continuellement agité de contractions insolites et de frémissements qui semblent se communiquer à la main qui le touche.

Pendant le temps que j'ai observé cette jeune personne, son pouls a varié de 105 à 120 pulsations par minute ; il m'a paru souvent irrégulier.

Quand on éloigne cette jeune personne du réservoir commun, soit en l'asseyant sur une chaise sans que ses pieds touchent par terre, soit qu'elle ait ses pieds sur celle d'une personne placée devant elle, le phénomène n'a pas lieu ; il cesse également quand on la fait asseoir sur ses deux mains. Un parquet ciré, un morceau de taffetas gommé, une lame de verre placée sous ses pieds ou sur sa chaise annihilent également sa propriété électrique (1).

Pendant le paroxysme, la jeune personne ne peut presque rien toucher avec la main gauche, sans qu'elle le jette au loin comme si elle était brûlée ; *quand ses vêtements touchent les meubles, elle les attire, elle les déplace, elle les bouleverse.*

---

(1) Le Dr Lemonier, médecin à Saint-Maurice (Orne), insiste aussi sur cette propriété dans son rapport.

« Placée sur une chaise isolée du sol par quatre verres, la jeune fille, en appuyant ses pieds sur les barreaux, ne produisait rien. Mise en contact avec le réservoir commun, le phénomène recommençait, et toujours de gauche à droite. »

On le concevra d'autant plus facilement, quand on saura qu'à chaque décharge électrique, elle fuit pour éviter la douleur ; elle dit qu'alors « ça la pique » au poignet et au pli du coude ; en cherchant le pouls à l'artère temporale, ne pouvant l'apprécier au bras gauche, mes doigts touchèrent par hasard la nuque ; à l'instant la jeune personne jeta un cri, et s'éloigna vivement de moi. Il y a dans la région du cervelet (je m'en suis assuré plusieurs fois), à l'endroit où les muscles de la partie supérieure du cou s'insèrent au crâne, un point tellement sensible, que la jeune personne ne permet pas qu'on y touche, et auquel vont retentir toutes les sensations qu'elle ressent du bras gauche (1).

Les émanations électriques de cet enfant semblent avoir lieu *par ondées*, d'une manière intermittente, et successivement par différents points de la partie antérieure de son corps, et je ferai remarquer à cette occasion que le déplacement de la table, qui est l'effet de sa plus grande puissance, est à la hauteur de son bassin.

Quoi qu'il en soit, *elles ont lieu par un courant gazeux qui produit la sensation du froid ;* j'ai senti manifestement sur la main un souffle instantané semblable à celui qu'on produirait avec les lèvres.

Cette irrégularité dans l'émission du fluide paraît résulter de plusieurs causes : d'abord des préoccupations continuelles de cette jeune fille, qui regarde toujours derrière elle si quelqu'un ou quelque chose la touche ; ensuite de l'appréhension qu'elle a elle-même du phénomène, car dès qu'il se produit, elle fuit rapidement, comme si elle était repoussée par une force contraire ; enfin, de la fatigue et de l'attention. *C'est quand elle ne pense à rien ou quand on la distrait, que le phénomène est le plus subit et le plus intense.*

(1) Ce point est, chez presque tous les sensitifs, un point hystérogène.

Chaque phénomène chez cette jeune fille est marqué par la frayeur, la fuite et un air d'épouvante. Quand elle approche le bout du doigt un pôle nord d'un fer aimanté, elle reçoit une forte secousse : le pôle sud ne produit aucun effet. On a beau changer le fer de manière à ne pas reconnaître soi-même le pôle, la jeune fille sait fort bien l'indiquer.

Cette enfant a treize ans : elle n'est pas encore nubile et j'ai appris de sa mère que rien d'analogue à la menstruation n'a encore paru.

Elle est très forte et bien portante.

Son intelligence est peu développée. C'est une villageoise dans toute l'acception du mot ; elle sait pourtant lire et écrire ; elle était occupée, à faire des gants en filet pour les dames. Les premiers phénomènes datent d'un mois.

Il est utile d'ajouter à cette note quelques extraits des autres rapports.

Le 17 Janvier, c'est-à-dire le deuxième jour de l'apparition des phénomènes, des ciseaux suspendus à sa ceinture, au moyen d'un ruban de fil, ont été lancés sans que le cordon fût brisé ni qu'on pût savoir comment il avait été dénoué. Ce fait, le plus incroyable, par son analogie avec les effets de la foudre, a fait penser tout de suite que l'électricité devait jouer un grand rôle dans la production de ces étonnants effets. Mais cette voie d'observation fut de courte durée : ce fait ne se produisit que deux fois, dont l'une, en présence de M. le curé qui, sur son honneur, m'en a garanti la réalité. Les effets presque nuls dans le milieu du jour redoublèrent le soir à l'heure ordinaire. Il y eut alors action *sans contact*, et sur les corps organisés vivants, actions débutant par de violentes secousses ressenties dans les jarrets par l'une des ouvrières placées en face d'Angélique la pointe de leurs sabots était distante d'un décimètre environ); les mêmes objets, repoussés le matin par le contact, le sont alors par la seule approche des vêtements.

(Rapport de M. Hébert).

Voici ce qu'a vu le docteur Beaumont Chardon, médecin à Mortagne :

1° Répulsion et aussi attraction, sautillement, déplacement d'une table assez massive, — d'une autre table de trois mètres sur deux, montée sur roulettes, — d'une autre table carrée de un mètre et demi, en chêne, d'un fauteuil en acajou très massif. — *Tous ces déplacements ont eu lieu par le contact volontaire ou involontaire des vêtements de la fille Cottin.*

2° En la faisant asseoir : bouleversement, répulsion de la chaise et de la jeune fille fortement maintenue ainsi que la personne qui était assise sur la même siège; *une sorte d'adhérence momentanée de la chaise aux jupes a été vue plusieurs fois :* cessation de ces effets en mettant la chaise et la jeune fille sur du verre ou de la toile cirée, ou bien en posant la jeune fille sur la chaise sans que ses pieds fussent en contact avec le sol : — *effets généralement moindres sur les planches cirées ou des tapis.*

3° Commotion vive de la jeune fille, rappelant exactement celle qu'on éprouve par une décharge célectrique, lorsqu'on approchait de la colonne vertébrale, à son insu ou non, soit un fragment de bois, soit un bâton, une pelle, une pincette à feu. — Le doigt porté vers le front, le sommet et surtout le derrière de la tête, ainsi qu'au pli du bras gauche produisit le même effet, soit par contact, soit à la distance d'un ou de deux centimètres ; cessation de cet effet lorsqu'on interposait une toile cirée entre le bras et l'objet.

4° Sensation de violentes piqûres lorsqu'on mettait en contact avec un pli du bras gauche ou de la tête, ou simplement qu'on approchait à petite distance, un bâton de cire à cacheter ou un tube de verre frottés convenablement. Lorsqu'on ne les avait pas frottés, ou lorsqu'on les essuyait ou les mouillait, cessation d'effet. Les poils du bras, couchés avec un peu de salive, se redressaient par l'approche du bras gauche de la jeune fille.

5° Sensation pénible et insupportable de picotement lorsqu'on approchait, à plusieurs centimètres des doigts étendus de la main gauche, ainsi que de sa tète, l'un ou l'autre des pôles d'un fer fortement aimanté ; le fer non aimanté ne produisait pas ces effets. Une aiguille aimantée, suspendue au plafond horizontalement par un long fil, a été déviée de la direction magnétique terrestre et oscillée par l'approche du bras gauche de la jeune fille.

La jeune fille donnait généralement beaucoup, quand j'étais près d'elle, parce que je n'excitais pas sa défiance et que je lui épargnais les souffrances ; j'ai cru voir que *pour bien donner*, quoique sa volonté m'ait paru sans influence, *il faut qu'elle ait l'esprit libre, qu'elle soit gaie.*

M. de Farémont, homme intelligent et respecté, dont le château était voisin de la chaumière d'Angélique et qui, dès le début, prit la malheureuse enfant sous sa protection, constata au moment où ses facultés étaient à leur maximum, des faits encore plus extraordinaires.

En renouvelant mes expériences, écrit-il à un ami, les pelles et les chenets furent à leur tour projetés, et, chose plus étonnante, qui ne peut laisser aucun soupçon de supercherie si jamais pareil « bouchon » en eût été capable, l'on fit travailler l'enfant à une huche ou « met » pesant au moins cent cinquante livres. On avait enfoncé à l'extrémité une petite pointe à laquelle elle fixait sa soie ; sitôt qu'elle travaillait et que sa *jupe touchait la huche*, celle-ci était instantanément enlevée à 3 ou 4 pouces de terre, et cela se renouvelait de quatre à cinq fois par minute. Elle se reposait ensuite..

Je me plaçai sur la huche et je fus enlevé avec la même violence et la même régularité : trois personnes se placèrent de même et furent enlevées, mais moins enlevées de terre. Moi, Monsieur, et un fort de la halle n'aurions pu enlever cette huche avec les trois personnes.

Va-t-on dire que les genoux de l'enfant pouvaient la soulever ? à peine si elle pouvait glisser son pied entre la huche et la terre, et en outre je voyais ses pieds écartés de la huche et je tenais moi-même sa jupe sur les parois de ce meuble. Chose plus étonnante et que j'ai vue encore, les lits de campagne pèsent bien trois cents livres au moyen de couchette grossière, paillasse, etc. Là, l'enfant ne pouvant rester assise, puisque la chaise fuyait sous elle et qu'elle perdait à chaque instant son centre de gravité, s'approcha par hasard du lit pour se reposer debout. Elle était fortement chargée dans ce moment. Le lit s'ébranle et vacille d'une manière incroyable : aucune autre force n'était capable de produire ce mouvement.

Elle s'approche d'un autre, monté sur des rouleaux en bois de six pouces pour l'élever de terre ; ce lit est renversé de dessus des rouleaux.

En palpant cette enfant dans tous les sens, on sentait une *pulsation interne* dans toutes les parties de son corps, depuis les pieds jusqu'à la tête, le pouls n'était pas réglé ; il suivait les pulsations nerveuses.

Lorsque j'emmenais l'enfant à Mamers et qu'elle rentrait le soir, tous ses meubles, qui étaient imprégnés de son même fluide, semblaient ne former qu'un avec elle ; sitôt qu'elle en approchait et qu'elle les touchait, ils remuaient, frissonnaient presque du plaisir de la voir ; pelles, pincettes, partout le mouvement était plus vif et plus violent...

M. Ollivier, ancien élève de l'Ecole polytechnique et ingénieur des ponts et chaussées à Mortagne, a été témoin de la plupart des phénomènes relatés plus haut : il a expérimenté plus spécialement ceux qui avaient des rapports avec l'électricité et le magnétisme.

En approchant notre main du bras de la jeune fille, il y avait horripilation des poils qui s'y trouvaient...

Les quatre pieds d'une chaise ont été placés dans des verres bien séchés, et le jeune fille Cottin a pu s'y asseoir sans éprouver la plus légère secousse et y rester très tranquille en posant ses pieds sur une bouteille couchée ; après l'avoir laissée dans cette position quelque temps, nous avons approché la main de son coude et déterminé une secousse.

La fille Cottin, étant toujours sur la chaise isolée, on a mis devant elle un guéridon et tout ce qu'il fallait pour faire des gants de filet ; on avait isolé la guéridon sur des verres ; la malade a pu travailler, seulement le moule lui faisait éprouver une sensation pénible... M. Beaumont avait apporté une petite boussole de poche sur laquelle nous avons voulu faire agir le bras d'Angélique, mais nous n'avons rien remarqué : au contraire, lorsqu'elle présentait son coude contre une grande aiguille suspendue à un fil, celle-ci était déviée par répulsion de 90° environ...

Arago avait constaté lui-même, à l'Observatoire, en présence de MM Mathieu, Laugier et Guyon, les phénomènes suivants.

La jeune fille ayant présenté sa main à une feuille de papier placée sur le bord d'une table, cette feuille avait été vivement attirée par sa main.— S'étant approchée du guéridon et l'ayant effleuré de son tablier, ce guéridon avait été repoussé. — S'étant assise sur une chaise et ayant posé ses pieds par terre, la chaise fut projetée avec violence contre le mur, tandis que la jeune fille était jetée d'un autre côté. Cette dernière expérience, recommencée plusieurs fois, réussit toujours : ni Arago, MM. Guyon et Laugier ne purent maintenir la chaise immobile. M. Guyon s'étant assis d'avance sur la moitié de la chaise qui allait être occupée par Angélique, fut renversé au moment où celle-ci vint partager la chaise avec lui.

Sur un rapport favorable de son illustre secrétaire, l'Académie des Sciences nomma une commission pour examiner Angélique. Cette commission s'occupa presque exclusivement de chercher à constater chez le sujet une électricité analogue à celle des machines ou de la torpille. Elle ne put arriver à aucun résultat, probablement par suite de l'émotion causée par la vue des appareils de physique à la jeune fille dont les facultés étaient déjà à leur déclin ; aussi s'empressa-t-elle de faire déclarer comme nulles et non avenues toutes les communications faites précédemment à la Compagnie sur ce sujet.

De là, naturellement, grande émotion et vive polémique entre les gens qui disaient avoir vu et ceux qui les traitaient de naïfs. L'article suivant, paru dans le *Siècle* le 4 mars de cette même année, en est l'écho.

Devons-nous citer un fait récent encore inédit, qui a une notable analogie avec l'histoire de la jeune Angélique et dont les particularités réelles se résolvent très probablement dans une affection nerveuse, telle que la danse de Saint-Guy ? Ce fait est attesté comme parfaitement sincère et exact par un témoin oculaire, éclairé, professeur de classe supérieure dans un des collèges royaux de Paris. En voici un extrait que nous sommes autorisés à reproduire ; « Le

2 décembre dernier, une jeune fille *d'un peu moins de 14 ans*, apprentie coloriste, rue Descartes, étant à travailler à son ouvrage, la table fit entendre, au grand étonnement de tout le monde, des bruits insolites et variables. Bientôt le pinceau de la jeune fille s'échappa de ses doigts : quand elle voulait le saisir, il fuyait ; le pupitre sur lequel elle travaillait reculait ou se dressait devant elle. La table même violemment repoussée, allait se heurter contre la table voisine. La chaise sur laquelle la jeune fille était assise reculait tout à coup et se dérobait sous elle. *Le seul frottement de sa robe repoussait, attirait, soulevait une table*. Le témoin signataire de cette relation dit que, placé près de la jeune fille, il a été soulevé avec la chaise sur laquelle il était assis. Plusieurs fois la jeune fille s'est écriée qu'on lui tirait ses bas. En effet, les jarretières s'étant spontanément dénouées, les bas étaient presque sortis des pieds, puis, par une réaction soudaine, se remettaient d'eux-mêmes... Ces phénomènes se sont reproduits constamment pendant une douzaine de jours. Maintenant, la jeune fille éprouve de violentes secousses intérieures qui ne lui permettent pas de rester assise. Elle est enlevée à tous moments de son siège et y retombe par un mouvement semblable à celui d'un cavalier qui trotterait à l'anglaise ».

En 1858, le Dr Pineau, médecin [aux Péluies (Cher), eut l'occasion [de voir une jeune fille, Honorine Séguin, douée de propriétés analogues, Elle était *âgée également de treize ans et demi*, et demeurait à la Haye (Indre-et-Loire). Comme pour Angélique Cottin, les phénomènes se produisirent inopinément (au commencement de décembre 1857), augmentèrent d'intensité pendant quelque temps, puis finirent par disparaître, mais seulement au bout de deux ou trois mois. M. Figuier en a donné dans l'*Histoire du merveilleux* (tome IV. p. 211-214) une relation où on lit :

Quand le docteur fut arrivé, elle s'assit près de lui, sur une chaise, et plaça près d'elle une autre chaise, en contact avec le bord inférieur de sa robe qui traînait sur le parquet. Après une demi-heure d'attente, on *vit tout à coup son jupon se gonfler et s'appliquer sur l'un des barreaux de la chaise vide* qui fit aussitôt un léger mouvement de rotation accompagné d'un craquement caractéristique. A partir de ce moment la chaise parut obéir à tous les ordres qu'il plut à Honorine de lui adresser.

Elle tournait en glissant sur le parquet, elle frappait le nombre de coups demandés, elle se soulevait sur deux pieds et y restait en équilibre, elle battait la mesure pendant qu'Honorine chantait, enfin elle se renversait avec violence.

Si l'on approchait alors la main du jupon il perdait aussitôt son état de rigidité; mais, un instant après, on le voyait *se gonfler de nouveau, s'approcher de la chaise et y adhérer comme s'il avait été attiré par une force analogue à celle de l'électricité.* Pendant toute la durée de l'expérience qui dura deux heures, les pieds et les mains de la jeune fille restèrent immobiles et en évidence, ce qui éloigne tout soupçon de supercherie de sa part. Au reste, cette supposition paraît entièrement inadmissible à l'observateur, qui mit, ainsi que les personnes présentes, la plus minutieuse attention à surveiller les mouvements du sujet.

Lorsque le Dr Pineau se décida à étudier les propriétés d'Honorine Séguin, le 10 février 1858, elles se trouvaient déjà dans leur période de décroissance; depuis 13 jours déjà elles ne s'étaient point manifestées et il *fallut un effort prolongé de la part du sujet* pour les faire reparaître. Un appareil composé de deux boules de sureau suspendues à un fil de soie ne fut nullement influencé au moment où le jupon renversait une chaise fort pesante.

Un cas très curieux a été observé pendant les années 1852 et 1853 dans la Bavière rhénane sur une petite fille de 11 à 12 ans, Philippine Singer, qui fut d'abord étudiée chez ses parents à Bergzabern par les docteurs Beutner et Depping, puis dans une maison de santé à Frankenthal. Outre les mouvements spontanés d'objets souvent très lourds et les sons tirés d'un petit harmonium, comme on en a vu se produire avec les autres médiums, je signalerai un phénomène d'attraction qui se présente plus rarement.

Un jour, le 26 octobre 1852, elle s'amusa à faire adhérer un morceau de papier à sa main ou au mur et à le faire tomber sans cause apparente malgré l'examen minutieux qu'on fit du papier.

Le lendemain soir, on lui donna d'autres objets, des clefs, des pièces de monnaie, des porte-cigares, des montres, des anneaux d'or et d'argent ; et tous, sans exception, restèrent suspendus à sa main. On a remarqué que l'argent adhérait plus que les autres matières, car on eut de la peine à en enlever les pièces de monnaie, et cette opération lui causait de la douleur.

Le samedi 11 novembre, un officier qui était présent lui donna son sabre avec le ceinturon, et le tout, qui pesait 4 livres, ainsi qu'on le constata, resta suspendu au doigt du milieu en se balançant assez longtemps. Ce qui n'est pas moins singulier, c'est que tous les objets, quelle qu'en fût la matière, restaient également suspendus. *Cette propriété magnétique se communiquait par le simple contact des mains* aux personnes susceptibles de la *transmission du fluide*. Nous en avons eu plusieurs exemples.

Un capitaine, M. le chevalier de Zentner, en garnison à cette époque à Bergzabern, témoin de ces phénomènes, eût l'idée de mettre une boussole près de l'enfant. Au premier essai, l'aiguille dévia de 15°; mais, aux suivants, l'aiguille restait immobile quoique l'enfant eût la boîte dans une main et la caressât de l'autre.

D'habitude, lorsque la petite somnambule se disposait à commencer les séances, elle appelait dans sa chambre toutes les personnes qui venaient là. Elle disait simplement : « Venez ! venez ! » ou bien : « Donnez ! Donnez ! » Souvent elle n'était tranquille que lorsque tout le monde, sans exception, était près de son lit. Elle demandait alors avec empressement et impatience un objet quelconque ; à peine le lui avait-on donné qu'il s'attachait à ses doigts. Il arrivait fréquemment que dix, douze personnes et plus étaient présentes et que chacune d'elles lui remettait plusieurs objets. Pendant la séance elle ne souffrait pas qu'on lui en reprît aucun... A la fin elle rendait à chacun ce qu'on lui avait confié ; elle examinait les objets, les yeux fermés, et jamais ne se trompait de propriétaire (1). La séance terminée et les étrangers partis, les coups et grattements, momentanément interrompus, recommencent.

Il faut ajouter que l'enfant ne voulait pas que personne se tînt au pied de son lit près de l'armoire, ce qui laissait

(1) La plupart des sujets magnétiques présentent des phénomènes analogues. Quand on leur fait prendre, à l'état de veille, un objet que l'on a fortement pressé dans sa main, comme pour l'imprégner de fluide, elles ne peuvent plus, pendant quelques instants, lâcher cet objet : on dirait qu'elles absorbent le fluide emmagasiné et que cette absorption produit une adhérence. Ces mêmes sujets amenés au 5ᵉ état de l'hypnose (*état de lucidité*), reconnaissent, en palpant les personnes présentes, à qui appartiennent des objets portés par ces personnes et que l'on a mis entre leurs mains.

entre les deux meubles un espace d'environ un pied. Si quelqu'un s'y mettait, elle le renvoyait du geste. S'y refusait-on, elle montrait une grande inquiétude et ordonnait, par gestes impérieux, de quitter la place Une fois, elle engagea les assistants à ne jamais se tenir à l'endroit défendu parce qu'elle ne voulait pas, disait-elle, qu'il arrivât malheur à quelqu'un (1).

M. le Dr Féré (médecin en chef de Bicêtre) a eu l'occasion de soigner une jeune dame de 29 ans, présentant des propriétés analogues mais à un bien moindre degré.

Les doigts de Mme N., dit-il (2), attirent les corps légers tels que fragments de papier, rubans, etc. Ses cheveux, non seulement donnent des étincelles au contact du peigne, mais sont des plus rebelles à cause de la tendance qu'ils ont à se redresser et à s'écarter les uns des autres ; quand son linge est approché de sa peau, sur quelque partie du corps que ce soit, il se produit une crépitation lumineuse et les vêtements adhèrent fortement au corps. Cette adhérence est si intense qu'elle entrave les mouvements. Lorsqu'on prie Mme N. de frotter une douzaine de fois avec ses deux mains une étoffe de laine ou simplement une serviette étendue sur un meuble de bois (corps isolant très imparfait), l'étoffe chargée d'électricité adhère fortement au meuble, et on peut en tirer des étincelles d'un centimètre de longueur.

(1) L'armoire semblait ici jouer le rôle du *cabinet obscur* dans les séances avec Eusapia et les autres médiums à matérialisation. Tous prétendent que c'est là que se condensent, à l'abri de la lumière, les effluves qui, sortant d'eux, doivent produire les phénomènes, et ils ne veulent pas laisser couper la communication. C'est donc bien à tort qu'on veut voir dans cette prescription un moyen de favoriser le jeu de trucs du reste impossibles à expliquer.

(2) Le *Progrès médical*, 1884.

Cette apparente production anormale d'électricité varie : Mme N. produit des décharges plus intenses à la suite d'émotions morales vives ; elle a remarqué que la crépitation s'exagérait par exemple lorsqu'elle venait d'entendre un morceau de musique qui l'avait vivement émue : le crépitement se manifestait alors sur tout le corps, mais particulièrement aux jambes et provoquait une sensation de picotement des plus désagréables. Les temps secs favorisent ces phénomènes électriques (1) qui sont surtout intenses au moment des gelées ; les temps humides ou brumeux produisent un effet contraire. Mme N. est prévenue, quelquefois plusieurs jours d'avance, d'un changement de temps par les modifications de sa tension électrique qui est nulle par les temps de pluie et de vent du Sud.

La tension extrême coïncide avec un état d'excitabilité très nettement appréciée par la malade qui est fort intelligente et se rend compte de tous les détails de sa situation. Lorsqu'au contraire, sous l'influence de l'humidité de l'atmosphère, la tension diminue, il y a sensation de lassitude générale ; d'ailleurs, lorsque Mme N. s'est déchargée par le frottement une partie du corps, elle éprouve comme un épuisement de cette partie, une fatigue pénible. Il convient de remarquer que Mme N. a la peau extrêmement sèche, tellement que ses jambes gercent au moindre froid.

Nous avons pu à diverses reprises nous assurer à l'aide de l'électromètre à boule de sureau que Mme N. est chargée d'électricité positive.

Il est à remarquer que les propriétés anormales que nous venons de constater se manifestant presque tou-

---

(1) En Amérique, l'état électrique de l'air est tel qu'il suffit souvent de frotter ses pieds un peu longtemps sur le tapis de l'appartement pour pouvoir tirer d'un bec de gaz, en approchant un doigt, une étincelle suffisante pour enflammer le gaz (GUILLEMIN, *Le magnétisme et l'électricité*, p. 155.)

jours chez des jeunes filles au moment où leur organisme se prépare à la crise de la menstruation. On a, du reste, bien souvent observé que beaucoup de femmes, lorsque leurs règles se produisent, brisent, en tratravaillant, leurs aiguilles, tout à coup, involontairement, sans aucun choc, sans aucune force apparente, malgré leur volonté bien arrêtée de ne pas casser ces aiguilles (Voir l'appendice n° 1).

L'âge de la ménopause paraît amener quelquefois des manifestations électriques analogues.

Une dame de mes amies, Mme B. âgée de 53 ans, éprouva, pour la première fois, il y a deux ans, le phénomène suivant. En se réveillant et en voulant se découvrir pour se lever, elle s'aperçut avec étonnement que ses draps de lit présentaient une adhérence extraordinaire ; elle fit effort pour les séparer et aussitôt elle se vit baignée comme dans une nappe de feu qui l'effraya beaucoup ; la chemise adhérait aussi à la peau. Quelques mois après, le même phénomène se représenta dans le paquebot sur lequel elle voyageait pour se rendre en Algérie. Sa femme de chambre lui a raconté que, plusieurs fois, elle avait vu des effluves longs de 0^m20 sortant de ses doigts de main et de pied quand elle était dans cet état, et remarqué l'adhérence que présentaient les draps quand elle voulait faire le lit. Mme B. a recours, quand le phénomène se produit, à une immersion dans sa baignoire pleine d'eau froide, mais il lui en reste toujours une très grande fatigue.

APPENDICE N° 1

DE QUELQUES PHÉNOMÈNES MÉCANIQUES PRODUITS SANS CONTACT PAR CERTAINES FEMMES AU MOMENT DE LA MENSTRUATION
Par le Dr L. Laurent (1).

Chez la femme, l'existence de la période menstruelle a donné lieu à un grand nombre de coutumes et d'idées, que nous trouvons répandues partout quelle que soit la nation chez laquelle nous ayons pu chercher à les observer. Que nous nous soyons adressé aux jaunes, aux blanches ou aux noires, partout la femme admet ces idées comme acquises pendant que l'homme n'y fait généralement aucune attention et les considère comme des superstitions écloses dans le cerveau plus faible de sa compagne. Quant au savant et à l'expérimentateur, ils s'en sont jusqu'à ce jour désintéressés.

Nous pensons que c'est à tort, et, sans avoir cherché à vérifier la vérité de tous ces dires, nous nous sommes attachés à constater l'existence de lueurs ou d'effets mécaniques, produits à distance par un certain nombre de femmes au moment de la période menstruelle, faits analogues à ceux qu'a déjà signalés le colonel de Rochas dans son livre sur l'extériorisation de la motricité.

Voici les plus curieux et les plus nets que nous ayons observés :

(1) Extrait des Annales des sciences psychiques.

I

Deux jeunes filles de 16 à 17 ans, quelques peu névropathes, mais sans accidents hystériques, l'une ayant été autrefois atteinte d'une coxalgie et chez laquelle persiste une ankylose complète de la hanche droite, présentent au moment des règles des phénomènes d'adhérence de leurs vêtements. Il leur faut faire effort pour enlever leurs pantoufles, même larges. Les bas sont difficiles à retirer ; il faut qu'une autre personne les retourne et les tire assez violemment. Quant aux chemises, ces jeunes filles ont renoncé à en changer pendant ces périodes, car elles sont collées sur leur peau, et il serait nécessaire qu'une autre personne glissant les mains en-dessous, les enlevât en les écartant.

Pas de phénomènes de fluorescence. Les règles sont un peu douloureuses, quoique en somme normales ; mais pendant leur durée, ces jeunes filles se sentent dans une sorte d'état électrique avec des fourmillements, de légers picotements, des sensations agréables et désagréables d'attraction ou de répulsion au contact de divers objets. Chez l'une d'elles, cette sensation particulièrement énervante d'adhérence est remarquable pour les objets en métal, notamment les couverts de table ; les doigts collent un instant, mais l'adhérence n'est jamais assez forte pour soulever ces objets.

Il reste à noter que la jeune fille coxalgique a été réglée pour la première fois à 13 ans, au moment même où on la chloroformait pour un redressement de la hanche ; le chirurgien dut interrompre l'opération.

II

Un monsieur, contrebasse dans un théâtre, me dit un jour qu'il allait acheter un *sol* de contrebasse parce que sa femme avait ses règles : « ce sont mes 29 sous mensuels », me dit-il. Je l'interrogeai et il m'apprit que, depuis plusieurs années, chaque fois qu'il laissait dans son logement sa contrebasse accordée, au moment des règles de sa femme, le *sol* cassait. Il y était tellement habitué que souvent, à ce moment, il emportait son instrument chez un ami. Pendant l'hiver, saison où les cordes sont partout plus fragiles, rien de semblable ne lui arrivait, son instrument restant au théâtre.

Il ajouta que le même fait lui était arrivé lorsque, 10 ans environ plus tôt, il avait pour maîtresse une chanteuse de café-concert ; celle-ci l'en avait d'ailleurs prévenu, lui disant qu'elle portait la guigne aux instruments à cordes.

Ce récit me rappela que j'avais entendu parler autrefois d'une harpiste qui avait été obligée de renoncer à sa profession, parce que la période caténméniale était chez elle très longue, et que, pendant toute la durée, plusieurs cordes, *toujours les mêmes*, cassaient, surtout quand elle jouait ; ce qui l'avait arrêtée nombre de fois au milieu d'un concert.

Je me livrai alors à un commencement d'enquête, au cours de laquelle je trouvai une dizaine de cas semblables parmi lesquels je citerai les suivants :

Un de mes amis, administrateur en Cochinchine, avec qui j'avais longtemps habité pendant mon séjour en Orient, me dit que, plusieurs fois, les cordes de son violon avaient cassé au moment des règles de sa congaï ; elle le lui avait fait remarquer, disant que les Annamites connaissaient bien ce phénomène, et qu'elles avaient soin de ne pas jouer de leurs instruments à cordes pendant cette période. Il tint bon compte de l'avis et, plusieurs jours par mois, il laissait reposer son violon, les cordes desserrées. Ce récit me rappela que, pendant que nous habitions ensemble, il m'avait donné, une ou deux fois, ce prétexte pour ne pas prendre son violon.

Deux jeunes femmes, toutes les deux très bonnes violonistes, m'ont affirmé que, depuis leurs premières menstruations, elles avaient remarqué que leurs cordes cassaient fréquemment pendant cette période. L'une, véritable artiste, jouant souvent dans des concerts de charité, refusait systématiquement de jouer à ces moments-là, et était souvent fort embarrassée pour trouver un prétexte ; l'autre avait également renoncé à jouer, à cause, disait-elle, de l'ennui de changer si fréquemment de cordes, d'autant plus que, pendant cette période, elle se trouvait plus nerveuse et irritable.

Ce phénomène de la rupture des cordes, quel que soit l'instrument employé (violon, harpe, violoncelle, contrebasse, instruments à cordes métalliques de grosseur égale ne différant que par la longueur et la tension comme ceux qu'emploient les Annamites), m'a paru presque constant. Il serait intéressant d'étendre cette enquête et surtout de pouvoir la faire dans un milieu tel qu'un Conservatoire. J'espère que quelqu'un de mes lecteurs se trouvera en position de se livrer à ce travail et que ces observations viendront corroborer les miennes. En tout cas, il y a là une action mécanique à distance, indéniable, que nos principes scientifiques actuels sont impuissants à expliquer.

III

J'ai pu vérifier que, toujours au moment des règles, un certain nombre de femmes brisaient les objets qu'elles avaient dans les mains. Il ne s'agit pas simplement de la maladresse due à l'énervement, au tremblement hystériforme dont la conséquence serait la chute de l'objet sur le sol ; il y a cassure spontanée, analogue à celle des cordes dont je viens de parler. La plupart du temps, le fait a lieu lorsque la femme essuie un verre avec une serviette ; il lui éclate alors dans les mains sans effort appréciable. J'ai relevé le cas de trois domestiques qui perdirent leur place à cause des dégâts qu'elles faisaient alors dans la vaisselle ; l'une d'elles, employée chez la mère d'un étudiant en médecine, pleurait en disant : « Mais Madame, vous voyez bien que ce n'est pas de ma faute, que je ne fais pas fort. »

Naturellement, le fait ne se limite pas aux verres ; mais il faut des objets relativement fragiles et pouvant se briser sous l'influence de vibrations. Le colonel de Rochas a cité le cas de femmes brisant fréquemment et sans efforts leurs aiguilles au moment de la période menstruelle ; nous avons pu fréquemment vérifier le fait. Inutile de dire que tous ces bris d'objets ne surviennent pas en dehors de cette période.

IV

L'une des domestiques dont je viens de parler présentait encore un phénomène bien plus curieux : celui d'arrêter les pendules, toujours sous la même influence, lorsqu'elle essuyait la cheminée et époussetait la pendule. Si, le mouvement arrêté, elle essayait de la faire reprendre en promenant le balancier, elle ne pouvait y arriver, le mouvement s'arrêtait presqu'aussitôt. Si, un instant après, sa maîtresse faisait la même opération, la pendule marchait fort bien.

Une matinée, sept fois de suite, elle fit l'expérience de poser légèrement la main sur la pendule, puis de l'enlever au bout de quelques instants ; au bout de une à trois minutes, le mouvement s'arrêtait, comme s'il y eût eu un frottement dans les engrenages. La maîtresse faisait repartir la pendule qui ne s'arrêtait ensuite que lorsque la bonne y posait la main, et ainsi de suite. Le fait fut contrôlé plusieurs mois successivement ; dans l'intervalle des règles, rien ne se produisait. En aucun moment, la maîtresse de maison ne pouvait déterminer le même phénomène (1).

(1) Trois personnes différentes m'ont cité des cas de femmes

V

Un lieutenant de vaisseau m'a raconté qu'une jeune mulâtresse du Sénégal, au teint très clair, maîtresse d'un médecin de marine, présentait au moment de ses règles le phénomène de la fluorescence quand elle écartait les draps de son lit ; il avait entendu parler de quelques cas semblables, mais assez rares.

VI

Nous terminerons ici cet aperçu sur l'extériorisation des phénomènes mécaniques ou fluorescents chez la femme au moment de la période caténméniale. Nous n'avons voulu citer que quelques exemples, désireux seulement d'appeler l'attention sur ces phénomènes connus de la plupart des femmes ; ils n'étonnent aucune d'elles lorsqu'on leur en parle ou qu'on les interroge à ce sujet ; mais, jusqu'à présent, ils ont passé trop inaperçus et surtout trop inétudiés. Ils ressemblent pourtant bien à certaines manifestations dites occultes et leur fréquence demande pour eux une explication générale et toute naturelle qui sera peut-être aussi celle de bien d'autres phénomènes d'extériorisation de la motricité. Le sens dans lequel devraient être dirigées les recherches serait, à notre avis dans la concordance des vibrations ; c'est là, du reste, nous disait le colonel de Rochas, la théorie indoue.

Nous n'avons voulu nous appesantir que sur les phénomènes mécaniques ; ce sont les plus appréciables à nos sens et ceux qu'on peut le mieux étudier scientifiquement. Nous

dont les montres, marchant régulièrement quand elles étaient portées par d'autres, s'arrêtaient très fréquemment quand elles les portaient. — A. R.

avons volontairement laissé de côté les actions chimiques qui sont tout aussi curieuses et dont la croyance est encore plus répandue. Dans tous les pays, il est admis qu'à ces époques les femmes peuvent faire cailler le lait (1), tourner la mayonnaise, les sauces au beurre liées, etc. Ces croyances sont si bien établies qu'elles ont donné lieu à des pratiques industrielles.

1° Dans les grandes raffineries du Nord de la France, il est formellement interdit à aucune femme de pénétrer dans les ateliers au moment où l'on fait bouillir le sucre dans les bassines et pendant qu'il se refroidit ; en dehors de ce moment l'entrée leur est permise. Le prétexte donné est que si une femme réglée pénétrait dans l'atelier, le sucre noircirait par la suite.

2° Dans beaucoup d'établissements de pisciculture, on prétend que la présence des femmes au moment de leurs époques est défavorable à l'incubation artificielle des œufs de poissons. Dans certaines champignonnières, notamment à Orry-la-ville (Oise) ; on n'admet pas les femmes dans des conditions et pour des motifs analogues.

3° Pour le même motif, aucune femme n'est employée à la bouillerie de la manufacture d'opium à Saïgon ; les Chinois chargés de cette opération prétendent que si une femme ayant ses règles s'en mêlait, l'opium tournerait et deviendrait aigre. — Bien mieux, les congaïs annamites prétendent qu'il leur est plus difficile de préparer les pipes d'opium

---

(1) Un agriculteur de la Charente-Inférieure m'a affirmé avoir connu une jeune fille, très brune de peau, d'un tempérament ardent et présentant une forte odeur au moment de ses règles, à qui il suffisait d'entrer dans la laiterie de sa ferme pour faire tourner le lait.

Dans les petites exploitations du même pays, les laiteries sont contiguës aux écuries des vaches ; mais on a toujours soin d'en enlever le lait, quand il y a une vache en chaleur, pour l'empêcher de tourner. — A. R.

pendant la période catéméniale, que l'opium ne prend pas et que la pipe est mal faite. J'ai pu vérifier le fait de façon assez nette et je sais que plusieurs congaïs refusent à ce moment de préparer les pipes. Sur la plupart des points d'ailleurs, elles ont les mêmes convictions que les Européennes.

4° Les Annamites ne laissent jamais entrer dans une plantation de bétel, au moment de la cueillette des feuilles, une femme qui ne soit pas bien connue d'eux comme non réglée et hors d'âge ; les feuilles aigriraient et ne se conserveraient pas. Cette cueillette est une industrie pour les vieilles comme en France pour les jeunes.

5° Les Annamites prétendent qu'une femme ayant ses règles fait tourner la viande rouge (sanglier, etc.). On m'a donné ce prétexte pour m'expliquer qu'un cuissot était mauvais au bout de 24 heures.

APPENDICE N° 2

COMPARAISON DES EFFETS QUE L'ON PEUT PRODUIRE AVEC L'ÉLECTRICITÉ ORDINAIRE AVEC CEUX QUE L'ON EST TENTÉ D'ATTRIBUER A L'ÉLECTRICITÉ ANIMALE.

Par M. BREYDEL.

Dans son n° du 20 mai 1905 le Cosmos a publié, sous le titre La Lévitation, un article de M\u207f A Breydel dans lequel cet auteur, tente de donner une base physique à quelques-uns des phénomènes que l'on a étudiés dans cet ouvrage.

J'ai cherché, dit-il, à imiter, grâce à l'électricité, ces phénomènes étranges; car, comme nous le verrons, j'incline à penser que, dans certaines conditions, le corps humain peut dégager de l'électricité à haut potentiel, quoique de trop faible intensité pour nous être autrement manifesté que par un souffle frais, ou des effluves pouvant être parfois visibles dans l'obscurité et capables de produire assez rarement attraction, répulsion et autres manifestations de mouvement.

L'appareil que j'emploie est une simple machine statique à plateaux, genre Wimshurst, de diamètre assez grand.

Si nous supprimons l'une des deux boules polaires, dès que la machine fonctionne, il se dégage par l'extrémité de la tige des effluves presque invisibles, surtout lorsqu'elle est terminée par une pointe effilée. Le dégagement d'électricité qui s'y produit d'une façon continue y est à potentiel très élevé mais de faible intensité.

Ces effluves peuvent charger une bouteille de Leyde à la distance de plus d'un mètre, si l'air est assez sec et froid ; et cela peut se faire même au travers d'une lame de verre bien sèche ou toute autre substance isolante sous faible épaisseur. Ces mêmes effluves sont capables de faire entrer en rotation une boule en celluloïd ou en verre mobile autour d'un axe.

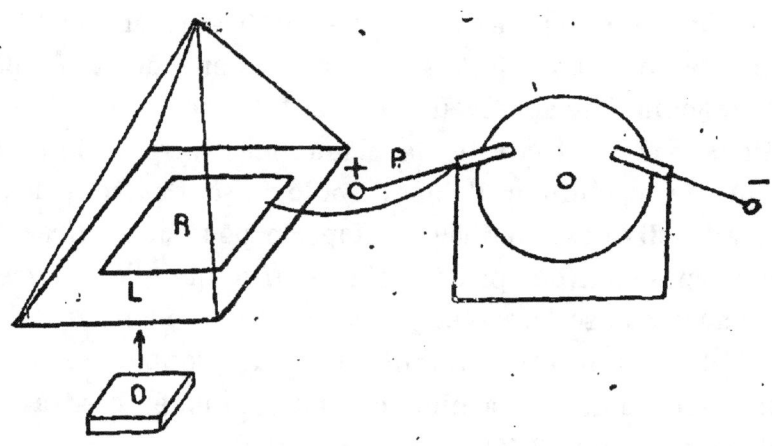

Fig. 1.

Si l'on insuffle ces effluves sur une plaque de verre et qu'on en approche la main, on sent un vent frais et un léger crépitement dans le voisinage de cette plaque de verre ; et de plus, tout objet qu'on en approche est attiré et y adhère assez vivement.

Pratiquement, cette lame de verre doit être lavée à l'alcool et bien sèche ; elle peut avoir environ $0^m,60$ de côté, elle doit être supportée sur pieds isolants ou pendue par les coins au moyen de câbles en caoutchouc ou de liens de soie, ou de toute autre substance isolante L, (fig. 1).

Pour mieux y concentrer les effluves on la recouvre d'une rondelle en papier d'étain R, reliée directement à l'un des pôles P de la machine statique, ou bien on la place dans le voisinage de la tige polaire P (fig. 1).

Tout objet O placé en-dessous de cette plaque électrisée est soulevé. J'ai pu attirer à quelques centimètres des cubes pesant près d'un kilogramme, et à quelques décimètres des feuilles d'étain ou de papier.

L'attraction, il va sans dire, est d'autant plus vive que la surface de l'objet à soulever est plus unie. Il importe de le lâcher dès qu'il est soulevé, sinon, dès son contact avec la lame électrisée, il retombe.

On peut renverser les rôles, c'est-à-dire se servir d'une plaque de verre non électrisée en raccorder l'objet au pôle de la machine ; le soulèvement se fait de même.

Mieux encore. On relie la plaque de verre à l'un des pôles de la machine et l'objet à soulever à l'autre pôle ; la force attractive est doublée. Il importe, pour bien faire, que l'objet repose sur des pieds isolants afin que l'écoulement de la charge ne se fasse pas par le sol.

L'effet produit est d'autant plus énergique que la force électromotrice de la machine est plus grande, c'est-à-dire qu'il dépend de la différence de potentiel.

Pour imiter en grand la lévitation, on garnit le plafond de la chambre d'expérience d'une plaque analogue à celle que nous avons décrite plus haut, et tenue isolée électriquement des murs puis raccordée à une source d'électricité à très haut potentiel et presque continue, comme dans le cas d'une puissante machine statique. Les objets sur lesquels on insuffle les effluves provenant de la source de nom contraire sont soulevés et attirés vers le plafond.

Au lieu de procéder par l'attraction vers le haut, on peut placer la lame à électriser à la partie inférieure de la chambre et suspendre au-dessus, au moyen d'un fil souple ou élastique, un objet quelconque. Dès que la machine fonctionne, l'objet semble devenir plus lourd, car il est attiré vers le bas, comme il est indiqué dans la figure 2.

Les objets adhèrent dans ce cas au plateau de verre, comme dans l'expérience précédente. On peut de la sorte imiter et la lévitation ou la diminution apparente de poids et l'augmentation apparente de la pesanteur.

Un petit ballon en baudruche est très sensible à ces expériences.

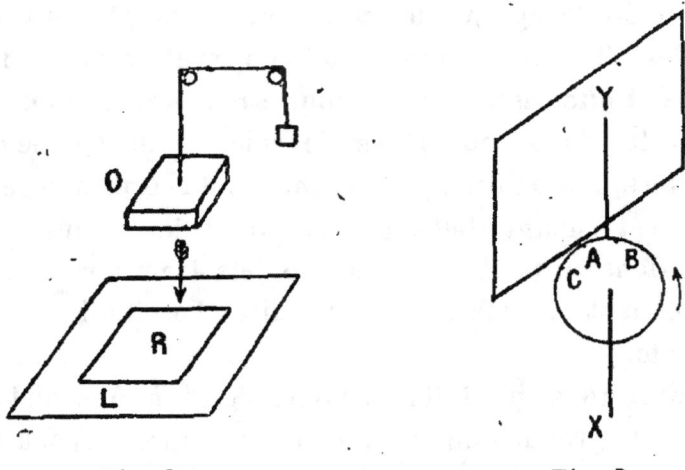

Fig. 2.   Fig. 3.

Ces mouvements d'attraction ou de répulsion peuvent être transformés en mouvement de rotation. Il suffit pour le réaliser de placer (fig. 3) sous le plateau une sphère de verre (ou d'autre substance mauvaise conductrice) mobile autour d'un axe X Y.

Le point A est d'abord attiré, mais en même temps, un des points voisins B ou C ; A d'abord attiré s'électrise dans le même sens que le plateau, puis est repoussé ; B est attiré puis repoussé de même, et la rotation s'entretient d'une façon continue.

Ces divers mouvements peuvent se transformer encore en décharges électriques, comme dans le cas des bouteilles de Leyde sur lesquelles on insuffle les effluves. Ils peuvent aussi se transformer en choc, secousse, coup frappé, etc.....
On obtient ainsi des manifestations auditives mais invisibles, c'est-à-dire non lumineuses.

Par contre, si elles sont suffisamment vives, ou si elles se produisent dans un milieu où la pression est très basse, elles produisent la luminosité de ce milieu ; c'est le cas des tubes à gaz raréfiés de Crookes.

Il suffit d'ailleurs de se placer sur un plateau isolant : si l'on est raccordé à l'un des pôles de la machine, dans l'obscurité on dégage par les cheveux, les doigts, les vêtements, des effluves visibles ; la tête apparaît entourée d'une auréole. Cet effet est d'autant plus saisissant si l'on a le corps revêtu d'une couverture de soie, le dégagement se faisant alors uniquement par les parties du corps non recouvertes de cet isolant, telles que la tête et les mains. Dans ces conditions on peut attirer des objets légers rien qu'en en approchant la main, et produire l'oscillation d'une tablette, etc.

Tous ces effets produits peuvent l'être à une distance d'autant plus grande que la force électromotrice, c'est-à-dire la différence de potentiel est plus grande. Ils peuvent être réalisés avec des objets de masse d'autant plus grande que l'intensité de la machine, c'est-à-dire le débit, est plus grande également.

Si ces effluves sont produits par une source *très continue* et non oscillante, ni alternative (j'insiste sur ce point), les résultats obtenus sont d'autant meilleurs, et les manifestations de mouvement : attraction, répulsion, lévitation, diminution ou augmentation de la pesanteur, déplacement d'objet, coups frappés, etc., se produisent sans effets électriques sensibles pour nos organes ; c'est-à-dire que nous voyons des choses en mouvement sans qu'il y ait d'autre trace d'électricité qu'un souffle froid ou une sorte de phosphorescence.

Les très hauts potentiels n'affectent pas en effet nos muscles d'une façon sensible. Ne voyons-nous pas encore que nous vivons au sein de variations continues de potentiel atmosphérique ? Ne savons-nous pas que la végétation, et en général tout foyer d'activité atomique ou moléculaire, engendre de l'électricité à haut potentiel et dont nous ne ressentons les effets que s'il y a interruption brusque (comme dans le cas des décharges alternatives), ou bien si l'intensité devient suffisamment grande ?

Avant de terminer, je voudrais dire quelques mots au sujet des expériences que les Joghis et Fakirs des Indes peuvent produire, sans le concours d'aucune autre machine que leur propre corps.

Ils produisent la lévitation et d'autres phénomènes incroyables au premier abord, et ce, parce que, maîtres de leur organisme, ils en sont arrivés à se placer dans un état nerveux voulu pour dégager de leur corps de l'électricité et produire à volonté les phénomènes mentionnés.

Ce que les Joghis et Fakirs produisent artificiellement par un entraînement et un assouplissement organique à toute épreuve, ce qu'ils produisent volontairement et par intermittence a déjà été observé en Europe.

J'ai connu pour ma part une pauvre femme, atteinte d'une maladie de la moelle épinière, et dont la chevelure et les mains dégageaient involontairement de l'électricité, des effluves visibles, et qui entraînaient le déplacement d'objets, etc.

Qu'est-ce à dire, sinon que l'électricité est intiment liée à tous ces phénomènes ? Si nous considérons enfin les « médiums » que l'on étudie dans les recherches spirites, ne doit-on pas y voir des organismes d'une constitution appropriée pour produire des phénomènes semblables, que ce soit, comme les Joghis et Fakirs, par leur propre volonté, ou que ce soit en simples instruments passifs agissant sous une cause intelligente extérieure ?

FIN DE LA DEUXIÈME PARTIE

TROISIÈME PARTIE

CONCLUSIONS ET HYPOTHÈSES

De ce qui précède on peut tirer les conclusions suivantes :

1° Les phénomènes observés chez les divers médiums présentent de très grandes ressemblances entre eux et avec ceux qui ont été constatés chez les mystiques de tous les temps et de tous les pays. Ils ne diffèrent guère que par leur degré d'intensité et l'obstacle plus ou moins grand que la lumière oppose à leur production. On peut en observer la progression continue depuis les plus simples, tels que l'attraction des *sujets* par le magnétiseur, ou les actions des effluves digitaux (1) sur les corps très légers, jusqu'aux miracles les plus étonnants (2).

---

(1) A. DE ROCHAS, *l'Extériorisation de la sensibilité*. Chap. I : De l'objectivité des effluves perçus sous forme de lumière dans l'état hypnotique. — Baron DE REICHENBACH, *Les effluves odiques*.

(2) « Saint Vincent Ferrier prend dans ses mains et place sur un char une pièce de bois que dix hommes auraient eu peine à lever de terre. Une autre fois, il fait porter au couvent, sans aucune fatigue, une poutre qu'une paire de bœufs n'aurait pu

2° Quelques-uns de ces phénomènes, tels que les globes lumineux, semblent analogues à des manifestations encore inexpliquées de l'électricité atmosphérique (*éclairs en boule*); d'autres paraissent dus à un développement anormal d'électricité dans l'organisme, développement qui se produit assez souvent d'une façon spontanée chez les jeunes filles à l'époque de leur puberté.

3° Tous ont pour cause première des effluves qui se dégagent de quelques parties du corps de certaines personnes, et sous une forme semblable à celle du vent électrique. Ces effluves peuvent être dirigés par la volonté du sujet vers l'objet sur lequel ils doivent agir : ils s'échappent par ondes dont l'intensité correspond à l'effort qui les produit. Leur émission s'accompagne de douleurs plus ou moins violentes que le sujet cherche souvent à diminuer en diminuant l'effort qu'il juge nécessaire pour agir sur un objet extérieur et par suite en rapprochant son corps de cet objet. La lumière exerce sur eux une action dissolvante ; mais ils ont paru, dans certains cas, devenir plus intenses quand le sujet était en contact bien direct avec le sol, sans interposition de substances isolantes pour l'électricité, ou quand il était électrisé par une machine statique.

---

traîner, par un éclopé, lequel, après cette besogne, se trouve aussitôt guéri.

« Ces faits sont très multipliés dans les Actes des saints. A la demande d'un prêtre des idoles qui ne pouvait accepter le mystère d'un Dieu incarné, et qui voulait, pour y croire, un signe du ciel, saint Grégoire le Thaumaturge fit passer instantanément de son lieu à un autre, par une simple parole de sa foi, un énorme rocher qui était devant eux, et le païen se convertit. » Ribet, *Mystique divine*, t. II, p. 613.

*
* *

Quand on cherche à créer une science, la première préoccupation doit être de bien constater les faits, mais cela ne suffit pas.

Notre esprit se cabre en effet devant les phénomènes les mieux établis et refuse de les admettre s'ils lui paraissent en opposition avec ce que nous considérons comme des lois de la nature (1). Pour vaincre cette résistance, il faut imaginer des théories montrant le lien qu'ils peuvent avoir entre eux et celui qui permet de les rattacher à nos connaissances acquises sans se préoccuper des hypothèses actuellement en faveur. « Les faits, a dit sir Humphry Davy, sont plus utiles quand ils contredisent que quand ils appuient les idées reçues. » Dès qu'une théorie n'explique plus tous les faits de même ordre, elle est caduque ; celle qui lui succédera, sans avoir davantage la prétention d'être adéquate à la vérité, doit servir à provoquer par le raisonnement des déductions nouvelles qui l'infirmeront ou bien la confirmeront pendant un certain temps.

Ce serait perdre son temps que de se borner indéfiniment à la constatation brute de phénomènes dont la réalité est maintenant affirmée par des centaines de té-

---

(1) Ces phénomènes sont très complexes ; et, si l'électricité paraît jouer un rôle prépondérant dans les plus simples, elle s'efface, dans les phénomènes transcendants, devant d'autres forces encore inconnues.

Le célèbre électricien anglais Varley a fait, à ce sujet, des expériences publiées par la Société dialectique de Londres en 1871.

moins dont on ne saurait suspecter ni la sincérité ni la compétence. On a vu, par notre tentative si imparfaite de Choisy, combien il était difficile d'expérimenter, quels obstacles apportaient les habitudes du sujet, la surprise des assistants non encore faits à ces étranges manifestations, les conditions climatériques, le petit nombre de séances dont chaque groupe a pu jusqu'ici disposer. Cependant chacun de ces groupes a fait progresser la méthode d'investigation et a apporté des données utiles sur la nature des phénomènes.

Ainsi, avec D. Home, M. Crookes avait pu enregistrer les courbes produites par les variations dans l'intensité d'émission de la force psychique. Avec le médium F., Donald Mac-Nab avait reconnu la nature toute particulière des empreintes laissées par les lueurs sur une plaque photographique. Avec Slade, Zöllner a montré que la force psychique peut agir sur les aimants, aimanter des aiguilles et donner des réactions acides à des substances neutres.

Avec Eusapia : — à Milan, en 1892. on a appliqué la photographie, la balance, le dynamomètre suspendu ; — à Varsovie (1893-1894), on a fait des expériences en pleine lumière et on a ajouté aux procédés précédents le contrôle électrique des membres ; de plus on a constaté, à l'aide du dynamomètre à main, qu'après chaque séance, les assistants avaient perdu une partie de leur force, et que la somme des pertes individuelles correspondait à peu près à la force moyenne d'un homme comme s'il s'agissait de créer un organisme dynamique à part aux dépens des assistants, y compris le médium.
— A l'île Roubaud (1894), on a continué les essais dynamométriques ; on a perfectionné l'expérience de la

lampe électrique et on a obtenu des photographies de lévitation à la lumière éclatante d'un jour d'été en plein air. — Les séances de Cambridge ont démontré l'influence sur le médium de l'état d'esprit des assistants. — A l'Agnélas, on a obtenu l'expérience si nette du pèse-lettre, et on a fait ressortir que chaque phénomène était accompagné d'un violent effort musculaire du médium. — A Auteuil, on a remarqué que quand Eusapia voulait déplacer un objet, elle allait presque toujours le toucher auparavant avec la main, soit pour établir un lien fluidique, soit pour mesurer l'effort musculaire qu'elle aurait à faire ensuite pour le mouvoir à distance. — A Choisy, on a constaté l'influence de l'électrisation sur l'intensité des phénomènes ; on a reconnu qu'Eusapia se comportait comme les autres *sujets* sous l'influence du magnétisme animal et qu'il y avait un lien sensible, quoique invisible, entre elle et l'objet qu'elle déplaçait. — A Montfort l'Amaury on a eu une nouvelle preuve de l'extériorisation partielle du médium, base probable de la formation des fantômes, etc. Le manque de temps seul nous a empêché de vérifier si l'on ne pourrait pas, à l'aide de *suggestions*, faire produire à volonté les phénomènes qu'on désire étudier.

* *

Le moment paraît venu de tenter une synthèse de tous ces faits, et je partirai de ce *postulatum* qu'il y a, dans l'homme vivant, un ESPRIT et un CORPS.

L'esprit, nous ne pouvons nous le représenter ; tout ce que nous en savons, c'est que de lui procèdent les phénomènes de la volonté, de la pensée et du sentiment.

Quant au corps, il est inutile de le définir, mais nous y distinguerons deux choses : la matière brute (os, chair, sang, etc.), et un agent généralement invisible qui transmet à l'esprit les sensations de la chair et aux muscles les ordres de l'esprit.

Lié intimement à l'organisme qui le sécrète pendant la vie, il s'arrête, chez le plus grand nombre, à la surface de la peau et s'échappe seulement par effluves plus ou moins intenses selon l'individu, par les organes des sens et les parties très saillantes du corps, comme les extrémités des doigts. C'est du moins ce qu'affirment voir beaucoup de sujets ayant acquis par certains procédés une hyperesthésie visuelle momentanée, et ce qu'admettaient les anciens magnétiseurs si longtemps bafoués par la science officielle (1). Il peut cependant se déplacer

(1, Feu M. Pouchet, professeur au Muséum, l'un des adversaires les plus acharnés de nos idées, écrivait dans *le Temps* du 12 août 1893 :

« Démontrer qu'un cerveau, par une sorte de gravitation, agit à distance sur un autre cerveau comme l'aimant sur l'aimant, le soleil sur les planètes, la terre sur le corps qui tombe ! *Arriver à la découverte d'une influence, d'une vibration nerveuse se propageant sans conducteur matériel !...* Le prodige, c'est que tous ceux qui croient peu ou prou à quelque chose de la sorte ne semblent même pas, les ignorants ! se douter de l'importance, de l'intérêt, de la nouveauté qu'il y aurait là dedans et de la révolution que ce serait pour le monde social de demain. Mais trouvez donc cela, bonnes gens, montrez-nous donc cela et votre nom ira plus haut que celui de Newton dans l'immortalité, et je vous réponds que les Berthelot et les Pasteur vous tireront leur chapeau bien bas ! »

Nous n'en demandons point tant, mais nous connaissons parfaitement l'importance du but de nos efforts et nous savons par l'histoire le cas qu'il faut faire des dogmes scienti-

dans le corps sous l'influence de la volonté puisque l'*attention* augmente notre sensibilité sur certains points pendant que les autres deviennent plus ou moins insensibles : on ne *voit*, on n'*entend*, on ne *sent* bien que quand on *regarde*, qu'on *écoute*, qu'on *flaire*, ou qu'on *déguste*.

Chez certaines personne qu'on appelle des *sujets*, l'adhérence du fluide nerveux avec l'organisme charnel est faible; de telle sorte qu'on peut le déplacer avec une facilité extrême et produire ainsi des phénomènes d'hyperesthésie et d'insensibilité dus soit à l'auto-suggestion, c'est-à-dire à l'action de l'esprit du sujet lui-même sur son corps fluidique, soit à la suggestion d'une personne étrangère dont l'esprit a pris contact avec le corps fluidique du sujet.

Quelques sujets, encore plus sensibles, peuvent pro-

fiques. Il n'y a guère plus d'un siècle que Beaumé, membre de l'Académie des sciences, écrivait à propos des découvertes de Lavoisier :

« Les éléments ou principes primitifs des corps, établis par Empédocle, Aristote et par beaucoup de philosophes de la Grèce aussi anciens, ont été reconnus et confirmés par les physiciens de tous les siècles et de toutes les nations. Il n'était pas trop présumable que les quatre éléments, regardés comme tels depuis plus de deux mille ans, seraient mis, de nos jours, au nombre des substances composées, et qu'on donnerait avec la plus grande confiance, comme certains, des procédés pour décomposer l'eau et l'air, et *des raisonnements absurdes, pour ne rien dire de plus*, pour nier l'existence du feu et de la terre. Les propriétés élémentaires reconnues aux quatre substances ci-dessus nommées *tiennent à toutes les connaissances physiques et chimiques acquises jusqu'à présent ;* ces mêmes propriétés ont servi de base à une infinité de découvertes et de théories plus lumineuses les unes que les autres, auxquelles il faudrait ôter aujourd'hui toute croyance *si le feu, l'air, l'eau et la terre étaient reconnus pour n'être plus des éléments.* »

jeter leur fluide nerveux, dans certaines conditions, hors de la peau, et produire ainsi le phénomène que j'ai étudié sous le nom *d'extériorisation de la sensibilité*. On conçoit sans peine qu'une action mécanique exercée sur ces effluves, *hors du corps*, puisque se propager grâce à eux et remonter ainsi jusqu'au cerveau qui l'enregistre.

L'extériorisation de la motricité est plus difficile à comprendre et je ne puis, pour essayer de l'expliquer, que recourir à une comparaison.

Supposons que, d'une manière quelconque, nous empêchions l'agent nerveux d'arriver à notre main ; celle-ci deviendra un cadavre, une matière aussi inerte qu'un morceau de bois, et elle ne rentrera sous la dépendance de notre volonté que lorsqu'on aura rendu à cette matière inerte la proportion exacte de fluide qu'il faut pour l'animer. Admettons maintenant qu'une personne puisse projeter ce même fluide sur un morceau de bois en quantité suffisante pour l'en imbiber dans la même proportion ; il ne sera point absurde de croire que, par un mécanisme aussi inconnu que celui des attractions et des répulsions électriques, ce morceau de bois se comportera comme un prolongement du corps de cette personne.

Ainsi s'expliqueraient aussi les mouvements des tables placées sous les doigts de ceux qu'on appelle des *médium*, et en général tous les mouvements *au contact* produits sur des objets légers par beaucoup de sensitifs, sans effort musculaire appréciable.

On comprend même la production de mouvements nécessitant une force supérieure à celle du médium par le fait de la chaîne qui met à la disposition de celui-ci une partie de la force des assistants.

Cette hypothèse simpliste ne rend pas compte de la formation des faces, des mains, et des autres membres que quelquefois on voit ou l'on touche et dont on peut obtenir l'empreinte dans des matières plastiques ; on est amené à la compléter ainsi qu'il suit.

L'agent nerveux se répand le long des nerfs sensitifs et moteurs dans toutes les parties du corps. On peut donc dire qu'il présente dans son ensemble la même forme que le corps, puisqu'il occupe la même portion de l'espace, et l'appeler le *double fluidique* de l'homme, sans sortir du domaine de la science positive.

De nombreuses expériences, qui malheureusement n'ont eu pour garant que le témoignage des sujets (du moins pour celles que j'ai faites) (1), semblent établir que ce double peut se reformer en dehors du corps, à la suite d'une extériorisation suffisante de l'influx nerveux, comme un cristal se reforme dans une solution quand celle-ci est suffisamment concentrée.

Le double ainsi extériorisé continue à être sous la dépendance de l'esprit et lui obéit même avec d'autant plus de facilité qu'il est maintenant moins gêné par son adhérence avec la chair, de telle sorte que le sujet peut le mouvoir et en accumuler la matière sur telle ou telle de ses parties de manière à rendre cette partie perceptible au sens du vulgaire.

C'est ainsi qu'Eusapia formerait les membres qui sont vus et sentis par les spectateurs.

D'autres expériences, moins nombreuses et que, par suite, on ne doit accepter qu'avec plus de réserves en-

---

(1) Voir « les Fantômes des vivants, » *Annales des sciences psychiques* (sept-oct. 1895, et l'expérience relatée dans mon livre sur *Les sentiments, la musique, et le geste*, p. 261.

core, tendent à prouver que la matière fluidique extériorisée peut se modeler sous l'influence d'une volonté assez puissante, comme la terre glaise se modèle sous la main du sculpteur.

On peut supposer qu'Eusapia, à la suite de ses passages à travers divers milieux spirites, a conçu dans son imagination un John King, avec une figure bien déterminée, et que, non seulement elle en prend la personnalité dans son langage, mais qu'elle parvient à en donner les formes à son propre corps fluidique, quand elle nous fait sentir de grosses mains et qu'elle produit à distance, sur la terre glaise, des impressions de tête d'homme, comme cela lui est arrivé en Italie. Le soufflet vu par M. de Gramont n'aurait pas d'autre origine, car il n'est pas plus difficile de représenter un ustensile qu'un membre du corps humain.

Ainsi, tout ce que mes collaborateurs et moi avons vu avec Eusapia peut s'expliquer (même les lumières, qui ne seraient que des condensations très intenses de la substance nerveuse) sans l'intervention d'un esprit autre que le sien.

Mais si rien ne nous a prouvé que John existait, rien ne nous a prouvé non plus qu'il n'existait pas (1).

Nous ne sommes du reste point seuls au monde ; il y a d'autres personnes que je connais personnellement, en qui j'ai la plus grande confiance, et qui rapportent des

(1 Il faut remarquer que dans les extraits des relations des phénomènes produits par Eusapia nous avons presque toujours négligé, de *parti pris*, tout ce qui paraissait déceler une intelligence différente de celle du médium afin de ne point compliquer le problème et de concentrer l'attention du lecteur sur l'agent purement physique qui sert à sa manifestation.

faits ne pouvant s'expliquer qu'à l'aide de la *possession temporaire* du corps fluidique extériorisé, par une entité intelligente d'origine inconnue. Telles sont les matérialisations de *corps humains entiers* observées par M. Crookes avec miss Florence Cook, par M. James Tissot avec Eglinton, par M. Aksakof avec Mistress d'Espérance, par M. Van der Naillen avec Miller, etc.

Le lecteur qui voudra étudier cette question devra commencer par en lire un excellent résumé dans le *Psychisme expérimental* de M. Erny ; puis, quand il sera familiarisé avec ces phénomènes transcendants, il pourra aborder le volumineux ouvrage de M. Aksakof, *Animisme et Spiritisme*, où il trouvera un chapitre relatif aux matérialisations partielles ; il terminera par un autre ouvrage du même auteur intitulé : *Un cas de dématérialisation partielle du corps d'un médium*.

Il verra que ces phénomènes, dont le simple énoncé fait hausser les épaules aux gens qui se croient des savants parce qu'ils ont plus ou moins approfondi quelques rameaux de l'arbre de la science, ne sont que le *prolongement* de ceux que nous avons constatés par nous-même et dont il est aujourd'hui impossible de douter.

Nous obtenons en effet un premier degré de dégagement du corps fluidique dans l'extériorisation de la sensibilité sous forme de couches concentriques au corps du sujet. La matérialité des effluves est démontrée par ce fait qu'ils se dissolvent dans certaines substances telles que l'eau et la graisse ; mais, comme pour les odeurs, la diminution de poids du corps qui émet est inappréciable à nos instruments.

Le deuxième degré est donné par la coagulation de

ces effluves en un double sensible, mais non encore visible pour les yeux ordinaires (1).

Au troisième degré appartient la matérialisation visible et tangible, mais seulement d'une partie du corps. La matière psychique émise par le médium semble ne pouvoir produire ces effets qu'à la condition de s'agréger d'abord dans un lieu mis à l'abri des vibrations de la lumière et des regards des assistants. Le médium peut rester en lumière, mais la matérialisation se forme dans un réduit obscur et très rapproché.

Enfin le quatrième degré correspond à la matérialisation d'une forme humaine entière. Ici, il faut presque toujours que le médium lui-même soit mis à l'abri de la lumière et des regards des assistants; comme dans le cas précédent la forme ne se montre que quand elle a acquis un degré de matérialité suffisant, mais cette matérialité peut être assez intense pour résister plusieurs heures aux influences désorganisatrices; elle varie du reste depuis celle d'un corps véritable en chair et en os jusqu'à celle d'un simple fantôme visible et palpable, mais fondant sous l'étreinte.

Au troisième ainsi qu'au quatrième degré, il y a comme un transport galvanoplastique de la matière du corps physique du médium, matière qui part de ce corps physique pour aller occuper une place semblable sur le double fluidique. On a constaté, *un très grand nombre*

---

(1) Certaines personnes particulièrement sensitives, le perçoivent par la vue ou le toucher. Je l'ai photographié une fois chez Nadar, mais je n'ai pu répéter l'expérience. Les photographies spirites paraissent être dues à l'action, sur la plaque, du double du sujet modelé par une intelligence étrangère, mais encore invisible, dans cet état, pour les yeux ordinaires.

de fois, avec la balance que le médium perdait alors une partie de son poids et que ce poids se retrouvait dans le corps matérialisé.

Le cas le plus singulier, resté jusqu'ici unique, est celui de Mistress d'Espérance chez qui ce transport s'est fait avec une telle intensité qu'une partie de son propre corps était devenue invisible. Il ne restait, à la place, que le corps fluidique dont le double est seulement une émanation ; les spectateurs pouvaient le traverser avec la main, mais elle le sentait. Ce phénomène, poussé à sa dernière limite, amènerait la disparition complète du corps du médium et son apparition dans un autre lieu, comme on le rapporte dans la vie des saints. (*Bilocation*).

Dans les matérialisations de corps complet, ce corps est presque toujours animé par une intelligence différente de celle du médium (1). Quelle est la nature de ces intelligences ? à quel degré de la matérialisation peuvent-elles intervenir pour diriger la matière psychique extériorisée ? Ce sont là des questions du plus haut intérêt, mais qui ne sont point encore résolues.

．．

Je ne me dissimule point que je m'éloigne de plus en plus du domaine dans lequel un esprit *positif* devrait se renfermer, d'après les scolastiques qui ont la préten-

---

(1) Les phénomènes sont, en réalité, souvent plus compliqués que je ne l'indique dans ce schéma. Les formes humaines matérialisées peuvent en effet apparaître, successivement ou simultanément, en assez grand nombre, chacune d'elles paraissant animée par une intelligence différente.

tion de limiter la science aux faits qu'ils étudient et aux méthodes qu'ils emploient.

Mais n'est-elle point la Science par excellence, la science vers laquelle tendent tous ceux qui, osant porter leurs investigations sur des forces de plus en plus subtiles, commencent à entrevoir le moment où l'homme, assuré par des preuves expérimentales que, de son corps, peut se détacher pendant la vie quelque chose qui pense et qui sent, en conclura que ce quelque chose peut survivre à la destruction de sa chair, et remplacera alors par une conviction inébranlable l'acte de foi chancelant que lui demandent toutes les religions pour régler sa vie présente en vue d'une vie future ?

FIN

TABLE DES MATIÈRES

Préface. v

PREMIÈRE PARTIE

CHAPITRE I. — Eusapia Paladino.
  I. — Ses débuts 1
  II. — Son histoire, sa personne . . . 13

CHAPITRE II. — Les expériences de Naples en 1891
  I. — Compte rendu de M. Ciolfi. . . 23
  II. — Récit de M. Lombroso 34

CHAPITRE III. — Les expériences de Milan en octobre 1892.
  I. — Rapport de la commission 41
  II. — Notes de M. Charles Richet . . 78

CHAPITRE IV. — Les expériences de Naples en janvier 1893.
  Compte rendu par M. Wagner, professeur à l'Université de Saint-Pétersbourg 113

CHAPITRE V. — Les expériences de Rome en 1893 et 1894
  Expériences de mai 1893 127
  Expériences de 1894 136

CHAPITRE VI. — Les expériences de Varsovie du 25 novembre 1893 au 15 janvier 1894 139
  I. — Analyse et compte rendu de M. de Kranz 140
  II. — Conclusion de M. Ochorowicz . 169

CHAPITRE VII. — Les expériences de 1894 a Carqueiranne et a l'ile Roubaud. 171
  I. — Analyse du compte rendu de M. Lodge 172
  II. — Extrait de la réplique de M. Ch. Richet à M. Hodgson 183

CHAPITRE VIII. — Les expériences de Naples en avril 1895.   195

CHAPITRE IX. — Les expériences de Cambridge en août 1895.
    I. — Analyse d'une communication faite à la 75ᵉ Assemblée générale de la Société des Recherches psychiques de Londres 201
    II. — La question de la fraude dans les expériences avec Eusapia Paladino, par. J. Ochorowicz 206

CHAPITRE X. — Les expériences de l'Agnélas en septembre 1895 265

CHAPITRE XI. — Expériences de 1896 a Tremezzo, a Auteuil et a Choisy-Ivrac 327
    I. — Séance de Tremezzo 328
    II. — Expériences d'Auteuil 334
    III. — Expériences de Choisy-Yvrac du 3 au 13 octobre 1896. 354

CHAPITRE XII. — Expériences de 1897 a Naples; a Rome, a Paris, a Montfort et a Bordeaux
    I. — Expériences d'avril 1897 à Naples par MM. Ernest Mayer et Léon Boulloche. 383
    II. — Expériences de Rome en juin 1897. 888
    III. — Expériences de Paris en juillet 1897. 390
    III. — Les séances de Montfort L'Amaury, 25-28 juillet 1897 392
    IV. — Séances de Bordeaux en août 1897. 409

CHAPITRE XIII. — Les expériences de 1901-1902 au Circolo scientifico Minerva de Gênes 413

CHAPITRE XIV. — Les expériences en 1905 a Rome et a Paris. 429

DEUXIÈME PARTIE

CHAPITRE I. — Les tables tournantes. 431
    II. — Expériences de Séguin en 1853. 434
    III. — Expériences du comte de Gasparin en 1854 440
    IV. — Les commentaires de M. Thury. 444

CHAPITRE II. — Rapport de la Société dialectique de Londres en 1869 451

CHAPITRE III. — Les expériences de Sir Crookes
    I. — Altération du poids du corps . . 471
    II. — Phénomènes divers 486
    III. — Quelques différences entre les phénomènes produits par la médiumnité de Daniel D. Home, et par celle d'Eusapia Paladino. 500

CHAPITRE IV. — Expériences avec Henri Slade 505

CHAPITRE V. — Expériences de Donald Mac-Nab a Paris en 1888
    I. — Conditions d'expérimentation. . 521
    II. — Mouvements spontanés d'objets sans contact. 524
    III. — Les lueurs 532
    IV. — La lévitation du médium. . . 536

CHAPITRE VI. — Expériences de M. Pelletier 541

CHAPITRE VII. — Le médium Politi 547

CHAPITRE VIII. — Les femmes électriques. 549

Appendice n° 1. — De quelques phénomènes mécaniques produits sans contact par certaines femmes au moment de la menstruation, par le Dr Laurent 571

Appendice n° 2. — Comparaison des effets que l'on peut produire avec l'électricité ordinaire avec ceux que l'on est tenté d'attribuer a l'électricité animale, par M. Breydel. 579

TROISIÈME PARTIE

CONCLUSIONS ET HYPOTHÈSES 585

TABLE DES PLANCHES HORS TEXTE

	Pages
Planche I	47
— II	48
— III	128
— IV	134
— V	191
— VI	276
— VII	293
— VIII	361
— IX	342
— X	398
— XI	401
— XII	403
— XIII	405
— XIV et XV	548

Le Catalogue raisonné et illustré *des ouvrages qui sont en vente à la* Bibliothèque Chacornac, *11, quai St-Michel, Paris, est envoyé franco.*

BIBLIOTHÈQUE CHACORNAC
PARIS — 11, Quai Saint-Michel, 11 — PARIS

LA
SCIENCE ASTRALE

Revue consacrée à l'Étude pratique de l'Astrologie
PARAISSANT LE 1er DE CHAQUE MOIS
depuis JANVIER 1904

Directeur : F. Ch. BARLET

La Science Astrale a pour but de démontrer l'exactitude, d'enseigner et de perfectionner, par la pratique, la Science de l'Astrologie et celles qui s'y rattachent (physiognomonie, phrénologie, chiromancie). Elle se propose aussi d'en développer les conséquences et les applications scientifiques, morales et sociales.

Conçue dans un esprit de recherche tout à fait indépendant, rédigée par des savants exercés depuis longtemps à la pratique désintéressée de l'art astrologique, **la Science Astrale** expose l'état actuel de cet art, vérifie ce qu'il tient de la tradition, en discute les méthodes dans le but de l'adapter aux connaissances et aux coutumes de notre temps.

Elle fait aussi son possible pour mettre rapidement ses lecteurs en état de pratiquer par eux-mêmes cette science trop peu connue.

ABONNEMENTS :

| Un An . . . | **10** fr. | Six Mois **6** fr. pour la France. |
| Un An . . . | **12** fr. | Six Mois **7** fr. pour l'Étranger. |

LE VOILE D'ISIS

Journal d'Études Ésotériques, Psychiques et Divinatoires
DIRECTEUR : PAPUS
RÉDACTEUR EN CHEF : ÉTIENNE BELLOT
Paraissant tous les mois
ABONNEMENT UNIQUE : 3 FRANCS PAR AN

SAINT-AMAND, CHER. — IMPRIMERIE BUSSIÈRE

Le Catalogue raisonné et illustré des ouvrages qui sont en vente à la BIBLIOTHÈQUE CHACORNAC, *11*, quai St-Michel, Paris, est envoyé franco.

www.ingramcontent.com/pod-product-compliance
Lightning Source LLC
Chambersburg PA
CBHW051322230426
43668CB00010B/1109